W0197848

Birgit Dechmann · Elisabeth Schlumpf

Lieben ein Leben lang

Birgit Dechmann
Elisabeth Schlumpf

Lieben ein Leben lang

Wie Beziehungen immer besser werden

Für Manfred und Wolfgang

www.beltz.de

1. Auflage

Umschlaggestaltung: Federico Luci, Odenthal
Umschlagabbildung: © Plainpicture, Hamburg
Satz und Herstellung: Nancy Püschel
Druck und Bindung: Druck Partner Rübelmann, Hemsbach
Printed in Germany

ISBN 978-3-407-85864-1

Liebe ist gesteigertes Leben.
Ohne Liebe bleiben wir an der Oberfläche der Dinge.

Zenta Maurina, 1897–1968

Inhalt

Vorwort

Wir alle sehnen uns nach Intensität, Liebe und Geborgenheit. Und wohl die meisten Paare haben die Absicht, sich ein Leben lang genau diese Nähe zu schenken. Wenn sie dann nach vielen Jahren unvermutet in ständigen und oft harten Auseinandersetzungen oder in einer schrecklichen Leere landen, sind sie entsprechend desorientiert. In einer Welt, in der alles leicht gehen soll und angenehm bleiben muss, werden Schwierigkeiten, Unstimmigkeiten oder gar Krisen eben nicht als ein normaler Teil vom Beziehungsgeschehen angesehen.

Leben ist wie Wasser ständig im Fluss, und keine Form der Liebe lässt sich für immer festhalten. Gerade die Auseinandersetzungen mit den dunklen Seiten in uns selber und im Gegenüber helfen dabei, dass das Schöne nicht erstarrt und leblos wird, sondern frisch und in ungewohnten Formen aus gemeinsamen Klärungsprozessen neu entsteht. Dann kann Liebe wirklich unerschöpflich werden.

In unserer therapeutischen Arbeit begleiten wir Menschen gerne auf ihrem Wege zu dieser Art von Begegnung, die Abgründe nicht scheut. Und wir denken darüber nach, wie es möglich werden kann, dass jener Glanz in die Beziehung kommt, der von den Stürmen des Lebens nicht zerstört wird, der sogar immer schöner wird – gerade, weil man sich mit allen Seiten einander konfrontiert.

Dabei gleiten wir nicht in unrealistische Vorstellungen ab, denn auch unsere eigenen Partner haben uns nichts erspart an Höhen und Tiefen in der Beziehung. Und gerade deshalb haben sie uns die Chance gegeben, einen guten Teil unserer Schattenseiten zu transformieren und in diesem Prozess zu wachsen, zu reifen und Glück zu erfahren. Wir fühlen uns dankbar, dass wir so viele Fehler machen durften, bevor wir daraus gelernt haben, wie es einfacher geht.

Auch Freundespaare und die Paare, die wir aus unserer Arbeit kennen – Beispiele im Text sind von ihnen freigegeben –, haben uns vieles gelehrt. Ihre Leidens- und ihre Glücksgeschichten haben uns berührt und uns gezeigt, welche Wandlungskräfte in jedem Menschen liegen. Wir haben gelernt, niemals den Ausgang der Therapie anhand der Schwere der Probleme vorherzusagen, denn immer wieder haben uns Paare unglaublich erstaunt.

Aus allem ist schließlich dieses Buch entstanden. Es formt die gefundenen Weisheiten, die Tiefe und den unerschütterlichen Glauben an die Kraft der Herzen um: in Gedanken, Geschichten, Übungen, hilfreichen Rat und in viele Ausblicke auf ein ganz besonderes Glück, das aus den Herausforderungen des Alltags erwächst.

Wenn Sie Ihre Vorstellung, dass alles leicht gehen muss, verlassen können, wird das Buch Ihnen helfen, sich nicht mehr negativ miteinander zu verstricken, sondern vorwärtszuleben in eine sich wandelnde Herzensliebe hinein, die auch eine neue und durchaus unerschöpfliche Sexualität enthalten kann.

Für uns beide war die Zusammenarbeit befruchtend und inspirierend. Das Ergebnis ist tief befriedigend.

TEIL I

Einleitung

Jiddhu Krishnamurti, der Weisheitslehrer, schrieb einmal, dass Menschen ihre Beziehungen normalerweise ohne Konflikte leben wollten und er dies für unmöglich hielte. Denn Beziehungen seien so ungefähr das Schwierigste, was wir alle in diesem Leben zu bewältigen hätten, und es wäre wichtig, sich auf diese Tatsache einzustellen. Es hat uns gutgetan, von einem Menschen, der so viel Liebe ausgestrahlt hat und dessen Bewusstsein so präsent war, solche Worte zu hören.[1]

Schön ist die Liebe, und sie weckt unser aller Sehnsucht, aber einfach ist sie nicht.

Viele Menschen kennen die damit verbundene wunderbare Hingabe und Zugehörigkeit, Leidenschaft und Innigkeit. Aber es scheint wenigen zu gelingen, dies alles ein Leben lang zu bewahren. Enttäuscht geben immer mehr Menschen auf, die Liebe in ihrem Leben mit einer einzigen Person zu verwirklichen.

Warum, so haben wir uns gefragt, gelingen denn überzeugende langjährige Beziehungen so selten? Warum sehen wir den erotischen Tändeleien der jungen Paare gerne zu, meiden aber das etwas dumpf nebeneinander schweigende ältere Paar mit unseren Blicken?

Was können wir tun, dass die uns so unermesslich berührenden ersten Kontakte nicht ähnlich traurig enden müssen und unsere Augen in Zukunft genauso magisch von liebevollen und erotischen älteren Paaren angezogen werden wie von den eng umschlungenen jungen Leuten?

Wie können Innigkeit und Leidenschaft mit Alltag und Konflikt in Einklang gebracht werden? Wie kann die ersehnte Liebe auch nach langen gemeinsamen Jahren bestehen bleiben oder sogar noch weiterwachsen? Und könnte ein Buch dabei helfen, dass uns in Zukunft viele solcher faszinierenden Paare dazu inspirieren, sie nachzuahmen?

Wir meinen schon. Allerdings müssen wir uns dafür den aktuellen gesellschaftlichen Hintergrund vergegenwärtigen.

In der Liebeslandschaft haben in den letzten Jahrzehnten nämlich rasante Veränderungen stattgefunden. Viele dieser Veränderungen sind zwar wünschenswert, machen das Zusammenleben aber nicht nur spannender, sondern auch schwieriger. Bücher können dabei helfen, diese neuen Realitäten bei der Beziehungsgestaltung besser zu berücksichtigen. Schauen wir uns also zunächst an, welches die Hauptveränderungen im Liebesleben sind:

- Es ist noch nicht lange her, da starben die Menschen bereits, als ihre Kinder gerade flügge waren. Heute können Paare durchaus 50 bis 60 Jahre gemeinsam verbringen – eine eindrückliche Zeitspanne, die sich für einige schier endlos ins Leere zu erstrecken scheint.
- Immer mehr Paare leben ohne Trauschein zusammen. Oft definieren sie nicht einmal, ob es sich um eine Beziehung auf Zeit oder um eine lebenslange Verbindung handelt.
- Die Einbettung der Menschen in ihrer beider Herkunftsfamilien wird dadurch erschwert. Das offiziell abgesegnete Zugehörigkeitsetikett fehlt, und die Bedeutung familiärer Bindungen nimmt ab.
- Die Notwendigkeit, aus wirtschaftlichen Gründen zusammenzubleiben, entfällt mit der gesteigerten Konjunktur und der Emanzipation der Frauen. Kinder können nun auch in getrennten Beziehungen aufgezogen werden.
- Kinder kommen wegen der beruflichen Karrieren beider Eltern immer später auf die Welt. Viele Paare verzichten sogar ganz auf Nachwuchs.
- Sexualität ist moralisch nicht mehr an eine Heirat gebunden und kann jederzeit frei gewählt werden.
- Auch Treue wird gesellschaftlich nicht mehr vorgeschrieben, sondern darf vom Paar selber ausgehandelt werden. Die meisten Paare scheinen trotzdem die monogame Lebensform zu wählen. Die gleichzeitig vorhandene Zugänglichkeit von Sexualität mit anderen Partnern und die grundsätzliche Freiheit, diese auch auszuleben, stellen die verabredete Treue jedoch auf eine harte Probe. Im daraus entstehenden Spannungsfeld scheitern viele Beziehungen. Das Resultat ist die so genannte serielle Monogamie, d. h. eine Aneinanderreihung von treuen Beziehungen, die dann bei einem Seitensprung abgebrochen werden.
- Die romantische Liebe, ein sehr emotionales Beziehungsmodell, ersetzt die alte Vorstellung der Ehe als Schicksals- und Wirtschaftsgemeinschaft. Nun hat man ideale Ansprüche an die Part-

> ner und Partnerinnen, denn alles muss so schön bleiben wie zu Beginn: die Innigkeit, die Intensität, das Verstehen, die Treue, die Hingabe, die Gestaltung des Zusammenlebens – einfach alles. Gleichzeitig wachsen die Komplexität und der Stress im täglichen Leben beständig an. Vorstellungen darüber, wie die ideale Liebe in diesem schwierigen Alltag Platz finden soll, werden nicht entwickelt, weil das Modell impliziert, dass alles gelingt, wenn man nur die »Richtigen« findet.[2]

Und damit kommen wir zu einem wichtigen Punkt. Das alte Beziehungsmodell war solide, unromantisch, pragmatisch, nachwuchsorientiert, stabil, frauenfeindlich und enthielt viele Zwänge einer engen Moral. Es hatte jedoch hinsichtlich gemeinsamer Werte, der Rollenverteilung und Arbeitsteilung in der Beziehung eine solide Grundlage. Gesellschaftlich fand es weitgehende Unterstützung und war deshalb stabil und dauerhaft. Es war sicherlich nicht besonders aufregend, aber es funktionierte lebenslang.

Das neue Modell verspricht den Himmel auf Erden und hat sich zur Freiheit hin geöffnet. Alle Liebenden dürfen in diesem Rahmen nun die eigenen Werte verwirklichen und ihre Handlungen persönlich gestalten, solange dies auf gegenseitigem Konsens beruht, also nicht unter Machtausübung auf das Gegenüber zustande kommt. Diese Freiheit ist wunderbar, aber sie führt auch zu neuen Komplikationen. Der Kern der romantischen Liebe ist verheißungsvoll, den Teufel finden wir erst im Detail.

Die strikte Frauenfeindlichkeit ist vorbei, allen Beteiligten sind grundsätzlich Würde und Selbstverwirklichung gestattet, aber es existieren wenig konkrete Vorstellungen, wie man das nunmehr erlaubte Glück in unserer immer komplexer werdenden Wirklichkeit praktisch umsetzen kann. Hierfür sind Paare leider weiterhin auf die in der Gesellschaft vorhandenen Rollenmuster angewiesen. In Bezug auf die Arbeitsteilung sind diese noch immer viel zu traditionell, und Ziele wie Wachstum, Innigkeit und eine lebenslang lebendige Liebe kommen darin nicht vor.

Diese Lücke zwischen Anspruch und Wirklichkeit, die eigentlich ein Abgrund ist, wollen wir mit unserem Buch schließen oder wenigstens überbrücken helfen. *Vor allem Menschen in langjährigen Verbindungen werden heute vor Fragen gestellt, die sie hinsichtlich der im Raum stehenden Idealvorstellungen nicht mehr be-*

antworten können. Sie bräuchten dringend bessere Modelle und alltagswirksame Verhaltenskompetenzen für ihre Liebe.

Der Anspruch des romantischen Liebesmodells ist sehr hoch.	Vorstellungen, wie man es *dauerhaft* umsetzen kann, existieren kaum.

Bevor wir jedoch solche Neuerungen vorschlagen, möchten wir das beliebte Ideal in seiner ganzen Schönheit schildern. Es gibt nämlich eine Zeit im Paarleben, wo die Menschen sich wirklich im Einklang mit dem romantischen Modell fühlen: in der Phase erfüllter Verliebtheit. Und wenn wir die Ergebnisse insbesondere der Neurowissenschaften über dieses Phänomen betrachten, verstehen wir, dass sich diese Faszination jenseits der Vernunft in unseren Körpern formt.

1. Kapitel

Faszination und Grenzen der romantischen Liebe

Als Erstes wollen wir mithilfe der Forschung über verliebte Paare die Hoffnungen genauer verstehen, die mit der romantischen Liebe verbunden sind. Erst dann werden wir uns mutig zu den Schattenseiten dieser schönen Vorstellung vorwagen.

Das Glück der Liebe im Spiegel der Wissenschaft

Jana erzählt: »Ich kenne Mike schon seit mehr als 20 Jahren. Da war schon immer das gewisse Etwas zwischen uns, aber richtig zulassen konnte ich es erst, seit ich mich von meinem Mann getrennt habe.

Wenn wir uns berühren, steht die Zeit still. Es ist unglaublich schön. Dazu kommt, dass wir über alles reden können. Und wir lachen so viel miteinander. Alles kann uns dazu inspirieren: ein geheimnisvoller Hinterhof, Mikes manchmal ein wenig steife Höflichkeit, ein Krach mit meinem schwierigen Chef und meine diesbezüglichen heftigen Rachegelüste, wirklich alles. Ich schwärme immer ein bisschen vor mich hin, am Morgen ist die Welt heller, weil er mich bald anruft, am Abend erinnert mich meine Müdigkeit daran, wie gerne ich in seine Arme sinke, und wenn ich seine Stimme höre, macht mein Herz einen Sprung. Alles bekommt durch ihn eine neue Bedeutung. Wenn wir auseinandergehen, freue ich mich schon aufs nächste Mal. Es ist ein bisschen wie eine Sucht. Nur dass wir hinterher nie einen Kater haben. Manchmal macht es mir Angst, ob das vielleicht einmal aufhört.«[1]

Viele Liebende waren sich – wie Jana und Mike – nicht fremd, als sie zusammenfanden. In einer Umfrage bei tausend Verliebten fand Aron, dass die Hälfte von ihnen schon lange mit dem Partner oder der Partnerin bekannt war, bevor es zwischen ihnen funkte. Das Wunder »Liebe« entsteht also nicht wirklich »auf den ersten Blick«, sondern dann, wenn die Wahrnehmung kippt und plötzlich schmelzend, ungewöhnlich und intensiv wird und wenn man sich vom Gegenüber auf wunderbare Weise ganz tief beachtet und geschätzt fühlt. Verliebte verbringen viel Zeit miteinander, erzählen sich Dinge, die sie noch niemandem erzählt haben und binden sich durch solche Offenbarungen des eigenen Inneren immer enger aneinander.[2]

Dem Phänomen des plötzlich auftretenden Naturereignisses »Liebe« kann also durchaus eine gewisse Kenntnis des alltäglichen Anderen zugrunde liegen. Woran könnte nun diese besondere Wahrnehmung liegen, die beim Verlieben entsteht und aus dem Gewöhnlichen das Besondere macht?

Helen Fischer versucht diese Frage zu klären, indem sie sich diesem Geheimnis aus neurophysiologischer Perspektive annähert. Sie zoomte sich mitten hinein in die Körper der verliebten Menschen. Ihre Untersuchungen ergaben, dass drei verschiedene biochemische Reaktionen ablaufen. Sie fand:[3]

1. Die erste Phase beginnt mit der Lust

Anfangs bestimmen Hormone die Szene. Östrogen und Testosteron wecken Suchverhalten und Leidenschaft bei Männern wie bei Frauen. Das Ganze kann jedoch wieder abgebrochen werden. Wie wild und heftig die Begegnungen auch immer ausfallen mögen, ohne die nächste Phase werden sie unverbindlich bleiben.

2. In der zweiten Phase findet der Pfeil Amors sein Ziel – das eigentliche Verlieben beginnt

Biochemisch hat dies mit der Ausschüttung von Neurotransmittern, also von Botenstoffen wie Dopamin, Adrenalin, Noradrenalin und Serotonin zu tun. In den Motivations- und Belohnungszentren des Gehirns steigt der Dopaminspiegel an und sorgt, unterstützt vom Stresshormon Adrenalin und Noradrenalin, für Euphorie. Verliebte essen kaum noch, aber sie bersten auch fast vor Energie.

Gleichzeitig sinkt der Serotoninspiegel, was die psychische Ausgeglichenheit verhindert und eine zwanghafte Beschäftigung mit dem Gegenstand der Begeisterung in Gang setzt.

Es entsteht also eine seltsame Mischung aus großer Erregtheit, Glück und einer Art von Wahnsinn. Das wundert kaum: Dopamin wird auch von Kokain und Nikotin stimuliert, Adrenalin mobilisiert Energiereserven, Noradrenalin aktiviert uns gelegentlich bis zum Herzrasen und lässt Schweiß ausbrechen, und der Mangel an Serotonin ist bei Zwangserkrankungen und Depressionen bekannt.

Diese Prozesse sind aufregend. Für eine längere Beziehung braucht es jedoch unbedingt die dritte Phase.

3. In der dritten Phase gehen die beiden eine Bindung ein

Nun werden die Hormone Oxytocin und Vasopressin ausgeschüttet.[4] Mit ihrer Hilfe verwandelt dich der tolle Zauber allmählich in Geborgenheit, Ruhe und Vertrauen. Beide Hormone fördern nämlich enge emotionale Bindungen.

Oxytocin und Vasopressin entstehen durch körperliche Berührungen, wie Streicheln und Massagen, sowie während und nach dem Orgasmus. Neuere Untersuchungen zeigen auch, dass Angst und Aggression durch Oxytocin gemindert wird, Stress besser reguliert werden kann und Selbstbewusstsein gefördert wird. Der Entspannungsort im Nervensystem wird also gestärkt.[5]

Eine weitere Tür zum Geheimnis hin öffnet sich, wenn wir die Artikel von Andreas Bartels und Semir Zeki hinzuziehen. Die beiden Forscher untersuchten die Gehirnaktivität von stark Verliebten und von Müttern, während sie Bilder der für sie so wichtigen Personen betrachteten. Sie unterschieden bei den Verliebten jedoch, anders als Helen Fischer, nicht in verschiedene Phasen. Ihre Methode war das funktionelle Magnetresonanz-Imaging (fMRI), ein Verfahren, bei dem man auf einem Bildschirm sichtbar machen kann, welche Hirnareale von Fotos angeregt werden, die man jemandem zeigt.[6]

Ihre erste interessante Entdeckung war, dass Mütter wie Verliebte, wenn sie die geliebten Wesen betrachten, einige wichtige Areale ihres Gehirns ausblenden. Diese Bereiche betreffen vor allem negative Emotionen, wie Wut, Furcht und Angst sowie die Fähigkeit der kritischen Beurteilung von Mitmenschen.

Die zweite Entdeckung war eine Aktivierung von klar definierten Teilen des schon erwähnten Belohnungssystems beim Anschauen der Bilder. Diese Gehirnareale werden angesprochen, wenn etwas gelingt, aber auch bei der Einnahme von harten Drogen, wie zum Beispiel Kokain. Auch diese Forschung zeigt also, dass es sich hier um besonders *euphorische* Belohnungsgefühle handeln. Außerdem sind die aktivierten Strukturen noch dicht besetzt mit Rezeptoren für die bereits erwähnten Hormone Vasopressin und Oxytocin. Dies bedeutet, dass die Angst sinkt und das Selbstbewusstsein steigt, und es weist auch auf die bereits erwähnte Stimulierung der gegenseitigen Bindung hin.[7]

Die Liebe in der Phase der Verliebtheit …
… ist sehr intensiv;
… führt uns in euphorische Zustände;
… nimmt uns die Angst;
… macht uns stark und selbstbewusst;
… gibt Sicherheit;
… macht uns einzigartig füreinander;
… gibt das Gefühl tiefer Verbundenheit;
… lässt uns die Fehler des Gegenübers ausblenden;
… fällt uns einfach zu, ohne dass wir etwas dafür tun müssen.

In diesen Worten würden wir auch das romantische Liebesmodell beschreiben. Deshalb mögen wir es so. Aber wie sehr wir auch daran hängen, es entschlüpft uns meistens schneller, als uns lieb ist.

Warum der schöne Zustand nicht ewig bleiben kann

Wenn die Jahre vergehen und immer mehr Alltag die Beziehung bestimmt, nimmt das herrliche oben geschilderte Gemisch aus Hormonen, Glück und Idealisierung leider unaufhaltsam ab. Ein Gefühl von Hilflosigkeit breitet sich aus. Traurig müssen die Menschen erfahren, wie sie Schritt um Schritt aus dem Paradies vertrieben werden.

Fast alle, die den schönen Zustand kennen gelernt haben, wünschen ihn sich wieder zurück. Aber wäre das sinnvoll?

Solange alle Hormone und Botenstoffe schwungvoll ihre stimulierenden Runden drehen, werden bei den Beteiligten wahrscheinlich nicht nur Wahrnehmungen für die Fehler des Gegenübers, sondern auch die Aufmerksamkeit für andere Menschen und Tatsachen herabgesetzt bleiben. Liebe in dieser Phase macht nicht nur sehend, sie macht gleichzeitig blind. Wie sollen Paare ihre Arbeitsteilung gestalten oder ihre Kinder erziehen und sie vor Gefahren bewahren, ohne den Zugang zu einem kritischen Bewusstsein zu haben? Es hilft nichts, die Natur muss die kritikfähigen Stellen im Neokortex wieder einrichten, und die Verliebten werden damit konfrontiert, dass es ihnen jetzt nicht mehr gelingt, die Fehler der anderen locker auszublenden oder positiv umzudeuten.

Gleiches gilt für die starke Euphorie. Wie wir geschrieben haben, erzeugen Dopamin, Adrenalin und Serotonin nicht nur Erregtheit und Glück, sondern auch Stress, Appetitlosigkeit, Schlaflosigkeit und eine Art von Wahnsinn. Die Euphorie hat also einen Preis.

Wenn Paare diesem Gefühl allzu lange und allzu ausschließlich nachgeben, geht es ihnen ein wenig ähnlich wie jenen armen Ratten, die in einem wissenschaftlichen Versuch freiwillig immer wieder eine Taste betätigten, die mit einer Vorrichtung verbunden war, welche die für Euphorie zuständigen Teile des Belohnungszentrums erregte. Die Tiere waren so versessen auf die Stimulierung dieser Gehirnareale, dass sie darüber jegliche Nahrungsaufnahme vernachlässigten und verhungerten.[8]

Das Belohnungssystem hat aber, wie sein Name schon verrät, eigentlich einen anderen Sinn als den in diesem Experiment konstruierten. Es soll für Anstrengungen und Leistungen belohnen, damit man diese weiterhin auf sich nimmt. Es schenkt jene köstlichen Momente des unbeschreiblichen Glücks nach einer langen, mühsamen Wanderung, oder die tiefe Befriedigung, wenn eine Arbeit gelungen ist, oder den Stolz, wenn man besonderen Mut aufgebracht hat, oder den Schmelz der sexuellen Vereinigung, wenn man erfolgreich um den Liebespartner geworben hat.

Erst in unserem Zeitalter, wo häufige Affären sowie Lebensabschnittspartnerschaften Mode geworden sind, und sich auf diese Weise bei vielen Menschen immer wieder heftige Hormonausschüttungen aneinanderreihen, kann diese körpereigene Drogenproduktion überhaupt zum Selbstzweck werden. Nun regt sie nicht mehr Anstrengung oder Suchverhalten an, an dessen Ende der Genuss winkt, sondern sie soll uns auf Dauer ins Schlaraffenland katapultieren. Wie die geschilderten Ratten, die wegen der direkten Aktivierung des Belohnungssystems jede Futtersuche aufgaben, wollen Liebende genauso wie sonst Drogenkonsumenten ihre Verzückung möglichst nie wieder loslassen.

Dauereuphorie und Alltagsnotwendigkeiten aber widersprechen sich. Das beständige Hochgefühl hat nicht nur bei Testratten einen hohen Preis. Verliebtheitsfans, Alkoholiker, Kaufsüchtige und alle anderen, die ihren Freudepegel immer oben halten wollen, negieren den grundsätzlichen Lebensrhythmus. Anstrengung kann zu Freude, bewältigtes Leiden zu tiefer Zufriedenheit führen. Probleme machen uns stolz, wenn wir eine Lösung finden. Schwierigkeiten bringen unseren Körper, unsere Seele und unseren Geist in Bewegung. Die Bewohner des Schlaraffenlandes, denen die gebratenen Tauben in den Mund fliegen, während sie auf dem Rücken faulenzen, würden auf die Dauer ihren Muskeltonus verlieren und immer dicker werden, bis sie nicht mehr in der Lage wären, aufzustehen und schließlich in ihrem Paradies elendiglich verendeten.

Lebendigkeit und echte Belohnung sind ohne Wechsel zwischen Bemühung und daraus folgendem Gewinn undenkbar. Leben ist Pulsieren. Der Körper handelt also weise, wenn er die Hormone, die Verliebte ständig im Hochgefühl halten, wieder zurückschraubt. Ein Kurzüberblick fasst diese Gedanken zusammen:

Das wunderbare romantische Liebesmodell lässt sich nur kurze Zeit realisieren, da es beständiges Glück verspricht und ein dauerhaft aktiviertes Belohnungssystem voraussetzt. Im Alltag muss man Schwierigkeiten überwinden, um das Belohnungssystem zu aktivieren und immer wieder schöne Zustände zu erleben.

2. Kapitel

Wie wird die Liebe lebenstauglich?

Was tun? Wir können das Liebesmodell niemals so vollkommen umsetzen, wie wir das von uns und von unserem Gegenüber fordern, und zwar nicht nur wegen des geschilderten Mangels an Verhaltensnormen, sondern auch, weil das Belohnungssystem nur mithilfe von aktueller Verliebtheit oder Suchtmitteln einigermaßen dauerhaft aktivierbar ist. Müssen wir daher den Kritikern folgen und in längeren Beziehungen die schönen Idealvorstellungen aufgeben? Oder könnten wir sie vielleicht doch irgendwie unserem Alltag anpassen?

Die romantische Liebe ist kein Verhaltensrezept

Eigentlich ist den meisten Menschen klar, dass Beziehungen nicht einfach sind. Und trotzdem halten sie zumindest mit den unbewussten Schichten ihrer Person an der Vollkommenheit der romantischen Liebe fest. Die Folge ist eine Welle von Trennungen in den ersten vier[1] beziehungsweise sieben[2] Jahren, wenn das reine Glück durch das reale Leben getrübt wird. Damit stehen wir vor einem richtigen Dilemma: Das Konzept der romantischen Liebe und die damit verbundenen Vorstellungen lassen sich nicht abschaffen, während sie gleichzeitig für massive Probleme sorgen.

In ihrem Buch »Vom Ende zum Anfang der Liebe« schlagen Birgit Dechmann und Christiane Ryffel eine interessante und unerwartete Lösung vor. Sie meinen, dass die große Diskrepanz zwischen dem romantischen Modell und der langfristig gar nicht so romantischen Paarrealität nicht heißt, dass die schöne Idee nicht richtig ist, sondern dass Paare sie falsch benutzen. Die Autorinnen deuten die herrlichen Zustände während der Verliebtheit als Blick in die besten Möglichkeiten der Liebe und nicht als eine ernst zu nehmende Anleitung für das Paarleben im Alltag.

Die romantische Liebe ist für sie eine *Vision.*[3]

Eine Vision, so sagen sie, ist nicht die Erfüllung selber, sondern so etwas wie ein Kompass oder ein Wegweiser. Auch wenn sich die Vision der Liebe am Anfang für kurze Zeit verwirklicht, heißt dies nicht, dass es beständig so weitergehen müsse. Das wäre nämlich so, als würde man sein Leben als Dauerurlauber verbringen wollen. Die meisten Menschen brauchen Ferien, um auszuruhen, um Abstand vom täglichen Einerlei zu finden und um neue, wesentliche Eindrücke zu gewinnen. Sie kehren aber auch sehr gerne wieder zu ihren gewöhnlichen Aufgaben in ihrem gewöhnlichen Alltag zurück. Dank der Ferien haben sie nun einen frischen Blick, freuen sich wieder mehr am Leben oder packen voller Energie neue Aufgaben an und bewältigen ungeliebte Konflikte.

In Bezug auf die Liebe ist es ebenso wichtig, die ewige Feriensonne, also die Essenz der Liebe in Form einer Vision, mit vielen anderen Alltagszutaten zu mischen. Liebe zeigt sich dann nicht nur bei den innigsten Kontakten, sondern auch beim Wäschewaschen für Partnerin und Kinder, im treulichen Geldverdienen oder in einem sanften und gar nicht spektakulären Händedruck. Auch Küsse mögen gelegentlich flüchtiger ausfallen, wenn sie spät am Abend nach einem arbeitsreichen Tag ausgetauscht werden. Dafür enthalten diese Liebesmischungen den ganz einzigartigen Stoff, den wir Realität nennen.

Aber ach, der Höhenunterschied zwischen den himmlischen Visionen, die in der Verliebtheit so einfach gelebt werden, und den Niederungen eines langjährigen Paaralltags ist manchmal einfach zu groß. Die Liebesmischungen wollen nicht gelingen.

Ist das Leben nicht visionsgerecht, oder sind die Visionen doch nicht lebensgerecht?

Himmlische und irdische Visionen der Liebe

Die romantische Liebesidee ist in unserer Gesellschaft bisher die einzige akzeptierte visionäre Vorstellung für Paare. Daneben gibt es nur nüchterne Ideen, die sich mit Anpassung an die Realität befassen, die bescheidene, vielleicht auch ein wenig resignative Vorstellungen des Zusammenlebens propagieren. Diese Ideen inspirieren zu wenig und bewirken nur blasses Funktionieren.

Wir lieben die romantische Vision wie alle Menschen und möchten sie daher nicht abwerten. Nach der Verliebtheit muss sie jedoch eine Kernverwandlung durchmachen, wenn sie nicht zum Patt auf dem Schachbrett des Lebens führen soll.

Sie muss und sie darf sich in eine Vision verwandeln, die das neuropsychische Belohnungssystem nicht mehr auf Dauer immer wieder befeuern will, sondern Anstrengungen als notwendigen und sogar inspirierenden Teil des Lebens einbezieht.

Dann kann nach vollbrachter »Leistung« im Belohnungssystem durchaus wieder Euphorie entstehen. Für *diese* Euphorie kennen wir sogar gangbare Wege für Alltagspaare. Wir werden davon im Kapitel 9 noch berichten.

Wir brauchen aber auch noch einige weitere, etwas irdischere Visionen. Wenn wir diesen folgen, entstehen subtilere Emotionen wie Ruhe, Befriedigung, Stolz, In-die-Tiefe-Sinken, Erleichterung, Weichheit, Dankbarkeit, Klarheit oder Empfindungen, die einem inneren Buddhalächeln gleichkommen. Empfangen wir sie mit Achtsamkeit, können sie uns auf ganz eigene Weise beglücken.

Insgesamt schlagen wir *vier visionäre Liebesqualitäten* vor. Es sind mächtige Türöffner der Liebe, der Begegnung, des Sichfindens. Alle führen zu innerem Reichtum.

Sie inspirieren auch dann,

- wenn Schicksalsschläge uns überwältigen,
- wenn unsere Freude im mühseligen Alltagseinerlei verloren ging,
- wenn wir chronisch überarbeitet sind,
- wenn wir uns verraten und tief verletzt glauben,
- wenn die Beziehung in der Krise gelandet ist,
- wenn die Liebe neben Kindern oder Beruf kaum Platz findet,
- wenn alles leer geworden ist,
- wenn wir meinen, die Beziehung sei zu Ende.

Zunächst werden wir sie Ihnen erst einmal vorstellen und in den folgenden Kapiteln immer wieder konkret damit arbeiten. Es sind kleine Wunderwerke der Blickausrichtung, es sind Suchstrategien der Liebe.

1. Die Euphorie

Mit der bekannten visionären Blickausrichtung suchen wir weiterhin nach *Euphorie, Vollkommenheit, Verschmelzung* und dem Gefühl »Alles ist wunderbar«. Anders als im romantischen Modell vorgesehen entstehen die Endorphine jedoch nicht einfach, weil man mit »dem Richtigen« oder »der Richtigen« liiert ist, sondern eher als das Resultat von großen Anstrengungen. Vielleicht kennen Sie das Gefühl beim Joggen. Anfangs ist die Bewegung – besonders für unsportliche Menschen – mühsam. Aber mit der Zeit stellt sich dieses Endorphin-High ein. Nun laufen die Füße wie von selber, und der weiterhin vorhandene Stress wird gegenstandslos.

2. Das Herz

Mit der zweiten visionären Blickausrichtung suchen wir nach dem Verstehen, dem Mitgefühl, dem Weichwerden des Herzens, dem Gebenwollen, dem Dasein füreinander und der tief empfundenen Empathie. Viele Menschen meinen, diese Ausrichtung sei in der romantischen Liebe schon vorhanden. Aber die Qualität des Herzens hat nicht viel mit Begeisterung, Bewunderung und schon gar nichts mit Vollkommenheit zu tun. Sie lässt sich, anders als die romantische Liebesvision auch noch in schwierigen Situationen anwenden, auch Verrat und andere Unvollkommenheiten setzen sie nicht unbedingt außer Kraft. Man darf sie ebenfalls nicht mit Pflichterfüllung oder mit der »Gewohnheit, es dem anderen recht machen zu wollen« verwechseln. Wer mit dem Herzen verbunden ist, fürchtet sich auch nicht so schrecklich vor Unterschieden und Differenzen.

Mit dieser Ausrichtung sucht man nicht nach Glück, sondern nach *Echtheit, Wahrhaftigkeit, Lebendigkeit, Wärme, Zuwendung* und nach dem Einklang mit dem Lebensfluss. Die Freude in dieser Dimension entsteht nicht aus dem Bedürfnis, etwas zu bekommen, sondern aus dem hingebungsvollen Geben.

Diese Sichtweise fällt uns nicht so einfach zu, wie es die erste, die euphorische, während der Verliebtheit tut. Sie wird durch eine langjährige Hinwendung zur Beziehung erworben und kann uns dann tiefer beglücken als jede Verliebtheit. Ohne die dritte Sichtweise wird sie uns jedoch kaum gelingen.

3. Die Tiefe

Mit der dritten visionären Blickausrichtung wendet man sich der Dimension der Tiefe zu. Hier steigt man über vordergründige Deutungen hinweg, sucht nach Verletzungen in der Vergangenheit, die auf die Gegenwart einwirken, wagt die dunklen Seiten der Persönlichkeit zu betrachten und forscht auch dort nach Sinn oder nach

Ressourcen, wo die Welt in Schmerz zu enden scheint. Diese Dimension erlaubt Traurigkeit und Wut, ja sogar Schuld und Unrecht. Sie geht einfach liebevoll damit um. Das bedeutet, dass die Liebenden nicht ausschließlich ihr Glück anstreben, sondern das Verstehen und Aufsuchen der verborgenen Schichten der Person. Wenn dieser Blick in der Liebe angewendet wird, entstehen oft Ruhe, ein sehr ernstes Glück, Erleichterung oder ein angenehmer Schmerz, ein Schmerz also, der chronische Spannungen auflöst und nicht einer, der in die Resignation führt.

Die Dimension hat mit Erkunden, Verstehen, Sichbeistehen und gelegentlich auch viel mit Verzeihen zu tun. Manchmal setzt sie Herzensliebe voraus, aber bei vielen Menschen löst sie die Qualen, die ihr Herz verschlossen haben, erstmals auf und macht daher die Blickrichtung des Herzens überhaupt möglich.

Wenn Menschen einander solche tiefen Schichten zeigen dürfen, fühlen sie sich endlich richtig geliebt.

Diese Dimension ist im therapeutischen Rahmen sehr wichtig. In einer realen Lebensbeziehung muss man ziemlich viel üben, bis man gut damit umgehen lernt. Aber dieses Üben lohnt sich. Wir werden uns besonders in den Kapiteln 5 (Übertragung) und 8 (Konflikt) mit dieser Dimension befassen.

4. Die Weite des Geistes

Bei dieser visionären Blickrichtung geht es um ein weites und nicht mehr rein intellektuelles Bewusstsein. Wenn dem Geist Flügel wachsen, lassen sich Probleme leichter überstehen, auflösen oder gar transformieren und in etwas Konstruktives umwandeln.

Die Vision verhilft zu einem Abstand vom Geschehen, und eine Art von neutraler Wahrnehmung entsteht. So können Paare aus ihrer »Opferhaltung« herauskommen und ihr Leben nicht einfach nur erleiden, sondern mitgestalten, auch unter erschwerten oder gar traumatischen Umständen. Der Abstand hilft, Freiheit zu gewinnen. Neue Ebenen tun sich auf, und man kann Kraft finden, wo man vorher kraftlos war. Festgefahrene Situationen werden nun anders gedeutet, und das eigene Beziehungsskript kann umgeschrieben werden.

Wir werden uns immer wieder mit dieser Perspektive verbinden, aber die beiden letzten Kapitel über Selbstwerdung und positive Psychologie stehen besonders in ihrem Licht.

Die Weite des Geistes inspiriert und kann für eine gesteigerte Wahrnehmung sorgen, was die Liebenden natürlich begeistert. Neutralität und Abstand oder gar das Zulassen von ungeliebten Wahrheiten über sich selber fallen hingegen oftmals schwer. Noch immer ist die romantische Idee, die Wärme und dauerhaftes Glück verspricht, die liebste von allen. Aber eine Liebesvision, die im Alltag funktioniert, kann nicht simpel und einseitig, sondern sie muss multidimensional sein:

Ein kurzer Überblick über die verschiedenen visionären Blickrichtungen auf die Liebe

1) Die Euphorie
Wenn man diesen Blickwinkel einnimmt, sucht man nach der Begeisterung, nach wirklicher Stimmigkeit, nach Intensität, heftiger Sexualität und nach einem speziellen Glück, das nicht nur in schnellem Genuss, sondern in einer vertieften und lang nachklingenden Daseinsfreude besteht.

2) Das Herz
Wenn man diesen Blickwinkel einnimmt, sucht man nach Echtheit, Wahrhaftigkeit, wirklicher Zuwendung, Mitgefühl, Weichheit des Herzens, dem zärtlichen Lebensfluss, nach einer tief bezogenen Wahrnehmung und Anerkennung in Bezug auf sich selber und auf das Gegenüber.

3) Die Tiefe
Wenn man diesen Blickwinkel einnimmt, sucht man nach den verborgenen Teilen der Persönlichkeit in sich und im Gegenüber, lässt den Schatten vom Leben und in den Seelen zu und geht sorgsam damit um. Man sucht nicht nach Glück, sondern nach Verständnis und Wachstum.

4) Die Weite des Geistes
Wenn man diesen Blickwinkel einnimmt, sucht man nach Erkenntnis, nach Umdenken zum Lieben und nach Transformation. Hier bettet man die Liebe in Philosophie und Spiritualität ein, aber nie in eine traditionelle, schematische, sondern in eine wahrgenommene und gefühlte.

Euphorie, Herz, Tiefe und ein weiter Geist sind die vier Dimensionen, die uns in ihrer unnachahmlichen Weise zur Liebe anspornen. Und wir können nicht oft genug wiederholen, dass sie nur dann Erfüllung bringen, wenn wir uns dank ihrer Wegweisung auf recht mühsame Wanderungen begeben. Wir werden uns Herausforderungen stellen müssen, Risiken auf uns nehmen und bereit sein, immer wieder aufwendige Kompetenzen zu erlernen. Für alles brauchen wir Durchhaltekraft und Disziplin.

Aber dafür sind diese Qualitäten alltagstüchtig und schenken uns einen farbigen Regenbogen von Liebesgefühlen, deren Vielfalt und Tiefe uns beglücken. Es ist nicht dasselbe Glück wie in der romantischen Liebe; es ist umwerfender. Dieses Glück nennen die Forscher »Flow«, und wir werden uns im Kapitel 9 nochmals ausführlich mit ihm befassen. Ein Grund, warum wir es so lieben, ist die Tatsache, dass wir es selber erringen und dass es in unser inneres Wesen als Glück, aber auch als Tugend und Stärke Einlass findet. Dort formt es den Charakter und macht uns zu geschmeidigen und lebendig durchpulsten Liebenden.

Die Hormone Vasopressin und Oxytocin aus der dritten Phase der Verliebtheit können uns bei der geschilderten Liebessuche helfen. Sie sind leichter vereinbar mit langjährigen Kontakten als die heftigen Dopaminschübe der zweiten Phase. Aber auch sie sind nicht einfach da. Sie müssen erstreichelt, erliebt und errungen werden wie alles Gute, das Bestand haben will.

Im folgenden Abschnitt wollen wir nun kleine Beispiele für die Kunst des visionären Umgangs mit Beziehungen bringen, um auch praktisch zu zeigen, was wir damit meinen.

Die Kunst, berührende Visionen ins Leben zu tragen

1. Wie ein Paar zu seiner Tiefe findet

Peter hat seit drei Jahren eine einfühlsame Freundin. In unserem Beispiel erinnert er sich an etwas, was diese Freundin vor kurzem mit ihm gemacht hat. Wir geben seine Schilderung des Geschehens wie eine Kurzgeschichte an Sie weiter. Es liest sich so besser, und Peter hat das Ergebnis als gute Wiedergabe seines Erlebens autorisiert.

Eigentlich hatte sich Peter an seinen Laptop setzen wollen, um eine Didaktiklektion für sein Studium, das er mit 40 Jahren noch tapfer im zweiten Bildungsweg bewältigt, fertigzustellen. Aber seine Gedanken schweifen immer wieder ab. Schließlich gibt er es auf. Er geht in die Küche, macht sich einen Espresso, stützt seinen Kopf in die Hände und lässt den Erinnerungen freien Lauf.

Er ist so dankbar. So unglaublich dankbar.

Sie hatten gestern ein wenig müde nebeneinander im Bett gelegen. Wie so oft in letzter Zeit, mit dem vielen Stress, war eine Leere entstanden, und er hatte sich starr gefühlt. Da hatte sie plötzlich seine Hand ergriffen und ihn ganz freundlich gebeten: »Erzähl mir von dem, was dir in der Beziehung zu mir am meisten Angst macht.«

»Glaub mir, das willst du nicht wissen«, hatte er im ersten Schreck von sich gegeben. Er musste wohl ganz bleich geworden sein und sie fassungslos von der Seite angeschaut haben. Sie hatte aber gelacht und hinzugefügt: »He, Unsicherheiten sind doch normal. Lass es uns lieber mal hinter uns bringen, sonst trauen wir uns nie mehr, offen davon zu reden.«

Na ja, dann hatte er eben angefangen zu erzählen. Wie er sich mit ihr am Anfang unbeschwerter als je gefühlt habe, manchmal sogar ungewohnt sicher. Aber eigentlich, wüsste er, sei es anders. Er merke das im Seminar, wenn er einen Vortrag halten müsse, und die Worte plötzlich nicht mehr trügen und nur noch Hüllen seien. Er merke das auch, wenn sein Vater anriefe, und er diese Mischung aus Verachtung und Angst für ihn empfände. Er merke das sogar manchmal mit ihr. Jetzt gerade, bevor sie ihn gefragt hätte.

Sie hatte ihn so lieb angeschaut und so interessiert nachgefragt, dass er ihr tatsächlich erzählt hatte, dass es Momente gab, wo er dachte, sie könnte ihm ansehen, dass er in Wirklichkeit ein Niemand sei. Das Gefühl war ihm beim Erzählen richtig wieder hochgekommen. Er hätte fast geweint. Es war ihm sehr peinlich gewesen.

Aber Gina hatte einfach seine Hand gehalten, und das hatte ihm ein bisschen Sicherheit gegeben. Er hatte gemerkt, wie er sich verkrampfte und wie er schwitzte. Und dann hatte er zum ersten Mal von dem Vater erzählt, den seine Familie seit Jahrzehnten geheim zu halten versucht: von dessen grober Art, den Frauengeschichten und den häufigen Alkoholabstür-

zen. Und er hatte wieder erlebt, wie oft er sich um seine Mutter und seine kleine Schwester gesorgt hatte und wie unvollkommen er sich gefühlt hatte und wie unendlich einsam.

Es war eine lange Nacht geworden.

Auch Gina hatte erzählt. Auch sie kostete es Überwindung, ihm anzuvertrauen, dass sie sich vor der ersten körperhaften Begegnung mit ihm gefürchtet hatte, davor, dass er sie nicht schön genug, ihren Busen zu klein und ihren Po zu groß finden würde. Sie hatte ihm auch erzählt, dass sie von ihrer Mutter ständig kritisiert worden sei, gerade in der Pubertät, wo sie Unterstützung gebraucht hätte. Er schüttelte den Kopf, als ihm einzelne Sätze der Mutter wieder in den Sinn kamen. Wie konnte eine Mutter eine bezaubernde Sechzehnjährige – er hatte ja ein Foto gesehen – so abwerten: »Wie siehst du nur wieder aus, halt dich doch grade, iss nicht so viel, sonst wirst du zu dick und kriegst keinen Mann!«

Ginas Tränen hatten ihm wehgetan.

Und ihr voriger Freund hatte dann auch noch in das gleiche Horn geblasen. Er hatte ihre Zweifel an ihrem eigenen Wert ziemlich verstärkt, als er eine andere Frau kennen lernte und danach anfing, an Gina herumzumäkeln. Peter musste allerdings lächeln, als er daran zurückdachte. Sie hatte ihm zwar leidgetan, aber gleichzeitig war er heimlich froh gewesen, dass der Typ sich auf diese Weise selber ausgeschaltet hatte. Nur so war sie in seinen Armen gelandet.

War das schön gewesen, als sie irgendwann gemerkt hatten, dass sie eng umschlungen einander die Geschichten direkt in ihre Körper sprachen. Heißer Atem traf beim Sprechen auf nackte Haut, Hände hielten die gespannten Muskeln und irgendwo tief drinnen nahm etwas die Worte auf. So fielen sie weich und sicher. Sie hatten sich beide entspannt, und dann hatten sie einfach vor Freude lachen müssen. Er hatte sich beinahe euphorischer gefühlt als nach dem letzten Liebemachen. Und das hatte ihn schon so erschüttert.

Diese Öffnung in visionäre Dimensionen der Liebe ist wunderschön und heilend für alle Menschen, die das ernsthaft versuchen. Sie ist aber nicht nur einfach mit gutem Willen zu erreichen. Fast immer benötigen wir zusätzlich noch eine mächtige Dosis von dem, was wir die »geistige Weite« genannt haben.

2. Wie man zu seiner geistigen Weite finden kann

Paarbeziehungen sind nicht einfach. Oft scheinen die Schwierigkeiten sogar überwältigend groß zu sein. Aber dann taucht blitzartig eine Erkenntnis auf, oder es gibt ein Gespräch, das die Herzen öffnet. Und diese heilenden Veränderungen kommen meist nicht aus dem Intellekt, sondern stammen aus dem Bereich von kreativen und intuitiven Kräften. Wir haben die erstaunlichen Wirkungen solcher Kräfte schon oft erlebt, wenn Paare in unserer Praxis über sich hinauswachsen und plötzlich jahrelange negative Fixierungen ablegen können. Es gibt sie also. Leider kommen sie nicht so oft vor, wie man sich das wünscht. Oft bringen Menschen diese Steigerung ihrer Fähigkeiten erst dann auf, wenn sie kurz davor stehen, ihre Partner zu verlieren. Plötzlich schwingen sie sich dann zu innerer Klarheit und Größe auf und »machen aus Steinen Brot und aus Wasser Wein«. Verstrickungen lösen sich, und die Atmosphäre verliert ihre Härte. Alles scheint irgendwie wesentlicher als vorher. Es wirkt so, als träten nun andere Persönlichkeitsteile der Beteiligten auf, die mehr verstehen und wissen und zu mehr Liebe fähig sind als diejenigen, welche vorher das Geschehen bestimmt hatten.

Um diese Kräfte auch im normalen Alltag zu mobilisieren, müssen wir nicht unbedingt am Abgrund stehen. Wir können unseren Zugang zu ihnen nämlich durchaus trainieren.

- Wir können diese Kräfte als untergründige Erweiterung unserer Persönlichkeit definieren. Wie eine Quelle, die Wasser aus einem geheimnisvollen See nach oben bringt, kann die Erweiterung unserem Geist zu Hilfe kommen. Man nennt diese Quelle üblicherweise »das *Unbewusste*«. Es ist eine Art von gespeichertem Wissen und Können, ein Kraftfeld, dessen genaue Gestalt uns nicht klar sein muss, damit wir es anzapfen können.
- Wir können es zum Beispiel ansprechen lernen, als sei es eine Person. Wenn wir etwas brauchen und danach fragen, wird uns dieses »Unbewusste« nicht selten seinen unerschöpflichen Reichtum zur Verfügung stellen.

- Wir können uns natürlich auch an *spirituelle Quellen* wenden. Einige Menschen sprechen mit ihren Engeln, andere direkt mit Gott, Jesus oder Maria. Wieder andere meditieren und richten sich an Buddha oder Shiva aus.
- Wir können die Kräfte, die uns zu Hilfe kommen, aber auch als Teil von unserem erweiterten ICH ansehen. Dann nennen wir sie gemeinhin *Intuition* und suchen den Ort in uns auf, wo wir sie zu finden gewohnt sind – zum Beispiel in unserem Bauch. Manche Menschen wenden sich aber auch an ihre unsterbliche Seele, wenn sie Hilfe brauchen und schreiben ihr zum Beispiel Briefe.

Wahrscheinlich haben wir auf allen drei Wegen einen Zugang zum gleichen Kreativitätspool. In der ersten und zweiten Version wird uns dieser Pool von außen gezeigt oder geöffnet, und in der dritten öffnen wir ihn selber.

Egal, was wir unternehmen, um zur geistigen Weite zu gelangen, wir suchen nach etwas Weisem, nach etwas, das mehr sieht und mehr Bewusstsein zur Verfügung hat als unser Kopf. *Der gemeinsame Name für alle drei Möglichkeiten des Zugangs zum Kreativitätspool ist für uns deshalb auch die »weise Instanz«, nach der wir suchen können.*

Mario, von dem das folgende Beispiel handelt, hat schon Weiterbildungen in Hypnotherapie gemacht und kennt daher den Umgang mit *diesem von uns eben näher umschriebenen Unbewussten.* Das hilft ihm in einer sehr prekären Beziehungssituation:

> *Mario war von Eifersucht zerfressen. Seine Freundin Yvonne war schon lange heimlich fremdgegangen. Als sie es ihm endlich gestand, geriet er völlig durcheinander und pendelte zwischen flehentlichen Bitten: »Bleib bei mir!«, und rasenden Schreitiraden hin und her. Die Situation war so furchtbar für ihn, dass er vom »Opfer« zum »Täter« zu werden drohte. Seine Rachsucht und sein Verzweiflungshass kannten einfach keine Grenzen mehr. Er schleuderte Vasen und Gläser nach seiner Freundin, während die weinenden Kinder daneben standen; er sperrte Yvonne nachts bei klirrender Kälte aus, indem er seinen Schlüssel stecken ließ. Und seine Reue am*

nächsten Tag über dieses Übermaß von Wut konnte den Schaden nicht aus der Welt schaffen. Eine wirkliche Auseinandersetzung rückte in immer weitere Ferne.

Yvonne fühlte sich durchaus schuldig, aber auch sie hatte gelitten. Mario hatte sie lange Jahre immer wieder wochenlang mit den kleinen Kindern alleine gelassen, weil seine Firma ausgedehnte Auslandsaufenthalte verlangte. Wenn er nach Hause kam, war er oftmals nicht ansprechbar und verdämmerte seine Abende vor dem Fernseher. So unausgeglichen war das Schuldkonto dieser beiden Menschen nicht.

Nur ist es bei sexueller Untreue eben häufig, dass die »hintergangenen« Partner sehr tief abstürzen und ihre Beherrschung völlig verlieren. Denn diese Verletzung ist in sich schon schrecklich. Umso schlimmer ist es, dass sie meist auch noch in alte Abgründe aus der kindlichen Vergangenheit führt und unerlöste Gefühle von Wertlosigkeit aufwühlt. Panik, Angst und ein heftiger Wunsch, die Zerstörung zurückzugeben, sind die Folge.

Was tun?

Mario las haufenweise Bücher. Aus allen Ratgebern pickte er sich etwas Gutes heraus. Vor allem die Hypnotherapie mit ihrem Werkzeug, dem Unbewussten, gefiel ihm. So gewöhnte er sich an, jeden Morgen mit diesem Unbewussten Kontakt aufzunehmen.

»Bitte, liebes Unbewusstes«, sagte er laut, »lass mich nur die Gefühle erleben, die ich noch aushalten kann, aber lass sie mich wirklich fühlen, denn ich muss echt und ehrlich mit Yvonne umgehen. Ich muss ihr ja auch zuhören können. Ich darf mich von den Gefühlen nicht mehr überwältigen lassen, damit ich sie nicht über meine Freundin schütte, und damit ich nie mehr vor den Kindern ausraste. Sie fürchten mich schon.«

Dieses »Mantra ans Unbewusste«, sagte er auch vor sich hin, wenn die Gefühle im Gespräch mit ihr hochkamen und ihn überschwemmen wollten. Yvonne fand es zuerst ein wenig lächerlich, merkte aber, dass sie ihm besser zuhören konnte. Sie spürte in seinen Worten nun mehr die Verletzung als die rasende Wut, und ihr Herz wurde weicher. Die beiden gingen zusätzlich auch in eine Paartherapie, wie es bei solchen Krisen ratsam ist, aber die eigene Leistung von Mario und seiner »weisen Instanz«, die dank der Anrufung des Unbewussten zustande kam, war enorm.

Ein Trainieren der »weisen Instanz« ist also wichtig. Wir werden im Buch immer wieder Vorschläge machen, wie man mit ihr in Verbindung kommen kann.

Ein erster Einstieg ist die folgende kleine Übung.

Übung zur »weisen Instanz«: Die Haltung, in der ich leichter Zugang zur Intuition finde

Setzen Sie sich aufrecht auf einen Stuhl, die Füße auf dem Boden. Um die Intuition aufzufinden, muss man Vorstellungen und Absichtlichkeiten loslassen. Deshalb ist es gut, wenn man in eine so genannte defokussierte Haltung kommt.

Das geschieht, indem man seinen äußeren und seinen inneren Blick weitet. Lassen Sie also Ihren Blick los, indem Sie wie ein Pferd gleichzeitig vorne und seitlich bis an die Grenze des Blickfeldes alles sehen. Wenn das nicht klappt, betrachten Sie Ihren Zeigefinger im Abstand von 15–20 cm vor der Nase. Verschwimmt er ein wenig? Sehen Sie Ferne und Nähe rechts und links gleich stark?

Gut, nun ist beim Sehen Gelassenheit da. Mit dieser Gelassenheit, mit dieser defokussierten Haltung, achten Sie nun auf Ihren Bauch, bzw. auf die so genannte Aura vor Ihrem Bauch.

Jetzt sind Sie irgendwie »gleich-gültig« oder, besser gesagt, nicht mehr festgelegt auf Kopf-Ideen und Hoffnungen. Von dieser Haltung aus findet man oft die besten Lösungen. Von hier aus wird die Intuition tätig.

Wenn in einer Therapiesitzung nichts mehr läuft, gehen wir oft in diese defokussierte Haltung und warten einfach ab, was unsere Intuition uns zukommen lässt. Manchmal fällt uns dann ein Satz ein oder eine Übung, oder es kommt ein Bild hoch, das ausdrückt, worum es hier wirklich geht.

Diese geistige Weite, diese weise Instanz sollte fast so etwas wie eine Dauerbegleitung werden, dann geht viel weniger schief, und auch andere Lebensbereiche werden sich öffnen.

3. Auch das Herz will eingeladen werden

Viele Paare neigen dazu, in Konflikten Liebe mit Geliebt-werden-Wollen zu verwechseln.

Dieser heftige Wunsch nach der Liebe des anderen kennzeichnet aber eher ein verletztes als ein liebendes Herz. Verletzte Herzen ziehen sich zusammen, werden überempfindlich oder machen zu. Sie haben keine Kapazität, sich für den anderen zu interessieren. Sie stellen nämlich auf einen beständigen Nehme-Status um. Leider können solche Herzen von der Liebe des Gegenübers nicht satt werden. Der unersättliche Wunsch nach Liebe ist also nicht Liebe, sondern Gier.

Eine andere Version, an der Liebe vorbeizugehen, ist die Weigerung, das Herz überhaupt noch fühlen zu lassen. Hier wird weder gegeben noch genommen. Man fühlt zwar das Elend nicht mehr, leider aber auch nicht das Glück.

Das wahrhaft liebende Herz gibt Liebe, aber es nimmt auch Liebe an, und es wird davon satt. Mit diesem Herz entsteht der Puls von Geben und Nehmen.

Schwierige Beziehungszeiten und Konflikte sind umso einfacher zu ertragen, wenn unter der akuten Wut ein Wissen um die eigene Liebe und um die grundsätzlich vorhandene Liebe der jeweiligen anderen vorhanden ist. Und das wird durch eine so genannte »Landkarte der Liebe« sehr gefördert. Den Begriff der »Love-Map« hat der kreative Liebesforscher John Gottman geprägt. Und er meint damit ein detailliertes Wissen über alles, was für den Liebsten und die Liebste zentral wichtig ist.[4]

In seinen sehr spannenden Beobachtungen von realen Paaren fand er nämlich heraus, dass die glücklicheren unter ihnen eine Liste erstellen, in der vermerkt ist, was der andere gern hat, welche tiefen Probleme er hat, welches seine besten Freunde oder seine Lieblingsbeschäftigungen sind, welcher Mensch ihn am meisten in seinem Leben gestützt oder blockiert hat und unendlich vieles mehr.

Ein solches Wissen gibt beiden das Gefühl, beim anderen aufgehoben zu sein und wirklich gesehen – eben geliebt zu werden. Gottman schlägt vor, dass man auch Fragen und Antwortspiele miteinander zu verschiedenen wichtigen Themen machen kann, die bei der Erstellung einer solchen Love-Map helfen können. So kann man spielerisch lernen, genauer wahrzunehmen, wie sich das eigene Herz bzw. das Herz des oder der Liebsten entwickelt hat. Die Antworten werden je nachdem Freude oder Mitgefühl wecken und somit auch die eigene Herzensdimension in der Beziehung ansprechen.

- Kannst du mir sagen, welcher Mensch dich als Kind wirklich geliebt hat und wie du es gemerkt hast?
- Und wen hast du selber geliebt? Woran hast du diese Liebe gemerkt?
- Was hat deine Liebesfähigkeit unterstützt und was hat sie gefährdet?
- Was war dein größter Liebesschmerz als Kind?
- Wenn du dich ungeliebt gefühlt hast, was hast du getan, wie hast du dich gerettet?
- Kannst du dich an einen besonders zärtlichen Moment erinnern mit Vater, Mutter, Geschwistern, jemand anderem?
- Gab es einen Moment, wo du gemerkt hast, dass deine engste Bezugsperson nicht perfekt ist? Was hat es dir bedeutet?
- Wie wurde in deiner Familie Bindung gepflegt?
- Wem konntest du dich anvertrauen?
- Hat dir jemand gesagt: »Ich hab dich lieb?« Hast du es geglaubt? Warum, warum nicht?

4. Wie in guten Beziehungen die Euphorie niemals ganz stirbt

Wenn Beziehungen älter werden, kann die euphorische Qualität das Leben nicht mehr dauerhaft bestimmen. Aber sie ist so wichtig, dass wir nicht auf sie verzichten mögen. Kluge Paare wissen, wie man es fertigbringt, sie nicht ganz aus den Augen zu verlieren.

Forschung, die uns zeigt, was wir machen müssen, um die anfängliche Begeisterung aufrechtzuerhalten:
Trotz zunehmender Scheidungsraten gibt es noch genügend glückliche Verbindungen, von denen wir lernen können. Sandra Murray fand heraus, dass langjährig erfolgreiche Paare ihre Partner in Bezug auf eine lange Liste von Eigenschaften positiver einschätzen als diese sich selber.

Sie entdecken auch Stärken beim anderen, die sogar den besten Freunden verborgen bleiben. Unglückliche Paare hingegen sehen sich gegenseitig negativer als ihr Umfeld.

Die Forscherin nannte diese spezielle Fähigkeit erfolgreicher Paare »Verliebtheit light«.

Light deshalb, weil die totale Begeisterung der Verliebten einer sanfteren Form der Überschätzung gewichen ist und weil die Fehler des Gegenübers weniger geleugnet werden. Aber obwohl sie erscheinen, werden sie doch positiver eingebettet und liebevoller gedeutet als bei weniger glücklichen Paaren.

Die Geheimformel der langjährigen Beziehungskönner besteht also in einem Balanceakt zwischen einer alltagsgemäßen Realitätswahrnehmung und einer liebestauglichen Idealisierung.

Für unser Buch ist es sehr wichtig, ob diese Fähigkeit Paaren einfach nur zufällt oder ob sie trainiert werden kann. Die Forschungsergebnisse von Sandra Murray machen diesbezüglich Mut. Sie berichtet nämlich, dass man »Verliebtheit light« lernen kann und dass diese konsequente Idealisierung das Selbstbewusstsein des Gegenübers so weit stärkt, dass man sich gegenseitig noch positiver einschätzt als vorher. Es wird also über die Zeit alles noch schöner.[5]

Im ganzen Buch, aber besonders in den letzten Kapiteln werden Voraussetzungen berichtet, die diese positive Haltung sich selber und den Liebsten gegenüber möglich machen. Tiefe, Wärme und Hingabe und viel geistige Weite bahnen den Weg zuverlässig. Und beim Eintauchen in die zunehmend komplexer werdende Paarrealität wird uns zur Illustration neben einzelnen Beispielen von verschiedenen realen Paaren, durchgängig ein »erfundenes« Paar dienen. Fabian und Iris heißen die beiden, und sie tun das, was alle tun. Sie verlieben sich und stolpern im Alltag über die ganz normalen Hürden. Zunächst jedoch lernen sie sich erst mal kennen.

3. Kapitel

Ein Paar macht sich auf den Weg

Tagebuch von Iris – Eintrag vom 14. Mai
Heute Abend fahre ich in die Schweiz, nach Zürich, zu meiner Freundin Sophie.

Sophie ist wie ich Familientherapeutin. Wir haben uns kennen gelernt in einem Seminar in der Nähe von München. Wir waren da in Holzbaracken untergebracht, wo es nur Mehrbettzimmer gab. Ich kam etwas später an als sie. Auf meiner Suche nach einem Plätzchen für mich sah ich auf einem Bett einen bunten Rock liegen. »Da lasse ich mich nieder, in der Nähe der Frau, der dieser Rock gehört«, sagte ich zu mir. Als Sophie dann auftauchte, war sie genau wie ihr Rock: lebendig, fröhlich, schwingend.

Das war der Anfang unserer Freundschaft, die nun schon etliche Jahre dauert. Wir sehen uns zwar höchstens einmal im Jahr, aber wir telefonieren zwischendurch und das Band hält.

Für dieses Wochenende hat sie mich eingeladen. Am Samstagabend werden ein paar Freunde da sein. Sophie will mich mit ihrem neuen Freund bekannt machen und mich auf andere Gedanken bringen. Das ist eine gute Idee; seit der Trennung von H. vor einem Jahr bin ich innerlich noch ein bisschen wund und scheue mich eher vor Kontakten. »Einigeln ist aber nicht gut«, sagt mein Verstand, und er hat wohl Recht.

Tagebuch von Iris – Eintrag vom 15. Mai
Ich habe Fabian kennen gelernt, und es kommt mir wie ein Wunder vor. Ich hatte mir gar nichts versprochen von dem Fest bei Sophie; ich wollte einfach etwas rauskommen aus meinen vier Wänden, das Feld wechseln und wieder mit Leuten zusammen sein. Sophie und ich waren noch am Salatputzen, als ihr Freund Bernhard klingelte. Er brachte seinen Studienkollegen Fabian mit. Mein erster Eindruck war: schlaksig, scheu, freundlich. Nicht im Mindesten aufregend; das beruhigte mich sehr. Wir wechselten ein paar Worte beim Tischdecken, dann kam ich neben ihn zu sitzen.

Der entscheidende Moment folgte später. Wir hatten auf der Dachzinne von Sophies Altstadtwohnung gegessen. Es gibt da große Kübel mit Bambus, Rosen und Kirschlorbeer. Jemand aus dem Haus hat sich die Mühe gemacht, die Zinne in einen kleinen Garten zu verwandeln. Sogar ein Sonnendach aus Schilfstroh beschützt den Tisch und gibt angenehmen Schatten. Die Aussicht über die Dächer der Altstadt ist zauberhaft.

Ich war an das Zinnengeländer getreten, stützte mich darauf und sah versunken der Sonne zu, wie sie langsam dem Horizont zustrebte. Ihre rotgoldenen Strahlenarme umfingen mich warm und wohlig. Ich konnte fühlen, dass die versehrte Stelle in mir geheilt war. Die Trennung war überwunden.

In diesem Moment trat Fabian neben mich. Ich wünschte aus ganzem Herzen, dass er jetzt nicht sprechen möge. Als ob er meine Bitte aufgenommen hätte, sagte er kein Wort, legte nur sachte den Arm um meine Schultern. Die Umarmung der Sonne war zur Umarmung durch einen Menschen geworden. Ich gab mich ihr wortlos und selig hin. Und dann spürte ich dieses innerliche Beben in meinem Körper, Anzeichen eines knisternden Feuers zwischen zwei Menschen. Ich ließ es aufsteigen, genoss es, spürte die Wellen zwischen ihm und mir hin- und hergehen.

Lange Zeit schauten wir der sinkenden Sonne zu, bis wir uns das Gesicht zuwandten und ein lächelndes Einverständnis im andern fanden. Seither ist die Welt verzaubert, ich gehe wie auf Flügeln und frage mich nur zuweilen: »Ist es wirklich wahr?«

Könnte ich doch in dieser hauchzarten Hülle bleiben, in diesem Schleier aus Glück und Entzücken, in diesem lichten leidlosen Land, in dem ich so lange nicht zu Besuch war!

Fabian am 17. Mai

Fabian, ältester Student in seinem Semester, Arbeiterkind mit zweitem Bildungsweg, Fabian, der Tüchtige, sitzt vor Stößen von Papier. Der Kaffee ist kalt geworden und sogar die dunklen Augen der alten wunderschönen Hilde Domin im blauen Buch vor ihm erinnern ihn noch an Iris, braun mit goldenen Lichtern darin und später schwarz vor Verlangen.

Die Gedichte, Material für die letzte Seminararbeit vor den Prüfungen, wollen sich diesmal nicht für die notwendigen gescheiten Sätze benutzen lassen, stattdessen führen sie alle zu ihr.

Neue Wege möchte ich finden
schmerzhaft ungegangene
vom Du zum Ich[1]

Aufwühlende Worte. Genauso fühlt er sich. Diese Sehnsucht, einem anderen Menschen nahezukommen, gleichzeitig für diese Nähe keine Mittel zu haben, tut körperlich weh. Das Ziehen in seiner Brust ist fast unerträglich. Er kennt es von früher.

»Wie macht man daraus eine Seminararbeit, verdammt? Warum musste es mich diesmal nur so plötzlich und so tief treffen? Anfangs habe ich doch ganz locker meinen Arm um sie gelegt, wie schon so oft um so viele andere. Und jetzt bin ich hier und verfluche die Germanistik, mich und meine ewige Unsicherheit.«

Der kalte Kaffee schmeckt bitter, und die Angst, es nicht zu schaffen, wechselt mit äußerst angenehmen Körperempfindungen ab, wenn er sich daran erinnert, wie gut sie sich an seiner Seite auf der Terrasse angefühlt hat.

Eine halbe Nacht lacht und flucht Fabian vor seinen Papieren, bis er todmüde beschließt, sich auf Gedichte vom Krieg zu konzentrieren, um wenigstens den Abgabetermin einhalten zu können.

Fabian am 18. Mai

Nicht geschlafen. Die Arbeit ist fertig, aber nicht einzuschätzen. Er ist einfach zu müde und der viele Kaffee lässt sein System Amok laufen und macht ihn leichtsinnig.

Er ruft sie an.

»Denkst du an mich?«

Für tausend Kilometer Entfernung klingt die Stimme ganz nah und mildert den Schmerz im Brustbein.

»Ja.«

Schweigen.

»Bist du noch da?«

»Ja.«

Gott, warum fällt ihm bloß nichts Lockeres mehr ein?

»Das Semester ist in einer Woche fertig. Kann ich dich besuchen kommen?«

Wo ist dieser Satz nur hergekommen, und was soll er tun, wenn sie nein sagt.

»Ja.«

Ausatmen. Hoffentlich hört sie jetzt nicht, dass er die ganze Zeit die Luft angehalten hat. Dann endlich kommen die richtigen Worte.

»Iris, Mann, hatte ich Angst, du sagst nein.«

Sie lacht, sie lacht am anderen Ende.

»Und ich hatte Angst, du würdest nicht fragen.«

Tagebuch von Iris – Ende Mai, die Woche vor Pfingsten. *Fabian hat angerufen. Er will mich Pfingsten besuchen kommen. Und ich hatte mich schon damit abgefunden, dass er mich als Eintagsfliege betrachtet!*

Jetzt gibt es viel zu überlegen. Soll ich ihn bei meiner Freundin Eva unterbringen, um die nötige Distanz zu wahren? Quatsch, ich möchte ihn doch gerne bei mir haben, ihm meine kleine Wohnung zeigen. Ich habe sie hübsch eingerichtet und finde sie sehr behaglich.

Ach, wie mein Herz klopft! Was koch ich bloß? Was mag er wohl? »Unsinn, es gibt, was es gibt«, würde Eva sagen. Es wäre aber ein Grund, ihn anzurufen. Es wird mir ganz schwach bei dem Gedanken. Was soll ich bloß sagen? »Wie geht es dir« klingt so unsäglich banal. »Du fehlst mir« ist vielleicht schon zu intim. Ich fürchte, meine Stimme wird zittern vor Aufregung und verraten, dass ich ganz und gar nicht unbefangen plaudere.

Ich hab's gewagt – und als ich seine Stimme hörte, fühlte ich mich auf einmal wieder sicher. Das Gespräch ergab sich ganz von selber. Wir haben über meine Arbeit an der Familienberatungsstelle gesprochen, über seinen Abschlussstress und wann er ankommen wird in Berlin. Fast hätte ich vergessen zu fragen, was er gerne isst. Kartoffelgratin und Salat. Anspruchsvoll scheint er nicht zu sein. Ich werde zum Nachtisch frische

Erdbeeren besorgen. Und auf dem Markt werde ich Rosen kaufen, kräftige Freilandrosen, einen dicken Strauß.

Als ich den Hörer auflegte, war wieder dieses Zittern in meinem ganzen Körper.

Er kommt. Und ich freue mich, freue mich, freue mich!

Tagebuch von Iris – Die Woche nach Pfingsten

Fabian ist abgereist. Er war drei volle Tage da. Es ist so viel passiert zwischen uns, dass mein Herz zum Bersten voll ist. Ich war glücklich wie noch nie. Abwechslungsweise werde ich von Glücksgefühlen und einem schmerzlichen Ziehen in der Brust überschwemmt. Wenn er nur in der Nähe wohnen würde!

Am Flughafen sah ich ihn vor lauter Aufregung gar nicht kommen, bis er vor mir stand und mich in den Arm nahm. Da beruhigte sich mein Herz, und ich fühlte mich wie zuhause angekommen. Während wir zu meinem Wagen gingen, prüfte ich verstohlen, ob alles an ihm so war wie in meiner Vorstellung: die kräftige Gestalt, das dunkle Kraushaar, die tiefe Stimme und seine wohlgeformten Hände. Die liebe ich ganz besonders, sie fühlen sich warm und beruhigend an.

Auf dem Weg zu meiner Wohnung erzählte er mir von seiner Schlussarbeit, wie mühsam das Arbeiten daran war, weil seine Gedanken fortwährend abschweiften. »Zu dir«, sagte er und drückte mich an sich. Ich war selig.

Ein Moment der Befangenheit entstand, als ich vor der Wohnungstüre an meinem Schlüsselbund nestelte. Ich hielt den Kopf gesenkt dabei, damit er mein errötendes Gesicht nicht sehen konnte. Sollten wir gleich miteinander ins Bett gehen? Das Flirren zwischen unseren Körpern war unmissverständlich. Er half mir über die Klippe dieser Entscheidung hinweg, indem er aufgeräumt sagte: »Ich könnte jetzt einen Kaffee brauchen. Und dann zeigst du mir deine Wohnung. Ich möchte mir in Zürich deine Umgebung vorstellen können.« Erleichtert habe ich uns beiden Kaffee gemacht.

Anschließend gingen wir durch mein kleines Zuhause. Fabian fand die Einrichtung geschmackvoll, er lobte die Farbenzusammenstellung und das Gefühl von Raum, das die wenigen Möbel einem lassen. Vielleicht täusche ich mich, aber mir war, als ob dabei ein kleiner Schatten über sein Gesicht glitt.

Im Schlafzimmer war es für mich gar keine Frage mehr, dass wir uns aufs Bett legten und anfingen uns zu küssen. Ich begann zu schmelzen. Im letzten Moment erinnerte ich mich an meinen festen Vorsatz, nichts zu überstürzen. Nach einem langen, tiefen, beseligenden Kuss sagte ich: »Fabian, sei mir nicht böse. Ich glaube, ich bin noch nicht ganz bereit. Es hat nichts mit dir zu tun. Ich möchte einfach mit meiner Seele nachkommen.« Ich zitterte innerlich, ob er die Worte als Abweisung aufnehmen würde. Er blieb aber ganz ruhig: »Einverstanden.« Der Kuss, den er mir darauf gab, hätte meine guten Vorsätze beinahe ins Wanken gebracht.

Am schönsten in diesen Tagen war der Abend im Kastaniengarten des kleinen Restaurants an der Havel. Fabian wollte mich zum Abendessen einladen. Mein Kartoffelgratin hatte ihm geschmeckt, aber er sagte: »Du musst nicht ständig in der Küche stehen!«

Ich glaube, er war froh, dass ich kein teures Restaurant vorschlug, sondern das gemütliche alte am Wasser. In den Bäumen hingen farbige Lämpchengirlanden, wir aßen Fisch und tranken einen guten Moselwein dazu. Wir blieben, bis es ganz dunkel war. In jener Nacht haben wir uns geliebt, voll und ganz.

Den ersten tiefen Kuss habe ich geschlürft wie brennenden Nektar. Wir haben unsere Körper erspürt, uns Zeit genommen, diese geheimnisvolle Landschaft mit allen Sinnen aufzunehmen, an den köstlichen Stellen zu verweilen, auf die Resonanz zu lauschen. Es war eine vielstimmige Sinfonie im sanften Licht meiner rosafarbenen Lampe. Ich hatte keine Bedenken, kein Zögern mehr. Ich wollte diesen Mann, genau diesen einen. Das Gefühl von Zeit löste sich auf. Ich weiß nur, dass Fabian mich fragte: »Möchtest du noch warten?«

»Oh nein, ich bin bereit.« Der Moment der Vereinigung. Das rhythmische Ineinanderschwingen unserer Körper. Die sich steigernde Erregung. Lust, überwältigende Lust. Der Ausbruch eines glühenden Vulkans, unaufhaltsam, mitreißend, erschütternd. Das Abflauen und sich immer noch nahe sein. Versinken in Traumgefilde; sich noch im Schlaf spüren.

Eine unaussprechliche Erfahrung, zutiefst erfüllend und beglückend. Nur wenn ich ganz ehrlich bin, gab es einen Moment, der mich ein bisschen enttäuscht hat. Als Fabian in mich eindrang, suchte ich seinen Blick. Ich wollte voll mit ihm verbunden sein. Er schaute aber weg, hielt meinem Blick nicht stand. So deute ich es wenigstens. Das war ein kleiner Wermutstropfen im süßen Becher des Zusammenkommens. Überbewerten will ich ihn nicht. Wir können ja darüber sprechen; wir treffen uns sicher wieder. Wenn es nur schon so weit wäre.

Fabian im Wirrwarr der Gefühle

Fabian ist in der Woche nach seiner Reise nach Berlin eigentlich zu beschäftigt, um viel nachzudenken. Sein Stipendium reicht definitiv nicht mehr für das teure Zimmer im Zürcher Seefeldquartier; er muss dringend eine neue Bleibe finden. Dabei spielt das Licht in seinem hellen, großen Raum bei allen Verführungsszenarien, die seine Fantasie seit der Begegnung mit Iris beflügeln, eine große Rolle. Er ertrinkt in einem irrwitzigen Mix aus extremem Verlangen, Freude über die Überschwänglichkeit dieser Frau und ängstlichen Fantasien über das Zusammentreffen ihrer beider Eltern bei der Hochzeit.

Letzteres lässt ihn an seinem Verstand zweifeln. Natürlich will er auf gar keinen Fall heiraten, und trotzdem überfluten ihn diese prächtig anmutenden Bilder seit ihrem letzten Gespräch, wo sie über ihre Familien geredet haben. Er sieht zum Beispiel eine Hochzeitstafel, auf der Berge von Köstlichkeiten ausgebreitet sind, und wie sein Vater zum dicksten Stück Fleisch greift, um sich bald darauf die Soße mit den Fingern aus dem Gesicht zu wischen. Ihm gegenüber zieht Iris' Vater, der gut gekleidete Studienrat, fast unmerklich die Brauen hoch und wirft einen Seitenblick auf seine Frau.

Fabian denkt, dass er in diesem Sommer mit Theaterbesuchen übertrieben haben muss, denn die Bilder haben den Charakter von Inszenierungen. Eines davon ist ihm besonders unangenehm, es kommt in verschiedenen Variationen. Seine Mutter, die sich bemüht hat, ein schönes Kleid zu finden, das in dem Rahmen von zurückhaltender Eleganz nun leicht deplatziert wirkt, wird bei der Frage nach ihrer Arbeit verlegen. Soll sie antworten: »Ich hab mir die Finger wund geputzt, wenn mein Mann wieder einmal arbeitslos war?«

Nein – Heiraten geht nicht. Zwei Länder, zwei Schichten. Wie vertrackt sein Unbewusstes diesmal gewählt hat!

Fabian am 31. Mai

Es geht auf die Prüfungen zu, aber Fabian schwirren Liebesgedichte durch den Kopf. Rilke, Neruda, Walther von der Vogelweide. Sein Herz singt und bei der Erinnerung an ihre wunderbaren Bett-, Sofa- und einmal – leicht missglückt – Badewannenbegegnungen, überfällt ihn ein unbändiges Verlangen nach ihr. »Wir kennen uns, glaub', schon dreihundert Jahre«, hatte Iris geflüstert. Es war ihm recht kitschig vorgekommen, aber nun im Rückblick, findet er es plötzlich auch. Alles ist so wie noch nie und gleichzeitig ganz wie schon immer.

Paradoxe Gefühle, die ihm, dem Rationalen, die Dimensionen verschieben.

Ein paradiesischer Irrgarten hat sich in seiner Seele breitgemacht.

Mit Iris kann er lachen, über so vieles reden, Neues entdecken und wunderbar Liebe machen.

Die vielen Angstideen vorher ... sein Ständer, der mittendrin schlappmacht, vorzeitiger Samenerguss, dass er ihr nicht gefällt, dass sie ihn doch nicht begehrt, dass Herrgott, ja, einfach alles schiefgeht ... sind nun hinfällig.

Auch die Vorstellung, ihre unterschiedliche Herkunft würde zwischen ihnen stehen, hat sich nicht bewahrheitet. In ihrer eleganten Wohnung mit Designermöbeln und Erbstücken hatte er sich niemals fehl am Platz gefühlt.

An dieser Stelle stoppen seine Gedanken. So makellos war es nun doch nicht gewesen. Ein paar Mal war ihm unwohl geworden, aber nach dem ersten Kuss auf Iris' Bett war eine solche Freude aufgekommen, dass alle Probleme daneben verblasst waren.

Später beim Einschlafen, schon halb im Traum, fällt ihm noch etwas ein: Blicke, da waren Blicke, als wolle sie etwas, was er ihr nicht gibt. Aber dann schließt ihm der Schlaf seine inneren Augenlider und die beunruhigenden Bilder verschwinden.

Am 15. Juni

Fabian sitzt auf seinem Bett und starrt mit einer belustigten Grimasse das Telefon an. Gerade hat er den Hörer aufgehängt. Redet sie immer so viel? Wieso hat er es in Berlin nicht gemerkt? Vielleicht, weil er ihr dort den herrlichen Mund mit

Küssen verschlossen hat. »Höchste Zeit für ein nächstes Mal«, denkt er. »In einer Woche habe ich meine erste Prüfung hinter mir. Ob sie diesmal nach Zürich kommt?«

4. Kapitel

Du und ich sind nicht dasselbe

»Liebevollen Umgang mit unterschiedlichen Bedürfnissen aufzubauen ist ein zentrales Erfordernis gelingender Liebesbeziehungen«, sagt Wolfgang Schmidbauer in einem Interview mit Michael Mary.[1] In diesem Kapitel verlassen wir also die euphorische Dimension der Verliebtheit. Der Schritt wird von Verliebten zunächst ohne Zweifel als beleidigende Zumutung empfunden, ja sogar als Bedrohung ihres Glücks, das in der Verschmelzung, dem Immer-wieder-eins-Werden liegt. Dieses Verhalten entspricht dem Verharren im gesellschaftlich gültigen romantischen Liebesideal, das Unterscheidung und Differenzierung als trennende Faktoren verpönt.

Die Spannung zwischen Verschmelzung und Individuierung

Verschmelzung und Individuierung sind gegenläufige Tendenzen. Verschmelzung bedeutet innigste, ununterschiedene Vereinigung; Individuierung strebt von ihr weg in Richtung Unterscheidung, Wahrung von Individualität und Eigenständigkeit. Beide Pole ziehen uns an, an keinem können wir auf Dauer ohne den andern existieren, weil wir das Gefühl von Verbundenheit ebenso brauchen wie dasjenige, eine autonome Persönlichkeit zu sein. Wir müssen deshalb mit der Spannung zwischen den beiden Tendenzen umgehen lernen, um ein immer neues Gleichgewicht herzustellen zwischen zwei entgegengesetzten Strebungen: eins mit dem Du und eins mit uns selber zu sein.

Der Wunsch nach Verharren am Pol der Verschmelzung

Im Stadium der Verliebtheit überwiegen im Allgemeinen die Verschmelzungswünsche. Die Sehnsucht nach ununterbrochenem Nahesein nimmt wahrscheinlich die Erinnerung an das ungetrennte Vereinigtsein in der frühesten Phase unseres Lebens auf, als wir uns im Mutterleib getragen, geborgen und noch nicht vereinzelt in der Welt existierend erfahren konnten. Erst durch die Geburt, bei der die Nabelschnur durchschnitten wurde, lernten wir den Zustand des Getrenntseins kennen. Wir wissen natürlich, dass diese Trennung notwendig war, sonst hätten wir nicht heranwachsen können zu den Menschen, die wir sind. Vielleicht haben wir alle aber eine gewisse Sehnsucht behalten nach dem Zustand des Einsseins mit einem Zweiten, und wem diese Erfahrung in den ersten Monaten seines Lebens nicht geschenkt wurde, hofft vielleicht, sie mit einem geliebten Menschen nachzuholen.

Möglicherweise spiegelt sich im Verlangen nach Verschmelzung auch die andere urmenschliche Sehnsucht wider: diejenige nach der Verbindung mit der kosmischen Einheit. Im Liebesgeschehen, so könnte man annehmen, treffen wir auf das Gefühl der Vereinigung mit dem Göttlichen, und daher möchten wir das ununterschiedene Einssein so lange wie möglich festhalten. Vor dem anderen Pol, dem Nicht-mehr-eins-Sein, der Loslösung aus dem Verschmolzensein, haben wir Angst, weil wir uns von dem geliebten Menschen schmerzlich getrennt erleben könnten. Wir tun viel, um das Gefühl von Einheit und Gleichschwingen aufrechtzuerhalten, eben weil wir diesen Zustand mit dem Paradies vergleichen, das wir niemals verlassen möchten.

Sehen wir, wie es Iris und Fabian, unserem Modellpaar, diesbezüglich ergeht. Nach einigen Monaten der Verliebtheit haben sie immer noch Wünsche nach ständiger Nähe und möglichst ununterbrochenem Kontakt, welche durch die räumliche Trennung noch verstärkt werden. Vor allem Iris reagiert heftig auf eine scheinbare Unterbrechung ihres Gefühls von Einssein.

Tagebuch Iris. Ende Juli.
Fabian hat seit drei Tagen nicht angerufen. Ich weiß, dass er in den Abschlussprüfungen steckt, aber ein bisschen könnte er doch an mich denken. Ich bin schließlich auch wichtig. Ob ich ihn anrufe? Lieber nicht. Meine Freundin Eva sagt: »Keinem Mann nachlaufen. Er soll sich bemühen um dich.« Ich habe solche Sehnsucht nach ihm, seiner Stimme, seiner Wärme! Ich könnte ja harmlos tun und nachfragen, wie es läuft mit seinem Examen. Wenn ich dann aber weine am Telefon, ihm Vorwürfe mache, dass er mich vernachlässigt? Schreckliche Vorstellung! Ich will ihn doch nicht verprellen. schließlich habe ich

Verständnis für seinen Prüfungsstress; ich war auch völlig absorbiert damals bei meinem Studienabschluss. Ach, ich bin innerlich hin- und hergerissen. Was soll ich nur tun? Doch anrufen? Nein, dazu bin ich zu stolz. Heute nicht. Vielleicht morgen, wenn ich es gar nicht mehr aushalte.

Tagebuch Iris. Anfang August.
Ich bin so froh – meine Zweifel waren grundlos! Fabian hat mich angerufen; die Prüfungen sind vorbei, alles ist gut gegangen. Es war, wie ich gedacht habe, er ist völlig abgetaucht und musste sich auf sein Examen konzentrieren. Trotzdem hat es mir überaus wohlgetan, dass er lachend sagte: »Ich konnte mir nicht leisten, an dich zu denken, sonst hätten die Buchstaben vor meinen Augen angefangen zu tanzen oder sie wären feuerrot geworden!«

Wie gut, dass ich nicht angerufen und ihm keine Vorwürfe gemacht habe. Wir treffen uns nächstes Wochenende in Zürich, er will mir seine neue Bude zeigen. Als ich fragte: »Machst du jetzt ein bisschen Pause im Studium?«, meinte er ganz ernsthaft: »Das kann ich mir nicht leisten. Ich will so schnell wir möglich meine Dissertation machen und dann Geld verdienen.«

Es klang zwar sachlich, aber ich meinte einen Unterton zu hören, der vielleicht mit unserer Zukunft zusammenhängt. Wir haben eigentlich noch nie darüber gesprochen, aber meine Gedanken gehen manchmal in Richtung eines Zusammenlebens. Wer weiß?

Die getrübte Stimmung hat sich aufgelöst, das Gefühl der ununterbrochenen Verbindung ist wiederhergestellt. Fabian konnte sich für die Zeit seines Examens auf seine Prüfungen konzentrieren, und Iris war imstande, ihre Vorwürfe, dass er sie vernachlässige, zurückzuhalten. Iris hegt aber weiterhin starke Wünsche nach mehr Nähe mit der Möglichkeit, zu verschmelzen.

Unterschiede ausblenden oder anerkennen

Die Wünsche nach Verschmelzung bleiben Bestandteil einer Liebesbeziehung, und sie lassen sich sehr wohl auch nach der Phase des Verliebtseins von Zeit zu Zeit verwirklichen. Auf dem Weg zu einer realitätsgerechten Beziehung werden wir uns aber nach und nach dem anderen Pol, demjenigen der Differenzierung, annähern müssen.

Wir können zwar die Erkenntnis hinauszögern, aber die erste Stufe in Richtung einer auch im Alltag verankerten Beziehung lässt sich auf Dauer nicht vollkommen ausblenden: das *Aufdämmern des Nicht-vollkommen-eins-Seins.* Noch während des schönsten Verliebtseins blitzt momentweise die Ahnung auf, dass zwei Menschen nicht ein und dasselbe sind. Die Geliebte hat kalte Hände. Wir reiben sie vielleicht zärtlich warm und denken uns nichts dabei, obwohl wir die Temperaturunterschiede zweier getrennter Organismen wahrnehmen. Wir gleichen aus und stellen Ununterschiedenheit her.

Allmählich jedoch stoßen wir immer wieder und immer häufiger auf Anzeichen von Verschiedenheit zwischen dem geliebten Menschen und uns selber. Oft dauert es lange, bis wir akzeptieren können, dass unsere Partner sich tatsächlich von uns unterscheiden.

Manche Menschen bringen es fertig, auf eine von außen her gesehen unbegreifliche Art Unterschiede nicht zu beachten.

Dazu eine wahre Geschichte:

Bei einem Zusammensein mit amerikanischen Freunden war die Rede vom »Schmelztiegel Amerika«. Einer unserer Bekannten war chinesischer Abstammung. Er hatte eine waschechte Amerikanerin geheiratet und erzählte uns lachend folgende Begebenheit: »Stellt euch vor, Grace und ich waren ein Jahr verheiratet, da sagt sie eines Abends beim Heimkommen zu mir: ›Um Gottes willen, du siehst ja wirklich aus wie ein Chinese!‹«

Die späte Erkenntnis wirkte anfänglich schockierend, wie der Ausruf »Um Gottes willen!« zeigt. Nun ist es ja nicht denkbar, dass Grace während der Zeit, in der sie ihren Mann kennen lernte und heiratete, nicht gewusst haben sollte, dass er eingewanderte Vorfahren hatte. Auch das chinesische Aussehen wird sie wahrgenommen haben, aber als unumstößliche Wahrheit scheint es erst nach einem Jahr in ihr Bewusstsein gedrungen zu sein.

Diese erstaunliche Tatsache können wir dem Wunsch zuschreiben, sich möglichst lange eins fühlen zu können mit dem Partner, und dabei sogar einen so auffälligen Unterschied wie einen asiatischen Gesichtsschnitt auszublenden.

Lakonischer beschreibt eine Kurzgeschichte die Folgen des Ausblendens von Unterschieden:
Ein Mann und eine Frau lernten sich kennen, verliebten sich und heirateten. Aber es ging schief. Er lebte nur von Fisch, und sie mochte keinen Fisch. Sie hatten vorher nie über das Essen gesprochen.

Alle Liebenden machen mit der Zeit die Erfahrung der Unterschiedlichkeit. Nicht alle empfinden sie gleich schmerzlich. Einige können die Rückkehr in alltäglichere Gefilde gut verkraften und behalten die Erinnerung an ihr Verliebtsein wie einen kostbaren Schatz. Manchmal stellt sich sogar ein Gefühl der Erleichterung ein: »Endlich wieder auf dem Boden! Endlich wieder bei mir selber!« Diese Paare finden einen Weg, den Übergang von der Verschmelzung zur Differenzierung anzunehmen. Sie begreifen, dass die Beziehung keinesfalls zu Ende sein muss, wenn sich herausstellt, dass sie keine ununterbrochene Einheit sein können.

Es kann aber auch passieren, dass jemand von der Erkenntnis, wie anders der Geliebte empfindet, wie vom Blitz getroffen wird. Iris z. B. hatte viele kleine Unstimmigkeiten, die anfangs wie Schäfchenwölkchen am Liebeshimmel auftauchten, weggewischt. Ahnungslos über eine unausweichlich aufziehende düstere Wolke machte sie Fabian einen Vorschlag.

Tagebuch Iris
Ich bin wie vor den Kopf geschlagen. Eben noch hatte ich Träume von einem Zusammenleben mit Fabian und habe mir Gedanken gemacht, wie wir das bewerkstelligen könnten – er in Zürich, ich in Berlin. Die Distanz ist zu groß, ich möchte näher bei ihm sein. Wenigstens so nahe, dass wir uns öfter sehen könnten, auch unter der Woche. Wenn ich zum Beispiel nach Konstanz ziehen würde? Ich habe mir alles so schön ausgemalt: die zunehmende Nähe zu ihm, er lernt meine Familie kennen und führt mich in die seine ein …

Deswegen habe ich ihn eingeladen, zum Geburtstag meiner Mutter Anfang Dezember nach Berlin zu kommen. Und er?

Er hat rundweg abgelehnt. Er möge Feste nicht so gerne, es gehe ihm auch zu schnell, er fühle sich dazu noch nicht imstande, er müsste seinerseits sie zu seinen Eltern einladen und das falle ihm schwer … Er hat vor Aufregung beinahe gestammelt, als er immer neue Gründe und Rechtfertigungen suchte. Ich habe sie gar nicht mehr gehört – mir war, als hätte man ein Licht in meinem Innern ausgeblasen. Ich habe nur die Ablehnung meines Vorschlags und damit die Abwertung meiner innersten Zukunftsbilder gehört.

Mit knapper Not war ich imstande, zu sagen: »Lass uns nicht mehr davon sprechen!«

Immerhin konnte ich die Traurigkeit in seiner Stimme hören, als er leise fragte: »Verletzt dich meine Absage so sehr?« Tapfer sagte ich: »Ja.« Mir kamen die Tränen.

Ich war Fabian dankbar, dass er sagte: »Ich möchte, dass du besser verstehst, warum ich jetzt nicht in deine Familie kommen kann.« Wir haben aufgehängt und nichts weiter verabredet. Ich brauche Zeit, mich von dem Schlag zu erholen.

Tagebuch Iris

Ich habe mich ein wenig beruhigt. In einem langen Telefongespräch hat Fabian versucht, mir zu erklären, warum er einen Besuch bei meinen Eltern scheut. »Erinnerst du dich an unser Gespräch über unsere Familien? Weißt du, ich könnte es nicht ertragen, wenn mein Vater eine grobe oder abschätzige Bemerkung über unsere Beziehung machen würde. Und wenn ich deine Eltern besuche, ist es doch nur logisch, dass du auch meine kennen lernst.« So viel habe ich verstanden: Er hat Angst, wie seine Eltern auf mich reagieren – dabei fürchte ich mich viel mehr, ob ich ihnen gefallen würde. Er ist auch unsicher, wie meine Eltern ihn aufnähmen. Ich habe da keine Zweifel. Meiner Mutter würde der attraktive Freund ihrer Tochter gefallen; sie wäre erlöst von ihrer Sorge, dass ich keinen Mann kriege. Mein Vater würde sich gut verstehen mit Fabian. Sie sind beide etwas bedächtig und ein bisschen zögerlich in gewissen Dingen. Auf jeden Fall könnten sie zusammen fachsimpeln, über Schulreformen zum Beispiel, Papas Lieblingsgebiet. Ich verstehe einfach immer noch nicht ganz, was so schwierig sein soll an einem Besuch bei mir zuhause. Ich nehme Fabian aber ab, dass es nichts mit seiner Liebe zu mir zu tun hat.

Fabian in Nöten

Als Fabian das Telefon aufhängt, merkt er, wie er ins Schwitzen geraten ist. »Verdammt, ich will noch keine Bindung! Muss denn alles Schöne so schnell in eine Verpflichtung ausarten?«

Eine kurze Weile fasst er sogar eine Trennung ins Auge. Wenige Bierchen und Kaffeetassen später hat er sich jedoch so weit beruhigt, dass er sich für den nächsten Anruf, den er noch am gleichen Abend befürchtet, eine vorläufige Strategie ausdenkt.

Er will seine Iris trotz allem nicht verlieren. Er wird die – wahre – Tatsache in den Vordergrund schieben, dass seine Eltern nicht zu ihren passen und er daher Familienbesuche generell noch nicht möchte. Er kann es ja noch ausschmücken, wie er sich vor Bemerkungen seines Vaters bei einem ersten Kontakt fürchtet. Ansonsten schiebt er das Ganze erst einmal wieder weg und stürzt sich in seine Arbeit.

Tagebuch Iris

Ich habe mit Eva darüber gesprochen, dass Fabian nicht zum Geburtstag meiner Mutter kommen will. Sie war entsetzt: »Bloß nicht! Versuch bloß nicht, ihn in deine Familie zu schleppen! Du bist viel zu romantisch! Heutigen jungen Männern muss man Freiraum geben. Hör auf zu klammern, damit verscheuchst du jeden!« Ich war ziemlich unglücklich: »Ist es denn so verkehrt, an eine Dauerbeziehung zu denken?« »Darfst du ja, nur behalt deine Träume für dich! Du hast doch nicht etwa schon von Kindern gesprochen?« »Sicher nicht«, verteidigte ich mich. »So blöd bin ich nicht.« Obwohl – ganz heimlich, im hintersten Seelenstübchen, hat sich der Gedanke schon geregt.

Eva schockiert zwar ab und zu mit ihrer resoluten Art; sie ist aber eine treue Freundin und kann sich bei Männern viel besser durchsetzen als ich. Vielleicht hat sie Recht. Ich will versuchen abzuwarten, ob Fabian wieder auf das Thema zu sprechen kommt.

Die Erkenntnis, dass Fabian in ganz wesentlichen Dingen anders empfand und andere Bedürfnisse hatte, war für Iris zunächst ein Schock. Sie hatte völlig naiv geglaubt, ihm mit der Einladung zum Geburtstag ihrer Mutter eine Freude zu machen. Dahinter steht eine ganze Reihe von Fehlannahmen, die ihn betreffen: darüber, dass er Feste mag, über die Beziehung zu seiner Familie und über sein Verhältnis zu einer verbindlichen Partnerschaft. Eigentlich hätte sie diese Dinge nach ihren früheren Gesprächen über die Themen wissen müssen, aber offensichtlich hatte sie dieses Wissen nicht an sich herankommen lassen. Erst jetzt, bei diesem Stolperstein »Familienfest«, musste sie zur Kenntnis nehmen, wie verschieden Fabians Hintergrund von ihrem war und dass sich daraus ganz andere Reaktionen als die erwarteten auf ihren Vorschlag ergaben.

Zunächst wirkte diese Tatsache auf Iris wie eine Katastrophe. Ihre tiefsten Hoffnungen schienen in Frage gestellt; sie hatte Mühe, sich zu fassen, und zweifelte an Fabians Liebe zu ihr. Seine Weigerung, die Einladung zum Geburtstag ihrer Mutter anzunehmen, bedeutete für sie eine Ablehnung ihrer Person und ihrer Zukunft als Paar. Sie war im ersten Moment nicht imstande, Fabians Gründe auch nur anzuhören, geschweige denn sie zu verstehen oder nachvollziehen zu können. Der Gedanke, dass er sich gegen eine feste Bindung wehrte und diese Ablehnung mit Halbwahrheiten vor ihr verbergen wollte, wäre viel zu schmerzlich für sie gewesen. Deshalb glaubte sie seinen Erklärungen und beruhigte sich dabei.

Der erste Versuch, wichtige Unterschiede zwischen ihnen beiden zu vertuschen, mag vorerst gelungen sein, aber die Tatsache, dass es so ist, schwelt nun unter der Oberfläche und wird weiterhin Spannungen erzeugen.

Es bleibt Iris und Fabian wie allen Paaren nicht erspart, die Andersartigkeit des geliebten Menschen zu erfahren und zu lernen, damit umzugehen. Noch sind sie nicht geübt darin. Es wäre besser gewesen, deutlicher miteinander zu reden. Fabian neigt zum Vertuschen seiner wirklichen Gefühle und Iris fragt nicht nach, weil sie seinen Ausreden glauben möchte. Immerhin haben sie eine Erfahrung mit einem »Nein« und damit die Erfahrung einer Abgrenzung gemacht. Durch den Schmerz, den diese Erfahrung verursacht, kommen die beiden jedoch erneut in Kontakt mit der tieferen Dimension ihrer Beziehung, was die Herzensqualität auf die Probe stellt, aber sie auch dadurch bestärken kann.

Einen Übergang finden zur Individuierung

Nach einem Ausspruch von Anaïs Nin kann das Risiko, in der Knospe zu verharren, ebenso schmerzhaft sein wie das Risiko, zu blühen. Wenn eine Verliebtheit zur Beziehung erblühen soll, stehen uns Schritte in Richtung Individuierung bevor, die wir zwar hinauszögern, aber auf Dauer nicht vermeiden können, wenn wir nicht in einer illusionären Scheinwelt landen wollen.

Die Entscheidung »In-der-Knospe-Bleiben« oder »Ja-sagen-zum-Blühen«, d. h. zum Weiterwachsen, lässt sich mit einer Gratwanderung vergleichen. Manchmal steht es auf Messers Schneide, ob eine Beziehung sich entwickeln kann oder ob die Angst vor dem Verlust der Knospenhülle so groß ist, dass das nächste schützende Knospenstadium aufgesucht wird.

Nach den Gesetzen vom Ablauf einer Beziehung über die Phase der Verliebtheit hinaus geraten wir unweigerlich in das Gebiet des Wahrhabenmüssens von Schattenseiten unserer Partner, und wir stehen vor der Aufgabe, mit dem umzugehen, was uns bei dem geliebten Menschen stört.

Selbstverständlich sind nicht alle Unterschiede gleich gravierend. Ob Ihr Partner den Kaffee mit Milch trinkt, während Sie gezuckerten vorziehen, ist letztlich nicht von Bedeutung. Eine Rolle kann das erst dann im Alltag spielen, wenn Sie Ihrem Gegenüber gedankenlos die ungeliebte Variante vorsetzen. In diesem Moment werden Äußerungen kommen wie: »Das solltest du doch endlich wissen!« Dabei ist nicht der Kaffee die Hauptsache, sondern es geht um die Frage: »Nimmst du mich eigentlich wahr?«

Tiefer gehende Unterschiede in den Ansichten und Bedürfnissen mit unseren Partnern müssen wir ernst nehmen. Bestimmte Reaktionsweisen beginnen manchmal das Liebesglück zu überschatten wie massive Wolken, die wir nicht mehr mit einer Handbewegung vom Liebeshimmel wischen können. Was mit einem verzweifelten »Wo habe ich bloß meine Augen gehabt?« einhergehen kann. Es bedeutet aber nicht, dass wir auf dem Weg zu Trennung sind, wo wir das Fazit ziehen müssen, »dass das, was man für wertvoll gehalten hat, nichts als ein nackter, stumpfer Kiesel ist wie jeder andere«.[2]

Es bedeutet, dass die Entwicklung der Beziehung einen höheren Grad von Individuierung verlangt. Das kann uns sehr erschrecken, weil wir oft nicht im Geringsten darauf vorbereitet sind. Wir können es wie einen Rauswurf aus dem Paradies erleben und beschließen, nach einer neuen Insel der Seligkeit zu suchen.

Wenn wir aber den Schock und die Enttäuschung aushalten, beginnt ein spannender Prozess, in dessen Verlauf Paare akzeptieren lernen, dass sie und ihre Partner getrennte Wesen sind, die sich dem Zustand des Einsseins immer wieder annähern dürfen, aber ebenso zurückfinden müssen zu dem, was sie voneinander unterscheidet. Die Bewegung zwischen Vereintsein und Getrenntsein ergibt einen rhythmischen Puls, welcher die Spannung in einer Beziehung aufrechterhält. Dieser Puls wird umso fließender, je besser das Gleichgewicht zwischen inniger Nähe und gesundem Grenzeneinhalten hergestellt werden kann.

So müssen keine schroffen Abbrüche entstehen, weil z. B. die Verschmelzung unerträglich wird. Fließende Übergänge ersparen auch ein übermäßiges Anklammern, weil sie die Sicherheit vermitteln, sich einander annähern und wieder mehr Distanz nehmen zu können. Man bewegt sich dann in einem Fenster zwischen den Polen Verschmelzung und Vereinzelung, in dem man sich bald der einen und bald der anderen Zone annähert. Auf diese Weise kann man sich als zusammengehörig und doch eigenständig erfahren.

Der Liebesstil als Indikator der Individuierungstoleranz

Ob und wie gut wir es aushalten, unsere Partner als von uns getrennte Wesen zu erleben, hängt entscheidend von unserem Liebesstil ab. Wir alle haben einen »Liebesstil«, das heißt, wir lieben in der Art und Weise, die zu unserer Lebensgeschichte gehört.[3] Stark vereinfacht könnte man sagen, wir lieben als Erwachsene so, wie wir es als Kind gelernt haben.

Wenn wir das Glück hatten, von zugewandten, verlässlichen Erwachsenen umgeben zu sein, konnten wir einen »sicheren« Liebesstil entwickeln. Es fällt uns dann leichter, die positive Sicht auf unseren Partner zu behalten und nicht gleich in eine negative Sicht zu verfallen.

Erinnern Sie sich an die Reaktion von Iris, als Fabian während seines Studienabschlusses von den Examen in Anspruch genommen war und sich ein paar Tage nicht meldete? Sie hatte ziemlich zu kämpfen mit Gefühlen von Verlassenwerden und Nicht-mehr-wichtig-Sein. Das mag mit ihrer Erfahrung der Zurücksetzung gegenüber ihrem kleinen Bruder in ihrer Kindheit zusammenhängen oder mit den Entwertungen, die sie in ihrer vorigen Beziehung erfahren hat. Immerhin war sie imstande, mit ihren Zweifeln umzugehen, indem sie sich ihre eigene Prüfungssituation in Erinnerung rief und von daher Verständnis für die Situation von Fabian aufbringen konnte. Sie musste jedoch einen Umweg machen, um das Vertrauen in Fabians Zuneigung durch den kurzfristigen Kontaktabbruch nicht zu verlieren. Darin zeigt sich eine Unsicherheit in ihrem Liebesstil, der sich auf die Beziehung auswirken kann.

Der Liebesstil spielt eine wesentliche Rolle für die Bedürfnisse und Erwartungen, die Paare in einer Beziehung haben. Unterschiedliche Liebesstile können das Gefühl von »Wir-sind-doch-eins« und »Wir möchten-doch-dasselbe« empfindlich stören und das Anerkennen von Verschiedenheiten zwischen den Partnern erschweren.

Um Ihnen die Überprüfung Ihres eigenen Liebesstils zu erleichtern, listen wir nachfolgend Fragen zu drei verschiedenen Liebesstilen auf. Untersuchungen haben gezeigt, dass es sich dabei um die häufigsten Bindungsformen in der Liebe handelt (vgl. Bas Kast). Je nachdem, wie Sie die Fragen beantworten, können Sie sich (mehr oder weniger) in eine der drei Kategorien einordnen.

1. Fällt es mir leicht, anderen Menschen nahezukommen? Finde ich es in Ordnung, von anderen abhängig zu sein, und habe ich umgekehrt kein Problem damit, wenn andere von mir abhängig sind? Mache ich mir nicht so viele Sorgen darüber, verlassen zu werden, oder darüber, dass eine Beziehung mich einengen könnte?
2. Fühle ich mich irgendwie nicht so wohl dabei, anderen nahezukommen? Fällt es mir schwer, einem Menschen vollkommen zu vertrauen? Mag ich es nicht so, von anderen abhängig zu sein? Finde ich es unangenehm, wenn mir jemand zu nahe kommt, und suchen meine Partner oft mehr Nähe, als mir lieb ist?
3. Habe ich das Gefühl, dass andere mir nicht wirklich die Nähe geben, die ich suche? Mache ich mir öfter Sorgen darüber, ob mein Partner mich wirklich liebt, oder darüber, dass er mich verlassen könnte? Würde ich am liebsten mit jemandem, den ich liebe, völlig verschmelzen, schreckt dieser Wunsch aber die anderen manchmal ab?

Wer sich zu der ersten Gruppe zählt, hat einen »sicheren« Liebesstil. Solche Menschen konnten sich in ihrer Kindheit darauf verlassen, in ihrem Wesen angenommen und geliebt zu sein. Sie können streng erzogen, ihr Verhalten mag getadelt worden sein, sie hatten aber keinen Grund, daran zu zweifeln, dass sie in ihrem Kern akzeptiert wurden. Sie empfanden ihre Eltern vor allem als warmherzig und unterstützend.

Menschen, die zum zweiten Liebesstil tendieren, nennt Bas Kast »Liebesvermeider« Sie empfanden ihre Eltern weniger positiv. Ihnen fehlten weitgehend die Wärme und Unterstützung. Da man diese Eigenschaften vor allem Frauen zuschreibt, kann es sein, dass Liebesvermeider ihre Mutter eher als kalt und abweisend empfanden. Unserer Erfahrung nach finden sich in dieser Gruppe häufiger Männer.

Zu der dritten Gruppe, den »Liebesängstlichen«, gehören mehr Frauen. Auch sie empfanden ihre Eltern als nicht sehr tragend. Sie erfuhren in ihrer Kindheit nicht genug Wertschätzung und fühlten sich immer wieder unsorgfältig behandelt. Möglicherweise geht ihr Empfinden von mangelndem Akzeptiertsein vor allem auf ihren Vater zurück.

Selbstverständlich gibt es Abwandlungen und Mischformen dieser Bindungstypen.

Jeder Mensch entwickelt seine individuelle Variante, die sich von Partner zu Partner und auch innerhalb einer Partnerschaft ändern kann. Der Liebesstil ist also nicht ein für allemal festgelegt. Vieles lässt sich entwickeln, was man vielleicht nicht von Anfang an mitbekommen hat.

Menschen mit einem sicheren Liebesstil haben es leichter, ihren Partnern zu vertrauen, und können besser stehen lassen, dass sie verschieden von ihnen und Menschen mit eigenen Ansichten und Gewohnheiten sind.

Menschen mit sicherem Liebesstil sind z. B. fähig, als Mann beim Heimkommen nicht gleich zu wettern: »Schon wieder liegt hier alles herum! Ich arbeite, und du hast nicht mal Zeit, die Wohnung aufzuräumen!« Stattdessen können sie sich sagen: »Sie hatte wohl einen anstrengenden Tag. Mal fragen, wie's mit den Kindern gegangen ist.«

Oder sie fangen als Frau, wenn er etwas später als versprochen nach Hause kommt, nicht gleich an zu grübeln: »Wo steckt er bloß? Schon wieder lässt er mich hängen! Ob er eine andere hat?«

Stattdessen kann sie sich Gedanken machen über mögliche reale Gründe für seine Verspätung: »Vielleicht hat die Sitzung länger gedauert und er konnte nicht raus, um mich anzurufen. Sein Chef ist ja so empfindlich!«

Wohlverstanden: Es geht hier nicht um das Verleugnen von Tatsachen. In einer zerrütteten Beziehung mag die Frau Grund haben für ihr Misstrauen, der Mann sich mit Recht über ihre Schlamperei ärgern. Hier geht es um das Offenhalten von realen Möglichkeiten, die als Gründe für das Verhalten der Partner in Frage kommen, solange kein Anlass besteht, etwas anderes anzunehmen.

Menschen mit einem sicheren Liebesstil sind Meister in der Kunst, auf der sonnigen Seite zu bleiben und abzuklären, was tatsächlich zur Verstimmung führte. Sie haben einen echten Vorteil gegenüber den Liebesvermeidern und den Liebesängstlichen, die dank negativer Erfahrungen in ihrem Leben leicht misstrauisch oder besorgt werden und sich schnell zurückziehen, weil sie eine – absichtliche – Verletzung wittern.

Der sichere Liebesstil ist die Grundlage für die Fähigkeit, den geliebten Menschen etwas positiver zu sehen, als andere ihn wahrnehmen, oder, andersherum, seine negativen Seiten nicht so stark zu bewerten. Diese Begabung ist ein wichtiger Kitt für langfristige Beziehungen. Wir haben den Faktor bereits erwähnt und ausgeführt, dass es sich dabei nicht um eine schönfärberische Wahrnehmung des Gegenübers handelt.

Wenn Sie also auf ein Paar treffen, das sich gegenseitig positiver schildert, als Sie sie wahrnehmen können, denken Sie bitte nicht gleich: »Die täuschen sich ja gründlich, so ideal ist nun wirklich keiner von beiden!« Geben Sie dem sicheren Liebesstil der beiden eine Chance, ihre Beziehung zu festigen.

Das Kriterium, ob es sich bei diesen Schilderungen nicht doch um haltlose Illusionen handelt, ist der Grad der Übertreibung oder die Unterschiedlichkeit in den Aussagen der Partner.

Wenn Sie die hervorgehobene Eigenschaft erkennen können, sie aber nicht mit dem Vergrößerungsglas sehen, ist alles in Ordnung. Wenn jemand aber das Gegenteil behauptet von dem, was Sie wahrnehmen, also z. B. eine Frau sagt: »Mein Mann trägt mich auf Händen!«, und Sie erleben, dass er sie dauernd entwertet, können Sie annehmen, dass etwas nicht stimmt, d. h., dass sich die Frau mit ihrer Aussage täuscht. Aber auch da Vorsicht! Wer erlebt schon gerne eine Enttäuschung? Es dauert manchmal sehr lange, bis man bereit ist, der Wahrheit über die eigene Beziehung ins Auge zu sehen. Das bereitet oft tiefen Schmerz.

Auch wenn ein Paar nichts von den negativen Seiten der Partnerschaft erzählt, heißt das noch lange nicht, dass sie blind sind dafür. Es kann heißen, dass sie sich nicht schlechtmachen wollen vor anderen Leuten. Tiefe gegenseitige Loyalität bedeutet, dass man von den Zügen, die einem zu schaffen machen, nur mit jemandem spricht, von dem man sicher sein kann, dass er das Anvertraute nicht weiterträgt, sich nicht gegen die Betroffenen wendet und loyal ihnen gegenüber bleibt. Ein echter Freund oder eine echte Freundin also.

Der sichere Liebesstil hat nichts damit zu tun, Anzeichen einer Störung zu übersehen oder sich etwas vorzumachen. Er verleiht lediglich ein Grundvertrauen, das sich nicht allzu leicht erschüttern lässt.

Die Love-Map als Hilfe für das Verständnis von Unterschieden

Sie erinnern sich an den Begriff der Love-Map im letzten Kapitel? (S. 35 f.) Gottman meint damit »die Stelle im Hirn, wo alle wichtigen Informationen über das Leben des andern gespeichert werden«.[4]

Die Love-Map ist ein wichtiges Instrument, um die Vertrautheit zwischen den Partnern dann zu stärken, wenn das Bewusstsein des Sichunterscheidens auftaucht.

Je detaillierter diese Landkarte ist, desto mehr hat die Beziehung Chancen, Klippen zu umschiffen und Missverständnisse zu bereinigen. Ohne Love-Map kann man den anderen nicht wirklich kennen.

Wenn Partner nur sehr ungefähre Vorstellungen von den Freuden, Vorlieben, Abneigungen, Ängsten und Anstrengungen des anderen haben, sind sie nicht vertraut mit der Welt ihres nächsten Menschen und können folglich viele seiner Reaktionen nicht verstehen. In der Phase der Verliebtheit neigt man dazu, anzunehmen, dass der geliebte Mensch dieselben Vorlieben und Abneigungen hat wie man selbst. Es kann mit einer herben Enttäuschung verbunden sein, wenn es sich herausstellt, dass die Geliebte einen anderen Musikstil bevorzugt oder der Geliebte das eigene Interesse für einen bestimmten Maler nicht teilt. Noch schlimmer: Die Partnerin möchte gerne viel reden, er dagegen ist eher wortkarg. Daraus kann sich ein Teufelskreis entwickeln und schließlich ein permanentes Drama mit der Überschrift »Der Schweigsame und die Verzweifelte«. So weit muss es indes nicht kommen. Anhand von leichteren oder schwerwiegenderen Differenzen zeigt sich jedoch die beginnende Unterscheidung zwischen Ich und Du, die mit der Zeit immer deutlicher wird.

Wenn dieses Phänomen erscheint, hängt alles davon ab, ob wir nur dem verlorenen Gefühl des ununterbrochenen Einsseins nachtrauern oder die Tatsache des Andersseins als Herausforderung annehmen können. Als Herausforderung, zu entdecken: *Wie* ist mein Partner anders als ich? Wo ergänzen wir uns? Wo ergeben sich ernsthafte Differenzen?

Mit einer genauen Love-Map findet man sich eher zurecht auf dem Weg zu einer in der Realität verankerten und trotzdem liebevollen Beziehung, die folgende Botschaft vermittelt: *Du musst nicht so sein, wie ich dich am besten brauchen kann. Du darfst sein, wie du bist, und du verlierst deswegen meine Liebe nicht.*

Dieser Satz ist Ausdruck der »weisen Instanz«. In ihm liegt der Verzicht auf den Anspruch, dass der geliebte Mensch ausschließlich so sein muss, wie es unseren Bedürfnissen entgegenkommt. Dieses in der Beziehung sein zu dürfen, wie es dem eigenen Wesen entspricht, vertieft das Vertrauen in die Partnerschaft und erhöht die Tragkraft der Herzensqualität. Das Wissen um die Verschiedenheit fördert also paradoxerweise die Bindung.

Die Love-Map ist nicht ein für allemal festgelegt. Sie verändert sich mit jedem Lebensabschnitt, jedem einschneidenden Ereignis. So wie geografische Gebiete von Zeit zu Zeit neu kartografiert werden, weil Straßen und Eisenbahnlinien gebaut, Sümpfe trockengelegt, Quellen entdeckt werden, so muss die Love-Map immer wieder ergänzt werden. Das ist auch in späteren Beziehungsphasen wichtig. Je mehr weiße Flecken die Landkarte aufweist, desto sicherer hat sich ein Paar entfremdet.

Wie kommen wir nun zu einer brauchbaren Love-Map? Anfangs hilft uns die Verliebtheit, in der wir ein natürliches Interesse und eine Neugier auf alles haben, was den geliebten Menschen betrifft. So wie Gina und Peter sich unversehens austauschten über die Nöte ihrer Kindheit, ihre Ängste und Unsicherheiten, ergibt sich manches im Gespräch wie von selber. Auch dieses Paar fühlte sich danach näher und vertrauter. Der Schlüssel dafür war die tief gefühlte Anteilnahme des je anderen. Nur so erschließen sich uns Einzelheiten aus dem Leben unserer Partner. Die Love-Map kommt nicht durch mechanisches Abfragen zustande. Dennoch können wir sie systematisch aufbauen, indem wir zunächst uns selber ein paar Fragen stellen, die uns Aufschluss geben über das, was wir von unseren Partnern wissen.

Hier sind einige Anregungen, wie Sie überprüfen können, ob Sie bereits über etliche Wegweiser für Ihre Love-Map verfügen. Stellen Sie sich jeweils die Frage: Was weiß ich über:

- die besten Freunde/Freundinnen meines Partners/meiner Partnerin?
- die Beziehung zu ihrer Familie, ihren Eltern, ihren Geschwister, ihre Kindheit?
- seine Ausbildung und seine Berufstätigkeit, was er daran liebt, was ihm nicht gefällt?
- ihre Arbeitskolleginnen, ihren Chef, ihren Arbeitsplatz?
- seine Hobbys und Freizeitbeschäftigungen?
- ihre Lieblingsmusik?
- seinen Lieblingsschriftsteller?
- ihre Vorlieben beim Essen und Trinken?
- seinen Geschmack bei der Wohnungseinrichtung?
- Themen, über die sie gerne redet, und solche, die sie lieber nicht berührt?
- seine Ängste, Sorgen und Befürchtungen?
- das, was sie besonders freut?
- seine Gedanken über Beziehungen, Zusammenleben, die eigene Familie?
- ihre Lebenseinstellung?
- seine Zukunftspläne?

Wenn ein Lebensgebiet als weißer Fleck auf unserer Love-Map erscheint, können wir uns das merken und bei nächster Gelegenheit das Gespräch darauf lenken. Aber Vorsicht: Es muss Sie wirklich interessieren, und Ihr Partner/Ihre Partnerin darf keine Zeichen von Unwillen oder Abwehr von sich geben. In diesem Fall ist es wichtig, zu fragen: Möchtest du lieber nicht darüber sprechen?

Wenn Sie solche Zeichen nicht beachten, kann ein Gefühl des Ausgefragtwerdens entstehen, das gewöhnlich nicht dazu führt, sich dem Gegenüber zu öffnen.

Wenn Sie beide Lust dazu haben, können Sie sich auch Zeit nehmen, um gegenseitig Ihre Love-Map zu bereichern.

Praktische Hinweise zum Umgehen mit Verschiedenheiten

Vielleicht sind Sie im Moment Single oder gerade frisch verliebt, vielleicht erleben Sie die ersten Differenzen mit Ihrem Partner oder Sie haben dieses Stadium schon längst hinter sich. In jedem Fall gibt es etwas zu genießen in der jeweiligen Situation und etwas nicht zu vergessen: Sie und Ihr (möglicher) Partner sind zwei verschiedene Menschen mit verschiedener Lebensgeschichte, verschiedenen Liebesstilen und verschiedenen Bedürfnissen.

Weil es nicht so einfach ist, mit dieser Tatsache umzugehen, möchten wir Ihnen eine Reihe von Hilfsmitteln in die Hand geben, die Sie schon in der Phase der Verliebtheit und erst recht später gebrauchen können.

Am besten nutzen Sie diese Möglichkeiten so früh wie möglich bei der Gestaltung Ihrer Liebesbeziehung. Solange man noch auf Wolken schwebt, erscheinen sie zwar nicht so wichtig. Doch nehmen sie an Bedeutung zu, je länger eine Beziehung dauert und je wahrscheinlicher es wird, dass es sich um eine längerfristige Verbindung handelt, für die der respektvolle Umgang mit der Andersartigkeit der jeweiligen Partner unerlässlich ist.

Zwei wichtige Instrumente haben wir bereits ausführlich beschrieben: das *Feststellen des eigenen Liebesstils und desjenigen unseres Gegenübers sowie das regelmäßige Erstellen und Erweitern einer Love-Map*.

Daneben gibt es einige sozusagen »technische« Instrumente, die den Umgang mit verschiedenen Auffassungen und Bedürfnissen der beiden Menschen erleichtern.

1. Überprüfen Ihrer Wahrnehmung durch Nachfragen

Das ist etwas ganz Wichtiges, wenn Ihnen etwas am Benehmen oder an Aussagen Ihrer Partner unklar geblieben ist. Dabei ist die

Formulierung Ihres Anliegens von zentraler Bedeutung. Wir alle reagieren weit offener, wenn wir hören »Ich möchte etwas, was du gesagt hast, besser verstehen ...« oder »Ich bin nicht sicher, ob ich dich richtig verstanden habe neulich ...«. Beschreiben Sie möglichst genau, was bei Ihnen angekommen ist, und beschränken Sie sich auf die Episode, von der Sie sprechen möchten. Lassen Sie Ihrem Gegenüber Zeit, zu erklären, was gemeint war, und hören Sie erst zu, bevor Sie nachhaken, falls das nötig sein sollte. Kehren Sie danach immer wieder zu dem Gefühl zurück: Es ist in Ordnung, dass er/sie anders denkt, fühlt, wahrnimmt als ich. Geben Sie sich beide die Erlaubnis, sich in einigen oder sogar in vielen Dingen zu unterscheiden.

Falls Ihnen eine Bemerkung oder ein Verhalten heftige Gefühle verursacht, müssen Sie einen Weg finden, um emotional wieder ins Gleichgewicht zu kommen, ohne dass Sie einen Stau von unterdrückten Gefühlen aufbauen. Das Klügste, was man manchmal tun kann, ist, die Ursache für die Heftigkeit der eigenen Gefühle herauszufinden. Es kann sein, dass Sie an einem empfindlichen Punkt getroffen worden sind und konfliktträchtiges Material aus tiefer liegenden emotionalen Schichten hochkommt, unter energetischen Gesichtspunkten wie eine alte »Ladung«.

Von da ist es ein kleiner Schritt, das Verhalten des Gegenübers als Grenzüberschreitung, Nicht-wahrgenommen-Werden, Verkanntwerden, Nicht-ernst-genommen-Werden, Dominiertwerden oder Abgewiesenwerden zu interpretieren.

Alte Wunden können in der Gegenwart heftige Reaktionen verursachen, wenn sie angetippt werden. (Bei Iris in unserem Beispiel-Paar war es das Nicht-mehr-beachtet-Werden, bei Fabian das Gefühl von Eingeengt- und Verpflichtetsein.)

Oft ist es nicht einfach, die Spuren von alten Verletzungen zu finden, und man sitzt einfach in seinen Gefühlen, die der geliebte Mensch offensichtlich verursacht. Wenn man sie nicht ausdrücken kann, zieht man sich innerlich zurück, um neuerlichen Verletzungen zu entgehen.

Die Frage ist wiederum: Auf welche Art teilen wir uns mit? Ein aggressiver Ausbruch bringt meistens den andern zum Rückzug, oder es entwickelt sich ein destruktiver Streit. Wenn wir nicht vollkommen überschwemmt sind von unseren Gefühlen, erinnern wir uns möglicherweise an eine günstige Einleitung und können bei aller Betroffenheit damit beginnen: »Weißt du, unsere Beziehung ist mir sehr wichtig, deshalb möchte ich meine Gefühle nicht zurückhalten. Ich habe aber Angst, dich zu verletzen …«

Die Chance ist größer, dass unsere Partner uns zuhören, nachdem sie diese Worte vernommen haben.

Ein Beispiel für *Nachfragen*, bei dem auch die *Gefühle mitgeteilt* werden:

Sie machen einen Ausflug und parken in der Nähe eines Aussichtspunktes. Ihr Partner entdeckt auf dem Parkplatz einen kirschroten Porsche und beginnt, für den Wagen zu schwärmen. Das kann bei Ihnen verschiedene Reaktionen hervorrufen. Entweder berührt es Sie nicht weiter oder Sie teilen seine Begeisterung. Dann ist seine Vorliebe für schnelle Wagen akzeptiert und verursacht keine Wellen in der Beziehung.

Falls Sie aber so reagieren: »Es darf doch nicht wahr sein, dass mein Partner für eine solch teure Luxuskarosse schwärmt, während so viele Menschen auf dieser Erde hungern!«, zeigt sich ein beträchtlicher Unterschied zwischen Ihnen beiden.

Was fangen Sie damit an? Das Ungünstigste wäre Schweigen. Dann bleibt bei Ihnen ein Gefühl zurück, dass Sie beide in wesentlichen Punkten offensichtlich nicht übereinstimmen, oder Ihr Partner gehört für Sie fortan zu der Sorte von Menschen, die Sie wegen ihrer Konsumsucht verurteilen. Wenn Sie nicht nachfragen, bleibt Ihnen aber auch verborgen, was Ihren Partner eigentlich an dem Auto so fasziniert. Ist es die Farbe oder das Design? Kommt seine Beziehung zum Geld oder die Vorliebe für Luxus zum Vorschein? Handelt es sich um ein Männlichkeitssymbol? Oder zeigt er tatsächlich zu wenig Mitgefühl mit armen, leidenden Mitmenschen?

Finden Sie zunächst einmal durch Nachfragen heraus, was genau ihn anzieht an dem eleganten Wagen. Es kann sein, dass er nicht daran denkt, dafür zu sparen, sondern die Kutsche einfach wie ein kleines Kind bewundert, oder weil er Sinn für Technik und Gestaltung hat.

In diesem Falle wird sich Ihre Empörung rasch legen. Sie haben eine wichtige Seite Ihres Partners entdeckt und können einen leeren Flecken auf Ihrer Love-Map damit füllen.

Stellt sich hingegen heraus, dass er unbedingt einen Porsche besitzen möchte, weil der Wagen sein Prestige hebt und ihm Bewunderung verschafft, wird Ihre Empörung nicht kleiner werden. Sie entdecken vielleicht, dass Sie Ihren Freund nicht richtig eingeschätzt haben, dass er Seiten hat, die sich nicht mit Ihrer Weltanschauung vertragen. Was tun Sie jetzt?

Sie können ihm Ihre Gefühle mitteilen und ihm sagen, dass Sie eben einen tief gehenden Unterschied zwischen sich und ihm entdeckt haben, der Ihnen zu schaffen macht, und dass Sie traurig und wütend darüber sind, weil Sie ihn doch lieben. Wenn Sie den Mut dazu haben und fähig sind, Ihr Gefühl von Geliebt- und Akzeptiertwerden aufs Spiel zu setzen, ist das der geradeste Weg. Andernfalls können Sie Ihr Gefühl wertschätzen, es aber für sich behalten und sich vornehmen, in Zukunft zu überprüfen, ob Ihr Partner wirklich Einstellungen hat, die sich mit Ihren Auffassungen über Grundwerte im Leben nicht vertragen. Tun Sie das so lange, bis Sie sicher sind, mit der Unterschiedlichkeit leben zu können, oder bis Sie bereit sind, eine Trennung zu ertragen.

2. Günstige Formulierungen für das Nachfragen

Etwas Weiteres ist der *Stil*, in dem wir Differenzen oder unsere Unzufriedenheit mit gewissen Dingen ausdrücken. Bas Kast schlägt vor, eine *Beschwerde* statt einer Anklage zu erheben. Der Unterschied besteht darin, dass eine Beschwerde sich auf die momentane Situation beschränkt, während eine Anklage die Person angreift.[5]

Ein Beispiel für eine Beschwerde: »Ich habe den Eindruck, du hast gar nicht gehört, was ich dir eben gesagt habe. Das verletzt mich.«

Die Anklage würde lauten: »Du denkst immer nur an deine Arbeit und interessierst dich nicht für das, was ich dir mitteilen möchte. Bin ich eigentlich nicht wichtig?«

Diese Form der kritisierenden Anklage tritt wahrscheinlich erst in einem späteren Stadium der Beziehung auf, dann, wenn die Hormonflut zurückgegangen und der Alltag mit seinen Ermüdungserscheinungen eingezogen ist. Es kann aber nicht schaden, von Anfang an zu überprüfen, ob man eine Neigung zu anklagenden Formulierungen hat.

3. Vorsorgliche Fragen

Sie helfen, den Liebeshimmel meteorologisch nach Wölkchen abzusuchen. Sie sind ganz allgemeiner Art und wirken als »Türöffner«

für mögliche Unstimmigkeiten und unbereinigte Angelegenheiten, z. B. die Frage: »Haben wir eigentlich letztes Mal alles geklärt oder ist bei dir etwas zurückgeblieben?«, oder: »Gibt es etwas, was dich stört oder dir Angst macht in unserer Beziehung?« Selbstverständlich können solche Fragen nicht zwischen Tür und Angel gestellt werden. Sie sollten auch nicht aus einer ängstlichen Erwartungshaltung kommen, sonst wirken sie eher abschreckend als einladend. Sie sollen verhindern, dass wir auf Kränkungen und Verletzungen sitzen bleiben, die sich später als Bumerang erweisen können.

Es ist klar, dass es neben dem Wissen um diese »Techniken« Mut braucht, sie anzuwenden. Wir können vor jeder Frage oder vor jedem Ausdruck unserer Gefühle – besonders der als »negativ« bewerteten wie Zorn und Ärger – zurückschrecken, weil wir das Gefühl haben, damit unser Liebesglück aufs Spiel zu setzen. Je unsicherer unser Liebesstil ist, desto anfälliger werden wir für solche Bedenken sein. Auf der anderen Seite wächst unsere Zuversicht mit jedem Mal, wo wir den Schritt wagen, uns zu zeigen und unsere Partner kennen zu lernen als die Menschen, die sie wirklich sind, nicht als Romanfiguren.

Biologisch bestimmte Unterschiede zwischen Männern und Frauen

In diesem Kapitel haben wir davon gesprochen, dass sich nach der Verliebtheitsphase das Wahrnehmen von Unterschieden zwischen den Partnern nicht vermeiden lässt, soll die Beziehung auch in der Wirklichkeit des Alltags Bestand haben. Diese Unterschiede beziehen sich auf die Persönlichkeitsstruktur, die lebensgeschichtlichen Erfahrungen, insbesondere auch in der Kindheit, den familiären Hintergrund und die Kultur, in der jemand aufgewachsen ist. Aus diesen Daten formt sich die Art, wie ein Mensch sein In-der-Welt-Sein begründet und versteht.

Einen wichtigen Unterschied gibt es – zumindest bei nicht gleichgeschlechtlichen Paaren –, der auf biologischen Grundlagen beruht. Wir existieren allemal als Frau oder Mann und haben von Natur aus unseren biologischen Funktionen entsprechend verschiedene Bauweisen.

Diese Unterschiedlichkeit besteht auch im großen Steuerungsorgan, dem Gehirn.

Das Kapitel wäre nicht vollständig, wenn wir nicht auf die neueren Ergebnisse der Gehirnforschung bezüglich der Geschlechterunterschiede hinweisen würden, die erhärten, dass Männer und Frauen tatsächlich über einen etwas verschiedenen Steuerungsapparat verfügen, der offenbar dafür verantwortlich ist, dass Männer in der Liebe eher die Autonomie betonen und Frauen eher das Bindungsmoment.

Die moderne Hirnforschung hat sich neuerdings auch der Liebe zugewandt. Mit dem romantischen Liebesideal im Hintergrund mag uns dies recht nüchtern vorkommen. Und natürlich ist die Liebe nach wie vor ein Mysterium, und wir möchten auf diesen Glauben auch nicht verzichten; aber so, wie man den Mond als leuchtende Himmelsampel bewundern und trotzdem etwas über die Beschaffenheit seiner Oberfläche und die physikalischen Bedingungen des Erdtrabanten wissen kann, genauso können wir die Liebe als Gefühl hochhalten und müssen uns deswegen nicht vor Forschungsergebnissen verschließen, die das physiologische Geschehen z. B. in der Phase der Verliebtheit untersuchen oder den Unterschieden zwischen weiblichem und männlichem Gehirnen nachgehen. Wir haben schon im dritten Kapitel darüber gesprochen, dass bei Verliebten gewisse Hormone ausgeschüttet und andere im Organismus unterdrückt werden, um das Hochgefühl der unwiderstehlichen Anziehung zu erzeugen und für eine gewisse Zeit zu erhalten. Hier wollen wir nun von den Unterschieden in unserem großen Steuerungsorgan sprechen.

Sie erinnern sich wahrscheinlich an die noch vor wenigen Jahrzehnten heiß geführte Debatte über die Frage, ob es angeborenes geschlechtsspezifisches Verhalten gebe oder ob das Verhalten von Mädchen und Jungen nur von der jeweiligen Sozialisation abhänge.

Die kanadische Psychologin Doreen Kimura gehört zu der Gruppe von Forscherinnen, die davon ausgehen, dass Babys je nach Geschlecht mit fundamental unterschiedlichen Gehirnen zur Welt kommen. Dieser Unterschied bewirke, dass Männer aggressiver seien und sich besser orientieren könnten, während Frauen über ein größeres Sprach- und Einfühlungsvermögen verfügten. Intellektuelle Probleme würden von Frauen und Männern verschieden angegangen.

Der Psychologe Simon Baron-Cohen von der Universität Cambridge stellt dazu die These auf, Männer könnten von Geburt an überdurchschnittlich gut systematisch denken. Sie besäßen ein *S-Gehirn*. Frauen dagegen hätten die angeborene Gabe der Einfühlsamkeit oder Empathie. Das typisch weibliche Denkorgan nennt er deshalb *E-Gehirn*.

Natürlich erheben sich gegen diese Annahmen auch Gegenstimmen. Sigrid Schmitz, Biologin und Gender-Forscherin an der Universität Freiburg, hält die Tendenz, geschlechtsspezifisches Verhalten als angeboren zu erklären, für fatal. Man verweise damit »die Geschlechter auf nicht zu hinterfragende Plätze in der gesellschaftlichen Hierarchie«.

Ob bei dieser Kontroverse bereits unterschiedliche Gehirnstrukturen zwischen den Geschlechtern mitspielen, wagen wir nicht zu entscheiden. Immerhin bestreitet Schmitz nicht, dass männliche und weibliche Gehirne sich in etwa einem Dutzend anatomischer Merkmale unterscheiden. Einen wesentlichen Unterschied zwischen Männern und Frauen hat Lutz Jäncke, Neuropsychologe an der Universität Zürich, mittels bildgebender Verfahren nachweisen können: Männer, die im Geiste Objekte hin- und herdrehen, benutzen dazu *eine* Hirnregion, Frauen dagegen zwei.

Schon vor mehr als hundert Jahren entdeckten Gehirnanatomen, dass die Herren der Schöpfung über 10 bis 15 Prozent mehr Gehirnmasse verfügen. Ihre messerscharfe Schlussfolgerung: Männer sind intelligenter als Frauen!

Genauere Untersuchungen zeigen, dass das männliche Gehirn vergleichsweise asymmetrisch arbeitet: Wenn Männer sprechen, dann ist vor allem die linke Hirnhälfte aktiv. Bei Frauen dagegen arbeiten die linke und die rechte Hirnhälfte zusammen. Eine andere Art der Intelligenz also. Welche ist wohl besser? Kann man das sagen?

Was nun bestimmt die Entwicklung eines männlichen Gehirns im Mutterleib? Sieben Wochen nach der Befruchtung werden im Hoden des Embryos Androgene produziert. Sie programmieren das Hirn geschlechtsspezifisch. Männer mit angeborenem Androgenmangel bleiben in ihrem räumlichen Denken eingeschränkt.

Umgekehrt zeigen Mädchen, die aufgrund einer ererbten Eigenart im Mutterleib einem zu hohen Testosteronspiegel ausgesetzt sind, im späteren Leben oftmals jene Denkweisen, die als typisch männlich gelten.

Die Freiburger Biologin Schmitz hält jedoch die vorgeburtlich festgelegte Hirnstruktur keineswegs für unveränderlich. Sie stützt sich auf neuere Befunde, die belegen, dass hormonelle Schwankungen auch im späteren Leben das Gehirn noch ändern und formen können.

Was fangen wir mit diesen Erkenntnissen an? Schließen wir daraus, dass Männer und Frauen sich nicht verstehen können, wie Loriot es formuliert. Oder können wir uns sagen: Es gibt zwar biologisch begründete Unterschiede, aber je besser wir sie verstehen und anerkennen, umso eher wird es uns gelingen, mit ihnen zu rechnen und damit umzugehen. Oder wir sagen: Wir verändern uns und mit uns, wie neuere Hirnforschung zeigt, auch unser Gehirn. Und so sind es eben auch die gesellschaftlichen und persönlichen Einflüsse, die Männer wie Frauen im Verlaufe des Lebens prägen.

Unterschiede kann man annehmen und schätzen, ja sogar feiern. Mann und Frau wohnen nicht auf verschiedenen Planeten, von denen aus sie das andere Geschlecht nur mit dem Fernrohr wahrnehmen können. Eher sind sie auf zwei verschiedenen Seiten desselben Stromes beheimatet. Sie können aber über Brücken in die Gefilde des anderen gehen und sich die Landschaft zeigen lassen oder sie behutsam auskundschaften. Es besteht sogar die Möglichkeit, im eigenen Gebiet Pflanzen aus dem des andern anzusiedeln und herauszufinden, ob ihnen der Boden behagt. Für Männer können das zarte Blumen sein, für Frauen kräftige Sträucher. Mit regelmäßiger Pflege und dem nötigen Begießen wachsen sie erstaunlich gut!

Wie der visionäre Blick helfen kann

Anfangs kommt man beim Regulieren der unterschiedlichen Bedürfnisse ganz gut mit dem gesunden Menschenverstand zurecht. Aber wenn die Jahre vergehen, können gewisse Verschiedenheiten zu Abgründen werden. Ohne eine visionäre Ausrichtung verstricken sich solche Paare immer tiefer.

Werfen wir zuerst einmal einen Blick 10 Jahre in die Zukunft, um einem typischen Paarabgrund bei Iris und Fabian zu begegnen. Die beiden leben nun seit Jahren zusammen, haben sehr viel gelernt, aber das abendliche Ritual beim Schlafengehen will seit Jahren nicht mehr klappen.

Fabian und Iris zehn Jahre später

Iris liebt es, wenn Fabian mit ihr zusammen ins Bett geht, es ist für sie der Inbegriff der Gemeinschaft und ein wunderbarer Ausdruck ihrer beider Liebe. Sie möchte sich an ihn kuscheln und am liebsten noch zärtliche Worte hören, die er in ihr Ohr flüstert.

Ihr Freund ist jedoch ein betont Autonomer. Am liebsten fängt er nach dem Abendessen mit seiner Schulvorbereitung an und sitzt dann bis spät in die Nacht am Computer. Er möchte erst ins Bett gehen, wenn er selber dazu Lust hat.

Man könnte auch sagen, dass Fabian am Abend deklariert: »Ich und du sind nicht dasselbe«, während Iris sich ins Wir hineinfallen lassen möchte.

Dieser Konflikt treibt seltsame Blüten.

Es beginnt meist so, dass Iris Fabian bittet, mit ihr zusammen schlafen zu gehen. Sie muss es ihm bereits durch die geschlossene Tür seines Arbeitszimmers zurufen, denn er schätzt es nicht, beim Arbeiten unterbrochen zu werden. Schon das ist für sie schwierig. Aber noch schlimmer ist, was darauf folgt.

Gewöhnlich sagt er nämlich zu, aber vergisst es wieder zwischen seinen Texten für den nächsten Tag. Die Viertelstunden verrinnen. Iris respektiert seine Freiheit, bis ihre Wut überhandnimmt, und sie mit lauter Stimme aus dem Schlafzimmer ruft: »Kommst du endlich?« »Ja gleich«, ist die stereotype Antwort.

Leider ist »gleich« für Fabian nicht dasselbe wie für Iris. Nach langem Warten zählt für sie nun jede weitere Minute, in der sich nichts tut, zehnfach. Regelmäßig brennt also Iris' Sicherung durch, bevor Fabian seinen Computer freiwillig abschalten kann. Sie rennt dann im Nachthemd durch die Wohnung, reißt die Tür zu seinem Büro auf und überhäuft ihn mit bitteren Vorwürfen.

Vernünftige Lösungen und ihr visionärer Unterbau

Eigentlich könnten die beiden eine einfache Wochenstruktur einrichten. Eine Zahl von Nächten schläft man zusammen ein und pflegt damit Iris' Wir-Bedürfnis, eine weitere Zahl von Nächten geht man im eigenen Rhythmus schlafen und pflegt damit das »Ich für mich« von Fabian.

Unser Beispielpaar ist willig und intelligent, es probiert schon seit einer Weile solche Vernunftlösungen, aber das leidige negative Ritual haben sie damit nicht gebändigt.

Das Problem bleibt hartnäckig.

Warum?

Wesentliche Unterschiede sind Magnete für so genannte Übertragungen, also für Einblendungen von Konflikten aus der Kindheit in die aktuelle Situation – wir werden darüber im nächsten Kapitel berichten. Leider führen solche Verquickungen zwischen jetzt und früher dann oft zu den »ewigen Konflikten«. Und was das ist, erfahren Sie ausführlich im Kapitel 8. Wenn Sie beides gelesen haben, werden Sie viel besser verstehen, was sich hier abspielt. Und wir können versprechen, dass Sie in ähnlichen Situationen dann viel leichter und anmutiger miteinander umgehen werden.

Hier wollen wir nur den allerersten Schritt zu einer Besserung dieser unhaltbaren Zustände schildern: Auf der Visitenkarte einer amerikanischen Freundin steht: »Sometimes the only way to solve a problem is to change the perspective.« Ein weiser Spruch einer wirklich weisen Freundin. Und nichts ändert die Perspektive nachhaltiger, als wenn sie mit ein wenig visionärer Haltung unterfüttert wird. Bevor man die Perspektive wechseln kann, muss man allerdings immer die alte reaktive Enge öffnen, damit es zu dem kommen kann, was wir die visionäre Qualität der geistigen Weite genannt haben.

Und damit Sie verstehen, was mit Weite gemeint sein könnte, wollen wir zuerst einmal eine Geschichte zitieren, in der eine ungewohnte Perspektive in einem vertrackten Problem für eine Lösung sorgte:[6] Ein Kommandant einer Division sollte während eines Aufstands im Paris des 19. Jahrhunderts einen Platz von der dort versammelten »Kanaille« räumen. Er hatte einen Schießbefehl. Dieser unmilitärisch weise Mann befahl seinen Leuten, die Gewehre zwar drohend auf die Demonstranten zu richten, zog dann aber selber seinen Säbel und rief laut: »*Mesdames, Messieurs, ich habe den Befehl, auf die Kanaille zu schießen. Da ich vor mir aber eine große Anzahl ehrenwerter Bürger sehe, bitte ich Sie, wegzugehen, damit ich unbehindert auf die Kanaille feuern kann.*« Der Platz leerte sich ganz schnell.

Aber nicht immer führt ein Perspektivenwechsel zu einer Lösung, sondern manchmal auch zu einer Nichtlösung. Im gleichen Buch wird ein Beispiel aus der Literatur zitiert. In Chaucers Erzählung des Weibes von Bath gerät ein Ritter in große Schwierigkeiten, weil er zwischen zwei völlig unannehmbaren Alternativen wählen muss. Er entscheidet sich schließlich dafür, überhaupt nicht zu wählen. Er lehnt also die Wahl selber ab.

Obwohl wir die Haltung, die sich in diesen Beispielen verbirgt, visionäre Weite nennen, muss ein Perspektivenwechsel nicht immer ernsthaft und edelmütig daherkommen. So wird im selben Buch von Watzlawick eine – offenbar auch noch wirksame – Erziehungsstrategie für Eltern erwähnt, die uns erheitert hat.

Sobald unsere Kinder älter als vierzehn werden, verpufft so manche Anweisung der Eltern ungehört. Nun kann man seine Stimme lauter werden lassen, wie es ja auch Iris mit ihrem Freund tat, man kann das Handy entziehen, man kann drohen, das Taschengeld zu kürzen ... Man kann offenbar aber auch von Watzlawick und Co. zu »wohlwollenden Saboteuren« – ein ganz und gar unelterlicher Begriff – ausgebildet werden.

Ein erster Schritt dieser »Ausbildung« besteht im Zugeben der Hilflosigkeit, was Rebellion bereits verhindern mag. Man wendet sich dann so an den Jungen: »Mark, du musst bis 23.00 Uhr zuhause sein, aber wir können nichts tun, wenn du es nicht einhältst.« Ein zweiter Schritt besteht darin, sich schlafend zu stellen, wenn der Übeltäter lange nach Mitternacht eintrifft, und erst nach langem Klingeln aufzumachen, dann ohne die übliche Predigt schlaftrunken ins Bett zurückzustolpern und den Vorfall auch am Morgen nicht zu erwähnen. Wenn Mark selber darauf zurückkommen sollte, entschuldigt man sich einfach höchst verlegen. Ein dritter Schritt ist die Maßnahme mit dem Bett. Mark macht sein Bett nie. Die Mutter macht es für ihn, aber nicht ohne eine Handvoll piekende Krümel hineinzuwerfen. Falls Mark darüber meckert, »kann sie es zuerst gar nicht glauben, dann aber fällt ihr ein, dass sie ja beim Bettenmachen Zwieback gegessen hatte, und sie entschuldigt sich«.

Haben wir Sie jetzt in die Weite geholt? Hier geht es lustig, tiefernst, raffiniert und immer ungewöhnlich zu. Sie können nun über diese Dimension nachdenken und daraus eine Handlungsidee ableiten, um sie bei Ihren eigenen Koordinationsproblemen in der

Partnerschaft anzuwenden. Sie können es aber auch anders machen: das Denken stoppen und sich stattdessen einfach in unsere Geschichten fallen lassen. Dann ersparen Sie sich vielleicht die Erfahrung des Tausendfüßlers, der gefragt wurde, wie er es um Gottes willen schaffe, seine tausend Füße zu koordinieren! Das arme Tier dachte nach und konnte fortan nur noch über seine tausend Beine stolpern.

Haben Sie sich also mit Ihrer Intuition in die geistige Weite begeben, schaffen Sie es vielleicht ganz von selber, blitzartig auf wunderbare Lösungen zu kommen. Wenn nicht, können Sie immer noch direkte Übungen durchführen, die Ihre Ängste mindern und Sie daher kreativer machen. Ungerecht, wie die Welt nun einmal ist, haben Sie es je nach Liebesstil leicht oder schwer mit dem Vertrauen, wenn die Unterschiede zwischen Ihnen anwachsen: Wenn Sie einen sicheren Liebesstil haben, sollte Ihnen die Entdeckung von Verschiedenheiten zwischen Ihnen und Ihrem Partner/Ihrer Partnerin nicht allzu viel ausmachen. Es könnte im Gegenteil reizvoll sein, unterschiedliche Auffassungen, Vorlieben und Bedürfnisse kennen zu lernen und einen gemeinsamen Cocktail daraus zu mixen.

Falls Sie zu den Liebesängstlichen oder den Liebesvermeidern gehören (vgl. S. 57 ff.), schlagen wir Ihnen eine *Übung vor, die Ihnen hilft, Ihren Liebesstil sicherer zu machen.* Nehmen Sie sich 10 Minuten Zeit, setzen Sie sich bequem hin, lassen Sie den Atem fließen und achten Sie auf Ihren Pulsschlag. Warten Sie, bis Sie das Gefühl haben, Ihr Puls geht ruhig und gleichmäßig.

Jetzt lassen Sie eine Erinnerung aufsteigen an eine Situation, wo Sie ein Gefühl von Vertrauen in Ihren Partner/Ihre Partnerin hatten. Erinnern Sie sich an möglichst viele Details: Wo waren Sie beide, in welcher Umgebung, zu welcher Tages- und Jahreszeit? Was haben Sie erlebt oder gesprochen? Was gab Ihnen ein Gefühl von Vertrauen? Ein Wort, ein Blick, eine Berührung, ein bestimmtes Verhalten?

Stellen Sie fest, wo sich das Gefühl von Vertrauen im Körper lokalisieren lässt. Legen Sie eine Hand auf die Stelle wie zur Besiegelung und erlauben Sie dem Gefühl, sich auszubreiten. Nehmen Sie bewusst wahr, wie es sich anfühlt, Vertrauen zu haben.

Wiederholen Sie diese Übung so oft wie möglich. Wenn es Ihnen gelingt, Sie in Situationen zu machen, in denen Ihr Vertrauen wankt, kann sie wie ein Gegengift zur Unsicherheit Ihres Liebesstils wirken. Sie stärkt zugleich die *visionäre Qualität des Herzens,* die uns mit Zuwendung, Weichheit und der tief bezogenen Wahrnehmung von uns selber und unserem Gegenüber verbindet.

Als weiteren Tipp laden wir sie ein, sich anzugewöhnen, stets genau nachzufragen, wenn Sie misstrauische Gedanken haben oder in Selbstzweifel versinken. Je besser Sie sich über die Realität Ihres Gegenübers informieren, umso weniger geraten Sie in Gefahr, Informationslücken mit Angstfantasien zu füllen.

Aber nun folgen Sie uns zum nächsten Kapitel, wo wir Ihnen die Hintergründe von solchen verhärteten Konflikten schildern, wie sie Iris und Fabian beim Schlafengehen erleben.

5. Kapitel

Der Weg ins Licht führt durch die Schatten der Vergangenheit

Die Unterschiede zwischen zwei Erwachsenen sind also eine Chance und eine manchmal sehr heftige Herausforderung. Das alleine beschäftigt Paare ein Leben lang. Aber nun gibt es noch in jedem Menschen Tiefendimensionen aus der Vergangenheit, die sich einmischen können und manchmal dazu führen, dass sich die Perspektiven der beiden gar nicht mehr annähern. Auch dieses Phänomen braucht Weisheit und Kompetenz, damit es zu Wachstum statt zu Zerstörung führt. Schauen Sie nun Gaby, einer guten Freundin von uns, zu, wie sie sich in diesen Tiefendimensionen verfängt und wie sie die Fäden entwirrt.

Gaby ist seit mehr als zwanzig Jahren mit Fred verheiratet und sollte eigentlich langsam glauben, dass er sie liebt. Tut sie normalerweise auch. Aber jetzt gerade läuft sie durch die belebte Innenstadt von München und flucht in einer Mischung aus Verzweiflung und Wut vor sich hin. »Er liebt mich nicht, sonst würde er mich nicht so hocken lassen. Ich muss mich selbstständig machen. Die Abhängigkeit ist schrecklich. Was soll ich nur tun?«

Der Himmel ist strahlend blau, aber ihre Augen sind blind für diese Schönheit. Die Menschen, an denen sie vorbeiläuft, dringen nicht mehr zu ihr. Fast hätte sie ein Kind umgestoßen, weil sie so unkonzentriert ist. Ihr Herz tut weh, als wolle es zerspringen.

Angefangen hat es damit, dass Fred auf einem Seminar in Stuttgart ist und seit drei Tagen nicht angerufen hat, obwohl ihre Mutter schwer erkrankt ist. Aber Gaby ist über die offensichtliche Lieblosigkeit nicht nur traurig, sondern fühlt sich fast so verloren, als hätte ihr Mann sie für immer verlassen. Sie ist auch nicht einfach nur wütend, sondern kurz davor, die Nerven zu verlieren – kopflose Panik hat sie erfasst und sie würde am liebsten um sich schlagen. Wenn Fred jetzt anriefe, würde sie ihm garantiert mit Trennung drohen. Eigentlich könnte Gaby wissen, dass ihre Gefühle viel zu dramatisch und der Situation nicht angemessen sind, auch kennt sie diese Zustände bei sich, denn solche Zustände treten nicht zum ersten Mal auf, aber im Moment hat sie keinen Zugang zu ihrer Selbstwahrnehmung, sondern sitzt in einem ausweglos scheinenden Seelenloch fest.

Unsere Freundin ist schon lange mit Fred zusammen, viel länger als Iris mit Fabian. Auch wenn sie sich gerade kurz vor der Trennung wähnt, wird sie sich schon bald mit ihrem Mann erfolgreich durch den Beziehungsengpass winden. Anders als Iris und Fabian, die erst langsam in gewisse Alltagsfallen hineinstolpern, haben unsere Freunde nämlich schon unzählige Krisen bewältigt. Man kann daher von ihnen einige praktische Manöver lernen.

Wie gesagt muss Gaby diesmal mit ihrer eigenen Vergangenheit kämpfen, die wie schon in anderen Konflikten vorher wieder einmal ungefragt auftaucht und alles viel schlimmer aussehen lässt, als es eigentlich ist. Weil dies ein häufiges Phänomen in Beziehungen ist, möchten wir es zuerst theoretisch erklären, bevor wir zeigen, wie elegant Gaby und Fred damit umzugehen wissen.

Die Kindheit als ein Störsender in Beziehungskrisen

Wenn Probleme in der Beziehung auftauchen, pflegen vor allem bei langjährig verbundenen Paaren die Zeiten gründlich durcheinanderzugeraten. Die beiden Streithähne landen in ihrer Aufregung allzu oft, ohne davon ein Bewusstsein zu haben, in frühesten Kindheitsnöten und versuchen, diese anhand des aktuellen Konfliktanlasses miteinander auszutragen. Das muss natürlich misslingen.

Wenn sie Glück und das nötige Wissen haben, können sie den Störsender aus frühen Zeiten irgendwann aufstöbern und in eine Konfliktlösung mit einbeziehen; wenn sie Pech haben und unwissend bleiben, verstricken sie sich lediglich in gegenseitigen Schuldzuweisungen. Es ist hilfreich, genauer zu verstehen, was in solchen Momenten abläuft, damit man sich langfristig aus dieser Schlinge befreien kann. Deshalb möchten wir das komplexe Geschehen zuerst einmal im Detail erklären.

Das Durcheinander zwischen alter und gegenwärtiger Geschichte hängt zu einem Teil mit der menschlichen Hirnstruktur zusammen: Gewöhnlich ist unser Lebenszentrum die Gegenwart. Wir erinnern uns an Vergangenes oder hoffen auf die Zukunft. Bei dieser Orientierung hilft uns das Kurzzeitgedächtnis, der so genannte Hippocampus, der seinen Namen seiner Seepferdchenform verdankt. Hier werden Ereignisse räumlich und zeitlich zugeordnet, mit dem entsprechenden Stempel versehen und in Ordnungsmappen gesteckt, die später ans Großhirn weitergeschickt werden, wo sich das Langzeitgedächtnis befindet. Von beiden Stationen aus können diese Ereignisse dann nach Belieben wieder hervorgezogen werden. Man weiß so, dass man mit seiner Großtante vor drei Jahren im Zirkus war und letzte Ostern vergessen hat, ihr eine Karte zu schicken. Man weiß auch, dass man am Vortag zu viel getrunken hat und seiner Lieblingsfeindin den Marsch geblasen hat. Dann mag man sich zwar mächtig schämen, aber die Zeiten geraten deshalb noch lange nicht durcheinander. Unser Hirn meldet, dass es *gestern* so heftig zuging und dass man sich *heute* in Schuldgefühlen wälzt.

Diese Klarheit hört auf, sobald es sich bei vergangenen Erlebnissen um vergessene oder verdrängte Kindheitsgeschichten oder um besonders traumatisierende Geschehnisse handelt. Dann ist zum Teil die Einordnung ins Gehirnarchiv nicht mehr so klar, und der Zugang zu diesen Ereignissen kann teilweise oder ganz verschlossen bleiben. Trotzdem kommen solche Erlebnisse manchmal durch die Hintertür doch noch in die Gegenwart zurück – aber auf eine ganz besondere Art und Weise. Ein Beispiel kann das illustrieren:

Xaver, ein guter Kollege von uns, hat eine Frau, die häufig ohne Punkt und Komma auf ihren Mann einredet. Normalerweise antwortet er dann ein wenig genervt oder einsilbig. Aber als wir ihn einmal zu einer Feier abholen wollten und sie ihn unter der Tür noch mit Ermahnungen überschüttete, rastete er regelrecht aus und brüllte sie an: »Halt doch endlich mal dein verdammtes Maul!«

Seine gequält heraufgezogenen Augenbrauen hatten wir in ähnlichen Situationen stets verstanden, dieser Ausbruch jedoch kam uns mächtig übertrieben vor. Wir kannten ihn gut, fragten nach und staunten darüber, dass er offensichtlich gar nicht realisiert hatte, wie laut er geworden war und wie abwertend seine Sprache klang. Er dachte, er sei nur ein wenig ärgerlich geworden, und meinte betroffen, er könne sich das Ganze nur so erklären, dass er und seine Geschwister unter der strengen Kontrolle einer Mutter gestanden hatten, die ihre Kinder bei jeder Kleinigkeit angeschrien oder geschlagen hatte. Da wir alle Psychologen waren, musste nicht mehr gesagt werden. Wir wussten, dass man sehr wohl, ohne es zu merken, in Gestalt seiner Frau die eigene, vielleicht sogar schon verstorbene Mutter anbrüllen kann und nennen dieses so kuriose wie häufige Beziehungsphänomen »Übertragung«.

Xaver hatte in seiner Aufregung die falsche Zeitschublade im Gedächtnis aufgemacht und von dort aus Eigenschaften seiner Mutter auf seine Frau »übertragen«. Möglicherweise aber war es auch noch ein wenig anders. Traumatische Ereignisse können nämlich zu einer Aufblähung unseres Sorgenareals im Hirn führen, das Amygdala genannt wird. Wenn dieser Teil unseres Nervensystems mit bedrohlichen Situationen überschüttet wird, bildet er neue Nervenverbindungen aus, vernetzt sich viel stärker und ist überaktiv.[1] Er gerät dann viel leichter in einen Alarmzustand.

Die traumatische Kindheitssituation wird unter Umständen als ewiger Film in der Amygdala zurückbehalten und nicht ordentlich im Gedächtnisareal versorgt, so als gäbe es für sie keine Zeit. In diesem Fall taucht die gewalttätige Mutter nicht aus einer Ordnungsmappe im Gedächtnis auf, sondern stürzt direkt aus dem aufgeblähten Dramazentrum ins akute Leben hinein. Es muss lediglich eines der Netzwerke angestoßen werden, die von der Trauma besetzten Amygdala neu ausgebildet wurden. Und die Ehefrau unseres Kollegen schaffte das, als wir zur Feier aufbrechen wollten, spielend leicht mit ihrem eindringlichen und hektischen Tonfall.

In der Fachsprache spricht man auch von Projektionen. Es ist, als habe unser Kollege Xaver zwei Filme vermischt, als existiere ein Projektor, der in seinen »Gegenwartsfilm« Sequenzen oder kurze Bilder einblendet, die aus dem »Film« über seine frühen, schlimmen Erfahrungen stammen. Seine Frau und seine Mutter stürzen nun gleichzeitig auf ihn ein, die eine weckt gegenwärtige, die andere alte Gefühle, die jedoch als gegenwärtige missverstanden werden. Solche Projektionen werden gewöhnlich nicht vom Verstand, sondern vom Unbewussten gesteuert. Bewusst merkt die Person kaum, dass es sich um zwei verschiedene Abläufe handelt, denn beide »Filme« werden geschickt zu einem gefügt, die alte Situation »überträgt« sich auf die neue.

Andererseits merkt der neutrale Beobachter von außen sofort, dass etwas nicht stimmt. Die traurigen, angstvollen oder wütenden Kindheitsgefühle, die in unserem Freund hochkommen, weil er sein unbewusstes Mutterbild auf seine Frau projiziert hat, sind nämlich deutlich schrecklicher als die, welche er ohne diese geheimen Einflüsse empfinden würde. Er war ja damals sehr viel hilfloser, und seine hasserfüllte Mutter war ihm entsprechend bedrohlich vorgekommen.

Dass die Betroffenen von diesen krassen Diskrepanzen gar nichts mitbekommen, ist wohl nicht nur die Folge ihrer Hirnstruktur, sondern auch ein genialer Schachzug des Unbewussten.

Ohne die heimliche Vermischung der zwei Filme hätte unser Kollege die frühen, mit seiner Mutter verbundenen Gefühle nicht wieder erleben können. Als Erwachsener hätte er sich entweder gar nicht erst daran erinnert oder die auftauchenden Gedankenfetzen nicht in seine emotionale Schicht vordringen lassen, denn seine Abwehr[2] funktioniert mittlerweile sehr gut. Durch die Übertragung in die Rolle des verletzlichen Kleinkindes zurückgeworfen, spürt er die volle Macht der Angst und der daraus folgenden rasenden Wut.

Trotzdem muss die negative Übertragung (es gibt auch positive Übertragung, die aber nicht bearbeitet werden muss) nach einer Weile aufgelöst werden, sonst entstehen Dauerprobleme in der Beziehung. Die Kinder in uns wollen ja nicht nur nebenbei auftauchen, sondern sie wollen ins Zentrum rücken und tief verstanden werden. Dazu müssen Paare in der Lage sein, die beiden Filme auseinanderzuhalten. Das Aufdecken der zeitlichen Diskrepanz hilft dabei. Einer oder beide spüren, dass nicht jedes erlebte Drama in ihre jetzige Beziehung gehört. Damit beginnt das Gespräch zwischen ihnen ruhiger zu werden, die Beschimpfungen hören auf. Die Betroffenen werden zu Geschichtsforschern und können sich nun stützen und helfen, wo sie vorher gelitten oder gegeneinander gekämpft haben. Dieses langsame Aufdecken der Wahrheit unter den Übertragungskämpfen bringt großes Glück in die Beziehung hinein.

Wir möchten Ihnen nun schildern, wie Paare das lernen können. Wieder dienen Gaby und Fred als Beispiel.

Wie man aus der negativen Übertragung ein Geschenk macht

Bevor man überhaupt anfangen kann, an eine Auflösung von Übertragungsproblemen zu denken, braucht es schon eine Menge

Vorarbeit. Am wichtigsten sind dabei wohl die detaillierten Kenntnisse über die gegenseitige Vergangenheit – mit anderen Worten, es bedarf einer ausführlichen Love-Map.

Fred und Gaby haben so eine Landkarte ihrer Kindheit angelegt und ergänzen sie laufend. Viele Stunden haben sie bereits über ihre frühen Glücksmomente geredet und ihre schlimmsten Verletzungen ausgetauscht, soweit sie sich dessen bewusst waren. Sie haben gelacht und geweint und sich in den Armen gehalten. Ohne all dies würde die jetzige Situation sie völlig überfordern.

Fred weiß, dass Gaby mit eineinhalb Jahren ihren Vater durch einen Autounfall verlor. Ihre Mutter war damals mit vier Kindern alleine zurückgeblieben. Gaby war die Jüngste. Niemand hatte Kraft für sie übrig, alle mussten mit ihrer eigenen Trauer kämpfen. Und weil Gaby noch so klein war, konnte sie nicht einmal wie die älteren Brüder um den geliebten Vater weinen. Der Schmerz war trotzdem da, ungeformt und tief. Und ihre Verlorenheit wuchs, bis Gaby sie nicht mehr ertragen konnte und aus ihrem Bewusstsein verbannen musste. Obwohl sie sich danach nicht mehr an die schreckliche Kette von Ereignissen erinnerte, blieb im Untergrund ganz viel diffuse und unspezifische Angst zurück, und es gelang ihr nicht, wirkliches Selbstbewusstsein aufzubauen oder daran zu glauben, dass jemand sie lieben könnte.

In der Beziehung zu Fred hatte sie auf Heilung von dieser Unsicherheit gehofft, und während die Hormone und die positiven Projektionen gemeinsam Wunder schufen, hatte es auch so ausgesehen, als könnte sie nun von allen Ängsten ausruhen.

Aber dann wuchs die Familie und der Alltag warf entsprechend längere Schatten. Ihr perfekter Liebender zeigte immer häufiger unschöne Seiten, und die neu gefundene Sicherheit bekam Risse. Besonders Freds Verhalten in Stresszeiten hatte bei ihr schon viele Momente von negativer Übertragung provoziert. Er war dann unkonzentriert, innerlich abwesend, starrte an den Kindern vorbei ins Leere und konnte nicht verstehen, warum Gaby ihn deswegen so heftig angriff. Er fand, dass er bei seinen hohen beruflichen Belastungen das Recht auf ein wenig geistigen und seelischen Rückzug hätte. Aber Gaby kannte diesen leeren Blick nur allzu gut von ihrer Mutter.

Bei ihr hatte er jedoch viel mehr als nur Dauerstress ausgedrückt. Wie viele Menschen, die einen überwältigenden Schock erleben, hatte ihre Mutter nach dem Tod des Vaters die Wirklichkeit nicht mehr richtig zulassen können. Alles erschien wie in Watte gepackt und drang nur noch gedämpft zu ihr. Sie war wie jemand, der starke Beruhigungsmedikamente einnimmt. Ihr Leben spielte sich in weiter Ferne ab, als ginge es sie nichts an. Nur dank dieser künstlichen Distanz, die in der Fachsprache Dissoziation heißt, schaffte sie es, ihr Leid auszuhalten.

Mit eineinhalb Jahren war Gaby zu klein, um dieses Vorgehen als Überlebensstrategie zu erkennen. Sie konnte nur einen Abbruch der vormals innigen Beziehung darin sehen. Und es war schrecklich für sie. Sobald Fred sie ein wenig leer anschaut, weil er wieder einmal in der Arbeit unterzugehen droht, kommt das von der Mutter verlassene Kind in ihr hoch und leidet. Diese Art der Übertragung sind unsere Freunde bereits gewohnt und haben geschickte Strategien entwickelt, um damit umzugehen.

Diesmal hat die Verdüsterung ihres Gegenwartsfilms noch größere Dimensionen, und Gaby kann ihre Panik kaum ertragen. Sogar Selbstmordgedanken gehen ihr durch den Sinn. Das hat sie bisher noch nie erlebt. Erst in einem Gespräch mit ihrem Mann, von dem wir jetzt berichten möchten, trennt sich langsam der eine Film vom anderen, und sie begreift, was sich hinter dem Schrecken verbirgt.

Als Fred schließlich anruft, hat Gaby alle Stacheln aufgestellt und kann sie nicht mehr einziehen.

»Wie geht es dir?«

Schweigen.

»Was hast du?«

Lange Pause ... dann ein mattes und gleichzeitig anklagendes »Ich weiß es nicht«.

Fred, der ein schlechtes Gewissen hat, weil er sich nicht gemeldet hat, versteht, dass seine Frau Grund hat, sauer zu sein, aber dieser Ton klingt nach mehr als normalem Ärger. Spontan würde er sich wohl verteidigen und ihr selber sein Überlastungsleid klagen. Aber er ist nach einem gut gelungenen Vortrag am Seminar und einem herrlichen Abendspaziergang ungewöhnlich weich und offen. So spürt er seine Liebe trotz ihrer unfreundlichen Antwort und kann sich ihre spezielle Geschichte ins Bewusstsein rufen. Es ist ja nicht zum ersten Mal, dass sie auf ungeschicktes Verhalten von ihm unverhältnismäßig trotzig reagiert.

»Geht es dir nicht gut?«, fragt er daher besorgt.

Und nun kann sie sich bereits ein wenig öffnen.

»Es geht mir furchtbar.«

»Kann ich etwas tun?«

Die Stacheln wollen nicht wirklich weichen, und darum kommt nur ein erneutes trotziges »Ich weiß nicht«.

»Soll ich nach Hause kommen? Ich habe morgen frei.«

Die Stacheln weichen immer noch nicht, die Panik will nicht weichen, und wieder sagt sie: »Ich weiß nicht«, aber der Ton ist doch ein wenig milder und sie fügt schnell hinzu: »Ich bin so stachelig und kann nicht dagegen an, sei mir nicht böse.«

Nun ist Fred entlastet, denn sie hat ihm gezeigt, dass sie sich der Diskrepanz zwischen ihrer subjektiven Befindlichkeit und der Realität mindestens vage bewusst ist. Sanft und sorgfältig tastet er sich durch das Minenfeld, das so eine Übertragung darstellt. Seiner Intuition folgend fragt er auch nach ihrem Vater. Doch an dieses Thema hat sie keine bewussten Erinnerungen, die bei den tastenden Versuchen ihres Mannes, den Finger auf den wahren Ursprung ihrer Verletzung zu legen, anklingen könnten. Vorerst bleibt die Vergangenheit noch ein Buch mit sieben Siegeln, das er nicht öffnen helfen kann.

Nach vielen, vielen »Ich weiß nicht« wechselt er daher den Fokus, fragt im richtigen Moment das Richtige:

»Wann hat das Gefühl eigentlich angefangen?«, und bringt Gaby damit in die Gegenwart zurück.

»Oh«, sagt sie, »gerade am ersten Abend. Ich war ungewöhnlich traurig, weil du ausgerechnet jetzt fortmusstest, und hätte deine Stimme gebraucht, und zwar unbedingt sofort. Ich wusste zwar, dass du spät in Stuttgart ankommst und dass wir gesagt hatten, es lohne sich nicht, dann noch anzurufen, aber das half gar nichts. Du kennst mich, wenn ich in die alte Schiene gerate, komme ich mit Vernunft nicht dagegen an.«

Eine Weile ist es ganz still, beide hören sich atmen. Dann fährt Gaby leise fort.

»Und diesmal war die Verzweiflung so schlimm wie noch nie, vielleicht hast du ja doch Recht und es hat mit meinem Vater zu tun.« Erneutes Schweigen. Und dann kommt eine weitere Erkenntnis hoch. Alles, weil er diese eine einfache Frage gestellt hat:

»Schon am nächsten Tag hätte ich jeden Kontakt von dir bereits mit aufgestellten Stacheln beantwortet, aber drei Tage lang auf einen Telefonanruf von dir zu warten hat mich, glaub mir, völlig über den Rand geschossen. Blöderweise haben wir ja nicht dran gedacht, den Namen von deinem Hotel aufzuschreiben, dein Handy schien nicht zu funktionieren. Ich konnte dich selber nicht erreichen.«

Nun ist ihre Stimme wieder normal und Fred entspannt sich ebenfalls merklich.

»Ach, es ist einfach schön, dich wieder zurückzuhaben. Mein Gott, habe ich deine Stimme vermisst. Du klangst so tonlos. Und es tut mir riesig leid, dass ich das nicht vorhergesehen habe. Es war hier alles so hektisch, die Seminargebäude liegen offenbar in einem Funkloch, und ich habe kein Telefon im Zimmer. Aber eigentlich sollte das ja kein Grund sein, dich in dieser speziellen Situation allein zu lassen. Kannst du mir das verzeihen?«

Nachdem sie ihn vor dem Telefonat eigentlich verlassen wollte, muss Gaby über sich selber lächeln, weil sie sich so versöhnlich anhört, als sie sagt: »Ja, wirklich, aber wenn du in zwei Wochen nach Hamburg musst, lass uns in jedem Fall schon am gleichen Abend telefonieren, vor allem, wenn Mama dann noch immer im Krankenhaus ist, geht das?«

Noch so gern verspricht der erleichterte Fred das, und Gaby atmet auf. Das Gespräch über den Vater vertagen sie auf die Zeit, wenn Fred zurück ist und sie dabei in den Arm nehmen kann.

Die beiden haben in ihrem langen Gespräch mehrere wichtige Phasen durchlaufen:

Die *erste* ist das *Auftreten der negativen Übertragung* anhand des Verhaltens von Fred.

Eine Weile muss Gaby die dafür typischen Zustände aushalten. Wie in solchen Momenten üblich zeigt sich ihr damaliges Leid nicht in der ursprünglichen, lebendigen Form und löst daher zunächst auch kein spontanes Mitgefühl aus. Diese Tatsache beobachten wir – in ähnlichen Paarsituationen, wenn negative Übertragung im Spiel ist – sehr oft. Wenn Fred nicht aus Erfahrung wüsste, wie schlimm das Ganze für seine Frau ist, würde er sich von dieser energielosen anklagenden Person abwenden. Das stereotyp matte, unterschwellig aber vorwurfsvolle »Ich weiß nicht« klingt seltsam. Sie scheint in einem starren Körperzustand gefangen zu sein, der für einen ebenfalls starren Gefühlsausdruck sorgt. Manche Menschen erleben die zugehörigen Körperempfindungen als Taubheit, andere als Getrenntheit vom Selbst oder wie hinter einem Schleier, oder so, als würde sich eine Glaswand zwischen die Person und die Welt schieben. Diese Zustände haben mit der Zeitverschiebung zu tun, die zur Übertragung gehört. Man befindet sich wirklich zwischen zwei unterschiedlichen Altersstufen. Das Unbewusste kann sein geniales Turnkunststück nicht fertig bringen, ohne die Seele in einen außerzeitlichen und außerkörperlichen Raum zu transportieren. Das Resultat kann man als mangelnde Präsenz oder mit einem Fachwort als *Fragmentierung* bezeichnen.

Die *zweite Phase* des hilfreichen Telefonates besteht in der *Suche nach den Hintergründen* all dieser Starrheiten. Sie dient dem *Ausstieg aus der Fragmentierung.*[3]

Fred hat bereits einige Erfahrung aus früheren Gesprächen, ist gerade warm und lebendig und macht es daher sehr gut. Diesmal bringen die Vorstöße in die Vergangenheit im Gegensatz zu anderen Situationen nichts, aber als Gaby dank der entscheidenden Frage, wann alle diese Phänomene angefangen haben, innerlich zu dem Punkt zurückgeht, wo der eine Film in den anderen eingeblendet wurde, löst sich der Zauberbann und sie springt geradewegs weiter in die dritte Phase.

Die *dritte Phase* im heilsamen Prozess ist die Phase der *Wahrnehmungsveränderung.* Nun taucht unter der Dunkelheit das Licht auf, und es beginnt eine *Gefühlstransformation* zum Guten.

Gabys Inneres ist ganz hell geworden, die starren Zustände sind vorbei. Sie ist wieder präsent, und zwar reicher und wärmer als vor der Übertragung.

Einerseits gewinnt sie nun Klarheit, weil sie sieht, dass die schwierigen Gefühle tatsächlich zu einer alten Leidensgeschichte gehören, auch wenn sie nur ahnt, zu welcher. Andererseits nimmt sie alle Gefühle viel differenzierter, reicher und fließender wahr. Als Erstes sprudelt die Liebe zu ihrem Mann hoch, der ihr mit seinen geduldigen Fragen den Weg durch das Inferno geebnet hat. Fred merkt es am Ton ihrer Stimme, der Wandel ist wirklich unglaublich. Alle Nuancen, die daraus verschwunden waren, sind wieder da und neue sind dazugekommen. Er ist glücklich darüber.

Die Wahrnehmungsveränderung geht aber noch weiter. Schon am nächsten Tag meldet sich wieder die Trauer des Kindes aus ihrer Vergangenheit, diesmal aber nicht mit Panik und Qual, sondern wie ein weicher Strom. Sie kann nun endlich den alten Kummer in sich hochkommen lassen, ohne davor fliehen zu müssen, und merkt, wie ihr Herz warm wird. Dieses Gefühl vermag nun im Gegensatz zu den ersten, noch in der Zeitverschiebung verformten Stimmungen vom vorherigen Tag sehr wohl das Gegenüber zu berühren. Fred kommen die Tränen, als sie ihm davon erzählt. Am liebsten möchte er dieses kleine Wesen, das durch ihre Worte spürbar wird, halten, schützen und trösten.

Die Fragmentierung ist also aufgelöst, und es ist mehr passiert als eine bloße Rückkehr in die Gegenwart. Gaby hat bei ihrem unfreiwilligen Spaziergang in die Vergangenheit auch ein Geschenk mitgebracht. Sie hat etwas in sich verstanden und liebevoll angenommen, was diese Annahme dringend brauchte. Das Kind in ihr ist mindestens für den Moment aus seiner Starre erlöst. Gaby fühlt sich unglaublich lebendig und nicht nur traurig, sondern auch geliebt und selber liebevoll. Eine neue Sicherheit durchströmt sie. Es ist ein wunderbarer Zustand. In Gabys Fall ist er noch ganz besonders intensiv, weil ihr der Ausstieg aus der Fragmentierung nicht mit einem Therapeuten, sondern mit ihrem Mann gelang. Gemeinsam haben sie Abgründe erkundet und in ihrer Tiefe neu gestaltet, und Gabys nun sehr viel positiveren Gefühle treffen auf eine starke Resonanz vom Lebenspartner, die sie umfängt und weiter heilt. (Trotzdem ist es wichtig, an dieser Stelle zu wiederholen, dass viele Paare vom Übertragungsphänomen so erschlagen werden, dass es sich lohnt, sich zuerst einmal von einer guten Therapeutin durch das Dickicht führen zu lassen.)

Die *lang nachwirkende Heilung* ist die *vierte Phase* der Übertragungsauflösung. Die *Transformation breitet sich* in der ganzen Persönlichkeit *aus*.

Diese Phase zeigt sich in der kontinuierlich weiterwachsenden Wahrnehmungsveränderung und im Auftauchen von positiven Zuständen, die unter den verdrängten negativen Gefühlen verschüttet waren. Wir haben bereits geschildert, wie diese Phase begann: mit Klarheit, Ruhe und der Erlösung von der Panik. In der Nacht durchlebte Gaby dann Wellen von Dankbarkeit für diesen Mann, am nächsten Tag die nunmehr lebendige Traurigkeit des Kindes.

Am Abend desselben Tages fängt ein zartes innerliches Glühen an, die Traurigkeit zu ersetzen, und sie merkt, wie sich unter der Trauer ein für sie unbekannter Optimismus zeigt. Eine ganze Woche lang wächst in ihr allerlei Neues. Da steigt zum Beispiel Entschlossenheit auf, ihr Leben anders anzupacken, da entwickelt sie ganz viel Initiative, Freunde anzurufen, die schon lange auf die Seite gerückt waren. Der Kontakt zu den Kindern ändert sich ebenfalls. Zum Beispiel merkt sie, wie die Sorgen, die sie sich dauernd um ihre kleinen Schätze macht, gar nicht nur mit dem jeweiligen Ereignis zusammenhängen, sondern dass schon vorher ein dickes Band um ihr Herz lag, das durch die kindlichen Kümmernisse einfach aktiviert wird. Nun schaut sie mit staunender Aufmerksamkeit diesem Prozess zu, beachtet das Band in seiner Schwere und spürt, wie lange es schon ihr Leben einengt. In dieser Woche werden die Sorgen um die Kinder weniger, und Licht zieht in ihre Seele ein.

Jeden Abend telefoniert das Paar miteinander, tauscht seine Freude über die vielen Wunder aus und spürt, wie ihre Liebe wächst und sich entwickelt. Der Wahrnehmungssprung ist also eine eigentliche Transformation hin zu mehr Liebe.[4] Er führt geradewegs in den geistigen Raum, der nicht nur eine euphorische Vision kennt, sondern auch Ernsthaftigkeit und Tiefe umfasst.

Wir möchten nun die *Kompetenzen*, die sich in diesem Abschnitt verstecken, *zusammenfassend auflisten.* Man kann sich sehr gut daran orientieren, wenn man in einem Paarkonflikt feststeckt.

Um eine Übertragung durch Paargespräche auflösen zu können, müssen Menschen eine ausführliche Love-Map ihrer kindlichen Vergangenheit haben. Sie müssen merken, dass sie sich selbst bzw. ihr Partner oder ihre Partnerin in einer Übertragung befinden; und die Übertragenden müssen den Willen aufbringen, die damit verbundene Fragmentierung zu überwinden, ihre Partner die fragmentierte Kommunikation des Gegenübers so lange aushalten, bis die gestellten Fragen beim Wahrnehmungssprung helfen, zum Beispiel:

- ob es sein kann, dass alte Geschichten beim akuten Problem auch noch mitspielen (ohne den eigenen Beitrag am aktuellen Problem zu leugnen oder herabzuspielen);
- ob etwas in der Vergangenheit dem jetzigen Problem geglichen haben könnte;
- wie sich die Fragmentierung im Körper und in den Gefühlen zeigt,
- wann genau die schwierigen Zustände begonnen haben.

Die Übertragenden können, wenn der Prozess mühsam wird, hilfreiche *Übungen zur Präsenz* machen, damit ihre Wahrnehmungsfähigkeit besser wird. Jede gute Körperübung eignet sich dafür.

In einer Partnerschaft kann man zum Beispiel folgende einfache Übung durchführen, die aus dem Satz besteht: »Mein Lieber, bzw. meine Liebe, schau mich mal an. Wie viele Falten habe ich im Augenwinkel oder auch: Welche Farbe haben meine Augen ganz genau?« Wenn man nämlich etwas Lebendiges richtig, also mit allen Einzelheiten anschaut, wird man aus dem zeitlichen und räumlichen Zwischenzustand zurück in die Gegenwart kommen und sich wieder lebendig und ganz fühlen. Dann kann man sein Gegenüber wahrnehmen und angemessen auf alles reagieren.

Wie visionäre Liebesqualitäten beim Auflösen von Übertragungen helfen, und wie dadurch Neues entsteht

Bei der Übertragung geht es um die *Liebesqualität der Tiefe*. Gerade in Auseinandersetzungen in der Beziehung wartet ein großer Reichtum auf uns. Wir müssen uns »nur« um die Kindheitsbeiträge zum Konflikt kümmern. Dafür brauchen wir diese Offenheit für zwei parallel wirksame Zeitdimensionen, wie sie Fred beim geduldigen Fragen zeigt. Unserer Erfahrung nach entwickelt man eine solche Offenheit in der Beziehung, also den anfangs erwähnten *Suchscheinwerfer der Tiefe,* am leichtesten, wenn man sich dafür eine Weile lang einer Therapeutin anvertraut. Sie steuert das Schiff durch die heftigen Gewässer der Probleme, bis es schließlich in den

Buchten der Kindheit vor Anker gehen kann. Dort entstehen zuerst Präsenz und Klarheit. Das Geschehen ordnet sich neu. Das Wort Tiefe taucht zum ersten Mal auf. *Die aktuelle Wahrnehmung vertieft sich nämlich und wird auf wunderbare Weise vielfältig.*

Meist schälen sich daraufhin – aus den mit einem Stachel behafteten Gefühlen im Paarkonflikt – *tiefere und echtere Empfindungen heraus. Das Kind im Erwachsenen kann endlich seinen Schmerz direkt zeigen.* Wir sehen in solchen Momenten in unserer Praxis regelmäßig sich weinend umarmende Menschen, die nicht nur vor Trauer, sondern auch vor Herzensberührtheit weinen.

Und damit sind wir bei der *Liebesqualität, die unter dieser Tiefendimension immer auf uns wartet; der Herzensliebe.* Die berührten Menschen lieben nun das verletzte Kind im Gegenüber, das ihnen im Konflikt – wegen seines durch die Übertragung verzerrten Auftretens – gerade noch das Leben zur Hölle gemacht hatte.

Wenn man das einige Male miteinander erlebt hat, wächst etwas, was man zur Reise in die Tiefe braucht, nämlich *eine grundsätzliche Liebe zu den verborgenen Kindern in den Partnern und Partnerinnen* und der Wunsch, sie im Konflikt aufzufinden und besser kennen zu lernen.

Übertragungen lassen sich also mit viel Aufmerksamkeit und Üben wahrnehmen, und sie lassen sich sehr oft auch auflösen. Manchmal jedoch stößt man dabei aber auch an massive Grenzen.

Unauflösbare Übertragungen

Nicht alle Menschen schaffen es – wenigsten gelegentlich – liebevoll und weise mit Übertragungen in ihrer Beziehung umzugehen. Manchmal ist die Krise dauerhafter und destruktiver als bei unseren beiden Freunden, oder manchmal kennen Paare das Phänomen einfach nicht. Andere wissen rein intellektuell darum, nehmen es aber nicht wirklich ernst. Für sie alle gibt es die Möglichkeit, sich einer Therapie anzuvertrauen und aus der hässlichen Hülle der Verletzungen kostbare Geschenke herauszuholen.

Wenn allerdings eine besonders mühsame oder besonders unzugängliche Übertragung vorliegt, können auch geübte Paare sie nicht mehr auflösen, auch nicht mithilfe von außen. Das kann zum Beispiel so aussehen:

Fabian verliert die Übersicht

Gerade ist Fabian aus Berlin zurückgekommen. Das Flugzeug ist in ein Unwetter geraten, und er ist definitiv geschafft. Am Abend fällt er wie ein Stein ins Bett, trotzdem kann er nicht einschlafen. Seine Gedanken kreisen wie ein Uhrwerk, und immer wieder drängen sich unangenehme Bilder auf. Die Erinnerungen an den heißen Begrüßungssex, die er gerne zurückholen würde, kommen nicht dagegen an. Dafür muss er sich mit Szenen aus dem Möbelgeschäft herumschlagen.

Iris hatte ein neues Büchergestell gebraucht, und sie hatten bei Ikea spielerisch und wie nebenbei überlegen wollen, was sie sonst noch alles kaufen würden, wenn sie zusammenziehen wollten. Wann war das Spiel gekippt? Als sie entsetzt und empört gezischt hatte: »Du würdest doch nicht etwa dieses Gestell kaufen?« Er hatte es tatsächlich in Erwägung gezogen, es war so schön altväterisch gewesen, dunkelbraun, richtiges Holz, mit einer geschnitzten Borte obendran, und hatte Behaglichkeit ausgestrahlt. Oder war es gekippt, als er sich in den dicken, weichen Sessel mit Ohren und mit Hocker für die Beine hatte fallen lassen, wo er so gerne seine Gedichte drin lesen würde, und sie so etwas wie »grässlich« gemurmelt hatte? Ihre »Schöner-Wohnen«-Vorschläge konnten ihm danach gestohlen bleiben. Ihr Wunsch, doch noch einen von diesen teuren Designerläden aufzusuchen, war ihm absolut schräg vorgekommen. Überhaupt hatte sie sich benommen, als würden sie nicht nur im Spaß, sondern ganz real die erste Einrichtung für eine Wohnung kaufen – nach ihrem Geschmack natürlich. Sie war richtig in Fahrt gekommen. Ihn packt der pure Horror, als er sich an den weiteren Abend erinnert. Dauernd hatte sie etwas auszusetzen. Seine Jeans waren zu weit gewesen, das Hemd hatte einen Fleck gehabt, seine Spaghetti waren nicht al dente gekocht und die Krönung des Ganzen war ihr Satz gewesen, dass der Sex zu unbezogen abgelaufen sei.

Mit einem Seufzer steht er auf, geht zum Kühlschrank und holt sich ein großes Bier. Gott sei Dank kann er sich wenigstens noch zurückziehen. Gott sei Dank leben sie nicht zusammen, und er hat sein ruhiges Zürich und seine Bücher. Als das Telefon klingelt, nimmt er nicht ab. Er muss sich erst mal wie-

der finden. Beim Einschlafen, als er schon wegsinkt und noch immer grummelt, meldet sich ein flüchtiger Gedanke. Warum habe ich eigentlich nichts gesagt, warum bin ich nicht ruhig und bestimmt für meinen Sessel eingestanden? Hört das denn nie auf, dieses verkappte, verfluchte Minderwertigkeitsgefühl?

Liegt in diesem Beispiel wirklich Übertragung vor? Wir glauben schon. Sie ist allerdings bei Fabian – anders als im Beispiel von Gaby vorher – weniger auf ein einzelnes traumatisches Ereignis bezogen als auf eine Urangst vor dauernder Kontrolle durch ein Gegenüber. Entsprechend kann man sie schlechter auflösen.

1. Wieso man bei manchen Übertragungen nicht mehr zum ursprünglichen Schmerz zurückfinden kann

Übertragung ist ein weit gespanntes Phänomen. Im Beispiel von Gaby und Fred ist sie weicher als im Beispiel von Iris und Fabian. Man kann das nur schwer unterscheiden, denn in beiden Fällen liegt eine Fragmentierung vor, in beiden Fällen gibt es die Zeitverschiebung, in beiden Fällen mischen sich ein alter und ein neuer Film. Vielleicht kann man sagen, dass die harten Fälle von Übertragung schneller hintereinander auftreten und sich stereotyper wiederholen. Vielleicht haben sie auch noch einen schärferen Unterton und zerstören das Nervenkostüm erfolgreicher. Auch kommen uns die Gefühle, die übrigens sehr indirekt ausgedrückt werden, noch unzugänglicher und unangemessener vor. Oftmals wirken sie auf die Beteiligten eher wie Waffen. Es ist extrem schwierig, sie auf die aktuelle Situation zu beziehen, ohne sofort an die Decke zu gehen. Solche Gefühle tragen ein Element von Zerstörung in sich.

Wie entstehen nun diese verschieden zugänglichen Formen von negativer Übertragung? Alle Menschen erleben beim Aufwachsen Gutes und Schlechtes – vom Schicksal, von ihren Eltern, von Großeltern oder Geschwistern, von Nachbarn, Freunden, Feinden und der umgebenden Kultur. Und jedes Erlebnis hinterlässt Spuren. Diese Spuren können positiv ausfallen und zeigen sich in Momenten, wenn Menschen wie Fabian und Iris lachen, sich umarmen, das Leben teilen, es einfach gut und wahr zusammen haben. Sie können schwierig sein, wie im Beispiel von Gaby und Fred, aber trotzdem positive Entwicklungen ermöglichen. Sie können auch die immer gleichen Nerven quälen, wie Iris' wachsende Neigung, ihren Freund zu kritisieren und zu erziehen, oder Fabians wachsende Rückzugstendenzen. Dann lösen sie beim Gegenüber nur noch Abwehr aus.

Ein Schema, von dem Ray Castellino in einem Workshop erzählte, ist eine besonders gute und bildhafte Illustration dafür, wieso die einen Erfahrungen zu auflösbaren und die anderen zu unauflösbaren Übertragungen führen.[5]

Castellino beschrieb in einfachen Worten, was passiert, wenn Kinder geliebt und wahrgenommen werden, was geschieht, wenn sie verletzt werden, und was geschieht, wenn sie immer wieder verletzt oder gar vollkommen ignoriert werden.

1. Wenn ein Kind wahrgenommen und geliebt wird, kann es von ganzer Seele das sein, was es ist. Es wird lebendig, wach, wahrhaftig und direkt reagieren und unsere Herzen berühren.
2. Wenn ein Kind nicht bekommt, was es braucht, wird es traurig sein und weinen. Die Verletzung wird im Ton seiner Stimme erscheinen und könnte von einem fühlenden Gegenüber verstanden und direkt und liebevoll beantwortet werden.
3. Wenn die Eltern solche Reaktionen nicht aufbringen können, weint das Kind zuerst ein wenig lauter. Nun ist in diesem Weinen aber bereits die Reaktion auf das Nicht-gehört-Werden spürbar, z. B. in Form eines drängenden Untertons.
4. Wenn die Spirale noch weiterginge, weil zum Beispiel der entsprechende Elternteil gerade depressiv ist, würde dieser Erwachsene vielleicht sogar böse und würde das Weinen zu stoppen versuchen, weil es ihn in seiner eigenen Not überforderte. Die Verzweiflung würde entsprechend weiter zunehmen, bis das Kind diese innere Not, dieses Maß an Unverstandensein, nicht mehr aushielte. Der Ton des Weinens würde noch klagender, spitzer oder sonst irgendwie eindringlicher. Nun wird das Gegenüber sich zusätzlich wegen dieser Art des Weinens von seinem Kind abwenden.
5. Wenn es wieder nicht gehört wird, was ja nun immer wahrscheinlicher wird, wird es noch stärker reagieren. Es wird nicht nur indirekte, wie unter Punkt 4, sondern ganz direkte Wut ausdrücken.

6. Wenn es auch damit nicht gehört wird, weil die Depression andauert, weil Arbeitslosigkeit keinen Raum für das Kind lässt oder weil sonst irgendetwas die Wahrhaftigkeit oder die Liebe in den Herzen der Eltern blockiert, wird es die Wut häufiger, quengelnder oder lauter äußern.
7. Wenn das alles nichts nützt, wird es schließlich in rasende Wut verfallen. Es wird um sich schlagen, sich auf dem Boden wälzen oder laut kreischen, um seine »grenzenlose Wut aus Verzweiflung« auszudrücken. Es kann aber auch wissen, dass diese Wut nicht geäußert werden darf, dann wird es sie tief innen verschließen, und doch wird sie vorhanden sein.
8. Und wenn schließlich auch das nichts bringt, und das Kind in seinem Kern weiterhin übergangen wird, gibt es auf, zieht sich zurück und resigniert. Bei grober Vernachlässigung geht die Entwicklung ohne die geschilderten Umwege direkt und schnell in diese Form der extremen Selbstaufgabe über.

Mit jeder Stufe entfernt sich das Kind ein Stück weiter vom ursprünglichen direkten Ausdruck der Verletzung und mischt diesen mit anderen Tendenzen, wie Eindringlichkeit, Jammern, Härte, Wut, Hass oder Erschlaffung aller Energie. Es steigert also nicht nur die Not in seiner Reaktion, sondern es verdreht sich so, dass man die Verletztheit nicht mehr aus der Reaktion ablesen kann. Man wird eher abgestoßen als gerührt. Das liegt daran, dass das Kind den immer größer werdenden Schmerz nicht mehr aushält und ihn abwehren muss. Wut und Resignation fühlen sich auch nicht gut an, aber bei der Wut wird der Schmerz in einen Angriff verwandelt und verletzt somit zurück, und bei der Resignation werden alle Gefühle ausgeblendet und das Kind wirkt nun unlebendig, wenig anziehend, aber es stört die belasteten oder lieblosen Bezugspersonen auch nicht mehr.

Mit der Zeit ist der ursprüngliche Schmerz beim besten Willen von außen nicht mehr ersichtlich, obwohl er im tiefsten Grund der Persönlichkeit immer mitspielt.

Wenn diese Gewohnheiten, auf Schmerzen zu reagieren, automatisiert werden und sich via Übertragung in das tägliche Liebesleben der Erwachsenen einmischen, kann man sich vorstellen, warum sie sich nicht so leicht auffinden lassen wie ein drastisches Einzelereignis wie der Tod von Gabys Vater.

Die meisten Kinder erleben den geschilderten Prozess nicht bis zum bitteren Ende der Dauerresignation. Sie durchlaufen auch nicht immer alle Stufen. Es kann Zeiten geben, in denen sie lebendig reagieren können, weil sie genügend Zuwendung haben. In anderen Zeiten bzw. mit anderen Menschen werden sie bis zur rasenden Wut gelangen, in wieder anderen Zeiten wird ein Schicksalsschlag sie unter Schock setzen, und entsprechend formen sich in ihnen ganz unterschiedliche Persönlichkeitsanteile[6]:

- Fabian zum Beispiel wurde von seiner Mutter zärtlich geliebt. Er hat also Seiten in sich, die der *Stufe 1* entsprechen und zu Echtheit und Zärtlichkeit fähig sind.
- Immer wieder wurde er verstanden, wenn er verletzt war, und in den Armen der Mutter und gelegentlich auch des Vaters gewiegt. Das hat ihm geholfen, Züge zu entwickeln, die der *Stufe 2* entsprechen. Ein solcher Mensch kann Verletzungen zeigen und vertrauen, dass sich sein Gegenüber ihm zuwenden wird.
- Beide Eltern haben ihn aber auch des Öfteren nicht wahrgenommen, wenn er in Not geriet. Der Vater war zeitweise arbeitslos und trank, und die Mutter war in der Folge depressiv. Das ignorierte Kind, das in *Stufe 4* geschildert wird, bildet daher auch einen Teil seines Selbst. In diesem Kind steckt eine unerlöste Verzweiflung, die der heutige Fabian zu überwinden sucht, indem er sie mehr oder weniger erfolgreich verdrängt. Wenn er kann, tut er so, als würden die Probleme ihn nichts angehen, und setzt sich an seinen Computer oder geht ins Kino, um sich abzulenken.
- Und schließlich hat der Junge, der zusehen musste, wie der Vater seine Mutter schlug, auch das Verhalten und die Gemütszustände der *Stufe 7* gelernt, er hat jedenfalls eine geheime rasende Wut in sich, die er Iris bisher noch nicht zeigt, weil Iris sie in dieser Phase der Beziehung auch noch nicht anstößt.

Alle diese Teile sind so unterschiedlich, dass sie als eigene Persönlichkeitsteile in der Gesamtpersönlichkeit gesehen werden können. Je nach der inneren Gestimmtheit der Person und je nachdem wie sie die jeweiligen Situationen interpretiert, kommen andere *Teilpersönlichkeiten* zum Vorschein und bestimmen das Handeln. Mal ist der Mensch echt und liebevoll und versteht sein Gegenüber, mal ist er unkonzentriert und abwesend, mal ist er auch bissig und gemein und geht über die anderen hinweg.

Teilpersönlichkeiten können an der Oberfläche des Bewusstseins lagern und uns bekannt sein oder vergraben bleiben und dann ganz heimlich hervorbrechen, ohne dass wir etwas davon merken. Die folgende Abbildung soll das veranschaulichen.

Wir wollen zur Illustration Fabians Teilpersönlichkeiten in ein Gesamtbild fassen.

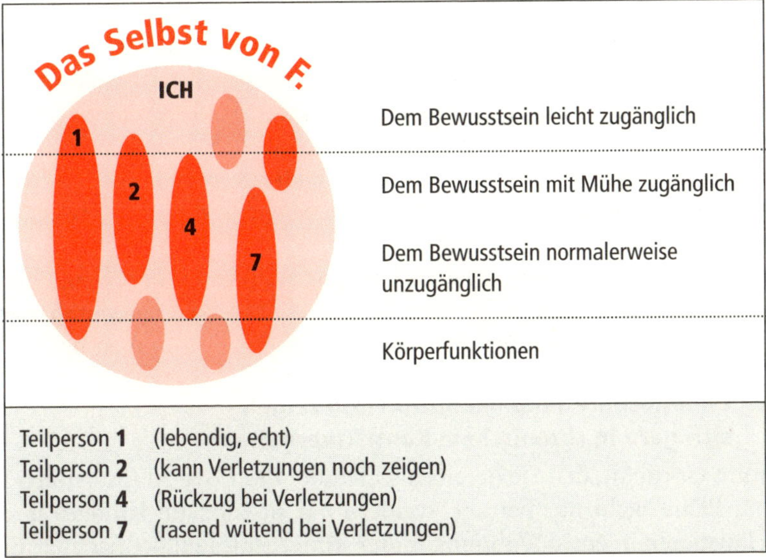

Abb. 1: *Das Selbst von Fabian ist komplex*

Fabian ist vor allem mit seinem Ich identifiziert. Mit ihm versucht er, alle anderen Selbstteile zu moderieren. Je weiter diese jedoch im Unbewussten lagern, umso schwerer fällt es dem ICH, sie willentlich ein- und auszuschalten.

Wir haben zur Illustration nur einige der tatsächlich vorhandenen Teilpersönlichkeiten ausgewählt. Aber schon mit diesen wenigen kann man sich viele Kombinationen mit entsprechenden Teilpersönlichkeiten von Iris vorstellen, die es ja auch gibt. Und man kann sich ebenfalls die vielen Komplikationen vorstellen, die aus diesen Kombinationen entstehen können.

Am Anfang einer Liebesbeziehung ist es noch leicht, denn es begegnen sich vor allem Teilpersönlichkeiten aus dem echten Bereich, also jene mit niedrigen Ziffern. Auch hier mischen sich zwar Erinnerungen an frühe Zeiten mit den Eltern ein. Aber sie stören nicht, weil sie echt und daher schön sind.

Wenn Paare später im zunehmenden Alltagstrott aneinandergeraten, aktivieren sie eher Teilpersönlichkeiten mit mittleren oder auch hohen Ziffern, die weitgehend im verdrängten Teil der Psyche lagern.

Wie segensreich es sein kann, wenn Teilpersönlichkeiten mit mittleren Ziffern verstanden und positiv transformiert werden, haben wir anhand der Geschichte von Gaby und Fred beschrieben. Die Szene im Möbelgeschäft hingegen zeigt das beginnende chronische Konfliktmuster unseres Beispielpaares. Solche Muster sind nicht der einzige, aber ein häufiger Ausdruck von Teilpersönlichkeiten mit hohen Ziffern. Übertragungssuche und lange Diskussionen helfen erst einmal wenig.

Bevor wir uns aber mit dem Umgang mit diesen unerfreulichen Teilpersönlichkeiten und ihren Marotten befassen, möchten wir zeigen, was die Literatur über solche Phänomene zu sagen hat.

2. Unauflösbare Teilpersönlichkeiten zeigen sich gern in chronischem Konfliktverhalten

John Gottman, den Sie bereits als Erfinder der Love-Maps kennen[7], hat Paare nicht nur befragt, sondern hat sie mitsamt Kindern und Haustieren in einer Wohnung hinter Einwegspiegeln beobachtet. Er fand, dass alle Menschen chronische Konfliktmuster haben. Auf Verletzungen oder Alltagsstress antworten sie mit mehrfach verdrehten Reaktionen. Solche Reaktionen sind nicht spontan entstanden, sondern sie sind das in langen Jahren aufgebaute Waffenarsenal der Abwehr unerwünschter Gefühle, entstammen also den oben geschilderten Teilpersönlichkeiten mit hohen Ziffern.

Niemand kann mit diesen Verhaltensweisen noch etwas anfangen, also weichen Paare mit einer guten Beziehung solchen Auseinandersetzungen aus oder haben geschickte Strategien zu ihrer Bewältigung auf Lager. Paare mit schlechten Beziehungen hingegen verbeißen sich geradezu in diese unheilvollen Dialoge und machen sich damit gegenseitig das Leben schwer.

Für Letztere sind chronische Konfliktmuster oft der Untergang der Beziehung, kein Wunder, dass Gottman sie »apokalyptische Reiter« getauft hat.[8] Sie führen weder zu Konfliktlösungen noch können die dahinterstehenden alten Übertragungsgeschehnisse herausgefunden und aufgelöst werden. Wir wollen sie daher zuerst einmal auf der Verhaltensebene beschreiben. Die Reihenfolge entspricht der steigenden Destruktivität dieser schwierigen Kommunikationsgebilde.[9]

1) Kritik

Dabei geht es nicht um die gelegentliche Beschreibung unangenehmen Verhaltens, sondern um eine Kritik, die so beherrschend wird, dass sie die Beziehung aufzureiben beginnt. Wenn das der Fall ist, finden sich folgende Elemente:

Es ist sehr wichtig, wer Recht hat;
viele Verallgemeinerungen;
Analysen des Gegenübers;
unkontrollierte Formulierungen;
ein hoher Erregungspegel;
Vorwürfe mit Worten wie »immer« und »nie«;
Aufzählen langer Fehlerlisten;
Druck auf den Partner, dass er sein Unrecht einsehen soll.

2) Verachtung

Es handelt sich um eine Verschärfung der Kritik. Nun hört man deutlich die Absicht heraus, den Partner zu verletzen und zu beleidigen. Jede Achtung und Bewunderung sind verschwunden, es gibt nur noch die negativen Eigenschaften. Die wichtigsten Elemente sind:

Grobheiten, beleidigende Worte;
verletzender als Humor deklarierter Sarkasmus;
Spott, Zynismus;
man zeigt mit seiner Körpersprache, dass man sich überlegen und voller Verachtung für den anderen fühlt.

3) Gummimann – Gummifrau

Hier wird nun automatisch und unmittelbar zurückgewiesen oder zurückgegeben, was der andere einem zumutet. Man meint im

Recht zu sein, ist man doch das Opfer von Kritik, Verachtung, Abwehr oder anderen negativen Kommunikationsformen. Tatsächlich verschärft man damit aber noch den Härtegrad der Übertragung. Hier finden sich folgende Elemente:

Schuld leugnen;
sich rechtfertigen;
»Ja-aber«-Sätze;
Klagen und Jammern (Opferton in der Stimme).

Nun eskaliert der Konflikt weiter:
4) Abblocken bzw. Mauern
Dieser Reiter wird oft von jenen, die ihn benutzen, unterschätzt. Sie meinen, die Harmonie mit Rückzug zu retten, strahlen aber Aggressivität aus. Hier gibt es:

Schweigen;
Versteinern;
sich zurückziehen;
aus dem Zimmer oder aus der Wohnung laufen;
Beziehungsabbrüche;
keine Zeichen des Zuhörens mehr geben wie:
»ja«, »mh«, Nicken etc.

Diese Verhaltensweise ist in 85% der Fälle männlich. Interessanterweise beschleunigt sich vor allem der Herzschlag der Frauen dramatisch, wenn das Gegenüber sie so behandelt. Männer halten das gleiche Vorgehen besser aus und verstehen darum auch nicht, warum sich die Frauen darüber aufregen.

5) Machtdemonstration
Nun werden dem Gegenüber keine Chancen mehr gelassen. Es kann quasi am ausgestreckten Arm verhungern:

Man macht, was man will, und zeigt, wie wenig es einen berührt, wenn der andere sich ohnmächtig fühlt, z. B. kommt man spät nach Hause oder verlässt in einem Streit tagelang die Wohnung; man geht fremd und kümmert sich nicht um den Schmerz des Gegenübers etc.

Gottman hat sich in seiner Zusammenfassung destruktiver Gewohnheiten auf jene apokalyptischen Reiter beschränkt, die besonders aggressiv wirken und den berühmten Ausspruch von Sartre erfüllen: »Die Hölle, das sind die anderen«. Aber eine fixierte, destruktiv wirkende Kommunikation kennt auch subtilere Formen. Wir finden sie bei Virginia Satir in ihrem noch immer lesenswerten Klassiker »Selbstwert und Kommunikation«.[10]

Satir nennt ihre »Reiter« verkrüppelte Kommunikationen und fasst sie in vier Kategorien zusammen. Eine davon, das Anklagen, umfasst die ersten drei Reiter von Gottman, die KRITIK, die VERACHTUNG und das ABWEHREN, und die zweite, das Intellektualisieren, entspricht ungefähr dem MAUERN. Zwei weitere aber erweitern das Repertoire dieses Autors. Wir wollen sie hier als sechsten und siebten »Reiter« anfügen.

6) BESCHWICHTIGEN[11]
Diese Menschen wollen sich beliebt machen bzw. sicherstellen, dass die andere Person nicht ärgerlich wird. Sie wiederholen damit frühe Kindheitsmuster, die sie entwickelt haben, um durch Fürsorge für das Gegenüber wenigstens eine Art sekundäre Beachtung zu bekommen.[12] Sie …

versuchen zu gefallen;
sind Ja-Sager;
können nichts für sich selber tun;
müssen hart für ihre Anerkennung arbeiten;
sind immer ein wenig zu nett oder sogar süßlich;
haben ein Dauerlächeln, Dauersanftheit oder Dauerservilität;
versuchen Wünsche des Gegenübers zu erraten und liegen meist falsch damit.

7) ABLENKEN
Diese Menschen beziehen sich selten direkt auf jemanden. Sie versuchen, irgendwie unfassbar zu werden und sich zu »verflüchtigen«:

Sie antworten selten direkt auf eine Frage;
ihre Stimme passt oft nicht zu ihren Worten;
der Körper verdreht sich in alle Richtungen, sie wirken linkisch;
sie springen von einem Inhalt zum anderen;
ihre Gefühle wirken oft leer, da sie innerhalb von Sekunden von dramatisch zu belanglos wechseln können;
sie geben viele Doppelbotschaften.

Wie vielfältig sich diese apokalyptischen Reiter verschränken, zeigt der folgende Text. Er wirkt übrigens noch harmlos gegen das, was wir aus vielen Paartherapien kennen: Iris und Fabian fangen mit diesen Mechanismen gerade erst an. Aber sie sind auch jetzt schon hart und unnachgiebig.

Ein Gespräch voller Schrecken

Als Fabian endlich wieder das Telefon abnimmt, hat er eine verzweifelte Iris am Apparat. Aber ihre Worte zeigen das nicht direkt – sie hat nur einfach diesen drängenden Unterton in der Stimme. Ihm wird sofort eng in der Brust. Entsprechend einsilbig sind seine Antworten. Am liebsten würde er wieder aufhängen, aber das geht ja nicht. Und so findet er sich plötzlich mitten in einer Auseinandersetzung über den letzten Besuch und das verflixte Möbelgeschäft wieder. Und wie das in solchen Fällen üblich ist, verzahnen sich beide im Gespräch in schier endlose Detaildiskussionen. Beide sind entsetzt über die Darstellung der Geschehnisse durch den anderen und glauben, ihre eigene Sichtweise unbedingt verteidigen zu müssen. Auch Fabian vergisst sein »Harmoniebedürfnis« und somit seine Rückzugsgewohnheit und wird zum Kritiker. Als Iris nämlich in ihren Vorwürfen innehält und fragt, warum er sie in dem Geschäft nicht freundlicher behandelt habe und warum er sie nie mehr angerufen habe, rutscht ihm raus, dass er sauer gewesen sei, weil sie ihm alles madig gemacht habe, sogar einen gemütlichen Sessel.

»Ich habe dir den Sessel nicht madig gemacht«, sagt sie sofort, »du hast alle meine Sofavorschläge entwertet.« »Nein, meint er, ich habe doch überhaupt keinen Kommentar gemacht.«

»Ja eben, du meinst, du seiest der Netteste, aber mit dem Schweigen übergehst du mich, du nimmst mich nicht ernst. Und als wir dann die Lampen angucken wollten …« Fabian verdreht seine Augen: »Wir haben die Lampen nicht angeguckt, ich hatte die Nase voll und wollte nur noch raus.«

Iris' Ton wird noch eine Spur eindringlicher. »Doch bei den Lampen hast du mich stehen lassen, das war total übel von dir. Ich wollte dir meine Lieblingslampe zeigen, und du hast dich umgedreht.« »Ich glaube, du spinnst, ich habe mich nie umgedreht. Einzig, als ich mal ein wenig Ruhe haben wollte und mir einen Kaffee geholt habe, war ich mal kurz weg. Darf man sich denn nicht mal einen Kaffee holen?«

Nach diesem sich noch lange hinziehenden unfruchtbaren Schlagabtausch legt Fabian wieder eine dreitägige Telefonsperre ein, er sieht Iris als Kontrollfreak und will nur seine Ruhe. Iris gerät dadurch in helle Aufregung.

Während im ersten Text auf Iris' Seite Kritik und auf Fabians Mauern vorherrschte, benutzen nun beide »Kritik« und »Gummimann – Gummifrau«. Die Telefonsperre, die Fabian als Ruhezeit empfindet, mit der er die Harmonie wiederherstellen will, erlebt Iris, wie andere Frauen, als pure Gemeinheit. Die Konfliktspirale ist bei diesem Paar damit erfolgreich angelaufen.

Kompetenzen zur Verbannung der chronischen Übertragungsmuster

Unauflösbare Übertragungsphänomene gehören zu Teilpersönlichkeiten mit hohen Ziffern und sind daher – in der Tiefe der Psyche – mit besonders schlimmen seelischen Schmerzen verbunden. Diese werden in Paarkonflikten bei gewissen Reizthemen aufgewühlt und führen dazu, dass nicht mehr offen und direkt kommuniziert werden kann. Man wehrt komplex – und verdreht – ab, wie in Kindheitszeiten und lässt die Reiterstaffel ihre Runden ziehen.

Diese apokalyptischen Gesellen bringen laut Gottman auch die glücklichen Paare in Aufregung. Trotzdem lassen diese sich nicht dauerhaft in die Enge treiben.

1. Abstand nehmen vom Konflikt

Die meisten Paare in Gottmans Studie bewältigen den größten Teil ihrer Streitpunkte nie. Auch drei Jahre später haben sie Krach über die Kindererziehung, die Arbeitsteilung, die Sexualität und andere typische Themen. Viele Paare beginnen dann destruktiv geführte Diskussionen. Die glücklichen unter ihnen hören jedoch nach einer Weile damit auf und verzeihen sich die Entgleisungen oder tun so, als sei nichts geschehen und gehen ihren Hobbys oder ihren täglichen Geschäften nach. Er poliert vielleicht sein Auto auf Hochglanz, und sie schreibt ihre ausstehenden Rechnungen. Solche Paare sind weder oberflächlich noch konfliktscheu. Sie wissen einfach, dass man damit leben muss, nicht alles in der Hand zu haben und nicht alles lösen zu können, schon gar nicht mit destruktiven Mitteln. Sie nehmen also spontan Abstand vom Konflikt.

Die unglücklichen Paare hingegen brauchen Gerechtigkeit und können Schwierigkeiten nicht einfach stehen lassen. Sie müssen einfach Recht bekommen und ihre apokalyptischen Reiter machen es wie die Mächtigen dieser Erde. Sie sehen sich auch dann noch als Verteidigende, wenn sie selber aufs Bösartigste angreifen. Vielleicht liegt es daran, dass sie als Kinder Schwereres erlebt haben als die anderen Paare?

Wie dem auch sei, auch sie können lernen, anders vorzugehen.

2. Der zweite Anlauf

Aus unglücklichen können glückliche Paare werden, auch wenn sie ihre Diskussionen unbedingt weiterführen müssen. Sie können nämlich den Trick des zweiten Anlaufs einüben.

Wenn auch glückliche Paare in apokalyptische Muster hineingeraten, können unglückliche Paare diesen ersten Absturz erst recht nicht verhindern. Sie müssen die bittere Pille schmecken, die Bitternis darin erkennen und sie wieder ausspucken, bevor sie süßere Heilmittel ausprobieren.

Sie müssen also merken, wie unerfreulich die Kommunikation verläuft und einen ersten Abstand davon nehmen, bevor sie ruhiger und anständiger über das wichtige Thema weiterreden.

Eine Möglichkeit für diesen Abstand sind kleine Rituale. Am leichtesten findet man sie, wenn man dafür in eine Therapie geht. Dort kann man nämlich erfahren, wieso der Partner oder die Partnerin wirklich entgleist. Immer steckt ja eine lange Schmerzensgeschichte in der Kindheit dahinter.

Unser Paar holt sich Hilfe und lernt Nützliches

Iris und Fabian haben sich therapeutische Hilfe gesucht, als sie sich drei Jahre nach der IKEA-Episode noch viel mehr in die geschilderten Muster verstrickt hatten. Die Arbeitskollegin Judith hatte die Iris' Verzweiflung mitbekommen und sie wiederholt dazu gedrängt. Wir greifen hier eigentlich vor, möchten Ihnen aber dieses gute Beispiel für einen regelmäßigen zweiten Anlauf nicht vorenthalten.

Die Therapeutin hilft zuerst einmal, dass die beiden verstehen, was für ein tiefes Unglück unter ihren Verhaltensmustern verborgen ist. Fabian zieht sich zurück, weil er Iris' Forderungen und ihren vorwurfsvollen und manchmal schrillen Tonfall nicht verträgt. Er rührt an die furchtbaren Erfahrungen, als der kleine Junge zusehen musste, wie der betrunkene Vater die Mutter schlug. Mit dieser Energie kann er nicht umgehen. Der muss er ausweichen. Ergo errichtet er Mauern, indem er nicht mehr anruft, erbittert schweigt oder gelegentlich sogar Treffen absagt.

Iris auf der anderen Seite, hat diesen scharfen Tonfall, der sogar ihre Traurigkeit bitter schmecken lässt, weil sie keine konstant zugewandten Eltern hatte. Ihr Vater kritisierte sie beständig und auch ihre Mutter entwertete sie in der Pubertät. Sie braucht immer ein wenig zu viel Anerkennung. Hinter ihrem drängenden Tonfall verbirgt sich oftmals eine Art von Verlassenheit.

Das Ritual, auf das sich beide nach langem Ringen einigen, sind ein einfaches Feedback und ein Wunsch.
Fabian darf sagen:

»Iris, ich meine wieder diesen drängenden Ton zu hören und möchte mich jetzt am liebsten abwenden. Könntest du es noch einmal anders sagen, damit ich wieder zuhören kann?«

Iris antwortet dann: »Oh, wenn ich so einen Ton gehabt habe, tut es mir leid. Ich probiere es noch einmal …«
Iris darf sagen – oder mailen, falls er schon verschwunden sein sollte:

»Fabian, ich halte die Funkstille nicht aus, würdest du mir bitte sagen, was du hast, denn ich denke sonst, dass du mich nicht mehr willst.«

Und Fabian antwortet mündlich oder schriftlich: »Es tut mir leid, dass du durch meine Funkstille in Angst geraten bist. Ich wollte dich nicht verlassen. Ich bin lediglich von unserem Gespräch müde. Es hat mich überfordert. Ich werde spätestens heute Abend wieder mit dir weiterreden, wenn ich wieder in meiner Mitte bin.«

Der zweite Anlauf ist oftmals, wie auch bei Fabian, nur mit einem klaren zeitlichen Abstand möglich. Wenn nämlich bei Paaren im

Streit ihre Pulsrate über den Wert von hundert ansteigt, kann keiner von beiden dem Gegenüber noch zuhören.

Männer haben es diesbezüglich besonders schwer. Ihr System gerät sehr viel schneller in den »Gefahrenbereich« und kann sich fast nicht mehr davon erholen. Sie fürchten sich dann lange vor dem nächsten Streit und hätten am liebsten für immer Harmonie.

Frauen geraten langsamer auf Werte über hundert und kommen auch leichter wieder zum normalen Zustand zurück. So können sie ohne Weiteres an einem Tag herausschreien, dass sie ihn jetzt verlassen werden, weil er so ein verdammter Idiot ist, und am nächsten Tag normal und freundlich mit ihm frühstücken, als sei nie etwas gewesen. Für sie ist es vorbei. Und sie verstehen nicht, dass er nicht ebenfalls neu anfangen kann, sondern weiter verbissen leidet und sich in sich selber zurückzieht.

Gerade für Männer haben die Psychologen daher die dritte Form des Umgangs mit unauflösbaren Übertragungen entwickelt und zwar:

3. Kommunikationsstrukturen, die für Gerechtigkeit sorgen

Jedes Paar sollte für alle Fälle eine wirklich funktionierende Notfallstruktur auf Lager haben. Manchmal ist man nämlich so im Kampf-Flucht-Muster gefangen, dass die Fähigkeit zum Abstand, die es zum Absenken der Pulsrate braucht, nicht mehr aufgebracht werden kann. Diese Notfallstrukturen müssen in friedlichen Zeiten abgemacht werden, damit man sie in aufgeregten einfach einfordern kann.

Das Recht zum Einfordern ist Teil der Struktur. Die Struktur muss beiden die gleichen Rechte zugestehen. Das schraubt langfristig die Pulsrate herunter.

Eine der gerechtesten Konfliktstrukturen ist diejenige, die einfaches Zuhören sichert und keinerlei Ansprüche an die Gesprächsführung stellt. Wir meinen den kontrollierten Dialog, den man manchmal auch verlangsamtes Zuhören nennt.

Die Verabredung ist:

Wir geben uns beide gegenseitig das Recht, im Rahmen von 24 Stunden, einen kontrollierten Dialog verlangen zu dürfen, sobald eine(r) von uns das nötig findet.

Der Dialog sollte wegen der Künstlichkeit auch nicht länger als 30 Minuten andauern, kann aber täglich wiederholt werden, bis alles ausgestanden ist. Er hat Regeln, die man nicht übertreten darf. Sie geben Halt und dürfen nicht selber Thema des Dialogs werden. Nun geht es los:

Jeder wiederholt, bevor er etwas sagen kann, den Satz des anderen.

A sagt etwas, z. B.:	Du hörst mir nie zu.
B wiederholt das:	Du sagst, ich würde dir nie zuhören.
Und sagt selber etwas:	Du bist doch ein Arsch.[13] Denn du bist es doch, der mir nie zuhört.
A wiederholt das ohne Zynismus:	Du sagst, ich sei ein Arsch, ich würde dir nie zuhören.
Und fragt dann dräuend:	Hab ich dir denn vorhin nicht zugehört, du warst es doch, der eine Stunde rumgequatscht hat!
B wiederholt das ruhig:	Du fragst, ob ich dir vorhin nicht zugehört habe, ich hätte doch eine Stunde rumgequatscht etc. etc. ...

Bitte keine langen Sätze benutzen, die werden schlicht nicht behalten. Das Zuhören ist das Zentrum der Technik, ein respektvoller Tonfall ist dabei absolute Pflicht, also *beim Wiederholen* weder *Ironie noch Abwertungen noch Zynismen* einfließen lassen.

Bei den eigenen Sätzen darf man hingegen auch ausfällig werden. Dies verschafft der noch nicht gesenkten Pulsrate einen Windkanal, durch den sie ihre Hitze blasen darf. Auch wenn das für Aufregung sorgt, wird auf die Dauer das sichere Zuhören so positiv aufgenommen, dass sich beide beruhigen und spontan viel anständiger miteinander umgehen werden.

Wenn jemand falsch verstanden worden ist, wiederholt er seinen eigenen Satz noch *einmal,* und zwar ganz ruhig. Die andere weiß dann, was er womöglich nicht verstanden hat, darf danach aber ohne erneute Wiederholung gerade seinen neuen Satz anschließen. Man verhindert so eine eventuell entstehende »Nie verstehst du mich«-Spirale.

Im Konfliktkapitel folgen weitere wichtige solcher Konfliktstrukturen, denn dort werden die unauflösbaren Übertragungen unter den »ewigen Konflikten« nochmals praktisch behandelt.

4. Mann und Frau – Ausgleich der Lieblingskommunikation

Diese Bewältigungsstrategie ist eine Präventionsmaßnahme. Wenn sie geschickt benutzt wird, werden die apokalyptischen Reiter seltener auftreten, weil die Liebenden eher im Ressourcenbereich der Beziehung bleiben können.

Die Strategie bezieht sich auf unterschiedliche Kommunikationsvorlieben.

Während sich Frauen über den Gefühlsbereich austauschen wollen, um sich tief bei ihm geborgen zu fühlen, denken Männer: »Wenn ich sie in den Arm nehme oder ihre Hand halte, ist die Welt in Ordnung.« Sie brauchen schließlich selber dreimal mehr vom Körperkontakt als ihre Partnerinnen, um sich wirklich verbunden zu fühlen.[14] Frauen realisieren häufig nicht, dass Männer so viele Berührungen brauchen, und wissen auch nicht, dass sie besser ankommen, wenn sie ihn anfassen. Kluge Frauen stellen sich um und gleichen zwischen Reden und Fühlen entsprechend aus. Kluge Männer hingegen wissen, dass sie immer wieder auch die Gefühle beachten müssen, denn ihre Liebsten brauchen diese ihnen offenbar »wesensfremde Kommunikation« so wie das Atmen.

Da ein solcher fairer Ausgleich bei vielen Paaren noch Theorie ist, werden die apokalyptischen Reiter leider ein Problem bleiben. Deshalb bleibt uns nun die schwierige Aufgabe, Paaren Anregungen zu geben, wie sie den nötigen Abstand für diese schwierigste aller Konfliktformen aufbringen können.

Visionäre Liebesqualitäten helfen auch bei unauflösbaren Übertragungen

Unauflösbare Übertragungen haben die Eigenschaft, uns im Kern zu treffen. Und trotz aller guten Kommunikationsmethoden schaffen sie es, unsere Beziehungen in die Erstarrung zu führen.

Wir können uns *in akuten Situationen helfen, indem wir die visionären Qualitäten von Tiefe und Weite, z. B. durch Zuwendung, in uns mobilisieren.*

Wählen Sie aus, welche der Sätze zur aktuellen Situation am besten passen. Sie werden nicht immer alle brauchen. Probieren Sie es, Sie werden erstaunt sein, was mit Ihnen passiert.

Ein kleines Wundermittel für Ihre psychische Hausapotheke:

Unser Konflikt tut mir so weh/ist mir so unangenehm, dass ich ihn nicht aushalte. Dein Verhalten quält mich. Ich fühle mich schrecklich und bin außer mir. *Ich lese nun einige Sätze laut vor*, die mir Abstand und Hilfe bringen können, und hoffe, dass einer davon meine Not lindern wird.

- Ich sehe trotz deines verletzenden Verhaltens dein Kind von damals vor meinem inneren Auge, und auch wenn dein Verhalten mich erschreckt, habe ich tief im Herzen Mitgefühl mit diesem hilflosen Wesen.
- Ich bitte mein Unbewusstes/das tiefe Wesen in mir/meine Schutzengel darum, mir die geistigen Räume zu öffnen, die Abstand und ein wenig Ruhe bringen.
- Ich bitte dich, liebes Unbewusstes/liebes tiefes Wesen in mir, meine unaushaltbaren/sehr schwierigen/blockierten Gefühle so weit herabzusenken, dass ich sie gerade noch aushalte. Du kannst das sehr präzise einstellen. So kann ich sie besser wahrnehmen und in meinem Körper spüren.
- Auch negativ empfundene Gefühle gehören zu mir. Ich möchte lernen, sie zu halten, sie wahrzunehmen, sie auszuhalten und mir zu sagen, dass es zum Leben gehört, sie immer wieder zu erleben. Mit dieser Wahrnehmung bin ich nun nicht mehr allein.
- Ich merke es nur langsam, denn noch habe ICH vielleicht Schmerzen. Aber ETWAS in mir nimmt nun wahr, dass ICH diese Schmerzen habe. Dieses Etwas ist mein weiser Teil, der ruhig und liebevoll ist. Er ist nun bei mir. Ich kann ihm sagen: Bleib bei mir, verlass mich nicht. Ich möchte mich an dich anlehnen, ich kann es nicht alleine schaffen.

Damit wir im richtigen Moment überhaupt merken, dass wir in unauflösbaren Übertragungen feststecken und nun »ewige Konflikte« riskieren (siehe Kap. 8, S. 234 ff.) brauchen wir ein beständiges Training der weisen Instanz:

Wir üben, indem wir …
… unserer Intuition folgen,

... unsere Wahrnehmung defokussieren,[15]
... den kleinen blitzartigen Eingebungen trauen, die uns beim Nachdenken über eigene Übertragungen oder beim Erfragen der Übertragungen unserer Liebsten in den Sinn kommen,
... uns innerlich zurücklehnen.

Zudem gibt es eine wunderbare Übung, die uns gerade in Bezug auf Übertragungen – die man ja stets zuerst am negativ sich verhaltenden Gegenüber bemerkt – zur Weite des Geistes verhilft:

Keith Sherwood beschreibt in seinem Buch über die Entwicklung der Chakren einen interessanten Trick, um zur »weisen Instanz« vorzudringen, die er »die zweite Aufmerksamkeit« nennt.

»Stellt euch vor«, sagt er, »ihr seid einmal nicht ihr selber, sondern ihr seid eine Schauspielerin, die euch selber spielt. Schaut nun dieser Schauspielerin zu, wie sie läuft, fühlt und denkt.«

Der Trick ist wichtig, denn er führt uns zu einem Bewusstsein, das wirklich außerhalb unseres Körpers lokalisiert ist. Dieses Bewusstsein ist nicht verwoben mit unseren gewöhnlichen Ängsten und Nöten. Es ist daher in der Lage, uns ruhig und klar wahrzunehmen. Das ist dringend nötig, wenn wir das Kind in uns auffinden wollen, ohne Opferstatus, ohne Anklage und ohne Selbstabwertung. Einfach wahrnehmen.

Die beschriebene Haltung braucht ein wenig Übung. Mit der Zeit merkt man, wie dieser »Mensch vor uns«, der unser »Ich« ist, läuft, wie er sich fühlt und wo sein Schwerpunkt sich befindet. Wir merken auch, ob er depressiv oder freudig ist, wie groß seine Leere ist und ob er mit seiner Umgebung in Kontakt ist oder nicht.

Und während man erstaunt realisiert, wie – zum Beispiel – krumm und steifbeinig der Schauspieler sich bewegt, verändert er sich schon, denn die Außeninstanz nimmt präziser wahr als die Inneninstanz. Und echte Wahrnehmung scheint die Ressourcen anzustoßen und automatisch positive Veränderungen zu bewirken.[16]

Nehmen Sie das Bewusstsein von der Weite des Geistes ins Thema des nächsten Kapitels mit. Im verflixten Alltag werden Sie es brauchen.

6. Kapitel

Der verflixte Alltag

Der Alltag bringt Nähe und zugleich das Bedürfnis nach Abgrenzung. Er verlangt nach Ordnung und Struktur, aber auch nach persönlichem Freiraum; er rückt Themen wie Finanzen, Arbeitsteilung, Stress im Beruf ins Blickfeld. Im Alltag kommen unweigerlich Spannungen zum Vorschein, die mit den Schattenseiten der Partner zu tun haben. Es lässt sich gar nicht vermeiden, dass man an den empfindlichen Punkten aufeinanderstößt. Vor allem die verletzten Stellen der kindlichen Persönlichkeitsanteile (vgl. voriges Kapitel) reagieren auf Kleinigkeiten im Alltag, die man von außen gar nicht als Anlass zu Auseinandersetzungen einstufen würde, die aber im Zusammenhang mit der Lovestory der einzelnen Beteiligten einen tiefer liegenden Sinn ergeben.

Diesem Sinn nachzugehen, Verständnis aufzubringen für die empfindlichen Reaktionen des Gegenübers und Regelungen für den Umgang damit zu finden macht neben den zu lösenden praktischen Fragen einen großen Teil der Aufgaben im Alltag eines Paares aus.

Im vorigen Kapitel wurde bereits eine Verstrickung unseres Modellpaares geschildert, um zu zeigen, wohin die beiden in einer länger dauernden Beziehung gemäß ihrem Charakterstil geraten könnten. Wir drehen jetzt das Rad der Zeit zurück und lassen ihnen Zeit, sich wieder zu versöhnen, sich ans Zusammenleben zu gewöhnen und zu erfahren, was im Alltag aus ihren Hoffnungen, Wünschen und Befürchtungen wird.

Tagebucheintrag von Iris
»Hurra, wir sind bald am Ziel! Fabian hat seine Dissertation abgegeben. Er hat bereits eine Stelle am Gymnasium in Kreuzlingen. Die Ortschaft liegt auf der Schweizer Seite am Bodensee. Ich habe in Berlin gekündigt und eine Teilzeitstelle an einer Familienberatungsstelle in Konstanz gefunden – unserem Zusammenziehen steht nichts mehr im Weg. Eine Wohnung in Kreuzlingen haben wir auch schon in Aussicht. 4 1/2

Zimmer, ruhige Lage, sonnig, ringsum Grün – was will man mehr?

Ich freue mich unsäglich auf die gemütlichen Abende zu zweit. Keine Trennung mehr, kein Abschiedsschmerz, kein Sehnen aus der Ferne, keine langen, teuren Telefongespräche ...

Jeden Morgen können wir uns guten Tag sagen; jeden Abend können wir uns erzählen, wie unser Tag gelaufen ist, und nachts können wir eng zusammen liegen, uns aneinanderschmiegen. Oh, wie ich die Wärme von Fabians Körper liebe!

Und an den Wochenenden werden wir lauter schöne Sachen unternehmen. Er will mir die Schweiz zeigen, und ich bringe ihm das Kochen bei. Er möchte so gerne seine Kochkünste verbessern.

Übergänge als Phasen der Verunsicherung

Iris und Fabian gehen einem wichtigen Übergang entgegen, dem vom Single-Dasein zum Zusammenleben als Paar. Übergänge gehören zum Leben. Sie können sich abrupt vollziehen oder sich über eine längere Zeitspanne erstrecken. Es gehört zu ihrem Wesen, dass sie eine innere Umstellung und eine äußere Anpassung verlangen und deshalb verunsichernd wirken.

Übergänge treten als natürliche Phänomene auf zwischen den einzelnen Lebensphasen wie z. B. der Kindheit und der Adoleszenz oder dem Jungen-Erwachsenen- und dem Erwachsenenalter und wiederum zwischen diesem und der Phase des reifen Erwachsenen bis hin zu den unterschiedlichen Altersphasen und dem Übergang ins Greisenalter. Einschneidend sind vor allem die Pubertät, welche von der Jugend zum jungen Erwachsenen überleitet, und die Menopause, welche den Übergang von der fruchtbaren Phase ins reifere Alter bildet. Diese Übergänge sind biologisch vorgezeichnet und mit einem tief greifenden, auch hormonell bedingten Wandel im somatisch-emotionalen Persönlichkeitsgefüge verbunden.

Außer den biologisch vorgegebenen Übergängen im Lebenskontinuum gibt es andere, welche durch ganz persönliche Erfahrungen wie z. B. Schicksalsschläge bedingt sind. Der Verlust eines Liebespartners bewirkt einschneidende Lebensumstellungen, ebenso Ereignisse wie die Geburt eines Kindes oder der Umzug in eine andere Stadt. Solche Übergänge können in verschiedenen Lebensphasen auftreten. Wenn sie in einer biologisch besonderen Übergangsphase eintreten, z. B. während der Menopause, wirken sie sich heftiger verunsichernd aus. Es ist deshalb günstiger, wenn wir individuelle Übergangszeiten in einer relativ stabilen Phase erfahren, wo sie nicht mit einer per se verunsichernden Zeit im Leben zusammenfallen.

Übergänge sind immer auch kritische Zeiten. Sie wirken destabilisierend, weil eine neue Lebensform oder Identität ausgebildet und eine alte aufgegeben werden muss. Sie verlangen, dass wir uns auf neue Gegebenheiten einstellen und neue Anpassungsstrategien entwickeln. Wir begegnen dem Neuen, Unbekannten, müssen uns fragen, wer wir sind, wissen nicht mehr genau, was die passende Form ist.

Das schwankende Lebensgefühl in Übergängen kommt im folgenden Zitat zum Ausdruck: »Ich bin nicht, was ich sein sollte. Ich bin nicht, was ich sein werde, aber ich bin nicht mehr, was ich war.«[1]

Das Zitat stammt von Erik Erikson und er hat einen wichtigen Begriff geprägt, welcher in der Umgangssprache häufig verwendet wird und der eine große Bedeutung für die Beziehungsfähigkeit von Menschen hat: den Begriff des Urvertrauens. Es lohnt sich, das Lebensphasenmodell von Erikson näher anzuschauen und zu entdecken, dass er die Entwicklung des Urvertrauens in der Frühzeit des Lebens, im ersten Jahr, ansetzt. Nach Erikson bildet sich hier die Grundlage für die Antwort auf seine Fragestellung: In welcher Weise wächst die gesunde Persönlichkeit, bzw. wie wächst ihr aus den aufeinanderfolgenden Entwicklungsstadien die Fähigkeit zu, die inneren und äußeren Gefahren des Lebens zu meistern und noch einen Überschuss an Lebenskraft zu erübrigen? Sein Lebensphasenmodell umfasst acht Stufen, fünf davon betreffen die Kindheit und die Jugendzeit, drei das Erwachsenenalter. Er geht davon aus, dass es Konflikte gibt, die jeder Mensch im Laufe seiner Kindheit und während seines Lebens bestehen muss. Diese Thematik tritt in der jeweiligen Phase in den Vordergrund. Je besser ihre Bewältigung gelingt, desto sicherer ist der Boden für die Anforderungen der folgenden Stufe.

Das Urvertrauen gründet auf die Verlässlichkeit einer Umgebung, die dem Kind konstant die nötige Pflege und die Erfüllung seiner Kontaktbedürfnisse gewährt, so dass es die Welt als einen sicheren Ort erleben kann, der ihm genügend Schutz bietet. Was wir in Kapitel 4 über das Herausbilden eines sicheren Liebesstils gesagt haben, beruht hauptsächlich auf der ungestörten Entwicklung des Urvertrauens.

Erikson beschreibt, wie sich nach dem Urvertrauen in der Frühzeit des Lebens Autonomie (Unabhängigkeit im Wollen), Initiative (in Bezug auf Richtung und Zweck des eigenen Verhaltens), Tätigkeit (als Grundlage für Methode und Können), Identität (als Wissen, wer man ist, und als Grundlage für Hingabe und Treue) in aufeinanderfolgenden Phasen entwickeln.

Die Übergänge zwischen den Phasen sind fließend, die entsprechenden Themen bereiten sich in der vorangehenden Phase vor, rücken in den Brennpunkt und treten allmählich zurück.

Im frühen Erwachsenenalter, zwischen zwanzig und dreißig, geht es um den Eintritt ins Berufsleben, ferner um die Grundlage für Bindung und Liebe, darum, seinen Intimkreis zu finden und aufzubauen sowie die Beziehung zu den Eltern neu zu gestalten.

In die Zeit zwischen dreißig und fünfzig, das eigentliche Erwachsenenalter, verlegt Erikson die zeugende Fähigkeit, d. h. das Bedürfnis, etwas Neues zu kreieren. Das können Kinder sein, ein erfüllender Beruf, jedenfalls das Gefühl »Ich bin für etwas da«.

Ab fünfzig geht es dann hauptsächlich darum, sein Leben als ein sinnerfülltes genießen zu können, sich der eigenen Tiefe zuzuwenden und sich mit der Endlichkeit des Lebens vertraut zu machen.

Aus dem Modell von Erikson treten uns die Grundlagen der Persönlichkeitsentwicklung klar entgegen, die wir für das Eingehen einer Liebesgemeinschaft nötig haben, die zu einer befriedigenden Beziehung führen kann. Allzu große Lücken im Aufbau der grundlegenden Fähigkeiten zeigen sich in einer Beziehung als Schwierigkeiten, Klippen und Empfindlichkeiten, die mit besonderer Sorgfalt wahrgenommen werden müssen.

Je mehr Selbstvertrauen wir aufbauen konnten im bisherigen Leben und je flexibler wir geblieben sind, umso besser können wir Übergänge gestalten und neben den kritischen Momenten, dem Verlassen und Abschiednehmen von alten Formen auch den Reiz des Neuen, das auf uns wartet, schätzen.

Freiwillige oder erwünschte Übergänge wie derjenige, dem Iris und Fabian entgegengehen, sind leichter zu bewältigen. Für unser

Modellpaar liegt der Übergang ins gemeinsame Leben in einem relativ gefestigten Lebensabschnitt, wo die Pubertät abgeschlossen und die Ausbildung im Allgemeinen beendet ist. Und dennoch kommt es darauf an, ob man diesen Übergang mit romantischen Wunschvorstellungen angeht, oder die Schwierigkeiten, die mit ihm verbunden sind, mit etwas nüchternen Augen einschätzt.

Iris z. B. ist noch ganz in der Vorstellung befangen, dass alles so weitergehen wird wie bei ihren bisherigen Treffen und sich lauter beseligende Momente des Aufeinandereingehens aneinanderreihen werden. Den Zusammenstoß im Möbelgeschäft tut sie als einmaligen Ausrutscher ab.

Sie übersieht, dass der Alltag des Zusammenlebens himmelweit entfernt ist von einer Inselbeziehung, wo man sich in einem ausgesparten Raum trifft und nichts anderes zu tun hat, als sich aufeinander einzustellen, das Zusammensein zu genießen, und auch die Sexualität Raum und Zeit einnehmen darf. Iris putzte jeweils ihre Wohnung in Berlin sorgfältig, bevor Fabian kam. Bei ihm in Zürich gingen sie zusammen einkaufen, oder sie aßen auswärts. Keine Wäsche, keine Termine, keine beruflichen Aufgaben standen auf dem Plan, alles wurde weggelegt oder vorher erledigt zugunsten dieser ersehnten Insel der Zweisamkeit, die zusätzlich von der Spannung der Distanz und der Entbehrung getragen und aufgeladen wurde.

Fabian hingegen fragt sich eher, wie sich die Beziehung im Alltag bewähren wird. Er kennt sich, er ist ein verbissener Arbeiter und braucht immer wieder Zeit für sich alleine. Er ahnt, dass er sich von Iris wird abgrenzen müssen und dass sie das in ihren Verschmelzungswünschen verletzen könnte. Er hofft, dass sich alles regeln lässt und dass sie vernünftig sein wird.

Fabian vor dem Umziehen

Fabian trinkt mit Erich ein Bier im Rosengärtli, seiner Lieblingskneipe in Zürich. »Ich komme mir vor, als würde ich eingefangen«, seufzt er. »Iris freut sich so. Und mir wird, je näher es kommt, angst und bange.«

Erich nickt verständnisvoll. Er hat sich gerade von seiner Freundin getrennt, weil sie alles und jedes von ihm wissen wollte. »Ich konnte nicht mal aufs Klo, ohne dass sie mir nach 5 Minuten nachrief; wann ich wiederkäme«, sagt er. »Aber Iris ist schon nicht so, wart's doch erst mal ab.«

Der nicht sehr ermutigende Kommentar seines langjährigen Fahrradkumpels muntert Fabian nicht gerade auf. Eher schaut er noch ein wenig trüber in sein Glas. »Weißt du, sie möchte möglichst viel Zeit mit mir verbringen und sie spricht von fast nichts anderem mehr. Wie schön es sein wird, zusammen aufzuwachen, sich am Abend auszutauschen und so. Ich habe es auch gerne, neben ihr einzuschlafen, aber das ist, wenn wir uns so selten sehen. Dann ist es kostbar und köstlich. Ich freue mich aber auch immer wieder auf mein Zimmer, wo ich als Erstes den Himmel sehe und die Bäume, und ich kann selber entscheiden, wie lange ich vor dem Computer sitze, und ob ich bis um 12 Uhr nachts am See rumhängen will. Iris meint es nicht böse und ich liebe sie, aber ich komme mir schon jetzt manchmal ein wenig kontrolliert vor.«

»Aber sie ist schön«, sagt Erich, als würde das alles erklären.

»Ja, das ist wahr.«

Stille breitet sich aus. Vor Fabians inneren Augen erscheint sein liebstes Bild. Iris über ihm mit ihren wunderschönen Brüsten.

»Ja«, wiederholt er schließlich. »Das ist wahr.«

Fabian hat den Unterschied zwischen sich und seiner Partnerin, deren Tendenzen zur Verschmelzung und seinen Bedürfnissen nach Autonomie bereits deutlicher wahrgenommen als Iris. Er ahnt die Schwierigkeiten, die auf sie beide im Alltag zukommen werden, und ihm bangt, ob sie damit umgehen können.

Ob die Strukturierung des Alltags mit Beruf, Haushalt, Partnerschaft und Freizeit befriedigend gelingt, hängt von der Klarsicht und der Geschicklichkeit der Partner ab. Außerdem braucht es Verhandlungsfähigkeit, Einsicht, Verzichten zu können und gleichwohl auf dem Eigenen bestehen zu können, alles Dinge, die man von klein auf in sozialen Verbänden lernen kann, vor allem natürlich in der ursprünglichen Familiengemeinschaft. Einen bösen Strich durch die Rechnung der Illusionen können uns negative Übertragungen machen (vgl. Kapitel 5), die meist erst im Zusammenleben erscheinen und üble Überraschungen bewirken, zumal sie als unangenehme Eigenschaften am Gegenüber wahrgenommen werden und nicht als Schliff der eigenen Brille.

Bei alldem sollte im Alltag noch Platz sein für eine Herzensecke, in der die Struktur gelockert werden kann und liebevolle Nähe möglich ist. Wirklich eine Kunst, die erst mit viel Übung zur Meisterschaft führt! Viele junge Paare – aber auch ältere – sind damit überfordert.

Werfen wir wieder einen Blick auf unser Modellpaar: Trotz der Bedenken von Fabian sind Iris und er nicht schlecht ausgestattet für ihr Zusammenleben. Sie bringen Zuversicht und guten Willen mit, sie können beide planen und organisieren. Selbstverständlich haben sie auch eine unterschiedliche Wesenart. Ihre Anschauungen und ihr Geschmack decken sich nicht immer. Außerdem haben sie natürlich lange eingeübte Gewohnheiten im Gestalten ihres Alltags. Zunächst gelingt ihnen der Übergang in die gemeinsame Wohnung auch ganz gut, weil beide kompromissbereit sind.

Dazu Iris in ihrem Tagebuch:
Uff – überstanden! Der Umzug von Berlin hierher war anstrengend. Das Einpacken und Überlegen: Was nehme ich mit? Was stelle ich bei den Eltern unter?, brauchten Zeit, und der Abschied von meiner kleinen Wohnung fiel mir nicht eben leicht. Zum Glück kam Fabian nach Berlin. Er half mir beim Organisieren und begleitete den Transport. Ich war sehr froh, dass er dafür sorgte, dass die »Zügelmänner«, wie man auf Schweizerdeutsch sagt, achtsam umgingen mit den Stücken, an denen ich hänge, so dass sich der alte Spruch »Dreimal umgezogen ist einmal abgebrannt« nicht bewahrheitete.

Fabians Umzug gestaltete sich sehr viel einfacher. Er wohnte ja »möbliert« in Zürich und brachte hauptsächlich seine Bücher mit. Er liebt es nüchtern und hätte am liebsten eine Werkstattwohnung eingerichtet mit Holzgestellen und einem darin eingebauten Hochbett. Für mich muss es kuscheliger sein, ein bisschen verspielt und auch ein bisschen elegant. Ihm ist das ja eher egal.

Meistens fanden wir aber einen Kompromiss. Richtig Streit hatten wir nur einmal, als er meine rosa Nachttischlampe scheußlich fand und sich weigerte, sie ins gemeinsame Schlafzimmer zu stellen. Meine kostbare Jugendstil-Lampe, die unser Liebesspiel in Berlin mit ihrem Licht so sanft begleitet hat!

Schließlich habe ich nachgegeben und war einverstanden mit der indirekten Beleuchtung, die er vorschlug.

Fabian nach dem Umzug
Wieder einmal sitzt Fabian mit Erich im Rosengärtli und genießt seine Heimatluft und das ganz spezielle Vollmondbier, seine Stammmarke.

»Na, wie ist es denn so«, fragt Erich, nachdem sie den Nahostkonflikt, die Hitzewelle und ein neues Computerprogramm besprochen haben. »Erstaunlich gut«, meint Fabian und lächelt vor sich hin. »Iris ist unglaublich lieb, weil sie sich so freut. Und sie kocht echt toll. Ich muss jeden Abend raus und am See Velo fahren, damit ich nicht zum Michelinmännchen verkomme.«

»Na prima«, meint Erich. »Dann hast du dir ja vorher zu viel Sorgen gemacht.«

»Naja, ich weiß nicht. Etwas ist schon nicht so gut. Irgendwie, ich hab keine Ahnung, wie das kam, ist alles voller Möbel von Iris. Ich vermisse mein leeres, weißes Zimmer. Aber ich habe wenigstens alle meine Bücher um mich.«

Das männliche Bedürfnis, über Beziehungen zu reden, ist damit erschöpft. Die beiden wenden sich wieder allgemeineren Themen zu, und der leise Stachel, vom anderen vereinnahmt zu werden, wird nicht rechtzeitig aus Fabians Beziehungskörper entfernt.

Die Ernüchterung im Alltag

Kaum einem Paar bleibt es erspart, im alltäglichen Zusammenleben zu entdecken, dass die Zeit der romantischen Verliebtheit etwas ganz anderes ist als das reale Leben zu zweit. Auch Iris landet nach einem halben Jahr auf dem banalen Boden der Tag-für-Tag-Routine.

Sie schreibt in ihr Tagebuch:
Eigentlich könnte ich zufrieden sein. Unsere Wohnung ist fertig eingerichtet. Sie ist ganz behaglich geworden. Wir haben beide unsere Arbeit, die uns gefällt. Fabian musste sich natürlich einarbeiten, was ihn ganz schön in Atem gehalten hat. Unter anderem hat das dazu geführt, dass wir unsere Sexuali-

tät nur am Wochenende ausleben können. An den Werktagen ist Fabian zu angespannt. Meist arbeitet er bis spät nachts an seinen Vorbereitungen.

Wenn ich in meinem Tagebuch zurückblätter, sehe ich, dass aus den guten Vorsätzen nicht viel geworden ist. Abends sind wir beide zu müde, um uns groß auszutauschen. Fabian fläzt sich immer mehr vor den Fernseher. Er sagt, es entspanne ihn und helfe ihm abzuschalten.

Kochen tue ich meistens, weil ichs kann und weil ich es gerne tue. Fabian lobt mich auch dafür, aber er hat keine Zeit, seine eigenen Kochkünste zu erweitern.

Einige Ausflüge haben wir gemacht: auf die Insel Mainau mit ihrer Blumenpracht und auf den Säntis in die schroffe Bergwelt. Es waren Highlights in diesem halben Jahr.

Mama sagt: »Das ist der Ehe-Alltag, egal, ob man verheiratet ist oder nicht.« Wenigstens drängt sie nicht auf ein spektakuläres Hochzeitsfest. Evas Kommentar ist wie immer resolut und ein bisschen rüde: »Komm herunter aus deiner Traumwelt! Er ist kein Prinz und du keine Märchenprinzessin.«

Habe ich tatsächlich illusionäre Erwartungen an unser Zusammenleben gehabt?

Diese Fragen stellen sich manche ernüchterte Verliebte. Erst tragen sie sie heimlich mit sicher herum, aber mit der Zeit dringt die Enttäuschung offen in die Beziehung hinein.

Der Enttäuschung liegt eine Verwechslung zugrunde, die das romantische Beziehungsideal erzeugt: die Verwechslung der Tiefendimension in der Liebe mit der viel banaleren Organisation einer Lebensstruktur.

Praktische Angelegenheiten müssen vernünftig angegangen werden; der Alltag darf nicht überemotionalisiert werden. Sobald ein Paar sich entschließt zusammenzuleben, werden simple Fragen aktuell wie: Wer kauft ein? Wer kocht? Wer wäscht ab? Wer macht die Wohnung sauber? Wer besorgt die Wäsche und bügelt sie? Wer trägt den Müll vors Haus? Dazu kommen tausend Kleinigkeiten wie aufräumen, Telefonate erledigen, Freunde einladen, Briefe beantworten, Blumen gießen usw., Kleinigkeiten, die sich zu Albträumen von Auseinandersetzungen auswachsen können, sobald der Alltag tiefer liegende Themen triggert, die aus der Kindheit stammen mögen (s. Kap. 5) oder in gesellschaftlich verankerten, noch immer wirksamen Vorstellungen z. B. patriarchaler Art begründet sind.

Jedes Paar muss im Alltag ein befriedigendes Gleichgewicht finden für die Verteilung von Pflichten und Lasten. Dieses Gleichgewicht stellt sich nicht von selbst ein, es muss ausgehandelt und jeweils neu ausbalanciert werden.

Wie Paare ihre Arbeitsteilung regeln

Eine interessante Langzeituntersuchung am Staatsinstitut für Familienforschung in Bamberg liefert für die alten Bundesländer in Deutschland repräsentative Daten über die Aufteilung der Hausarbeit von Paaren in einem Zeitraum zwischen 1988 und 2002. »Wer von beiden kocht, putzt, räumt auf, wäscht, bügelt oder kocht?«, wurde gefragt.

Ihren Antworten entsprechend wurden die Paare in 5 Kategorien eingeteilt.

1. Stark traditionell = die Frau erledigt diese Arbeiten ganz alleine.
2. Traditionell = die Frau erledigt die meisten dieser Arbeiten, der Mann wenige.
3. Partnerschaftlich = Mann und Frau teilen sich ca 50% dieser Arbeiten.
4. Nicht traditionell = hier tut der Mann mehr als seine Frau im Haushalt.
5. Stark nicht traditionell = der Mann tut sehr viel mehr im Haushalt.

Tabelle 1 *Arbeitsteilung über die Zeit von 1988–2002*

Form der Arbeitsteilung	Anteil Ehepaare				
	1988	1990	1992	1994	2002
Stark traditionell	25.5 %	38,7 %	48,0 %	55,0 %	60,2 %
Traditionell	29,0 %	29,9 %	28,2 %	25.7 %	24,9 %
Partnerschaftlich	43,6 %	30,6 %	22,9 %	18,6 %	13,7 %
Nicht traditionell	1,7 %	0,7 %	1,0 %	0,7 %	0,8 %
Stark nicht traditionell	0,2 %	0,1 %	0 %	0,4 %	0,4 %
Paare gesamt	1.423	870	840	773	518

Wenn man die Tabelle noch ein wenig mehr zusammenfasst, ergibt sich folgendes Bild:

Der Anteil der traditionellen Paare steigt über 14 Jahre von 54,5% auf satte 85,1%

Der Anteil der partnerschaftlichen schrumpft im gleichen Zeitraum von 43,6% auf 13,7% und der Anteil der nicht traditionellen von 1,9% auf 1,2%

Individuelle Ressourcen der Partner, wie Bildung, Gehalt oder der Umfang der Erwerbsarbeit, haben laut dieser Studie keinen Einfluss, so dass es wohl an den sozialen Rollen und den entsprechend verinnerlichten Vorstellungen liegen muss.

Jack Rosenberg, ein amerikanischer Sexualtherapeut, spricht in diesem Zusammenhang von »Gender Prejudices«, also von Vorurteilen über beide Geschlechter, die in Familien über Generationen tradiert werden.

Ein Beispiel aus der therapeutischen Arbeit mit einem Paar:

Der Mann wurde nach seiner Auffassung über die Gleichberechtigung der Geschlechter befragt. Er antwortete wie aus der Pistole geschossen: »Meine Frau darf selbstverständlich ihrem Beruf nachgehen, den Haushalt besorgen wir gemeinsam, und sie bestimmt ebenso wie ich, wann wir zusammen Liebe machen wollen.«

Nach den Ansichten seines Vaters befragt, kam die Antwort ebenso schnell: »Die Frau gehört ins Haus, sie betreut die Kinder, kocht für die Familie und hat dem Mann im Bett zur Verfügung zu stehen.« Darauf machte die Frau große Augen und rief: »Aber so verhältst du dich ja – genau wie dein Vater!«

Dieses Beispiel macht deutlich, wie bewusste Vorstellungen und unbewusst übernommene Konzepte einander widersprechen können. Im Alltag setzen sich im Allgemeinen die Letzteren durch. Die oft angeführten Argumente, das sei einfach biologisch bedingt, wollen nicht so recht einleuchten, denn die statistisch erfragten

Sehnsüchte der Frauen richten sich eher auf eine Teilung von Erwerbs- und Hausarbeit.

Jedenfalls geht das aus einer Tabelle hervor, in der die Autoren den Istzustand von Hausarbeitsteilung mit dem Sollzustand verglichen haben. Tatsache war auch in dieser Untersuchung, dass Frauen die Hauptlast dieser »Fron« trugen, aber davon sehr gerne hälftig entlastet würden.

Das Gleiche galt auch für die Aufteilung der Elternschaftaufgaben. Hier wird ja besonders häufig biologisch argumentiert. Mindestens die Frauen scheinen diese Auffassung nicht zu teilen.

Insgesamt ist das traditionelle Modell also noch immer tragend. Die Frau übernimmt Einkaufen, Kochen, Putzen und Aufräumen, Abwaschen und Abtrocknen, Waschen, Wäscheaufhängen und Zusammenlegen sowie Bügeln. Der Mann übernimmt Handwerkliches, Reparaturen, Auto- und Fahrradpflege, Finanzen und Behördenkontakte. Die Frau leistet die Grundversorgung der Kinder, und der Mann beschäftigt sich eher nach Lust und Laune mit dem Kind. Sie pflegt die Alten und Kranken, ist »für die Gefühle« zuständig, für Familien- und Netzwerkbetreuung, er überlässt ihr diesen Bereich völlig.

Man könnte also sagen, der »verflixte Alltag« ist Sache der Frau. Kein Wunder, dass sie in dieser gesellschaftlich verhärteten Situation möglichst viel auf »ihre Weise« an ihn weiterzugeben versucht: »Kannst du den Salat nicht gründlicher waschen?« »Lass doch den Abfluss nicht so dreckig zurück.« »Du ziehst den Kindern nie Handschuhe an, sie sind mit erfrorenen Fingern heimgekommen und haben sich schon wieder erkältet.« »Für dein Auto hast du Zeit, aber der Dreck unter dem Tisch fällt dir wohl nicht auf!« Jedenfalls gibt es in unseren Praxen wenige Themen, bei denen man sich so aufregt. Interessanterweise wird Arbeitsteilung selten grundsätzlich geregelt, sondern jede Kleinigkeit wird tausendmal neu diskutiert. Aber wenn man Abhilfe schaffen will, ist ein allzu ideologisches Vorgehen nicht von Nutzen, wie folgendes Beispiel zeigt:

Wir erinnern uns an ein enthusiastisches Trio von zwei Frauen und einem Mann, die ein Zentrum gründeten, welches sie gemeinsam führen wollten. Es sollte als Erholungs- und Entfaltungsstätte für andere Menschen dienen. Eine der Frauen betreute an Ort und Stelle die angebotenen Kurse und Seminare, die anderen beiden gingen unter der Woche ihren Berufen nach und engagierten sich am Wochenende im Zentrum. Ihre Ideologie war, dass alle jede Arbeit machen sollten, vom Kloputzen über das Kochen bis zur Gartenarbeit. Es stellte sich bald heraus, dass die Frauen hilflos vor den nötigen elektrischen Installationen standen, der Mann hingegen die Gartenarbeit nicht gewohnt war und am Backen keinen Gefallen fand. Viele Kleinigkeiten wie das Abräumen der verwelkten Blumensträuße blieben an der ständig im Zentrum anwesenden Frau hängen.

So schwer es den dreien fiel, ihre Vorstellungen von Gleichheit und Austauschbarkeit aufzugeben: Sie mussten sich umstellen und die Aufgaben so verteilen, dass alle das machten, was sie am besten verstanden. außerdem wurde es unumgänglich, Hilfskräfte für gewisse Arbeiten heranzuziehen, weil sonst niemand auch nur ein bisschen Freizeit gehabt hätte.

Für ein Paar, das Haushalt und Lebensarbeit (darunter verstehen wir alles, was das seelische Wohl der Familie betrifft) trotz aller Fährnisse gemeinsam übernehmen will, gibt es unzählige Möglichkeiten, sich abzusprechen. Am besten geht man zuerst einmal nach dem Prinzip vor: Wer kann was am besten und wer macht was am liebsten? Das bringt die angenehmste Arbeitsteilung zustande. Dabei wird man nicht um Kompromisse herumkommen. Für beide Partner stimmige Kompromisse sind manchmal nicht einfach zu finden. Vor allem aber muss auf beiden Seiten die Bereitschaft dazu da sein.

Wenn die Aufgaben des Alltags emotionale Themen triggern

Viele Paare finden einen ganz natürlichen Umgang mit den Alltagsproblemen. Sie folgen einem gut verinnerlichten Modell, nehmen Rücksicht auf die Eigenheiten ihrer Partner, machen einen Bogen um die heiklen Stellen, können sachliche Abmachungen treffen oder auf einen rechthaberischen Streit verzichten.

Dennoch wird es häufig Auseinandersetzungen geben durch die soziologisch bestimmte Realität des Zurückkehrens zur traditionellen Rollenteilung. Ein Teil der Schwierigkeiten im Alltag ist dadurch begründet. Es gibt aber auch psychologische Aspekte, welche die Frage beantworten: Woran liegt es, wenn zwei lebenstüchtige Menschen ihren Alltag nicht geregelt kriegen?

Leider drängen sich in die alltäglichen Themen, die einer sachlichen Lösung bedürften, allzu oft kindliche Persönlichkeitsanteile, die aber als solche nicht wahrgenommen werden (s. Kap. 5). Es geht dann nicht mehr um die vordergründige Frage, sondern um den untergründigen Prozess, welcher eine Lösung auf der Erwachsenenebene verhindert, solange er nicht erkannt und beachtet wird.

Ein Beispiel:

Anna und Hans sind seit dreizehn Jahren verheiratet. Sie haben zwei Kinder im Alter von neun und elf Jahren. Es sind erwünschte, geplante Kinder, darüber waren sich beide Eltern einig. Hans hat sich in jahrelanger harter Arbeit zum Abteilungsleiter einer großen Firma emporgearbeitet. Er kann seiner Familie finanziell etwas bieten: vom eigenen Haus mit komfortablem Lebensstil bis hin zu recht kostspieligen Ferienreisen. Darauf ist er stolz, denn er selber stammt aus einfachen Verhältnissen. Anna ist eine tüchtige Hausfrau und hingebungsvolle Mutter, die von morgens bis abends zuhause in die Pflicht genommen wird und fast keinen Feierabend kennt.

Im Familienalltag gibt es ein Problem, das sich allmählich zum Dauerbrenner ausweitet: Hans möchte bei Tisch in Ruhe essen, während Anna findet, die Kinder sollten erzählen können, was sie in der Schule erlebt haben. Ständig gibt es Streit über diesen Punkt. Immer öfters donnert Hans während des Essens los. Die Kinder sitzen verschüchtert da, und Anna wirft vorwurfsvolle Blicke auf den verständnislosen Vater.

Warum gelingt es den beiden nicht, vernünftige Regeln für die Sitten am Mittagstisch aufzustellen und sie gemeinsam durchzusetzen? Das liegt daran, dass sich hinter der Frage: Wie halten wir es in unserer Familie beim Essen?, ein Konflikt zwischen den Ehepartnern verbirgt.

Der innere Dialog von Hans lautet ungefähr so: »Ich rackere mich ab für alle und biete ihnen ein sorgloses Leben. Ist es da zu viel verlangt, wenn ich über Mittag ein bisschen Ruhe haben möchte beim Essen? So viel Rücksicht könnten sie weiß Gott auf sich nehmen.« Annas innere Stimme hört sich so an: »Ich habe die ganze Last mit den Kindern und dem Haushalt. Er ist viel zu wenig da. Dürfen die Kinder nicht wenigstens bei Tisch mit ihm plaudern? Oder interessiert er sich überhaupt nicht für sie – von mir ganz zu schweigen?«

Beide haben das Gefühl, dass sie zu wenig Anerkennung und Unterstützung bekommen.

Dieses Problem nährt die Streitereien über die Struktur der Mahlzeiten und verunmöglicht Lösungen auf dieser Ebene.

Die ständigen Auseinandersetzungen über dasselbe Thema im Alltag haben die Tendenz, um sich zu greifen und weitere Themen zu vergiften. Die beiden Partner stehen dann immer häufiger gegeneinander und verhärten sich. Schließlich füllen die heiklen Punkte das ganze Gesichtsfeld aus. Keine Absprache ist mehr möglich, ohne dass sich der üble Prozess einschleicht. Manchmal braucht es dann Hilfe und Unterstützung von außen, um die unweigerlich erscheinenden apokalyptischen Reiter aufzuhalten. Einer der ersten Schritte wird dann immer sein, das gegenseitige »Es wäre alles so einfach, wenn du nur das und das verändern würdest« aufzulösen zugunsten des Anschauens, was jeder der Partner zur Verstrickung beiträgt (vgl. Kapitel 8).

Die Falle der Überverantwortlichkeit[2]

Eine spezielle Art der Verstrickung ist die Überverantwortlichkeit. Wenn einer oder beide Partner diese Verhaltensweise aus der Kindheit mitbringen, baut sich allmählich ein ungesundes System von Rücksichtnahme und Schonung auf, das die Beziehung vergiftet.

Überverantwortlichkeit ist nicht leicht zu unterscheiden von Fürsorge und liebevoller Anteilnahme. Wir wollen sie deshalb kurz charakterisieren: Sie gehört zu den früh im Leben erworbenen Teilpersönlichkeiten (vgl. Kap. 5) und spielt eine große Rolle bei dem, was wir Übertragung auf die Partner genannt haben. Sie begründet einen unsicheren Liebesstil (vgl. Kap.4) und beeinflusst in besonderem Maße die Sexualität.

Überverantwortliche Kinder sind früh, manchmal schon vor ihrer Geburt oder bereits in den ersten Lebensjahren belastet worden durch bedürftige, kranke, nicht wirklich erwachsene Eltern oder durch spezifische Konstellationen in ihrer Herkunftsfamilie, wenn sie z. B. die Ehe retten, einen Partner oder ein verstorbenes Geschwister ersetzen oder wettmachen sollen, dass sie nicht mit dem erwünschten Geschlecht zur Welt gekommen sind.

Meist sind es überaus sensible Kinder, die mit feinen Antennen auf das emotionale Klima und das Beziehungsgeflecht in ihrer Umgebung reagieren. Sie versuchen den Eltern zu geben, was diese in ihrer Kindheit vermisst haben oder in der Gegenwart nötig haben. Natürlich ist das eine aussichtslose Aufgabe und eigentlich nicht Sache der Kinder. Die kindliche Hingabebereitschaft oder auch die Möglichkeit, durch Dienstbereitschaft Anerkennung zu gewinnen, veranlasst Kinder, zu viel Verantwortung für das Wohl der Familie zu übernehmen.

Was dabei auf der Strecke bleibt, ist das Gefühl für die eigenen Bedürfnisse und die Sicherheit, einen Anspruch auf ihre Erfüllung zu haben. Das überverantwortliche Kind stellt sich selber dauernd zurück, was bis zum Unterdrücken von dringlichen Körpersignalen gehen kann. Die eigenen Grenzen werden mit der Zeit nicht mehr gespürt, das Gefühl für Überforderung und ein Gleichgewicht zwischen dem, was man selber nötig hat, und dem, was andere brauchen, gehen verloren.

Der Preis für Überverantwortlichkeit ist die Sucht, gebraucht und für Dienstleistungen anerkannt zu werden. Wie bei jeder Sucht gibt es bei überverantwortlichen Menschen eine Leerstelle im eigenen Inneren, die nicht gefüllt ist durch das Gefühl, selber etwas wert oder anziehend zu sein für das, was man ist, und nicht ausschließlich für das, was man tut, Wertschätzung zu erfahren.

Wir haben schon ausgeführt, dass in Partnerschaften häufig dieselben Beziehungsmuster wie in der Herkunftsfamilie angeboten werden. Überverantwortlichkeit gehört daher zum vermeintlichen Liebesangebot und wirkt zunächst sehr anziehend. Wer hätte nicht gerne ein Gegenüber, das sich vollkommen auf unsere Bedürfnisse einstellt, sie sogar erahnt, bevor sie ausgesprochen werden, und dabei völlig selbstlos und ohne Ansprüche zu sein scheint?

Wenn zwei Überverantwortliche sich treffen, fühlt sich das zunächst wie der Himmel auf Erden an. Weil aber Überverantwortlichkeit eine Überlebensstrategie ist, die mit Liebe verwechselt wird, schleicht sich früher oder später ein Unbehagen in die Beziehung ein. Wo ist man gelandet? Man hatte doch gehofft, um seiner selbst willen und nicht für die erbrachten Dienstleistungen geliebt zu werden? Es läuft aber im alten Trott: Man strengt sich an für den andern Menschen und erhält nicht genug dafür. Wie enttäuschend!

Weil das Angebot »Immer für andere da« überverantwortlichen Menschen so geläufig ist, dass es unbewusst in Erscheinung tritt, wird zunächst der Partner für die Enttäuschung verantwortlich gemacht. Dieser eine, einzige Mensch hätte einen doch erlösen sollen aus der alten Falle, hätte einen wirklich als das, was man ist, erkennen und nicht die Dienstleistungen für das Eigentliche nehmen sollen. Was dabei vergessen geht: Für die eigenen Bedürfnisse muss man selber einstehen. Man muss sie äußern und kann nicht einmal vom vertrautesten Menschen erwarten, dass er ahnt, was man braucht. Einfach, weil zwei Menschen verschieden und nicht durch ein einziges Nervensystem verbunden sind.

Neben der Enttäuschung, nicht wortlos verstanden zu werden, macht sich in von Überverantwortlichkeit geprägten Beziehungen Langeweile breit. Das betrifft vor allem die Sexualität. Mit jemandem, der nie äußert, was er selber braucht oder liebt, der keine eigenen Vorschläge einbringt, sondern nur darauf bedacht ist, Wünsche oder vorgestellte Bedürfnisse des andern zu erfüllen, erlischt die Spannung, die aus der Verschiedenheit, der Anregung durch ein wirkliches Gegenüber entsteht. Zudem werden die eigenen Wünsche der überverantwortlichen Person nicht erfüllt, weil sie diese nicht zu äußern wagt, ja meist nicht einmal kennt. Wenn zum eigenen Geben nicht das Empfangen hinzukommt, bleibt Sexualität unbefriedigend und wird schließlich uninteressant.

Da überverantwortliche Menschen sich in ihrer Kindheit so sehr anstrengen mussten, Liebe und Wertschätzung über ein Angebot von guten Diensten zu erwerben, können sie kaum Konflikte aushalten. Sie fürchten, Auseinandersetzungen würden die Zuneigung ihrer Partner in Frage stellen. Aus demselben Grund ist es für sie schwierig, jemandem eine Bitte abzuschlagen oder »Nein« zu sagen zu einer Anfrage, weil sie dadurch die Akzeptanz von anderen verlieren könnten. Überverantwortliche tun sich auch schwer mit Grenzenziehen, weil sie ihre Bedürfnisse nicht mehr gut spüren und das Gefühl für den eigenen Raum weitgehend verloren haben.

Es kann vorkommen, dass überverantwortliches Verhalten umschlägt in ein Abwehren jeglicher Ansprüche, dann nämlich, wenn die überverantwortliche Person realisiert, dass sie zu viel gibt. Das »Nein« wird in diesem Fall ebenso radikal kommen wie vorher das »automatische Ja«. Beides bedeutet aber nicht Unabhängigkeit im Sinne einer erwachsenen Persönlichkeit mit einem gesunden Selbstwertgefühl. Eine solche kann entscheiden, ob sie zu einem Vorschlag ja oder nein sagen will.

Am besten verdeutlicht diesen Zusammenhang eine orientalische Geschichte, in welcher ein Weisheitslehrer sagt: »Eine stets geöffnete oder stets geschlossene Hand ist eine verkrüppelte Hand. Ein Vogel, der seine Schwingen nicht öffnen und schließen kann, wird nie fliegen.«

Es ist nicht leicht, Überverantwortlichkeit von Verantwortungübernehmen und Überfürsorglichkeit von wirklicher Liebe zu unterscheiden. Schließen Sie deshalb aus dem Gesagten nicht, dass Fürsorge und Einfühlsamkeit aus der Beziehung verbannt werden müssen. Sie sollten aber auf der Erwachsenenebene liegen, nicht auf derjenigen einer kindlichen Teilpersönlichkeit, welche durch ihr Verhalten Anerkennung und Wertschätzung erhalten möchte, um den alten Mangel auszugleichen.

Die folgenden Fragen helfen Ihnen, herauszufinden, ob Sie zu Überverantwortlichkeit neigen:

- Erwarte ich alle Erfüllung vom andern Menschen? (Überverantwortliche sagen ja)
- Wage ich meine Bedürfnisse und Gefühle zu äußern? (Überverantwortliche sagen nein)
- Kann ich dazu stehen, dass ich anderer Meinung bin, und kann ich meinen eigenen Standpunkt vertreten? (Überverantwortliche sagen nein)
- Kann ich ertragen, dass mein Gegenüber eigenständig ist und mich nicht immer braucht? (Überverantwortliche sagen nein)

Im Buch »Immer für andere da?«, Wege aus der Überverantwortlichkeit von E. Schlumpf/H. Werder finden sich 61 Fragen zum Thema, die eine genauere Differenzierung ermöglichen.

Eine gute Vorstellung für Überverantwortliche ist das Bild vom Baum, der uns nicht in seinen Schatten zerrt, wenn wir schwitzen,

oder von der Lampe, die uns nicht ihr Licht aufzwingt, wenn wir im Dunkeln stolpern. Sie sind aber beide da mit ihrem Angebot von kühlendem Schatten und freundlicher Helligkeit.
Bei unserem Modellpaar ist Iris eher die Überverantwortliche. Sie versucht, Fabian das Leben so angenehm wie möglich zu machen, übernimmt mehr Haushaltspflichten, als ursprünglich vorgesehen, und verzichtet auf eigene Wünsche. Dafür fängt sie an, über das enttäuschende Alltagsleben zu klagen.

Anleitung zum Erhalten der Liebe im Alltag

Wir haben bereits im 2. Kapitel davon gesprochen, wie man aus der Verstrickung und Verengung wieder zu einer weiteren Sicht und in Kontakt mit der weisen Instanz kommen kann. Es bleibt die Frage, was mit der tiefen Liebe im Alltag geschieht. Verschwindet sie, wird sie in den Hintergrund gedrängt, stirbt sie ab?

So betrüblich es klingt, die Dimensionen von Herz und Tiefe treten im Alltag hinter den organisatorischen Fragen immer mehr zurück. Beruf, Haushalt, Kinder schieben sich in den Vordergrund und verlangen die volle Aufmerksamkeit und den Einsatz aller Kräfte. Die Klippen der Alltagsbewältigung fordern viele Paare aufs Äußerste, besonders, wenn die unausweichlichen Verstrickungen mit den empfindlichen Stellen früher Verletzungen dazukommen.

Umso wichtiger ist es, die tiefe Liebesdimension nicht zu vergessen und ihr, so gut es geht, im Alltagsleben Platz einzuräumen. Auch das ergibt sich nicht mehr von selbst, sondern muss leider organisiert werden.

Ein Beispiel aus der Paarberatung:

Elke und Heino, ein Paar Mitte dreißig, beruflich beide gut gestellt, haben drei Kinder von zwei, vier und sechs Jahren. Er arbeitet in einer Versicherungsgesellschaft, sie ist ausgebildete Kauffrau. Beide sind übereingekommen, dass Heino das Geld für die Familie verdient und Elke die Hausarbeit übernimmt und sich den Kindern widmet, solange sie klein sind. Das Paar hat keine besonderen Probleme, beide sind mit der Aufgabenverteilung zufrieden. Auch in der Kindererziehung sind sie sich mehr oder weniger einig. Nur ein Punkt macht ihnen zu schaffen: Als Paar haben sie fast keine Zeit füreinander, die

Beziehung ist irgendwie nicht mehr erfüllend, ihre Sexualität eingeschlafen. Es stellt sich heraus, dass beide die Anregungen vermissen, die sie früher außer Haus fanden: eine kulturelle Veranstaltung besuchen, einen Film sehen oder miteinander essen gehen.

In der Beratung geht es darum, eine Struktur im Alltag zu finden, die es ihnen ermöglicht, einen Freiraum für die Beziehung zu finden. Das erweist sich als gar nicht so einfach, denn am Montag geht Elke in einen Chor, dienstags ist Heinos Turnvereinsabend, am Mittwoch hütet Elke das Kind ihrer allein erziehenden Schwester, donnerstags haben sie häufig Besuch, und das Wochenende gehört den Kindern. Einzig der Freitagabend käme in Frage, da könnte Elke ihre Mutter bitten, die Kinder zu betreuen.

Es wird verabredet, dass jeden zweiten Freitag Paarabend sein soll. Weiter wird ausgemacht, wer für das Programm zuständig ist. Das hat den Vorteil, dass beide gleich beteiligt sind an der Verantwortung für die Zeitstruktur, und dass beide Partner gleichmäßig wünschen dürfen, was sie gerne unternehmen. Zudem ist der Abend jeweils eine Überraschung für den anderen Teil. Als Regel gilt: Das Programm des anderen darf nicht kritisiert werden; erlaubt ist nur der Meinungsaustausch, z. B. über einen Film.

Die Abmachung zwischen Elke und Heino konnte gar nicht so leicht umgesetzt werden. Ständig kam etwas dazwischen: eine Geschäftssitzung bei Heino, ein erkranktes Kind, eine Unpässlichkeit der Großmutter. Als Beraterin fragt man sich dann, ob das Nichtzustande-Kommen etwa System hat? Man darf aber nicht zu schnell anderswo suchen. Ein Paar mit kleinen Kindern hat eben wenig Zeit und muss mit allerlei Unvorhergesehenem rechnen.

Elke und Heino brachten es mit der Zeit tatsächlich fertig, ihren Paarabend in den Alltag einzubauen. Er wurde zur erholsamen Insel für ihre Beziehung. Persönliche Gespräche ergaben sich von selbst wieder, so dass die blanken Stellen in ihrer Love-Map (s. Kap. 4) wieder aufgefüllt wurden.

Unstimmigkeiten in der Beziehung lassen sich nicht immer so einfach über strukturelle Änderungen auflösen. Die zeitliche Struktur muss dann mit einer Anleitung für die Gestaltung des Gesprächs über schwierige Beziehungsthemen ergänzt werden, z. B. durch den »kontrollierten Dialog«. Wir erinnern: Beide wiederholen, was das Gegenüber sagt, bevor sie selber reden dürfen.[3] Diese Technik verhindert, dass die Verzerrungen des Gehörten, welche durch »alte Tonbänder« zustande kommen (die Stimme des verlassenen oder überschwemmten Kindes), in alte Schleifen führen. Wahrscheinlich muss diese Art von Dialog geübt und anfänglich in kurzen Zeitintervallen praktiziert werden, weil sie etwas umständlich anmutet und die eingeschliffenen Muster automatisch überhandnehmen wollen.

Der Gewinn besteht in dem zunehmenden Gefühl, gehört und verstanden zu werden und wichtige Fragen wieder erfolgreich besprechen zu können.

Das Zusammenleben im Alltag bringt unweigerlich Meinungsverschiedenheiten, Zusammenstöße, Verletzungen, unvereinbare Auffassungen der Partner, Reizungen empfindlicher Stellen sowie Verstrickungen in Überverantwortlichkeit oder Geschlechtervorurteilen mit sich. Die weise Instanz und die visionäre Liebeskraft scheinen dann weit weg und von dicken Wolken verhüllt zu sein. Dass hinter den Wolken die Sonne scheint, klingt in diesem Moment wie ein unglaubwürdiges Märchen.

Wir möchten deshalb auf etwas hinweisen, das hilft, die Wolken nicht noch dichter, die Verstrickung nicht ganz ausweglos werden zu lassen. Wir meinen das so genannte *Containment*. Es ist ein englischer Begriff, den man am besten so versteht, dass etwas in einem Gefäß gehalten wird. Gemeint ist die Fähigkeit, die eigenen Gefühle nicht sofort auszudrücken, sondern eine Weile zu warten, bis man sie in der Partnerschaft anspricht. Sinngemäß würden wir von einer »Gefühlsschleuse« sprechen, einem Mechanismus, der den Schwall der Gefühle reguliert und erlaubt, sie in angemessener Dosierung zu kommunizieren. Diese Regulierung wirkt dem Sicheinspielen von eskalierenden Teufelskreisen entgegen. Sie muss aber trainiert werden wie alle anderen Alltagsfertigkeiten.

Dazu ein Beispiel eines leiderfahrenen Paares, das die Ursachen für einen ihrer Teufelskreise aufgespürt hat, und dem es bereits gelungen ist, etliche Klippen in der Beziehung zu meistern.

Charlotte und Bruno haben verabredet, sich in der Stadt zu treffen, um ins Kino zu gehen. Bruno kommt mit dem Auto vom Büro, Charlotte mit einem öffentlichen Verkehrsmittel von zuhause. Bruno hat seine Frau schon öfters durch seine sagenhafte Unpünktlichkeit enttäuscht, die er jeweils mit einem Stau, einem verspäteten Blick auf die Uhr oder einer Panne zu entschuldigen sucht. Bei Charlotte meldet sich in einem solchen Moment das kleine Mädchen, das immer wieder im Stich gelassen und mit einem nicht eingehaltenen Versprechen enttäuscht wurde. Sie reagiert dann äußerst heftig und hat Bruno schon mehrmals übel beschimpft oder ihn einfach stehen gelassen.

In unfragmentiertem Zustand weiß sie, dass ihre Gefühle mit etwas verbunden sind und eine »Aufladung« enthalten, die nicht zur Gegenwart gehört. Es war ihr aber bis vor kurzem nicht möglich, die jäh aufschießenden Gefühle zurückzuhalten. Bruno dagegen hatte mit der Zeit verstanden, was die »lächerlichen paar Minuten Verspätung« bei Charlotte auslösen, und gab sich Mühe, diese Stelle bei ihr nicht zu reizen. Er ist allmählich pünktlicher geworden.

Diesmal fällt er in die alte Gewohnheit zurück und verspätet sich wieder einmal um zwanzig Minuten. Charlotte, die arglos darauf vertraut hatte, dass er pünktlich da sein werde, spürt eine nervöse Spannung in sich aufsteigen. Es gelingt ihr aber, ihre Gefühlsreaktionen wie in einem Film ablaufen zu sehen: erst die Traurigkeit des verlassenen Kindes, danach die Wut der im Stich Gelassenen, welche die innere Spannung durch eine Handlung wie Weglaufen abreagieren und den »Täter« damit bestrafen will. Diesem Impuls kann sie widerstreben. Sie ist imstande, ihre zunehmende Hilflosigkeit genauso wahrzunehmen wie die Angst, in eine totale Lähmung zu verfallen.

Weil sie gelernt hat, Containment aufzubauen, hält sie die unangenehmen Gefühle aus und sucht den Kontakt mit der weisen Instanz in ihr, deren Stimme ihr beruhigend zuredet: »Du weißt doch, dass du ihm vertrauen kannst. Er ist bis jetzt immer gekommen. In seiner Liebe ist er zuverlässig. Wahrscheinlich hat er tatsächlich zu spät auf die Uhr geschaut.«

In diesem Moment kommt Bruno angebraust. Er kurbelt das Fenster herunter: »Du Arme, hast schon wieder warten müssen. Das tut mir leid!« Er hat gelernt, die Gefühle seiner

Frau ernst zu nehmen und nicht aus Schuldgefühlen heraus faule Ausreden darüber kleistern zu wollen.

Charlotte meint aufatmend: »Hauptsache, du bist da!« Sie spürt noch die aufgewühlten Gefühle in sich, ist aber stolz darauf, sie mittels der »Gefühlsschleuse« reguliert zu haben, und dankbar für die Brücke, die Bruno ihr mit seiner Entschuldigung gebaut hat.

Die beiden erleben einen vergnüglichen Kinoabend.

Wir haben jetzt schon etliche Klippen aufgezeigt für Paare, die den Alltag miteinander teilen. Auch Iris und Fabian bleiben nicht verschont von Ermüdungserscheinungen durch »Banalitäten«, welche die Liebe zu untergraben drohen.

Sehen wir, wie es unserem Modellpaar nach einem Jahr Zusammenleben geht.

Tagebucheintrag von Iris

Seufz, seufz! Ich bin es leid – Fabian sitzt mit einem Bier vor dem Fernseher und zappt sich durch die Sender. Ist das eine Beschäftigung für einen gebildeten Mann? Ganz klar wird er spät nachts ins Bett kommen und mich mit einem Gutenachtkuss abfertigen. Nichts weiter. Ich mag auch den Biergeruch nicht, den er nach so einem Abend verströmt. Er könnte sich wenigstens die Zähne gründlicher putzen. Dann würde ich mich gerne wieder an ihn schmiegen. Aber so?

Wenn ich ehrlich bin, hat mich das Jahr des Zusammenlebens reichlich enttäuscht. Ich arbeite weit mehr im Haushalt als Fabian; er findet alles nicht so nötig, was ich mache, z. B. Blumen hinstellen, den Tisch schön decken oder etwas Besonderes kochen. Er würde am liebsten alle Tage Nudeln mit Fertigsoße essen und wirft mir vor, dass ich zu viel Geld für Überflüssiges ausgäbe.

Man merkt ihm seine einfache Herkunft eben doch an. Es sind ja Kleinigkeiten, aber sie stören mich maßlos. Ich schäme mich, mir das einzugestehen, aber warum kann er die braunen Spuren im Klo nicht sauber machen? Und muss er immer danebenpissen, und muss ich dann dafür sorgen, dass es nicht stinkt? Und das Nasebohren – gut, er tut es nur noch, wenn er sich unbeobachtet glaubt. Aber was für eine abstoßende Gewohnheit!

Unsere Liebesnächte sind selten geworden – und ich habe doch an Kinder gedacht. Ich glaube, ich muss ein wenig weinen; ist es nicht traurig, wie banal unser Zusammenleben geworden ist?

Es muss aber doch einen Weg geben, um die Liebe wieder zu wecken. Sie darf doch nicht einfach untergehen im Gestrüpp des Alltags.

Ein ernüchterter Fabian

Fabian merkt, dass er immer länger in der Schule bleibt. »Ich muss noch vorbereiten«, sagt er zu Iris. Aber eigentlich flüchtet er vor dem dauernden Gezicke. »Wieso hast du den Topf nicht richtig trocknen lassen, bevor du ihn in den Schrank stellst? Vergiss nicht, die Schuhe auszuziehen, der weiße Teppich wird schmutzig! Kannst du nicht auch mal kochen? Meine Seidenjacke ist eingelaufen. Kannst du dir die richtigen Temperaturen nicht endlich merken?« Bla, bla, bla ... er hört schon gar nicht mehr zu.

Am schlimmsten wird es abends im Bett. Wenn er gemütlich lesen will oder sie wenigstens mal ein bisschen anfassen möchte, dann kommen die Probleme des Alltags aufs Tapet. Zusammenleben mit Iris ist wahrhaftig sehr, sehr anstrengend. Sein eigener Haushalt in Zürich hat ihm nie Spaß gemacht, aber verglichen mit dieser Aufgabenflut war er der Himmel auf Erden.

Tagebucheintrag von Iris

Ich habe Eva mein Leid geklagt. Sie hat gelacht und gesagt: »Der Mann im Alltag, wie er leibt und lebt! Und du lehnst ihn ab, Prinzessin. Weißt du was, du musst ihm sein Bier und sein Fernsehen zur Erholung lassen. Aber du kannst ihm sagen, was er machen kann, damit er angenehm riecht für dich. Hast du denn schon übers Klo gesprochen mit ihm? Schlag ihm vor, dass du ihm einen Wink geben darfst, wenn's nicht sauber ist. Aber nicht angiften oder die Nase rümpfen. Kannst ihm ja einen liebevollen Klaps auf den Hintern geben. Vielleicht lernt er auch im Sitzen pinkeln. Und denk dir was Schönes aus für nächsten Sonntag. Viel Glück!«

Sie ist immer ein bisschen robust, meine gute Eva, aber sie steht mehr auf dem Boden als ich, und ihre Ratschläge haben

Hand und Fuß. Ich probiere gleich heute Abend aus, was sie mir gesagt hat. Vielleicht ist es doch nicht zu spät – für ein Baby, meine ich.

Damit verlassen wir vorläufig unser Modellpaar. Würde es real existieren, hätten wir den beiden gerne Tipps für die Gestaltung ihres Alltags gegeben, bevor sie zusammenzogen.

Falls Sie, liebe Leserin, lieber Leser, sich in der Situation von Iris und Fabian irgendwie gespiegelt finden, fügen wir unsere Hinweise für Sie an.[4]

Stolpersteine im Alltag und wie man damit umgehen kann

Klare Abmachungen sind das A und O fürs Zusammenleben. Viele Paare denken: »Das ergibt sich dann von selbst. Einmal übernimmt er den Abfall, einmal ich. Einmal wirft sie die Wäsche in die Waschmaschine, einmal ich, wie's eben so kommt.«

Ohne Vereinbarungen über die Zuständigkeit für bestimmte Arbeiten werden sich jedoch bald Reibereien ergeben, allein schon deshalb, weil beide denken: »Das macht er/sie heute gewiss.« Dann entdecken sie, dass nichts passiert ist, und es gibt Ärger.

1. Einen Vertrag über die Verteilung der Aufgaben abschließen

Um den Alltag für beide Teile befriedigend zu gestalten und die notwendigen Tätigkeiten möglichst reibungslos ablaufen zu lassen, sollte man also einen Vertrag darüber abschließen, wer wofür verantwortlich ist. Dieser richtet sich nach der verfügbaren Zeit eines jeden, nach den Neigungen und Fähigkeiten sowie nach der Kapazität, d. h. nach der Belastbarkeit der Partner. Es geht darum, zu praktikablen Lösungen zu kommen, indem man sich überlegt, was fürs Zusammenleben getan werden muss und wie man die Aufgaben entsprechend den eigenen und den Möglichkeiten des anderen verteilt. Das nimmt in der Eingewöhnungsphase des Zusammenlebens Zeit in Anspruch.

2. Der Vertrag kann geändert werden, wenn die Umstände sich ändern

Kein Plan gilt für die Ewigkeit. Ein Vertrag kann überprüft und an neue Gegebenheiten angepasst werden. Die Ankunft von Kindern, eine neue Verteilung der Erwerbstätigkeit unter den Partnern, Krankheit, Arbeitslosigkeit, der Umzug in eine neues Haus/eine andere Wohnung mit Verkürzung oder Verlängerung des Arbeitsweges, die Pflege von Familienangehörigen usw. rufen nach einem neuen Gleichgewicht in der Verteilung der Zuständigkeiten.

3. Die beidseitigen Anliegen klar und deutlich formulieren

Wünsche und Anliegen, speziell solche, die eine Änderung des Vertrags betreffen, müssen deutlich zum Ausdruck gebracht werden. Der Partner/die Partnerin kann nicht ahnen, dass Sie sich überfordert fühlen, wenn Sie still vor sich hinleiden oder einen heimlichen Groll aufbauen. Geben Sie ihm/ihr die Chance, auf Ihre Wünsche einzugehen!

4. Über Standards verhandeln

Dies ist keine einfache Sache. Es gilt, die beiderseitigen Vorstellungen auf einen Nenner zu bringen. Ohne Kompromissbereitschaft geht hier nichts. Wenn Sie sich aber klar werden darüber, ob die Spielsachen der Kinder im Korridor liegen dürfen, wenn der Vater heimkommt, ob etwas Staub auf dem Büchergestell toleriert wird und Geschirrtücher nicht gebügelt sein müssen, können Sie unter Umständen bei diesen Tätigkeiten viel Zeit einsparen.

5. Die vereinbarte Verantwortung beim Zuständigen lassen

Wenn Sie sich darüber geeinigt haben, wie ordentlich Sie es im Haushalt haben möchten, so dass Sie beide gut damit leben können, werden die notwendigen Aufgaben verteilt. Dabei darf der Partner/die Partnerin für die Art, wie sie den übernommenen Verpflichtungen nachkommen, nicht kritisiert werden. Auch gute Ratschläge sollten unterbleiben, wenn nicht ausdrücklich darum gebeten wird. Männer lösen das Saubermachen vielleicht über eine Putzhilfe und Frauen möchten über ihren Umgang mit den Kindern keine Vorschriften bekommen.

6. Hilfe von außen in Betracht ziehen

Es gibt manche Möglichkeiten, Hilfe von außen in Anspruch zu nehmen, sowohl für den Haushalt wie für die Kinderbetreuung. Diese ist allerdings nicht gratis und ruft deshalb nach einer Kosten-Nutzen-Rechnung.

7. Eine Beratungsstelle aufsuchen

Verschiedene Institutionen sind auf Fragen der Vereinbarkeit von Beruf und Familie spezialisiert und führen diesbezügliche Beratungen durch.

Welchen Weg Sie auch wählen, um in Ihrem Zusammenleben zu einer Übereinkunft in Bezug auf die Arbeits- und Aufgabenverteilung zu kommen, das Resultat sollte ein *Kompetenz- und Zeitbudget* für den Alltag sein. Es legt fest, wer welche Arbeiten übernimmt und wie viel Zeit er/sie dafür aufwendet. Zudem sollte ein Zeitpunkt festgelegt werden, z. B. nach ein, zwei oder drei Monaten, an dem der Verteilungsmodus überprüft und eventuell abgeändert werden kann.

Achtung:

Der Budgetplan darf nicht einseitig geändert werden. Aufsteigender Ärger über ungenügende Erfüllung der übernommenen Aufgaben wird nicht sofort dem Gegenüber mitgeteilt, sondern aufgeschrieben und in einem Zettelkasten deponiert. (Erinnern Sie sich an das »Containment«.) Durchschnittlich einmal pro Woche wird der Inhalt des Zettelkastens gesichtet und werden Verbesserungsvorschläge erwogen. (Dies bitte nur in einem ruhigen Moment und nicht in fragmentiertem Zustand!) Bei dieser Besprechung wird auch die Zufriedenheit mit den getroffenen Abmachungen erörtert und vor allem das anerkannt, was das Gegenüber geleistet und gut gemacht hat. Am besten fängt man einfach damit an; so ergibt sich ein Ritual der Wertschätzung, das dem Erscheinen der apokalyptischen Reiter entgegenwirkt.

Erlaubt ist selbstverständlich, den anderen um das Übernehmen einer Aufgabe zu bitten, wenn man dazu nicht imstande ist. Es besteht aber kein Übernahmezwang; vielleicht lässt sich die Aufgabe verschieben oder auf eine andere Art erledigen.

Die eben gemachten Vorschläge richten sich an nicht fragmentierte Erwachsene, die vernünftig und rational planen, sachlich verhandeln und Kompromisse eingehen können.

Wie wir bereits zur Genüge erfahren haben, befinden wir uns alle aber nicht konstant auf der Erwachsenenebene. Wir beherbergen ein ganzes Volk von Teilpersönlichkeiten, die gerne durch unsere Beziehungen irrlichtern und deren hellen Schein zum Flackern bringen.

Um herauszufinden, ob sich ein solcher »Geist« in die Diskussionen um die Aufgabenverteilung eingeschlichen hat, können Sie die nachstehenden Fragebogen durchgehen und herausfinden, ob Sie vielleicht um etwas ganz anderes kämpfen als um die Frage: »Wer wechselt die Klopapierrolle?«

Fragebogen für Frauen

Haben Sie Gedanken, die so anfangen: »Männer dürfen eben ...« oder »Frauen müssen halt ...«, und ein Gefühl dabei, wie ungerecht das ist?

- Fühlen Sie sich öfters verlassen oder im Stich gelassen?
- Haben Sie das Gefühl, nicht gehört, nicht gesehen, nicht anerkannt und wertgeschätzt zu werden?
- Haben Sie das Gefühl, Ihr Partner versuche, Sie zu dominieren?
- Leiden Sie darunter, nicht genug zu bekommen an Nähe und Zärtlichkeit?
- Haben Sie das Gefühl, Ihr Partner respektiere Ihre Grenzen nicht genügend?
- Meinen Sie, Ihr Partner sei unpraktisch und könne die Hausarbeit nicht so gut oder so rasch erledigen wie Sie? Kritisieren Sie ihn deswegen?
- Fühlen Sie sich überlastet und alleingelassen mit Erziehungsfragen?
- Fühlen Sie sich in der Sexualität zum Objekt gemacht?

Fragebogen für Männer

Haben Sie Gedanken, die so anfangen: »Frauen müssen eben nicht ...« oder »Männer sollen halt immer ...«, und ein Gefühl dabei, wie ungerecht das ist?

- Fühlen Sie sich öfters gefühlsmäßig nicht verstanden?
- Haben Sie das Gefühl, nicht gehört, nicht gesehen, nicht gewürdigt zu werden für das, was Sie für die Familie tun?
- Haben Sie das Gefühl, als Brötchenverdiener betrachtet zu werden?

- Haben Sie das Gefühl, Ihre Partnerin versuche, Sie zu beherrschen und Ihnen Vorschriften zu machen?
- Empfinden Sie Ihre Partnerin als überschwemmend und grenzüberschreitend?
- Haben Sie das Gefühl, nicht genug Zärtlichkeit und Sexualität zu bekommen?
- Fühlen Sie sich alleingelassen mit Sorgen, die Sie im Geschäft/an Ihrer Arbeitsstelle haben?
- Haben Sie den Eindruck, Ihre Partnerin führe den Haushalt nicht gut genug oder erziehe die Kinder nicht richtig? Kritisieren Sie sie dafür?

Anhand dieser Fragebogen können Sie herausfinden, ob sich in Ihre Alltagsdiskussionen Themen einmischen, die auf eine andere Ebene gehören: Geschlechtervorurteile; Verlassenheits- oder Grenzüberschreitungsgefühle, Abwehren von Beeinflusstwerden, ein Mangel in der Kindheit an Fürsorge und Anteilnahme; ein Mangel an Gehört- und Gesehenwerden, als der/die man ist und nicht nur als Leistungserbringende; Abwehrstile wie Kritisieren, Vorwürfemachen, beleidigt Schweigen – all diese Themen vergiften das Zusammenleben im Alltag. Ob solch ein giftiges Thema vorhanden ist, erkennt man daran, dass die Diskussionen endlos sind, immer gleich verlaufen und zu nichts führen. Nicht wenige Paare flüchten dann in ein oberflächliches Nebeneinander ohne tieferen Kontakt, weil sie das destruktive Aneinandergeraten leid sind (vgl. Kapitel 8).

Wenn Sie ein tiefer liegendes Thema bei sich selbst dingfest machen konnten (Sie dürfen selbstverständlich auch im Fragebogen für das andere Geschlecht stöbern oder in Ihrer eigenen Shit-Kammer, wie Jack Rosenberg unseren Vorrat an Schattenseiten zu nennen pflegte), wissen Sie, dass Sie mit Lösungsversuchen für Alltagsprobleme nicht weiterkommen, ohne sich wieder und wieder in den Schlingen der alten Themen zu verheddern. Gehen Sie dann zurück zum vorigen Kapitel und versuchen Sie, mit einer der darin angegebenen Übungen Ihren Geist wieder weit zu machen und auf die Stimme der Weisheit in der Tiefe zu hören.

Mit üblen Gewohnheiten im Alltag umgehen

Es bleiben noch die unangenehmen bis abstoßenden Eigenheiten, denen wir bei Partnern im Alltag begegnen. Sie sind alles andere als romantisch. Man könnte sie als den Preis für die kontinuierliche Nähe mit einem andern Menschen ansehen, was nicht heißt, dass man sie klaglos ertragen muss.

Einige haben wir im letzten Tagebucheintrag von Iris gefunden. Es gibt aber noch viel mehr davon, ob Schweißsocken, Mundgeruch, Fingernägel kauen, das Schlampig-Herumlaufen, das überlaute Lachen, das Zappen am Fernsehen – die Liste könnte beliebig verlängert werden.

Je nach Empfindlichkeit und Temperament reagieren wir unterschiedlich darauf. Iris z. B. mit ihrer bürgerlichen Erziehung war überaus empfindlich auf »proletarische Gewohnheiten« wie das Biertrinken bei Fabian.

Das Zusammenleben lehrt uns einige Toleranz gegenüber uns fremden Gebräuchen. Wir begegnen darin unseren eigenen Vorurteilen, die wir vielleicht ablegen können.

Vieles wird durch Humor erleichtert. Ich erinnere mich, dass ich meinem Enkel einmal scherzhaft vormachte, wie wir als Kinder absichtlich rülpsten. Er hatte schnell heraus, wie man vorher Luft schlucken muss, und wir rülpsten um die Wette. Natürlich nur im stillen Kämmerlein. Leider berichtete mir kurz darauf seine Mutter, er hätte vor andern Leuten laut gerülpst, und auf die Frage, woher er das hätte, treuherzig geantwortet: »Von meiner Großmama!«

Nun, Erwachsene können unterscheiden, was in die eigenen vier Wände gehört und nicht öffentlich zelebriert wird.

Was die abstoßenden Eigenheiten bei Partnern betrifft, ist der Umgang damit nicht so leicht. Eine beleidigte Nase lässt sich nicht ausreißen und durch eine unempfindliche ersetzen. Solange die Basis der Beziehung stimmt, finden sich meistens geeignete Formen, auf die Störung aufmerksam zu machen und am besten gleich einen konstruktiven Vorschlag damit zu verbinden.

Ungünstig ist es allemal, still zu leiden und dann unerwartet zu explodieren, weil sich die gesammelte Abneigung gegen eine bestimmte Eigenschaft mit einem Mal entlädt.

Es gibt auch Störungen im Alltag, die das Zusammenleben beeinträchtigen und nicht leicht zu beheben sind. Eine davon ist z. B. das Schnarchen. Wer neben einem/einer friedlich Schnarchenden liegt und verzweifelt versucht einzuschlafen, weil am andern Tag viel Arbeit auf einen wartet, weiß ein Lied davon zu singen. Dummerweise steigert sich die Nervosität, je länger man um den eigenen Schlaf kämpft. Neben dem Ansprechen und gemeinsam Überlegen, wie man das Problem lösen könnte, braucht es in diesem Fall manchmal eine medizinische Beratung.

Hilfreich kann auch das Gespräch mit Freunden oder Freundinnen sein. Jedes Paar wird selber entscheiden, ob es dafür eine Zweierpaar-Situation wählt oder sich lieber einzeln mit jemand Vertrautem austauscht. Manchmal bringen schon das An- und Aussprechen von bestimmten Dingen Entlastung. Oft machen andere Paare ähnliche Erfahrungen oder haben eigene interessante Lösungen ausprobiert, die man übernehmen kann, besonders wenn es sich bei ihnen um erfahrene Partnerschaftshasen handelt.

Einem wichtigen Gebiet, auf dem sich häufig Unstimmigkeiten, Mangel an Austausch und Hilflosigkeit in Partnerschaften zeigen, wollen wir uns speziell im nächsten Kapitel widmen. Wir meinen das viel besprochene und in Beziehungen oft leidige Kapitel der Sexualität.

Noch einmal: die visionären Liebesqualitäten

Nachdem das Kapitel über den Paaralltag geschrieben war, haben wir uns gefragt, ob die Botschaft tatsächlich lauten soll: »Vergessen wir die visionäre Qualität, die weise Instanz und die Dimension der Tiefe, denn sobald wir das Zusammenleben zu zweit anfangen, werden sie eh überdeckt von Arbeit, Mühsal und Unstimmigkeiten, dem ganzen Krimskrams von morgens bis abends, und der grauen Müdigkeit, die sich über die rosigen Erwartungen legt.« Das wäre doch ein zu betrübliches Resultat!

Zum Glück ist dem nicht so. Der Glanz der anfänglichen Euphorie verblasst zwar im Alltag, dafür taucht aber etwas auf, was wir ihre still leuchtende Schwester nennen möchten. Es ist einfacher, sie zu umschreiben, als ihr einen bestimmten Namen zu geben. Sie erscheint, wenn wir zufrieden sein können mit unserem

Tagwerk, obwohl es vielleicht aus einem Mosaik von unscheinbaren Dingen besteht. Vielleicht kennen Sie das Gefühl, nachdem Sie Rechnungen bezahlt haben. Wir meinen nicht die Erleichterung, dass das Geld gereicht hat oder das Gefühl, eine lästige Sache erledigt zu haben. Es hat mehr damit zu tun, dass wir eine notwendige Ordnung hergestellt, etwas getan haben, was uns das Gefühl gibt, Struktur ins Chaos gebracht zu haben. Dieses Gefühl können wir körperlich spüren als ein befriedigendes Wohlsein, eine tiefe Zufriedenheit mit dem Getanen.

Vielleicht sind wir nicht zu allem gekommen, was wir uns vorgenommen haben, und gewiss gibt es befriedigendere Tätigkeiten als Rechnungen zu bezahlen. Wir haben dieses Beispiel gewählt, um darzutun, dass es gerade nicht ausschließlich um Dinge geht, die uns Freude machen. Es können auch so simple Dinge dazu gehören, wie Schuhe putzen oder Wäsche aufhängen, oder so knifflige, wie sich in ein neues Computer-Programm einarbeiten, oder so menschliche, wie einem Kind bei den Aufgaben zu helfen.

Wenn wir uns entschlossen haben, den Alltag mit jemandem zu teilen oder gemeinsam die Verantwortung für Kinder zu übernehmen, so erhellt die stille Schwester der glanzvollen Euphorie die unspektakulären Tage. Es lohnt sich, ein inneres Tagebuch zu führen und zu registrieren, wie oft wir den leuchtenden Besuch wahrnehmen.

Falls Ihnen die Rosinen im Alltagskuchen leicht entfallen, schlagen wir Ihnen ein Blitz-Ritual vor. Es nimmt nur einige Minuten in Anspruch. Schön ist es zu zweit, weil Sie dann gegenseitig ein positives Feld aufbauen. Das Ritual besteht in der Frage: »Was ist mir heute begegnet, das ich in mein Tagebuch der kleinen Sterne eintragen möchte?« Erinnern Sie sich an eine schöne, lustige oder kreative Begebenheit während des Tages und halten Sie sie fest. Wenn Sie die Erfahrung jemandem mitteilen, wird sie nochmals kräftiger aufleuchten.

Selbstverständlich kann das Ritual auch ausgedehnt werden, z. B. auf einen Abendspaziergang, wo dann vielleicht mehrere Alltagssterne zum Vorschein kommen.

Im Stadium der beginnenden Alltagsbewältigung einer Beziehung dürfen die visionären Qualitäten des Herzens, der Tiefe und der Weite des Geistes im Untergrund schlummern, sozusagen als Basso continuo, als tragendes Element der Beziehung.

Wenn bereits in dieser Zeit schwerwiegende Konflikte auftreten, ist die Lektüre von Kapitel 8 geeignet, um Strategien dafür zu Hilfe zu nehmen.

TEIL II

7. Kapitel

Intensiv, und das für immer

Fabian muss Aufsätze korrigieren. Eine ungeliebte Aufgabe, gleichzeitig lässt sie ihm Zeit, abzuschweifen und über die Beziehung zu Iris nachzudenken. Iris ist anspruchsvoll, was er eigentlich schätzt. Nur in der letzten Zeit beginnt sie beständig, an ihm herumzunörgeln. Er kommt sich wie ein Junge mit seiner Mutter vor. Die Socken einrollen und nicht liegen lassen, die Kaffeeränder … er schaut auf den Tisch … dort haben sie sich tatsächlich schon wieder gebildet, Iris wird sich eine Bemerkung nicht verkneifen können. Na ja, die Litanei, die sich ab und zu in seinem Kopf wiederholt, wird sowieso immer länger. Neuerdings hat sie auch noch ihre gemeinsame Sexualität im Visier.

Sie kriegt dann diesen Ton, den er nicht mag. Und auch hier will die Liste nicht aufhören. Er kann sie nach Belieben abrufen, nur nützt das nichts, denn jeder Satz reißt den Graben zwischen ihnen nur noch ein bisschen weiter auf. Sie will anderes als er, er nennt das: Sie will weniger richtigen Sex, sondern vor allem das Drumherum. Mehr Zärtlichkeit, mehr Sauberkeit, mehr Innigkeit, weniger heftiges Stoßen, mehr Anschauen, und zwar die Augen, nicht die tollen Brüste, mehr Eingehen auf sie, länger …

Er möchte so gerne häufig und unbekümmert zur Sache kommen und nicht über Bedingungshürden springen müssen. Er kennt das schon, in seinem Kopf beginnen die Verteidigungsreden: »Ich dusch doch jeden Morgen, reicht das nicht? Du verstehst einfach nicht, wie stark der Drang in mir ist, der auf den Orgasmus zusteuern will, ein mächtiges Ziehen und Zerren, und wie einmalig das Versinken im Höhepunkt ist.« Allein der Gedanke daran lässt ein breites Lächeln entstehen.

Früher war sie doch immer bereit und immer schnell erregt und wollte so gerne und so viel wie er. Jetzt häufen sich die Abweisungen. Und das Traurige ist, sie macht ihn bereits viel weniger an. Mäkelnd und perfektionistisch ähnelt sie den Klischeebildern, die seine Freunde von ihren Exfreundinnen zeichnen. »Frauen sind nie zufrieden«, sagt Erich. »Nimm dir ein Beispiel an mir. Leb wieder alleine. Am Abend ein Bier in der Kneipe mit den Freunden, ab und zu eine tolle Nummer durchziehen, und ansonsten Internet, Bücher, Frieden und Fußball.

Liebe und Sexualität bereiten, wenn die Beziehungen älter werden, nicht selten Mühe. Der kurze Einblick in die Gedankenschlaufen eines mittlerweile recht genervten Fabian zeigen den Kern des Übels bereits deutlich.

Menschen möchten aus der Beziehung Intensität *beziehen* und brauchen dazu, dass das Gegenüber sie versteht und auf sie eingeht. Dabei vergessen sie leicht, dass man genauso sein eigenes Feuer, seine eigene Liebe, seine Tiefe und Kreativität und das Verstehen und Inspirieren des Gegenübers in die Beziehung *hineingeben* kann.

Wenn die Zeit zwischen Haushaltsmanagement, Erwerbsarbeit, dem täglichen Internet- oder Fernsehkonsum und eventuell auch noch Kindern knapp wird, wenn man sich in- und auswendig zu kennen meint, wenn sich Verletzungen anhäufen und die Kommunikation entgleist oder verstummt, wird die Geduld für Unvollkommenheiten knapp und Lernen bleibt auf der Strecke. Beide schauen kritisch auf ihre tatsächlich fehlbaren Partner und tun selber wenig. Sexualität ohne Pflege verdorrt aber genauso wie eine Blume ohne Wasser. Schauen wir uns einmal an, was mit der Zauberwelt der Sinnlichkeit im Zusammenleben passiert.

Sexualität im ganz normalen Alltag

Erinnern wir uns nochmals an den Anfang. Solange die Verliebten Zärtlichkeiten austauschen, sich viel berühren und in Orgasmen schwelgen, schütten sie Oxytoxin aus. Das führt dazu, dass sie glücklich sind und sich immer enger aneinander binden. Negatives kann in dieser intensiven Zeit nicht mehr wahrgenommen werden, also fallen die möglichen sexuellen Ungereimtheiten und die eventuell vorhandenen Kompetenzlücken in der Liebeskunst vorerst nicht auf. Und wenn sie ins Bewusstsein dringen, werden sie als reizende Marotte umgedeutet. Aber wie schon beschrieben, nehmen die euphorischen Gefühle ab, wenn die Hormonkaskade ausdünnt. Die Lust zur gegenseitigen Erforschung sinkt, und in den

Schlafzimmern werden die Betten immer häufiger aus täglicher Ermattung statt zum ausgiebigen Liebesspiel aufgesucht.

1. Wie geht es wohl den anderen mit ihrer Sexualität?

Kirsten von Sydow wertete verschiedene Untersuchungen aus und fand, dass die Bedeutung von Sexualität bei 75% der jungen Menschen, aber nur bei einem kleinen Teil der Paare, die schon lange zusammen sind, hoch ist. Das gilt für beide Geschlechter.

- Bei den von ihr betrachteten Paaren nimmt die anfängliche Koitusfrequenz von dreimal pro Woche im ersten Jahr auf zweimal ab, um über die Jahre langsam noch viel weiter zurückzugehen. Mit 68 Jahren ist es dann im Durchschnitt vorbei mit der Sexualität. Auch der Genuss wird als abnehmend geschildert, wobei die ausgewerteten Daten in Bezug auf qualitative Aspekte der körperlichen Begegnung und auf Konflikte nicht besonders gut sind.[1]
- Auch Geburten beeinflussen das körperliche Liebesleben. Nach dem ersten Kind geht, wie von Sydow in einer anderen Untersuchung feststellte, bei den meisten Paaren die Sexualität zurück, pendelt sich aber mit der Zeit wieder auf den alten Stand ein. Bei einem Drittel der Paare jedoch hört sie ganz oder fast ganz auf.[2]
- Noch weitere Faktoren erschweren den Glauben an eine lebenslang lebendige Sexualität. 3% der Frauen sagten, sie seien von ihrem Mann vergewaltigt worden, 10 % nannten weitere Formen von sexueller Gewalt, und 45% erzählten, dass ihr Partner sie sexuell unter Druck gesetzt habe.
- Die Zahlen differieren zwischen verschiedenen Untersuchungen: Aber im Schnitt scheinen während des Geschlechtsverkehrs nur 26–29% der Frauen zum Orgasmus zu kommen, während es bei den Männern 68–75% sind. Frauen lieben jedoch das Vorspiel mehr als den Orgasmus. Frauen brauchen länger, bis sie zum Höhepunkt gelangen, nämlich 5–10 Minuten, Männer sind in 2–4 Minuten so weit. Interessant ist jedoch, dass beim Masturbieren Frauen und Männer gleich schnell sind. Die Unterschiede entstehen vor allem im Kontakt. Sie müssen also auch im Kontakt so weit aufgehoben werden, dass sie die Liebe nicht verhindern.[3]

Nur – an solchen Gesprächen hapert es. Paare kommunizieren nicht offen über ihre Sexualität, und zwar unabhängig von Alter und Bildung oder Dauer der Beziehung.[4]

Da von Sydows Auswertungen sich auf Untersuchungen bis 1998 beziehen, haben wir uns nach neueren Forschungen umgesehen. Stellvertretend für viele andere möchten wir hier die Studien an der Göttinger Universität im Rahmen des Online-Projekts Theratalk zitieren, die sich mit verschiedenen Aspekten der Paarbeziehung befassen und große Samples benutzt haben. Da wurden unter anderem 13.483 deutsche Männer und Frauen – von frisch Verliebten bis hin zu solchen, deren goldene Hochzeit schon vorbei war – danach gefragt, wie häufig sie in den letzten vier Wochen intime Kontakte hatten. 17% hatten in diesem Zeitraum gar keinen Sex, 57% maximal einmal pro Woche, und nur 28% lebten mindestens zweimal pro Woche gemeinsame Sexualität.[5]

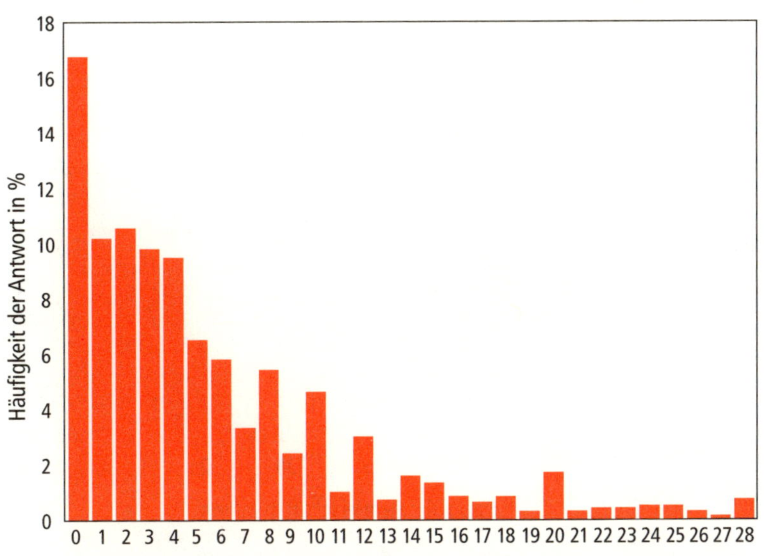

Quelle: www.theratalk.de
Datenbasis: 13.483 Frauen und Männer

In diesen nicht besonders sexfreudigen Daten sind die Aussagen von jungen Menschen enthalten, deren Beziehungen noch nicht alt sind und die eine entsprechend hohe Sexualitätsrate haben. Sie drücken die Zahlen nach oben. Wichtig ist daher noch eine weitere Untersuchung an 8.204 Männern und Frauen, die nach ihrer sexuellen Zufriedenheit gefragt wurden.[6] Hier kann man ablesen, wie sich die körperliche Liebe über die Zeit entwickelt. Und zwar sinkt die Zufriedenheit über 10 Jahre langsam, aber stetig ab, um sich schließlich auf einem Dauerpegel der sexuellen Unzufriedenheit einzupendeln. Ein graues Bild der langjährigen Intimität – ein Dahindümpeln unter der Demarkationslinie der minimalsten Ansprüche.

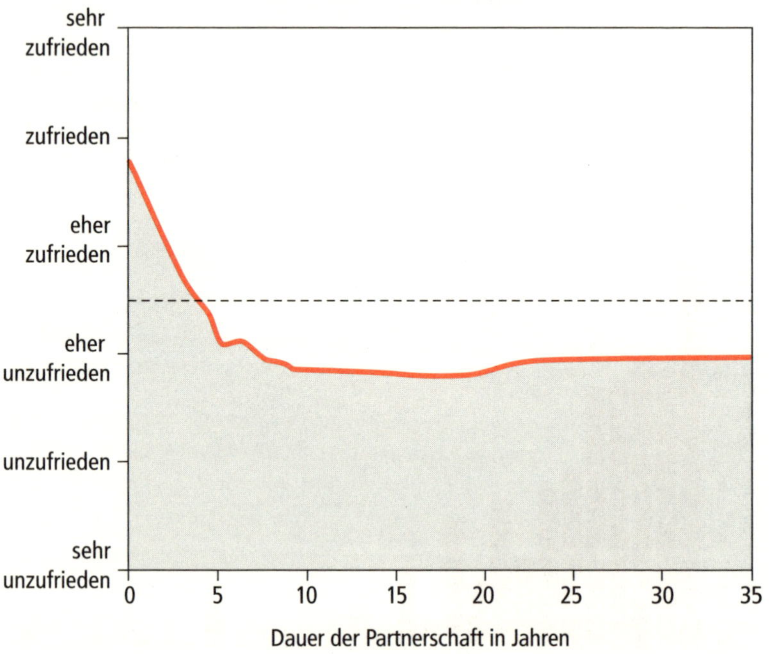

Eine Umfrage des Tagblattes »20 Minuten Schweiz« erhellte zudem, wie selten Sexualität überhaupt in die Jahre kommen darf. Auch wenn diese Umfrage nicht repräsentativ ist, ist sie für uns interessant, weil sie sich mit allen Phasen des Kontaktes und des Kontaktabbruchs beschäftigt.

90% der Umfrageteilnehmer und -teilnehmerinnen konnten sich vorstellen, mit ihrem Partner alt zu werden. Der große Traum ist also da, und man macht sich heute auch schnell auf den Weg dazu. 40% küssen sich am Abend des Kennenlernens, Sex haben am ersten Tag 12% der Männer und 15% der Frauen, nach einer Woche ca. 27,5% beider Geschlechter, nach einem Monat weitere 31%, und nach drei Monaten haben die meisten mit den Freuden der körperlichen Liebe begonnen.[7]

Aber hält der Traum vor?

Bei mehr als einem Drittel der Befragten hatte die vorherige Beziehung nicht einmal ein Jahr gedauert, und 56% der Männer und 64% der Frauen gaben an, dass ihre bisher längste Beziehung nicht länger als drei Jahre Bestand hatte. Weit über die Hälfte der Beziehungen kommen also über das dritte Jahr gar nicht hinaus. Zudem geht offenbar ein Viertel der Paare fremd, je älter, umso häufiger, die meisten ohne schlechtes Gewissen. In diesem Punkt sind Daten aus einer weiteren Theratalk-Studie noch drastischer. Dort waren 40% der Paare untreu.

Sexualität wird also schnell begonnen, aber, wie die anfänglichen Zahlen zeigen, in vielen Fällen auch schnell wieder aufgegeben oder mit Nebenbeziehungen angereichert. Die Besonderheit der Euphorie lässt sich mit neuen Partnern zwar immer wieder finden, im Alltag aber hat sie keinen dauerhaften Platz.

Viele Menschen in langjährigen Beziehungen
- schlafen immer weniger miteinander;
- geben Sexualität ganz auf, vor allem nach Geburten;
- sprechen zu wenig über ihre gemeinsame Sexualität;
- setzen ihre Partnerinnen unter Druck, statt geschickt um sie zu werben (einige wenden sogar Gewalt an);
- gehen fremd, obwohl sie ihre Partner noch lieben;
- richten sich fest in einer Dauerenttäuschung ein.

Es sieht also nicht besonders gut aus für das sexuelle Glück in langjährigen Beziehungen. Nur Astrid Riehl-Emde, die 1995 eine Zufalls-Stichprobe von 204 Paaren zwischen 24 und 74 Jahren mit einer mittleren Ehedauer von 16 Jahren aus dem Schweizer Kanton Zürich untersuchte, fand neben dem üblichen Frust auch noch einen Lichtblick. Auch sie berichtet, dass 52% der Männer und Frauen mit ihrer Sexualität und 50% mit ihrer Zärtlichkeit unzufrieden waren und dass ihre Sexualität in den ersten zwei bis fünf Jahren deutlich zurückging. Andererseits fand sie bei 10% der Paare nach diesem Zeitraum eine andere Tendenz. Diese Menschen steigerten ihr sexuelles Wohlbefinden wieder, und es gelang ihnen, die Liebe zu intensivieren und Leidenschaft immer wieder momentweise herzustellen.[8] Wenn einige das schaffen, müssten es andere auch lernen können.

Dieses Lernen ist das Ziel dieses Kapitels. Gaby, die Sie bereits kennen, wird dazu einiges aus ihrer Erfahrung erzählen. Auch sie hatte anfangs Glück und dann bald den quälenden Verlust der Intensität erfahren müssen, bevor – viel später – eine neue Sexualität möglich wurde.

2. Ein Interview über den quälenden Verlust der Intensität

Interviewerinnen: *Gaby, kannst du uns schildern, wie eure gemeinsame Sexualität begonnen hat?*

Gaby: *Fred war unheimlich verliebt und wollte und konnte praktisch immer. Vielleicht sollte ich sagen, er hätte immer können, denn ich war anfangs gar nicht so sicher, ob ich mich auf ihn einlassen wollte. Ich hatte so eine heftige Körperlichkeit noch nie erlebt, das machte mir Angst. Zudem wusste ich auch nicht, ob ich wirklich verliebt war. Aber ich war so unglaublich scharf auf diesen Mann, dass er nur ins Zimmer kommen musste, und ich fühlte mich, als wäre ich ein Auto, das in Brand gerät. Wumm, und dann eine Feuerlohe.*

Interviewerinnen: *Kannst du das noch genauer schildern?*

Gaby: *Mein Bauch, meine Augen, der ganze Brustkorb und die bekannten Stellen sowieso waren so mit Hitze und Lust aufgeladen, dass ich mir vorkam wie ein randvoller Sack Begehren. Schön bis zur Bedrohlichkeit.*

Interviewerinnen: *Und wie habt ihr es dann umgesetzt?*

Gaby: *Es lief zuerst viel besser, als ich befürchtet hatte. Als ich mich mal für den Mann entschlossen hatte, haben wir glücklich immerzu und überall miteinander geschlafen. Wir waren so mittel erfahren, haben das durch viel Experimentierfreude und Lesen und Ausprobieren ausgeglichen. Die wildesten Stellungen, möglichst langer Geschlechtsverkehr, langes und kurzes Vorspiel, wir haben so ziemlich alles miteinander probiert, was man gegenseitig mit seinen Körpern anstellen kann. Wir studierten damals noch gemütlich und hatten viel Zeit. Es war ein rauschendes Fest.*

Interviewerinnen: *War alles schön?*

Gaby: *Nicht unbedingt. Aber wir haben keine andere Wahrnehmung zugelassen. Ich glaube, es musste auch schön sein.*

Interviewerinnen: *Was zum Beispiel ging schief?*

Gaby: *Lass mich schildern, wann es mir zum ersten Mal klar wurde, dass etwas nicht mehr stimmte. Wir kannten uns mehr als ein Jahr. Eines Nachts hatte ich im Traum unglaublich lustvollen Sex mit einem schönen Fremden. Als ich langsam daraus aufwachte, merkte ich, dass Fred mich sinnlich streichelte – und war enttäuscht, dass es nicht der Fremde war. Mir fiel von da an schmerzhaft deutlich auf, dass ich definitiv weniger scharf auf Fred war. Es war immer noch ganz schön, aber einfach nicht so berauschend. Ich konnte nun schon auf Sex verzichten bzw. ihn verschieben. Wir rannten nicht mehr in den Wald, wenn uns die Lust überfiel und kein Bett in der Nähe war. Der Verlust war noch sanft, aber leider ging diese Abwärtskurve dann weiter. Ich habe es mir lange nicht eingestanden. Es kam nämlich eine Ablenkung in unser Leben in Form von unserem ersten Kind. Da haben wir uns oft mehrfach pro Tag an der Wiege die Augen ausgeguckt und uns tief bewegt an den Händen gehalten. Sex gab's noch, aber neben unserem Mark verblasste er irgendwie – für mich jedenfalls. Diese neue Liebe zu dem kleinen Wesen war einfach eine umwerfende Erfahrung. Und gleichzeitig kam der ganze Alltagskram, das Gerangel darum, wer nun Mark hütet und wer wann wie viel arbeiten geht, und da geriet die ganze Lustfrage erst mal in den Hintergrund.*

Interviewerinnen: *Wie war denn die Sexualität damals?*

Gaby: *Ich weiß es gar nicht so genau. Ich glaube, ich habe am langsamen Verlust der wunderbaren Intensität so gelitten, dass ich versucht habe, alles möglichst zu verdrängen. Es ging sicher einmal weniger lange, es war ganz klar weniger oft und einfach nicht mehr so richtig spannend, denke ich. Äußerlich lief alles funktional ab, es gab Zärtlichkeit, Lust und Orgasmen, aber alles war flacher und halbherziger geworden. Die Erfahrungen von Highlights hatten wir nun eher mit unserem Sohn. Das Staunen hatte den Fokus gewechselt.*

Interviewerinnen: *Kannst du trotzdem mal schätzen, wie oft und wie lange ihr euch dann noch geliebt habt?*

Gaby: *Wie oft? Na höchstens noch am Sonntag, sonst war gar keine Zeit, und auch da gab es immer wieder Ausfälle. Krankheit und Arbeit und so. Und wie lang? Wir haben aufgehört, die Zeiten zu checken, was wir früher oft voller Spaß taten. Wir hatten nämlich gelesen, dass man erst ab 20 Minuten wirklich mit der ganzen Seele dabei wäre und dass jede vorher beendete sexuelle Begegnung gar keine Tiefe hätte. Das hatten wir aus einem indischen Text, und der war vielleicht ein wenig plakativ formuliert, aber uns kam er nach einigen Experimenten eigentlich wahr vor. Liebemachen wurde dadurch tatsächlich irgendwie erfüllter, tiefer und wesentlicher. Aber ob wir nach Marks Geburt die 20 Minuten noch oft überschritten haben, glaube ich nicht.*

Interviewerinnen: *Eine neue international vergleichende Studie spricht davon, dass im Schnitt vom Eindringen ab der Mann in vier Minuten und die Frau in elf Minuten kommt. Wie lagt ihr in Bezug auf diese Zahlen?*

Gaby: *O Gott. Kann das wahr sein? Das wäre uns nun doch wie eine Dauerserie von Quickies vorgekommen.*

Interviewerinnen: *Das war also immer noch gut bei euch?*

Gaby: *Ja, nur das allein macht nicht glücklich. Ich habe immer mehr am Verlust unserer mal so reichen Sexualität gelitten und durfte es mir nicht zugeben. Ich war nicht mehr der Sack, der platzen wollte vor Lust. Ich musste mich anstrengen, dass ich überhaupt in die richtige Stimmung kam. Das kannte ich vorher nicht. Fred war irgendwie unbekümmerter. Ich fand aber, er wäre halt mit recht wenig schon zufrieden, und habe ihn manchmal dafür verachtet. Die Kinder, Mona war mittler-*

weile auch schon da, waren damals meine Top-Priority. Ich glaube, Fred fühlte sich möglicherweise von mir nicht mehr richtig geliebt. Er begann nach anderen Frauen zu schielen; dabei war ich eigentlich das Zentrum seiner Welt.
Wir hatten mittlerweile schon 7 Jahre zusammengelebt. Um uns begann das große Auseinandergehen. Wir blieben, wir liebten beide die Kinder und konnten uns nichts anderes vorstellen. An den damaligen Sex kann ich mich im Gegensatz zu dem aus der ersten Zeit einfach nicht richtig erinnern. Ich weiß allerdings noch sehr gut, dass ich mich nicht mehr schön fand und dass ich meine Sicherheit in der Lust verloren hatte. Ein trauriges, verkümmertes Sexpflänzchen war ich geworden, mein Selbstgefühl lag am Boden. Ich hab dauernd meinen Körper mit allen anderen Frauen verglichen, als könne nur eine Claudia Schiffer ein Recht auf Sex haben. Das ging einige Jahre so. Und Fred habe ich gar nicht verstanden. Wir haben das alles auch nicht angemessen besprochen. Wir, die mal so in Sexgesprächen geschwelgt hatten, verstummten. Das wenige, was wir noch ausgetauscht haben, klang allzu mäkelnd und unzufrieden. Die anfängliche atemlose Begeisterung war definitiv vorbei. Ich hab mich auch sonst nirgendwo darüber zu reden getraut, nicht mal in einer Therapie, die ich damals anfing. Es war, als sei alles mein oder vielleicht noch Freds Versagen. Ich dachte immer, die anderen hätten es besser. Erst später habe ich mich mit Freundinnen darüber ausgetauscht und gemerkt, dass die ganz ähnliche Probleme hatten.
Was aber gut war, wir haben den Sex nie aufgegeben. Wir haben uns tapfer geschlagen in unserem Unglück. Das Schlimme war, dass alle Ratschläge in Büchern und Zeitschriften immer darauf hinzielten, dass wir unsere anfängliche Intensität wiederherstellen sollten, als ginge das. Das mit den Kerzen und Blumen und der leisen Musik hatte überhaupt keinen Effekt: Abgesehen davon, dass einem alles erstirbt, wenn der Kleine alle fünf Minuten quengelnd dazwischenkommt und sagt, dass er nicht schlafen könne, dass er pinkeln müsse, dass er Durst oder Bauchweh habe und ob auch wirklich kein Drache im Schrank sei. Und sogar, wenn du es schaffst, ihn zurück ins Bett zu bugsieren, wo bitteschön soll noch die nötige Stimmung herkommen?

Die Enttäuschung war für Gaby bitter. Wir möchten uns nun ein wenig in der unmittelbar zurückliegenden Kulturgeschichte umschauen, um zu sehen, ob ihre negativen Erfahrungen einen sozialen Hintergrund haben. Welche Art von Sexualität wird heute betont?

Die sexuelle Revolution und ihre Folgen für die langjährige Zweisamkeit

In den letzten 50 Jahren ist in den westlichen Industriegesellschaften einiges passiert in Bezug auf die Art, wie die körperliche Liebe in Beziehungen gelebt wird. Gunter Schmidt fasst Gedanken und vorhandene Untersuchungen darüber zusammen.[9]

Ende der 60er- und Anfang der 70er-Jahre geraten die alten Traditionen mächtig ins Rutschen, auch die Sexualität wird aus den meisten moralischen Vorstellungen entlassen. Verhütung ist kein Problem mehr, was endlich auch den Frauen Freiheit bringt, und eine hedonistische Kultur stellt das Individuum und nicht mehr die sozialen Verbände in den Mittelpunkt. Die Ehe, die bisher allein den Zugang zur körperlichen Begegnung regulierte, verliert ihre Vormachtstellung, und die vormals als anstößig betrachtete außereheliche Sexualität wird nun zur vielfältig lebbaren Lust.

In den frühen 80er-Jahren erfährt dieser Prozess eine weitere Öffnung. Die Frauenbewegung thematisiert sexuelle Gewalt und sexuellen Zwang in allen Schattierungen. Ein neuer Kodex, *die Verhandlungsmoral bzw. die Konsensmoral,* entsteht. Neben der außerehelichen Sexualität werden nun alle körperlichen Handlungen zwischen erwachsenen Personen und gleichaltrigen Jugendlichen, die im gegenseitigen Einverständnis, also ohne Druck und Gewalt passieren, in den individuellen Entscheidungsbereich gestellt. Über Masturbation, für sich selber oder gemeinsam mit dem Partner, über Homosexualität, Oralverkehr oder Sadomasopraktiken entscheiden nun allein die daran Beteiligten. Niemand hat sich von außen einzumischen. Das demokratisiert die Liebe und entlässt sie aus dem – vormals patriarchal organisierten – Herrschaftsbereich.[10]

Die Ehe verliert jedoch nicht nur ihr Monopol als Zugangsinstrument für Geschlechtsverkehr, sondern auch dasjenige, Beziehungen überhaupt zu legitimieren und zu definieren. Paare legen selber fest, was sie füreinander sind und auf welche Art und Weise sie es leben wollen. In der Folge nimmt die Heiratsneigung ab und die Scheidungshäufigkeit zu.

Die Emanzipation der Frau schwächt die Bedeutung der Ehe als Versorgungsgemeinschaft und verändert die traditionelle Arbeitsteilung, bei der es klar war, wer das Geld verdiente und wer für die Kinder und den Haushalt zuständig war. Damit verändert sich erdrutschartig der Sinn der Bindung zwischen Mann und Frau. Es kommt zur so genannten *reinen Beziehung*, zur *Beziehung pur*. Sie besteht nur, weil und solange beide einen emotionalen Gewinn aus dem Miteinander ziehen. Statt von einem engen Sittenkodex oder von wirtschaftlicher Notwendigkeit wird die Lebensgemeinschaft jetzt von psychologischen Regeln bestimmt, deren Grundlage das beiderseitige Wohlbefinden ist.

Der Alltag, die Gefühle und die Sexualität dürfen nun, aber *müssen* auch immer wieder ausgehandelt werden, was große Ansprüche an die Beteiligten stellt. Beziehung pur verlangt, ob es den Paaren bewusst ist oder nicht, einen hohen Grad an emotionaler und sexueller Bewusstheit und die Fähigkeit, sich darüber auszutauschen.

Diese Idee der reinen Beziehung wirkt sich auf die Treue aus. Denn wenn das sexuelle Glück irgendwann einmal nicht mehr gegeben ist, kann man gar nicht mehr richtig untreu sein, sondern man ist, wenn man fremdgeht, eigentlich nur konsequent. Wenn die Emotionen nachlassen, gibt es auf dem Hintergrund der neuen Werte keinen Grund, auszuharren und durchzuhalten. Wofür? Weder werden die Kinder bei einer Trennung verhungern noch droht der Frau eine soziale Ausgrenzung. Man befolgt lediglich die neuen Werte, wenn man die Arena der ermüdeten Begegnung wieder verlässt und sich auf die Suche nach einer neuen Beziehung pur macht.

Der letzte von Schmidt beschriebene Wandel betrifft die Entdramatisierung der Sexualität. Man verhütet vernünftig, treibt weniger ab, steckt sich weniger mit Geschlechtskrankheiten an, überlegt, wie man zu Sexualität kommt und wie man sie gestaltet.

Ein etwas kopflastiges »Designed Desire« ersetzt die Metapher vom Trieb und befreit die Sexualität endgültig von den inneren Reglements, von allen bisherigen, tief verankerten Irrationalitäten: von der Vorstellung der »Sünde«, von der Idee der Triebhaftigkeit – vor allem von jener des Mannes – und zum Teil sogar von der noch allgegenwärtigen Idee der romantischen Liebe. Letztere wird zwar von den meisten Menschen immer noch angestrebt, aber sie muss keineswegs vorhanden sein, damit es zu sexuellen Handlungen kommt. Sexualität verliert zwar ihren Zwangscharakter, aber auch ihre geheimnisvolle Seite und wird manchmal einfach zu einer Art guter Unterhaltung neben vielen anderen.

Ein weiterer Autor ergänzt diese Beobachtungen der modernen Beziehungs- und Sexualitätsgestaltung.[11] So berichtet Volkmar Sigusch von einer wichtigen neuen Tendenz: Bei der Frage, wen sie zum Freund haben, nennen immer mehr Personen Tiere, Autos, Alkohol, Fernsehen und ähnliche menschenferne Kategorien. Dies ist ein Zeichen, dass Beziehungen nicht mehr allein auf Menschen ausgerichtet sind, sondern zunehmend um Tiere und Dinge, aber auch um das eigenen Ich und dessen Befriedigung kreisen. Auch die Sexualität wird dadurch verändert.

Mit der Entwicklung von »Viagra« sind Potenzprobleme geringer geworden, an der Lustpille für die Frau wird heftig geforscht. Damit ist die Möglichkeit, sexuelle Erregung jederzeit selber und beziehungsunabhängig herstellen zu können, Wirklichkeit geworden oder ist auf dem Weg dazu. Zudem ist dank der allgegenwärtigen neuen Medien die Pornografieindustrie auf dem Vormarsch, was die sexuelle Abhängigkeit von einem realen, atmenden Gegenüber weiter senkt. Sie kommt zum Beispiel gratis via Fernsehen ins Haus oder kann unerschöpflich, und nicht selten teuer, aus dem Internet bezogen werden. Schon Kinder können sie in den hässlichsten Formen auf ihr Handy herunterladen. Früh, viel zu früh verlieren sie ihre Naivität.

Früher als pervers angesehene Verhaltensweisen werden enttabuisiert und für alle zugänglich gemacht. Sigusch nennt sie Neosexualitäten. Damit meint er die Normalisierung des Fetischismus, der harten Pornografie, der sadomasochistischen Begegnung, des Partnertausches und des Voyeurismus, z. B. in Swingerclubs, des coolen Dreiers, des Gebrauchs von Sex-Toys etc.

Siguschs These ist, dass sich mit diesen Freiheiten auch Verschiebungen des Sinns von Sexualität ergeben. Schon immer war der »Kick« ein Teil des Geschehens, nun wird er immer häufiger zum vordringlichen Ziel. Masturbation mithilfe des Internets oder via Telefonsex ergänzen oder ersetzen die altmodischen Playboyhefte und werden wegen ihrer Lebensnähe wahrscheinlich weniger als reine Fantasiehilfe zur Selbstbefriedigung erlebt, sondern durchaus als eine Art von Beziehung oder sogar als ein vollgültiger Beziehungsersatz. In langjährigen Partnerschaften kann dadurch das oftmals öde sexuelle Miteinander teilweise oder ganz kompensiert werden.

Die orgastische Verschmelzung, die persönlich gemeinte, heftige und innige Beziehungsbegegnung jenseits der individuellen Grenzen wird wahrscheinlich unwichtiger, und stattdessen tritt das Ziel der narzisstischen Selbsterfindung – bei der das Gegenüber lediglich als Lieferant des eigenen Kicks einbezogen wird – stärker in den Vordergrund.

Wir erinnern an dieser Stelle an das im ersten Kapitel zitierte Rattenexperiment.[12] Das Belohnungssystem wird bei den Neosexualitäten immer mehr suchtartig, also möglichst oft und möglichst dauerhaft angeklickt. Nicht dass Suchtverhalten im sinnlichen Bereich neu wäre, und auch das Ziel der narzisstischen Selbstbestätigung kennen wir im Bereich der Sinnesbegegnung schon lange. Aber man band bisher noch einen lebenden Menschen in diesen Prozess mit ein, indem man hoffte, sein eigenes Selbst dadurch zu bestätigen, dass man seinem Partner oder seiner Partnerin gefiel. Nun erhöht man sein Selbstgefühl immer häufiger durch einsame Stimulation der Erregungszentren im eigenen Gehirn.

Was auch immer es mit Siguschs Thesen, die wir übrigens recht frei zusammengefasst haben, auf sich hat: Klar ist, dass noch nie so viel Sexualität in so vielen Formen und so oft außerhalb von jeder verpflichtenden menschlichen Begegnung üblich war. Alle diese Neosexualitäten können die Beziehung entlasten, sie aber auch unter neuen Stress setzen.

- Die Beziehung pur lässt Sex und Emotionen zu alleinigen und hohen Werten der Beziehung werden;
- Sex wird konsensualer;
- er wird individuell machbarer und enttabuisiert;
- er wird auf diese Weise vielfältig und erreichbar auch außerhalb der Beziehung, ob virtuell oder mit anderen Partnern. Innerhalb der Beziehung verliert er an Bedeutung. Was sich diesbezüglich außerhalb der Beziehung abspielt, wird immer wichtiger.

Was heißt das nun für unsere Paare und ihre sexuelle Liebe?

Sie dürfen endlich so aufregend miteinander umgehen, wie sie nur irgend können. Sie dürfen dabei allerlei spannende Dinge ausprobieren, aber sie müssen auch über das in der Verliebtheit vom Hormonsystem vorgesehene Zeitmaß hinaus weiterhin wild bleiben, damit die Beziehung pur erfüllt wird. Das wird, wie unsere anfängliche Statistik zeigt, nicht von selber passieren. Deshalb versuchen die Menschen, die Beziehung pur mit neuen Partnern oder mit einer Nebenbeziehung zu retten. Sie haben aber auch die Möglichkeit, sich mehr auf virtuellen Sex – via Netz oder via Telefon – einzulassen und die Beziehung pur dann letztlich nur noch mit sich selber zu führen.

Die Nachteile sind, dass die anfängliche Begeisterung des Paares und seine gegenseitige Selbstaufwertung dadurch gemindert werden. Nun erfährt der sich neu oder stärker mit sich selber befassende Partner eine Selbst*auf*wertung und der nunmehr ersetzte oder doch stark ergänzte Partner eine narzisstische Selbst*ab*wertung.

Die konsensuale Sexualität vermindert Gewalt und Unterwerfung in den heutigen Partnerschaften. Sie ist also eine eindeutige Errungenschaft. Leider setzt sie aber Vielfalt und Kenntnisreichtum sexueller Möglichkeiten sowie einen freien, liebevollen und offenen Austausch über Sexualität voraus, alles Dinge, die sehr oft nicht gegeben sind. Nicht selten landen die beiden Partner dann bei einem chronischen Nein zu ihren eher freudlosen sexuellen Gepflogenheiten. Es entsteht zwar keine Gewalt, aber leider auch nichts Erfreuliches. Die Enttabuisierung von Sexualität ist wunderbar. Befreiung vom Zwang sollte aber nicht automatisch zur Sinnentleerung oder gar Banalisierung führen.

Auch der erlaubte Kick und der Ichbezug im sexuellen Geschehen können Schleusen öffnen oder aber Möglichkeiten verbauen. Sexualität ist schon immer dazu benutzt worden, das eigene Selbst zu bestätigen. Aber wenn der Genuss keine Hingabe an ein Gegenüber mehr einschließt, wird das Glück flacher bleiben.

Wenn man das Ganze etwas simpler zusammenfasst, kann man sagen, dass die neuen sexuellen Gewohnheiten langjährige Beziehungen nicht unbedingt unterstützen. Zwar ist es eine Erleichterung, dass schlechte Sexualität nicht mehr auf ewig in einem engen ehelichen Zwangshafen ertragen werden muss und dass die Welt heute für wunderbar wilde Begegnungen in Freiheit und Würde offen steht. Aber die Wanderer auf dem Intensitätspfad gehen nun sehr häufig von Mensch zu Mensch, obwohl die meisten sich dabei auf der Suche nach der perfekten lebenslangen »Beziehung pur« wähnen.

Beziehungswechsel und das Ausweichen in Außenbeziehungen oder in den Kick der Neosexualitäten stärken die genussvolle Ichzentriertheit, erzeugen aber neue Verletzungen. Ob man einander real oder virtuell ergänzt bzw. verlässt, immer gibt es neben dem Selbstgewinn auch einen Selbstverlust, und zwar nicht nur bei der verlassenen und verletzten Person. Niemand verlässt nämlich nur schlechte Sexualität, sondern immer verlässt man auch einen ganzen Menschen. Und dieser ganze Mensch fühlt sich gewöhnlich sehr entwertet, wenn er ausgedient hat oder sexuell unwichtiger wird.

Aber auch derjenige, der zu neuen Ufern aufbricht, hat Bindungen erlebt, sehnsuchtsvolle Fühler ausgestreckt, Hoffnungen auf Liebe und Geliebtwerden gehabt. Auch er fühlt sich nicht mehr ersehnt durch das Gegenüber, auch sein Selbst fühlte sich gemindert, bevor es sich wieder aufgerichtet hat und weitergezogen ist. Nicht selten bleibt davon ein – geheimer – Schaden zurück, und man kann sich nicht mehr gleich tief auf einen anderen Menschen einlassen.

Gibt es nun eine dritte Lösung, bei der Menschen in Beziehungen bleiben können, weil Intensität immer wieder gefunden wird und die ganze Person wirklich einzigartig und wichtig bleibt? Lebenslang? Und wie könnte sie aussehen?

Wie Liebe und Lust in einer langen Beziehung ganz neu erfunden werden können

Wir haben ja gesehen, dass 90% der Menschen eine glückliche und lebenslange Partnerschaft anstreben, aber irgendetwas kommt ihnen bei der Verwirklichung in die Quere. Vielleicht bekommen der Alltag, die Gewohnheit oder die flüchtig werdenden Blicke zu viel Platz. Vielleicht meinen Paare einfach, es müsse alles von selber laufen, weil es unter dem Hormonwasserfall so leicht ging. Vielleicht auch brauchen sie so viel Sicherheit, dass sie sich miteinander wie Familienmitglieder zu fühlen beginnen. Jedenfalls erzählen uns Ehepaare oft von diesen unangenehmen Zuständen, wenn es um sexuelle Begegnungen geht. Es ist wirklich manchmal so, als existiere zwischen ihnen eine Art »Inzestschranke«.

Sicherheit ist einfach nicht erotisch, Lebendigkeit schon. Wir wissen, dass beides geht, aber dass Paare Zeit und einen großen Willen brauchen, um sich in diesen widersprüchlichen Empfindungen und Selbstzuständen zurechtzufinden.

Wir beginnen mit einem Beispiel, denn nichts inspiriert mehr, als wenn man sehen kann, dass andere es wirklich geschafft haben und nicht nur so tun, als wäre ihre matte Sexualität wunderbar.

1. Ein Beispiel glücklicher Sexualität nach langen Jahren

Wir möchten Ihnen zunächst wieder von Gaby berichten, die mit Fred, was die körperliche Liebe betrifft, einiges verändert hat. Unserem Interview mit ihr können Sie entnehmen, was Menschen trotz eines reichlich belasteten Alltags alles neu aufbauen können.

Interviewerinnen: *Gaby, du hast uns erzählt, dass während eurer Ehekrise nach dem zweiten Kind ein wildes Experimentieren mit Außenbeziehungen und entsprechend großem Leiden begann. Damals war die Lust zwischen euch beiden zum Problem geworden, und du denkst, dass das der Grund fürs Fremdgehen war. Du möchtest auf diese Zeit nicht eingehen, sondern uns lieber von eurer heutigen Sexualität – nach 20 Jahren Ehe – berichten. Kannst du zuerst mal einfach sagen, wie du sie empfindest?*

Gaby: *Sie umfasst ein sehr großes Spektrum von immer noch gewohnheitsmäßigem oder gar banalem Miteinander bis hin zu Zeiten, wo sie sich für mich ganz tief anfühlt. Ich bin immer wieder unglaublich bewegt davon und staune, was heute mit meinem Liebsten alles möglich ist. Auch Fred schwärmt oft. Ich weiß noch genau, wie die unglaublich schönen Worte, die er brauchte, mich trafen, denn es zeigte mir, dass er diese verrückt schönen Gefühle auch kennt.*

Interviewerinnen: *Wow, aber ist das nicht ein bisschen übertrieben?*

Gaby: *Es kann sein, dass ich den Ton nicht richtig treffe. Es fällt mir nämlich schwer, darüber öffentlich zu reden. Aber für mein Gefühl ist es eher noch untertrieben. Ich bin oft sehr beglückt und dankbar.*

Interviewerinnen: *Kannst du uns sagen, wie diese neue Sexualität aussieht, wenn man sie mit derjenigen in der Zeit eurer Verliebtheit vergleicht?*

Gaby: *Der Anfang unserer jetzigen Erotik ist fast immer anders als damals. Wir fallen zum Beispiel nicht mehr bei allen Gelegenheiten übereinander her, sondern müssen uns bewusst aufeinander einstellen. Aber wenn es uns gelingt, unseren inneren Raum von Gewohnheiten und Alltag zu verlassen und dahin zu gelangen, was ich den Herzraum nenne, dann haben wir wunderbar heißen oder unglaublich sanften, innig berührenden Sex.*

Interviewerinnen: *Also nach langsamem Beginn Lust oder Zärtlichkeit wie in der Anfangszeit?*

Gaby: *Eigentlich ist es nicht gleich. Ich umarme ja Fred, der mir schon einiges Leid zugefügt hat. Ich blende das nicht aus und glaube nicht mehr, es mit einem »Märchenprinzen mit weißem Pferd« und all dem, was damit zusammenhängt, zu tun zu haben. Nein, es ist Fred, mein schwieriger, tapferer und erstaunlicher Mann, den meine Hände fühlen wollen, weil oder obwohl sie wissen, wer er wirklich ist, mit allem Licht und allen Schatten. Und ich erlebe es auch selber, wie sehr sich mein Körper und meine Seele ganz von Freds Händen gemeint fühlen, wenn sie mich berühren. Das ist völlig anders als in der ersten Verliebtheit. Ich spüre nicht nur Wildheit, sondern auch diese Stille, wie sie in dem Rilkegedicht von den fallenden Blättern ausgedrückt wird. Da heißt es am Schluss:*

Wir alle fallen. Diese Hand da fällt.
und sieh dir andre an, es ist in allen:
Und doch ist einer, welcher dieses Fallen
unendlich sanft in seinen Händen hält.

So fühle ich mich von Freds Händen gehalten. Und alles in mir sehnt sich danach, ihn genauso zu halten, ihm zu zeigen, wie wichtig er mir ist. Ein Drang der Liebe, bei dem die Liebe und nicht die Lust führt.

Interviewerinnen: *Du hast etwas gesagt von einem Herzraum. Redest du dabei von Zärtlichkeit?*

Gaby: *Schon. Aber ich meine wohl noch mehr. Manchmal ergreift mein Herz ein total umwerfendes Gefühl. Es ist meine Liebe zu Fred, aber gleichzeitig fühlt es sich so an, als sei ich mit einer Quelle verbunden, aus der etwas Mächtiges durch mich fließt, wie wenn mich eine kosmische Energie oder Wesenheit liebt. Ich denke dabei fast an etwas Göttliches. Diese Liebe kommt auf eine Art von außen zu mir, aber während sie durch mich strömt, bin ich gleichzeitig auch in diesem Strom und werde eins mit ihm. Es ist überwältigend schön, so voller Freude zu sein und das weiterverschenken zu wollen. Es will durch mich zu Fred. Ich fühle mich verwandelt, möchte nicht mehr gefallen, will einfach sein und mich ganz hingeben und Fred zeigen, wie sehr ich ihn liebhaben möchte. Es verwandelt meine begrenzte Person in einen Strom der Wohl-Lust, was sich anders anfühlt als alles, was ich bisher kannte. Das Verrückte ist, es fühlt sich unerschöpflich an. Meine Seele wird weit. Bin ich sehr unverständlich?*

Interviewerinnen: *Nein.*

Gaby: *Mein Körper ist in diesen Momenten von »Herzenslust« erfüllt, die sinnlich wild sein kann oder wie eine zarte Melodie, aber immer ist diese spezielle Qualität vorhanden, die mich ganz und gar ergreift und oft genug erschüttert, sogar dann, wenn sie nur ganz leise oder wie nebenbei auftritt.*

Interviewerinnen: *Gib uns doch ein Beispiel, wie es zum Beispiel wild ist und doch anders als früher.*

Gaby: *Also etwas vom Schönsten, was ich je erlebt habe, ist das erste Mal, wo ich in der Tiefe meiner Vagina nicht nur Lust, sondern Liebe empfand. Ich war sehr erregt und zugleich war meine Herzensliebe nicht allein im Brustkorb zu fühlen wie sonst, sondern auch im Becken und eben wie eine pulsierende Perle im Grund des Begegnungskanals. Es war, als würden diese verborgenen Zellen Liebe empfinden, als seien sie bewusste Teilwesenheiten. Es war so unglaublich schön, ich kann gar nicht sagen, wie sehr.*

Fred kennt solche Gefühle mittlerweile auch, dann »reden« unsere beiden Liebesorgane ganz alleine miteinander. Wir tauschen uns immer wieder voller Begeisterung darüber – und über viele andere kleine und große Wunder – aus. Das alles bringt uns in neue Dimensionen, die keiner von uns bisher kennen gelernt hat – übrigens auch nicht in Außenbeziehungen.

Interviewerinnen: *Du hast uns gesagt, dass ihr auch geistige Dimensionen erlebt?*

Gaby: *Wir haben manchmal beide das Gefühl – vor allem, wenn wir sehr lange und leise miteinander, ineinander liegen und atmen – dass wir mit dem anderen Mutter Erde im Arm halten. Der Raum weitet sich in und um uns herum. Fred wird dann so schön, ich sehe seine geschlossenen Lider mit den dunklen Wimpern unter mir und fühle seine Hände auf meinem Körper, so gefüllt mit Liebe und Bewusstheit, und die Stille ist überall. Wir sind dann innig verbunden und nehmen jeden Moment intensiv wahr.*

Ein anderes Mal hatte ich ein Castaneda-artiges Erlebnis. Pure Magie. Ich war nur noch eine Ansammlung von Molekülen, die zwischen Freds Moleküle sanken in einer Art Verschmelzung, als wirbelten beider Moleküle wie Schneeflocken ineinander. LSD könnte es nicht krasser bringen.

Bei alldem ist keine Angst im Spiel, was ja bei dem geschilderten extremen Auflösungszustand normal wäre. Ich fühle mich von Fred gehalten und immer zutiefst gemeint.

Interviewerinnen: *»Zutiefst gemeint« gibt dir Sicherheit?*

Gaby: *Ja das ist, was es von allen anderen intensiven Begegnungen unterscheidet. Wir kennen uns so, wie ich keinen Liebhaber zuvor kannte und Fred keine Frau, mit allen schwierigen und sogar scheußlichen Seiten. Wir nehmen das ganze Paket an. Fred liebe ich auch im Alltag, nicht nur in den entgrenzten Momenten starker Sexualität. Ich kann ihn lieben, wenn er versagt, wenn er stottert, weil er die Worte nicht findet, wenn er müde von der Arbeit heimkommt, wenn er mich gerade vorher sehr verletzt hat, einfach fast immer. Ich muss nur einen Moment innehalten und den Herzensraum finden, und dann ist es da. Ich erkenne ihn, wie es so schön in der Bibel heißt. Ich sehe die guten und schlechten Seiten an ihm und »Mehr«. Dieses »mehr« ist es, was mich so sehr berühren kann.*

Interviewerinnen: *Was meinst du damit?*

Gaby: *Es ist, als würde ich immer neue, unbekannte Räume in einer anderen Dimension betreten. Das Lieben fühlt sich reich und voll an, und Fred löst das aus, als sei meine Liebe zu ihm ein Tor. Ich verstehe, ich ahne, dass Fred viel mehr ist, als ich vordergründig meine. Und diese Ahnung kommt manchmal ins Gefühl und bewegt mich oder haut mich schlicht um. Ich kann es nicht besser ausdrücken. Gerade beim Liebemachen sind solche Erlebnisse häufig, darum gehe ich seitdem auch so gerne mit ihm ins Bett.*

Interviewerinnen: *Das klingt sehr schön. Aber kann das denn bleiben, oder gibt es wieder eine neue Gewohnheit und die Intensität nimmt wieder ab?*

Gaby: *Wenn wir den Herzraum schaffen, was nicht jedes Mal gelingt, dann haben wir, wie gesagt, den Eindruck, wir seien an eine unerschöpfliche Quelle angeschlossen, der Gewohnheit fremd ist. Darum gibt es wieder starkes Begehren zwischen uns, auch ohne Klimbim und Drumherum. Trotzdem steht das Begehren weniger an erster Stelle, denn es ist das Herz, das uns so nachhaltig verzaubert hat. Wir sind in diesen Zuständen sehr mit unserem Inneren verbunden und in der Körperwahrnehmung verankert, und jeder Moment ist einmalig.*

Ich glaube, wenn wir zwischendurch nur eine flachere oder auch banalere Sexualität hinkriegen, ist das auch deswegen, weil wir manchmal unserem Kern und dieser ewigen Quelle nicht nahe kommen können. Es braucht nämlich eine Art Sprung in andere Dimensionen, damit sich diese besondere Schönheit entfalten kann. Ich merke sofort, wenn es passiert. Man kann es nicht verwechseln. Zusammen betreten wir einen Ort des Wunders, einen verwunschenen Garten, flüssige, goldene Energie strömt in meine Hände, mein Herz geht auf. Mir fallen nur poetische Worte dafür ein, es kommt mir fast ein wenig heilig vor. Ich atme jedes Mal auf, als käme ich endlich heim. Wir schaffen das mittlerweile ziemlich oft. Aber diese Art von Liebe lässt sich mit keiner Technik erzwingen, es gibt keine Garantie. Anfangs kam sie selten, da war ich oft verzweifelt, wenn ich manchmal monatelang auf den nächsten »Sprung« warten musste. Wenn man es nämlich kennt, weiß man so klar, was man vermisst. Aber mittlerweile geht es leicht und ziemlich oft.

2. Visionäre Blicke auf die körperliche Liebe in langen Beziehungen

Gaby spricht vom Herzraum, wir wollen ihr darin folgen. Auch in unserem Buch geht es vor allem um eine Sexualität, die vom Herzen ausgeht. Wir glauben, dass diese ganz spezielle Art der körperlichen Begegnung dabei hilft, Wildheit und Euphorie auf eine ganz neue Art zu erleben, indem sie Geborgenheit und Intensität verbindet.

Unsere Betonung des Herzens sollte aber nicht mit einer Verachtung für andere Wertsetzungen verwechselt werden. Wir wollen niemanden mit unserem Buch belehren oder gar einengen. Wir gönnen allen Menschen ihre eigene Form, wie sie ihre sexuelle Beziehung miteinander und mit sich selber leben wollen.

Aber – wie gesagt – *wir* haben für unseren Text die von Gaby beschriebene Suche nach der »Sexualität im Herzraum« ausgewählt, weil sie wunderbar, ergreifend und wirklich unerschöpflich ist. Sie ist unserer Meinung nach so umwerfend, weil im Herzraum die Befriedigung nicht nur vom orgastischen Finale, sondern sehr stark auch von der Tiefe und Weite der Begegnung in allen einzelnen Momenten geprägt wird. Schauen Sie sich den folgenden Text an, in dem wir skizzieren, wohin wir uns bewegen möchten.

Wir beginnen mit einem symbolischen Bild vom Liebesbaum, dessen Krone sich genauso wie in der Verliebtheit in wundervoller Euphorie ausbreitet, der aber ohne seine Wurzel, seinen Stamm und seine Umgebung nicht mehr gleich schön blühen könnte (siehe folgende Seite).

Die *Wurzeln* des Baumes, bilden den Liebesgrund, der die Tore zur Liebe öffnet.

Dann gibt es den *Stamm*, durch den die Liebe nach oben fließt, und der sie süß und heftig werden lässt, und eine *Krone*, in deren Blütensegen alles Wachstum seine transformierte Form findet.

Unser Baum symbolisiert *nicht* die Verliebtheit mit ihren mächtigen Idealisierungen, sondern die Liebesvollendung in einer reifen Beziehung, wo zwei Menschen einander so wahrhaftig und real aufnehmen, wie sie nur irgend können.

Wie alle Bäume wächst der Liebesbaum von unten nach oben. Er bildet als Erstes nicht die Krone, sondern solide Wurzeln aus. Paare beginnen ihren sexuellen Liebesweg in der Verliebtheit zwar mit einem *Blick* auf die Vollendung, aber nach dem Absturz aus diesem Himmel war die wunderbare Euphorie erst einmal verloren gegangen. Sie wird nun neu und anders aufgebaut.

Der Liebesbaum

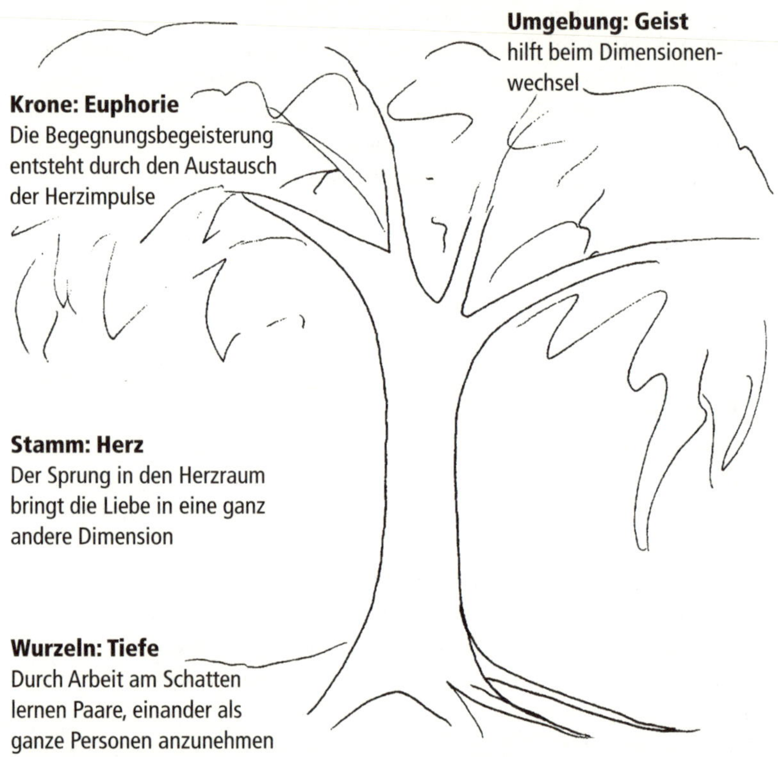
Umgebung: Geist
hilft beim Dimensionen-
wechsel
Krone: Euphorie
Die Begegnungsbegeisterung
entsteht durch den Austausch
der Herzimpulse
Stamm: Herz
Der Sprung in den Herzraum
bringt die Liebe in eine ganz
andere Dimension
Wurzeln: Tiefe
Durch Arbeit am Schatten
lernen Paare, einander als
ganze Personen anzunehmen

Die *visionäre Liebesqualität der Tiefe sorgt* als Erstes dafür, dass in langjährigen Ehebetten nicht nur perfekte, sondern auch verletzte und unsichere Menschen liegen dürfen.

Enttäuschungen, Negativität, Angst und Panik werden immer wieder ans Licht geholt, bis sie angenommen und verstanden sind. Wir haben an anderer Stelle geschildert, wie das vor sich geht: Wie man in der Partnerschaft zuerst auf die negativen Seiten des *Gegenübers* stößt und daran zu leiden beginnt, wie man durch dieses Leiden zum eigenen kindlichen Schmerz vorstößt, der im Unbewussten verborgen liegt, und wie man ihn bearbeitet und dadurch transformiert.[13]

Spätestens, wenn die Sexualität erlahmt, sehnt sich die Seele nach diesem heilenden Geschehen, nach der Arbeit an der Übertragung. Sie setzt die wahren Gefühle der Kinder in uns frei und löst den Erwachsenen aus seinen Fesseln. Diese Arbeit findet zu einem großen Teil außerhalb der sexuellen Begegnung statt, im Gespräch mit den Partnern und Partnerinnen oder in der Psychotherapie. Aber auch, wenn man sich in den Armen hält, ist es gut, nicht wegschauen zu müssen, sondern hinzusehen und den geliebten Menschen mit allen seinen schönen und mühsamen Seiten wirklich ganz und gar anzunehmen.

Vielleicht mögen Sie einen Moment innehalten und sich mit dieser Tiefenqualität in der Sexualität auseinandersetzen?

Lesen Sie den Text am besten wieder laut.

Ich lasse alle Vorstellungen los, wie gut, schön, potent, wild oder zärtlich wir sein müssten, denn sie haben nichts mit unserem Wesen zu tun. Sie dienen lediglich meinem Bedürfnis, mich mit unseren Stärken zu schmücken.

Stattdessen richte ich mich auf mein eigenes tiefes Inneres aus, das dich und mich ganz wahrnehmen möchte.

Ich erlaube mir die Tiefe und alle verborgenen und sichtbaren Eigenschaften und schmiege mich mit dem, was ich bin, an das, was du bist.

Nur mit dieser prinzipiellen Annahme der ganzen Lebenswirklichkeit kann die Liebesenergie weiterfließen und in den *Stamm* gelangen, wo im symbolischen Liebesbaum das Herz wohnt. Herzen sind nämlich der Wahrheit verpflichtet. Sie wollen auch Schmerzen und Schwächen kennen lernen, weil sie wissen, dass die liebsten Menschen das dringend brauchen. Besonders in der Sexualität von langjährigen Beziehungen brauchen wir alle *die visionäre Qualität des Herzens*: Sie ist der einzige Garant für die Unerschöpflichkeit der Intensität. Ein Zen-Sinnspruch beschreibt, womit das zusammenhängt.
»Hin- und herüber,/das Herz, so wie die Weide,/lässt alles geschehen.«[14]

Das Herz als Zentrum der Liebe will niemanden erziehen, es lässt daher wirklich alles geschehen und bewertet nichts. Man darf sein, wer man ist, und muss sich nicht besser darstellen, um zu gefallen.

Das Herz geht hin und her, zwischen allen Ebenen. Es hat Zugang zu allen Gefühlen, zu allen Körperempfindungen – auch zur Sinnlichkeit. Es wechselt die Bezüge so leichtfüßig wie kein anderer Teil unseres Körpers. So hat es einen direkten Zugang zu den spirituellen Welten außerhalb von uns und in uns. Mit dieser Fähigkeit kann es sich an die unerschöpfliche Urquelle anschließen und ist nicht mehr allein auf die Funktion der Nerven angewiesen.

Das Nervenkostüm mit seinem Kulminationspunkt, dem Belohnungssystem, hat nämlich eine unangenehme Tendenz: Beim ersten Stück Schokolade wie bei den ersten Küssen gerät es in Entzücken. Schon das zweite Stück Schokolade und spätestens die Küsse im zweiten Jahr einer Beziehung nimmt es mit einer guten Portion Gewohnheit auf, statt sich daran mit reiner, frischer Lust zu laben. Probieren Sie es mit Schokolade aus und schließen Sie daraus auf das unausweichliche Schicksal der Intensität aller wiederkehrenden Liebkosungen.

Wenn Sie aber das Herz in Ihre körperlichen Begegnungen einbeziehen, muss sich die Intensität nicht mehr erschöpfen. Denn nun können die spirituellen Quellen Ihre Umarmungen mit stetig neuer Energie versorgen.

Das Herz kann sich unermüdliche Freude und Präsenz beschaffen ...

... aus dem Energiefeld,
... aus dem großen Herzen,
... aus der göttlichen Liebe,
... aus der göttlichen Sinnlichkeit,
... aus unserer großzügigen Seele,
... aus dem weisen Selbst,
... aus dem Bereich der Lebenskraft über den Atem,
... aus der Freude,
... aus der Güte,
... aus dem Licht,
... aus der Stille.

Und das Herz kann diese Unermüdlichkeit in die Sexualität hineintragen.

Es ist lediglich wichtig, dass wir uns wirklich mit diesem Organ und seinen wunderbaren Qualitäten beschäftigen. Wir sagen nämlich schnell: »Ich liebe dich«, und meinen nicht: »Mein Herz wendet sich dir zu«, sondern alle möglichen anderen Dinge. Zum Beispiel: »Ich will geliebt werden«, »Sorge für mich«, »Ohne dich kann ich nicht leben«, »Ich bin abhängig von dir«, »Ich fühle mich wichtiger mit dir als ohne dich«, »Du musst machen, was mir gefällt«, »Ich habe Rechte auf dich«, »Ich bin abgesichert mit dir«, »Ich existiere, weil ich es dir recht machen darf«, ... und noch unendlich vieles mehr. Sehr vieles, was wir uns selbst als Liebe verkaufen, hat nur wenig mit einer echten Zuwendung der Herzen zu tun.

Die körperliche Liebe kann ein Weg zu Herzensgesprächen und zur Herzfindung sein. Aber auch das Umgekehrte passiert. Gerade in der körperlichen Liebe beutet man sich aus. Man benutzt sie zum Beispiel nicht, um sich liebend zu umfangen, sondern um sich zu entspannen, um den täglichen Stress über den Orgasmus abzuladen, um sich begehrt zu fühlen, um sein Selbstgefühl aufzubauen, um dominieren zu können, um seine Einsamkeit kurzfristig zu vergessen, um seine Pflicht zu erfüllen und so weiter.

Eine wirklich liebende körperliche Begegnung ist oftmals das Ergebnis vieler Gespräche und jahrelanger harter Arbeit. Aber wenn sie dann auch nur momentweise gelingt, fühlt sie sich an wie ein Geschenk des Himmels. Sie transformiert die Begegnung und lässt die Menschen miteinander in eine reichere Dimension eintreten.

Wir werden uns im zweiten Teil dieses Abschnittes damit beschäftigen, wie Paare lernen können, ihr Herz in die Sexualität hineinzubringen.

Hier ein erstes Beispiel zur Illustration:

Eine Frau lag mit ihrem Mann im Bett. Er wollte ihre sexuelle Begegnung wie immer beginnen. Sie aber blieb nach anfänglicher Kooperation still mit ihm vereinigt liegen.

Konsterniert fragte er: »Warum bewegst du dich nicht?«

»Ich warte auf mein Herz«, antwortete sie.

Er war irritiert, ließ sich aber darauf ein.

Wie jener Indianer, der nach einer Reise mit dem Flugzeug lange dasitzen musste, bis seine Seele ihn wieder eingeholt hatte, lagen die beiden nun oft fast unbeweglich miteinander und warteten. Denn bei der bisherigen Reise dieser beiden Körper in das Reich der Sinne waren sie ihren Seelen auch davongereist.

Eines Tages kam die Seele der Frau an. Wie ein Schmetterlingsflügel streifte sie ihr Herz, und die Frau streckte ihre Arme aus. Und ihr Mann fühlte sich tief berührt.

Ohne die weise Instanz, ohne *die visionäre Qualität des weiten Geistes* wird das alles nicht gelingen. Das Herz ist der Mittler zwischen Körper und Geist, zwischen der Verankerung in Raum und Zeit und der Verankerung in Raum- und Zeitlosigkeit.

Der Geist ist die Ressource, die uns immer wieder Abstand nehmen und nach dem suchen lässt, was uns in dieser hochkomplexen Arbeit leiten kann. Der Geist ist die Urquelle, der Urgrund der Schöpfung, an dem wir teilhaben und dessen Ziel, so glauben wir, die Liebe ist. Dieser Geist hilft uns auch, auszusuchen, welche Kompetenzen wir brauchen, um uns zu lieben, und besonders, um uns sexuell zu lieben.

Wir möchten nun den Fokus auf die praktische Umsetzung all dieser Gedanken richten und zuerst etwas vorschlagen, das die *Wurzeln des Liebesbaumes* kräftigen wird.

3. Praktische Arbeit an der Tiefendimension der Sexualität

Wir haben drei Themen ausgewählt. Die sexuelle Biografie der beiden Menschen, die Geschlechterunterschiede, soweit sie hirnphysiologisch erfassbar sind, und eventuelle Traumata, die sich in die körperliche Begegnung blockierend einmischen können.

Behutsames Kennenlernen der sexuellen Biografie mithilfe der Love-Map

Wenn Liebende sich begegnen, haben sie schon ein langes Leben ohneeinander hinter sich. Ihre sexuelle Biografie ist voller schöner, aber auch voller schwieriger Geschichten. Einige davon haben dazu geführt, dass die Fähigkeiten zur körperlichen Liebe erblühen konnten, andere machen den beiden während ihren Umarmungen auch heute noch das Leben schwer. Es hilft, wenn man sich einiges davon behutsam mitteilt. Wir schlagen Paaren vor, Ereignisse während der Kindheit, der Jugend sowie solche in der gemeinsamen Beziehung zu erforschen und sich detaillierte Geschichten über die Sexualität mit Expartnern zu ersparen. Vergleichen zerstört.

Love-Map der Sexualität:

- Wann hast du das erste Mal Lust verspürt?
- Wann hattest du deinen ersten Orgasmus, und wie war das?
- Wann hast du zu masturbieren begonnen? Wo war das, wie hast du es gemacht? War es sicher, dass niemand hinzukommen würde? Was waren deine Gefühle dabei, fühltest du dich frei? Hattest du Freude, Lust, Angst? Wie hoch konntest du deine Erregung bringen? Hast du deinen Körper dabei gefeiert, oder hast du schnell den Höhepunkt angestrebt? Hattest du einen rein genitalen Orgasmus oder einen Ganzkörperorgasmus oder gar keinen Höhepunkt?
- Gab es in eurer Familie eine gute Atmosphäre der Sinnlichkeit oder eher beschämende bzw. unangenehm lüsterne Bemerkungen, die deine Integrität verletzt haben? Von wem? Wurde Sexualität verschwiegen und wie hast du dich dabei gefühlt?
- Wenn du an deine Eltern und Geschwister denkst, wer von ihnen war der Sexualität deiner Meinung nach zugetan und wer nicht?
- Wie hast du den ersten Kuss erlebt, wie das erste Mal Liebemachen? Wie hat beides deine sexuelle Sicherheit beeinflusst?
- Wie hast du gelernt, dich selber sexuell zu entwickeln? Wenn es mit einem anderen Partner bzw. einer anderen Partnerin war, erzähl mir vor allem von dir, lass den anderen dabei weg, damit ich mich nicht zu vergleichen anfange, statt dich verstehen zu wollen.
- Erzähle genau, was dich beim körperlichen Zusammensein mit mir besonders freut und ob es Momente gibt, wo dich etwas bei dir selber oder bei mir stört. Falls das so ist, berichte mir bitte so beschreibend wie möglich davon, ohne dich oder mich zu entwerten. Wenn ich etwas ändern kann, möchte ich es hören. Denke an den Beginn unserer sexuellen Begegnungen, wer fängt an, wie nähern wir uns an? Wie bauen wir miteinander die Lust auf? Wie empfindest du unseren Kontakt? Wie sorgst du für dich und wie nimmst du auf mich Bezug? Was ist dein inneres Lustmodell? Möchtest du deinen Trieb abreagieren, möchtest du lebendig sein, möchtest du dich mit einer spirituellen Dimension verbinden, möchtest du deine Liebesfähigkeit steigern, möchtest du dich hingeben, auch mir hingeben?
- Fühlst du dich selber, während wir Liebe machen? Oder handelst du einfach?
- Erzähl mir, was du besonders gern hast bei dir, bei mir?
- Rate, was ich besonders gerne habe.

- Träum mir mal deine sexuellen Wünsche vor. Lass erst mal die weg, die du zu beschämend findest, aber sag mir, ob du welche weggelassen hast und warum.
- Waren deine Eltern zärtlich miteinander?
- Hast du von ihrer Sexualität etwas mitbekommen? Wie war das?
- Wie war euer Körperkontakt?

(Falls nur ein Elternteil oder gar keiner da war) Wie war das wohl für deine Sexualität, dass du nicht beide Eltern hattest? Fantasier mal.

Bitte hören Sie vor allem zu. Verkneifen Sie sich negative Kommentare über Berichte, die bei Ihnen Erinnerungen an sexuelle Probleme mit Ihrem Partner bzw. Ihrer Partnerin hochkommen lassen. Die Love-Map braucht viel geistigen Raum und viel Liebe für Schmerzen und Unvollkommenheiten. Während der Erkundung der Love-Map werden keine Problemgespräche über die gemeinsame Sexualität geführt. Hier wird nur verstanden. Falls sich eine ungute Diskussion entwickelt, dürfen Sie ein Stoppzeichen geben.[15]

Problemgespräche sind selbstverständlich auch nötig. Wir werden ganz am Schluss dieses Praxisteils darauf noch kurz eingehen. Die Love-Map jedenfalls darf nicht zum Anlass dazu werden. Sie ist eine klare Ressource.

Bevor Sie Problemgespräche konstruktiv führen können, müssen Sie noch einiges lernen. Viele Kümmernisse entstehen nämlich zwischen Paaren aus Unwissen, zum Beispiel aus der Unkenntnis über ihre geschlechtsspezifisch unterschiedliche Sexualität.

Die Unterschiede zwischen Mann und Frau wissend in die Liebe einbeziehen

Iris und Fabian haben sich bereits in diesen Unterschieden verfangen. Ihre Sexualität leidet darunter. Aber wie viele andere Menschen deuten sie diese Schwierigkeiten eher persönlich. Hören wir einmal Iris zu, die darüber in ihrem Tagebuch schreibt:

Ich habe mal wieder mit Eva, meiner bodenständigen Berliner Freundin, telefoniert, und ich konnte es mir nicht verkneifen, ein bisschen darüber zu klagen, wie alltäglich die Beziehung zu Fabian geworden ist. Die ernüchternden Kleinigkeiten, das viele Fernsehen, Sex nur am Wochenende ... Und wenn es dann endlich doch noch passiert, lässt er sich gar nicht richtig auf mich ein. Er könnte genauso gut mit irgendeiner anderen im Bett liegen. Er kommt zu schnell zur Sache, küsst mich, wenn ich noch gar nicht so weit bin, stößt zu früh zu heftig. Irgendwie überfordert's mich dann. Alles zieht sich unwillkürlich zusammen. Ich kann gar keine Gefühle mehr aufbauen, und manchmal wehre ich mich innerlich gegen seine Lust, statt mich darüber zu freuen. Früher hat er mich so richtig begeistert von oben bis unten gestreichelt, er hat sich viertelstundenlang mit meinen Zehen aufgehalten, hat mir wunderbaren, zärtlichen Unsinn ins Ohr geflüstert, bis ich vor Wonne geschnurrt habe. Aber heute denke ich manchmal ganz despektierlich: »Hauptsache, der Herr hat seinen Orgasmus.«

Eva lachte und sagte: »Mensch, das liegt doch an dir, etwas zu ändern! Feldwechsel, zwei Tage auswärts in einem feinen Hotel, Zeit für euch ohne Pflichten, ein hübsches Negligé ... Und wenn es anders zugehen soll, mach du doch den Vorschlag, du wollest mal führen, er solle mal genüsslich mitmachen. Dann kannst du seine Zehen feiern und deine feiern lassen ...«

Da habe ich erst mal geschluckt. Ich hatte ihm tatsächlich über die Jahre wie ein braves Weibchen immer mehr die Initiative überlassen und mich dann geärgert, wenn er sie nicht oder falsch übernahm. Also habe ich, Eva sei Dank, einen Anlauf genommen und Fabian vorgeschlagen, zu seinem Geburtstag wegzufahren. Ich würde alles organisieren; es sollte für ihn eine Überraschung sein. Das Datum stimmte zwar nicht genau, aber ich legte es in die Mitte meines Monatszyklus, wo ich besonders empfänglich für Sex bin. Als Geschenk kaufte ich ihm einen Pyjama in edlem Grau mit Satinstreifen; für mich besorgte ich einen Hauch von rosa Hängerchen in Seide, durchsichtig und vielversprechend.

Leider kamen wir erst am Samstagmittag weg; Fabian hatte noch Aufsätze zu korrigieren. Es wäre ihm nicht wohl, wenn er wüsste, dass noch Arbeit auf ihn wartete am Sonntagabend. Ich ließ mir die Vorfreude nicht nehmen und geduldete mich. Die Fahrt war wunderschön, dass Wetter spielte mit, aber zu Gesprächen über unsere Beziehung kam es nicht, weil Fabian die neuesten Modelle seines Traumautos kommentierte, denen wir begegneten.

Es reichte noch zu einem Spaziergang vor dem Abendessen. Fabian erzählte von einem Konflikt mit einem Kollegen, der ihn beschäftigte. Er merkte gar nicht, dass ich zärtlich nach seiner Hand fasste.

Das Essen war köstlich. Fabian genoss es sichtlich. Wir wurden richtig warm miteinander und blickten uns immer öfter in die Augen. »Komm, wir gehen unter die Decke«, diesen Spruch kannte ich. Er hatte öfters unsere Liebesspiele eingeleitet. Fabian gab mir schon auf der Treppe einen Kuss. Er roch aber so abscheulich nach Wein aus dem Mund, dass es mir den Atem verschlug. Ich ging ins Bad, duschte sorgfältig und spülte meinen Mund gründlich aus. Langsam wurde ich wieder offen für unser Abenteuer.

Ich wollte Fabian noch erzählen, wie sehr es mich gefreut hatte, dass er sofort auf meine Idee eingegangen war, das Wochenende auswärts zu verbringen. Und einen Strauß Rosen hatte ich vorbereitet. Den wollte ich ihm sanft unter die Nase halten. »Augen zu«, würde ich flüstern und ihn mit Düften einhüllen.

Ich brauchte nicht zu flüstern. Fabian pennte bereits.

P.S. Wir haben uns doch noch gefunden, aber erst in der Morgendämmerung, nachdem Fabian mich in den Arm genommen hatte und ich mich an ihn kuscheln und ihm sagen konnte, wie sehr es mich gekränkt hatte, dass er einfach einschlief, während ich mich für ihn schön machte. »Und ich habe geglaubt, du willst gar nicht richtig und zögerst absichtlich alles hinaus, während ich nicht wusste, wie ich meinen Hengst bändigen sollte!«, lachte Fabian. Dann war alles gut und fast so leidenschaftlich wie früher.

Die kleine Geschichte enthält »Zehenfetischismus«, Rosen, Negligés, ganz viel romantische Vorstellungen auf Iris' Seite und eher »Sexualität pur« auf der Seite ihres Geliebten.

Aus der Neurobiologie wissen wir heute, dass wirkliche Unterschiede bestehen. Wenn man nicht geschickt mit ihnen umgeht, werden sie mit Sicherheit die Sexualität negativ beeinflussen. Beim

Mann laufen Erregung und Orgasmus einfacher ab als bei der Frau. Damit er seinen sexuellen Höhepunkt erleben kann, muss lediglich genug Blut in den entscheidenden Körperteil fließen.

Bei der Frau hingegen müssen die Signalsubstanzen des Nervensystems richtig koordiniert werden, und vor allem sollte sie dem Mann, mit dem sie zusammen ist, vertrauen. Zwar ist auch bei ihr das Lustorgan für die Reizung der sexuellen Erregungszentren im Hirn verantwortlich. Und dies ist nicht nur der sichtbare, kleine Knopf, den man bisher Klitoris nannte, sondern die gesamte Klitoris, ein dicht mit Nerven ausgestatteter Gewebering, der die Scheidenöffnung, die Harnröhre und das äußere Drittel der Vagina umschließt. Dieses mächtige Organ hat nun aber einige Gegenspieler. Wenn eine Frau Erregung aufbauen will, schafft sie das nur, wenn es ihr gelingt, andere Schaltkreise herunterzuschalten, vor allem diejenigen, die mit der Amygdala zusammenhängen, dem Areal für Sorgen, Ängste, Schuldgefühle und Stress. Erst wenn die damit verbundenen Gebiete in ihrem Kopf nicht mehr pulsieren, hat sie genügend Ruhe für die körperliche Liebe. Ruhe jedoch ist ein Paradox zur Erregung. Das Gleichgewicht zu halten ist daher eine große Kunst.

Dazu kommt noch die weitere Erschwernis, dass Frauen gezwungen sind, Lebensereignisse dramatischer zu gewichten. Viermal häufiger geraten sie in ängstliche Zustände als Männer, viermal häufiger wird ihre Amygdala aktiviert. Auch bevor etwas passiert ist, müssen sie schon auf mögliche Schwierigkeiten gefasst sein. Denn in den Urzeiten, in denen unser Gehirn sich entwickelte, mussten die körperlich schwächeren Frauen rechtzeitig erkennen, ob sich Feinde oder wilde Tiere näherten, um sich und ihre Kinder gegebenenfalls in Sicherheit zu bringen. Dummerweise erreicht deshalb auch heute noch die weibliche Hälfte der Menschheit jene Gehirnareale, in denen Sicherheit gefunden wird, nämlich genau die Lust- und Belohnungsschaltkreise, die auch für ihre Sexualität zentral sind, schwerer als ihre Partner. Ihre Amygdala springt einfach sehr schnell an und löst einen Alarm aus.

Aus diesem Grund können Frauen sehr leicht aus der Erregung herausgerissen werden. Ein wenig schlechter Mundgeruch, zu nasse Küsse oder der Druck, für ihren Liebsten einen Orgasmus produzieren zu *müssen*, genügen schon. Heftigere Einflüsse, wie Erinnerungen an sexuellen Missbrauch oder Sorgen um ein schwerkrankes Kind, sind manchmal kaum zu überwinden. Aber auch ein Streit, der bereits Stunden her ist und den Liebeshimmel getrübt hat, kann dafür sorgen, dass die sexuellen Freuden ausbleiben.

Der Mann hingegen kann sich meist, egal, was vorher war, innerhalb von wenigen Minuten von allem abkoppeln, denn er braucht nur das zitierte Blut in seinem Glied.

Aber wenn der Mann auch einfacher funktioniert, so hat er es doch nicht nur leicht mit seiner Sexualität. So schreibt Louann Brizendine: »Männer haben buchstäblich mehr Sex im Kopf als Frauen. Wenn sie nicht häufig einen Samenerguss haben, spüren sie einen Druck in Keimdrüsen und Prostata. Bei Männern sind der Sexualität doppelt so viel Gehirnvolumen und Datenverarbeitungskapazität gewidmet wie bei Frauen. Während Frauen eine achtspurige Autobahn zur Verarbeitung von Gefühlen besitzen, wo bei Männern nur eine kleine Landstraße vorhanden ist, besitzen die Männer einen riesigen Flughafen als Drehscheibe für Gedanken über Sex, während Frauen zu dem gleichen Zweck nur über eine kleine Landepiste für Privatflugzeuge verfügen. Das ist vermutlich der Grund dafür, dass 85% aller zwanzig- bis dreißigjährigen Männer viele Male am Tag an Sex denken, Frauen dagegen nur einmal – oder an fruchtbaren Tagen drei- bis viermal am Tag.«[16]

Dazu überschwemmt ihn beim Anblick einer schönen Frau jedes Mal, egal, was immer er will, sein Lusthormon Testosteron.[17] Seine Sexualität kann ihn also ganz schön versklaven.

Wenn die beiden Liebenden nur von ihrer je eigenen geschlechtsspezifischen Perspektive ausgehen, *muss* also das übliche passieren: Sie fährt auf ihrer achtspurigen Autobahn und will ihre Gefühle austauschen. Als Alternative dazu mag sie auch viel kuscheln, denn beides hilft, die stets überaktive Amygdala herunterzuschalten. Aber sogar, wenn es ihr gelungen ist, diese zu besänftigen, kommt sie nicht ganz einfach in die richtige Stimmung, weil Ruhe nun einmal nicht die Starttaste für Lust ist.

Er hingegen weiß ihr zuerst einmal auf der Gefühlsebene einfach nicht genug zu bieten, seine kleine Landstraße ist zu eng. Kein Wunder, dass er lieber seinen Flugplatz benutzen und auf die Befriedigung seiner sexuellen Bedürfnisse zusteuern möchte. Bekommt er dies, kann er sich entspannter auch der Zärtlichkeit zuwenden. Und vielleicht würde er nach einem kurzen Schläfchen auch gerne ganz gelöst mit ihr Gefühle austauschen. Aber dafür hat sie wiederum nicht die Geduld. Sie möchte ja zuerst reden … Womit wir wieder beim Anfang wären.

Wer soll nun damit beginnen, sich auf den anderen einzustellen? Der ungeduldige Mann, der mit durchpulstem Penis auf Befriedigung hofft, oder die genervte Frau, die mit überfrachteter Amygdala auf Stresserlösung wartet?

Am besten gehen beide aufeinander ein: Wenn er weiß, dass ihr großes Redebedürfnis und die Hoffnung auf reichlich Körperkontakt ohne Sexualität viel bedeutet, dass sie Liebe braucht und geben will und zudem auch noch den Boden für gemeinsame Liebesfreuden vorbereitet, kann er ihr vielleicht auch mehr vom Gewünschten geben.

Wenn sie weiß, dass sein schnelles Bedürfnis nach Sexualität nicht heißt, dass er sie übergehen möchte, sondern im Gegenteil, dass er ihr auf die beste Art, die er kennt, zeigen will, wie wichtig sie ihm ist, kann sie sich bemühen, die Umstellung auf ihre Hirnareale der Liebe, so gut es geht, zu beeinflussen, um ihm auch einiges in seiner Lieblingsdimension entgegenzubringen. Sie liebt die Sinnenfreude schließlich ebenfalls, wenn auch in einer anderen Nuance und Rangfolge.

Dann kann sie vielleicht vor den gemeinsamen Abendstunden ein Bad nehmen, ein Gläschen Rotwein kippen oder ein ablenkendes Buch lesen. Sie kann um eine vorherige Einstimmung durch ein entspannendes Gespräch bitten, sie kann lernen, wie man sich selber beruhigt, auch dann, wenn man schon miteinander im Bett liegt. Sie kann, kurz gesagt, ihrer allgewaltigen Amygdala gewisse Grenzen setzen.

Keiner der Partner sollte jedoch die Ausbalancierung der Geschlechter alleine bewerkstelligen müssen. Beide brauchen das Gefühl, dass sie sich gegenseitig begreifen und sich in ihrer Besonderheit ein Stück entgegenkommen. Wenn das gelingt, haben sie beide nicht mehr so weit zum anderen wie vorher.

Bei schweren Traumata braucht das gestresste Alarmareal bei ihr wie bei ihm jedoch mehr als einen sorgfältigen Alltagsumgang. Dann ist zusätzliche therapeutische Hilfe angesagt.[18] Aber manchmal werfen diese verletzten Teilpersönlichkeiten sich trotz aller inneren Arbeit negativ zwischen die Liebenden. Dann ist der Therapeut weit weg und kann nicht helfen. Hilfe zur Selbsthilfe ist in solchen Momenten angesagt.

Das kindliche Trauma aus der Liebe draußen lassen

Wir haben gesagt, dass die Arbeit an der Tiefe, die Arbeit an der Übertragung, vorwiegend außerhalb der sexuellen Begegnung passiert. Das bleibt so, auch wenn wir uns jetzt kurz mit den kindlich traumatisierten Seiten und ihrer Wirkung auf die Sexualität befassen müssen.

Oft kommt nämlich bei der Begegnung von Haut zu Haut bei sehr traumatisierten Menschen Angst, Panik oder Abwehr hoch. Wie das bei Übertragungen so üblich ist, wird die Angst dann aus irgendeiner Handlung des Gegenübers abgeleitet mit der Folge, dass diese Menschen sich von ihrer Partnerin oder ihrem Partner abwenden.

Wissende Liebende kennen die Einmischung der verletzten Kinder und gehen liebevoll, aber klar mit ihnen um.

Wenn Sie also plötzlich extreme Blockaden erleben, die sich störend einmischen, bitten Sie Ihren Partner einen Moment innezuhalten, und forschen kurz in Ihrem Inneren, aus welcher Tiefe diese Reaktion kommen könnte. Sie brauchen Ihre volle Aufmerksamkeit, um in sich hineinzuhorchen und wahrzunehmen, worum es sich wirklich handelt. Das geht nicht nebenbei. Wenn Sie schon viel an sich gearbeitet haben, kennen Sie Ihre Urthemen. Dann können Sie sich fragen:

Ist es der Missbrauch durch den Onkel oder die Mutter?
Ist es die Verlassenheit durch den frühen Tod der Mutter?
Ist es die Panik im Brutkasten?
Ist es der Ekel, den die Mutter allen Berührungen vom Vater gegenüber stets ausgedrückt hat?

Dann wenden Sie sich dem verletzten Kind in sich selber zu und schenken ihm Mitgefühl, ohne ihm allen Platz zu geben. Sie lassen diese alten, kindlichen Gefühle langsam vergehen und machen dann als Erwachsene ernst oder freudig mit der Liebe weiter.

Eigentlich bedeutet es, Ihre Teilpersönlichkeit, die voller stacheliger Abwehr ist, zu verlassen und sich wieder in ein aktuelles, präsentes und erwachsenes Selbst zu begeben. Die Arbeit an einem solchen Selbstteil steht auch im Zentrum, wenn es um den Sprung in den Herzraum geht.

4. Praktische Arbeit am Herzraum

Während wir uns sexuell begegnen, können wir uns auf verschiedene Dimensionen ausrichten, die zum Herzen gehören. So kann es sein, dass wir den Herzraum spüren dürfen, der die Liebe nicht nur vielfältig, sondern auch unerschöpflich macht.

Eine dieser Herzdimensionen ist die Wahrhaftigkeit und Echtheit, die mit der Wahrnehmung der inneren Stimme zu tun hat.
Eine andere ist die innige Bezogenheit auf den anderen, die damit zu tun hat, dass man einander wirklich und zutiefst meint.
Eine dritte ist die Stille oder das Licht. Bei dieser Dimension geht es um den Bezug zur unendlichen göttlichen Quelle.

Wir beginnen mit der Hinwendung zur Herzdimension Wahrhaftigkeit, Echtheit und mit dem Auffinden der inneren Stimme.

Wie finden wir zur Wahrhaftigkeit und zur Echtheit in der Sexualität?

Wir möchten Sie zuerst einladen, mitzuerleben, wie eine Frau immer wieder auf ihre innere Stimme lauscht, während sie den Kontakt zu ihrem Liebsten aufnimmt. Sie findet über diese sorgfältige Wahrnehmung ihrer Impulse zu einer Erregung, die den ganzen Körper und die ganze Seele einbezieht.

Maria ist seit 22 Jahren mit ihrem Partner John zusammen.

Sie liegt an seinen Rücken gelehnt, spürt die Wärme, riecht den ganz eigenen Geruch seiner Haut und fühlt, dass er noch ein wenig feucht ist vom Duschen.

Etwas in ihr will ihm sachte näher kommen und seine Schulter küssen. Sie tut es mit der ganzen Hingabe, die sie für diese Schulter fühlt, und merkt, dass er sich wohlig streckt.

Sofort kommt der Satz: »Fass ihn an.« Ihn, den Penis, was sonst.

»Warte«, flüstert sie zurück, »ich muss erst noch meine Nase in deine Schulter graben.« Die Nase trifft auf federnden Grund. Gewebe gibt nach und doch nicht. »Weißt du, dass ich manchmal am besten merke, dass du ein Mann bist, wenn ich deine Schultern fühle?«

Seine Antwort entgeht ihr, weil er sich halb gedreht hat und sie nun seine Hände freundlich von ihren Brüsten nehmen muss, denn noch will sie langsam vorgehen, ihren eigenen Impulsen folgen. Den schnellen Weg von den Brüsten zur Vagi-

na, den er so liebt, findet sie manchmal gut und manchmal gar nicht.

Ihre Hände tasten über sein Gesicht und streichen dann wieder zärtlich über die Schultern. Wieder merkt sie, wie sie dieser Teil von ihm in ihrer Tiefe berührt. Männlichkeit trifft auf ihre Finger und senkt sich in ihr Herz.

Weil sie sich treu bleibt, baut sich eine ganz eigene Spannung in ihr auf. Es sind Lust, Neugier und der Drang, ihm wohlzutun, seiner Schulter, seiner Halskehle und seiner Seele. Sie folgt allen Eingebungen und begrüßt viele geliebte Stellen. So entspannt sie sich, während gleichzeitig stärkere Impulse hochkommen. Ihre Hände möchten nun näher zu ihm, greifen nach der Hüfte, möchten Haut fassen, Muskeln fassen und noch etwas mehr, finden Letzteres nicht und der Anflug einer Verzweiflung streift sie. Was fehlt? Sie macht eine Pause, lässt die kleine Verzweiflung verebben und lässt ihre Hände erneut den Weg finden.

Sie wollen ihn halten und sanft sein Herz berühren, finden Haare, Muskeln und erneut diese köstliche Mischung zwischen Weichheit und Härte, die sich so speziell männlich anfühlt und ihr Herz weit macht. Gleichzeitig wächst eine erotische Sehnsucht.

Jetzt kann sie zulassen, dass er sich ihr voll zuwendet. Sie möchte den Kopf auf sein Herz legen, während ihre Hände sein Glied liebkosen und Spuren über die Landschaft dieses Körpers ziehen, den sie gut kennt und innig liebt. Ihr Kopf, der noch immer auf seiner Brust liegt, meint eine Antwort zu spüren und drückt sich fester an ihn. Beide atmen schneller, und jetzt streckt sie ihre Brüste mit Verlangen seinen Händen entgegen.

Der Drang, ihn zu berühren, kommt nun mehr aus ihrer Mitte, aus der Tiefe und wandert einfach in die Hände, zum Mund und zu allem, was sich sonst noch nach ihm zu sehnen beginnt. Es fühlt sich reich an. Marias Hände sind energetisch sehr geladen, sie legen sich, davon schwer geworden, auf Johns Bauch, umkreisen seine Hüftknochen, jede Berührung ein Moment des Staunens.

Maria geht ihrer eigenen Wahrheit nach. Sie tut das mit großer Sicherheit, die aus langjähriger Übung im Wahrnehmen ihrer inneren Wirklichkeit resultiert. So gut kann sie das erst seit ein paar Jahren. Auch jetzt stolpert sie noch manchmal und nimmt es, wenn es passiert, ganz deutlich wahr. Verzweiflung wird von ihr nicht übergangen, sondern sie hört diesem Gefühl zu und lässt sich von ihm führen.

Ihre Verzweiflung kommt aus dem Fehlen des Herzkontaktes, und sie wird still, wenn der Kontakt entsteht.

Nicht immer sind sich John und Maria so innig und so leidenschaftlich begegnet. Lange lief ihre Sexualität eher ein wenig langweilig ab. John war zufrieden, sagte Maria doch selten nein und ließ zu, dass er sich ab und zu seine Befriedigung holte. Sie wollte ihm schließlich gefallen, und begehrt zu werden schmeichelte ihrem Ego. Nur die einstmals sehr starke Lust zwischen ihnen war abgeflacht, und sie merkte, wie sie lieber vor dem Fernseher Sexsoaps betrachtete, statt sich selber mit John im Bett zu wälzen.

Später sagten sich beide mit Kopfschütteln, dass sie sich so lange einander angepasst hatten, bis nur ein schmaler Pfad begrenzter sexueller Möglichkeiten übrig geblieben war.

Das ist bei Paaren das übliche Vorgehen, denn Mann und Frau suchen Sexualität auf so verschiedene Weise, als kämen sie von fremden Sternen.

Peter Gehrig, Sexualtherapeut in Zürich, bringt es in einem Interview auf den Punkt.[19]

Die Erektionsfähigkeit ist eine Säule der männlichen Identität. Solange »er« steht und funktioniert, ist alles gut. Mehr braucht es nicht. Brüste, Po, Geschlecht, dann auch Zärtlichkeit, und schließlich der zielsichere und möglichst schnelle Weg zum Orgasmus. Weil er dabei leider jonglieren muss zwischen der Angst, die Erektion zu verlieren, und der Angst, zu schnell zu kommen, lebt er statt Liebe allzu oft seinen Leistungsdruck aus. Das macht ihn mechanisch und begeistert seine Frau nicht besonders.

Frauen funktionieren genau andersherum. Sie müssen sich um ihre Erregung weniger sorgen, weil sie für den Geschlechtsverkehr schlicht nicht so wichtig ist. Sie wollen umworben und verführt werden, können Sexualität mit Zärtlichkeit und Nähe beginnen und auch durch Nähe Erregung aufbauen. Im Gegensatz zu ihren Männern können sie einen wechselnden Erregungspegel erleben, was ihnen mehr Platz für Gefühle lässt. Frauen genießen Zärtlichkeit so sehr, dass sie im schlimmsten Fall auch mit wenig Lust auskommen können. Männer hingegen vernachlässigen die kleine Landstraße ihrer Gefühle und gehen in der Erregung gerne so schnell wie möglich auf einen möglichst hohen Pegel. Damit stoßen sie oft am Gemüt ihrer Frauen vorbei.

Wenn wir es etwas einfach zusammenfassen, können wir sagen: Er will seine Potenz beweisen und seine Funktionen ablaufen lassen. Das hat mit ihrem Körper zu tun, aber nicht unbedingt mit ihrer ganzen Person.

Und wir können kritisch fragen: Liebt er sie, wenn er sie nicht wahrnimmt?

Über sie können wir sagen: Sie will gefallen, begehrt werden, schön sein und erobert werden. Sie braucht viel Zärtlichkeit und Nähe. Wenn er sie mit seinem sexuellen Drang und der Fixiertheit auf die Geschlechtsmerkmale in die Arme nimmt, will sie lieber zuerst Gespräche oder zärtlich gestreichelt werden: Liebt sie ihn, wenn sie ihn nicht wahrnimmt?

Etwas teilen also beide: Sie nehmen sich nicht besonders gut wahr, sondern versteifen sich auf den eigenen Zugang zur körperlichen Liebe. Auch mischen sie Dinge in ihre Liebe hinein, die dort nicht viel zu suchen haben, wie die Bestätigung seiner Potenz oder ihrer Schönheit, also die gegenseitige Bestätigung des eigenen Wertes.

Liebe beginnt eigentlich erst, wenn eine sorgfältige Innenwahrnehmung gepflegt wird und das Gegenüber in seinen oberflächlichen wie in seinen tiefsten Bedürfnissen verstanden wird.

Liebe ist die Suche nach der Begegnung zweier Menschen in ihrem wahren Selbst, mit allen Facetten und dem ganzen Reichtum, mit allem Gelingen und allem Misslingen, gerade dort, wo sie sich nackt und ungeschützt in den Armen halten.

Es geht also um Echtheit und Integrität.

Um das zu erreichen, wird alles ernst genommen, was sich deutlich meldet, egal, ob es sich dabei um körperliche, geistige oder seelische Impulse handelt oder um sexuelle Fantasien, die man vielleicht ein wenig peinlich findet. Es geht darum, zu tun, was sich wahr anfühlt, und zu lassen, was sich nicht wahr anfühlt. Dabei wird nichts gewertet. Es wird vielmehr danach gesucht, wie man die Echtheit der Gedanken, Gefühle und Körperwahrnehmungen feststellen kann und denjenigen einen Platz einräumen lernt, die unsere Integrität stützen: durch Handlungen, durch Gespräche, durch Töne oder durch innere Bewegungen, wie Gefühle, Gedanken und Bilder. Da wir in der Sexualität nicht alleine sind, geht es auch um das Durchbrechen von Scham- und Angstgrenzen.

Beim Zulassen von Impulsen und Sehnsüchten während der körperlichen Annäherung geraten wir leicht in Bereiche, über die wir uns nicht im Klaren sind und die wir nicht so locker umsetzen können wie es uns spontan erscheint. Auch sind sie von willensmäßigen Kopfgeburten manchmal nur schwer zu unterscheiden. Dann können, wir entweder passen und aufgeben oder die Impulse einfach mal umsetzen und damit eventuell wieder im falschen Selbst landen. Wir könnten aber genau so gut Glück haben und mit solchen ein wenig forcierten Annäherungsversuchen wichtigen Wünschen eine erste zögernde, noch unstimmige Form geben. Dann wären wir im wahren Selbst. Oft ist es schwer für uns, zu merken, in welchem Selbstteil wir uns befinden, dem wahren oder dem falschen, da sich Impulse am Anfang dieser Reise weder schwarz noch weiß anfühlen, sondern von eher unbestimmter Farbe sind.

Da hilft nichts anderes, als unverzagt weiterzuprobieren, denn jede Ausdehnung unserer Körper in eine Richtung, in die sich unser Selbst hineinsehnt, ist ein Appell an das Auffinden unserer schier unbegrenzten inneren Räume, auch wenn es mal danebengeht. Ein mutiges Ausprobieren wird dazu führen, dass sich alles in uns weitet und bereit macht für das nötige Wachstum.

In uns lebt wirklich eine Stimme, die uns lebenslang zu Liebe und Lust ermächtigen kann. Wir haben die vielen verschiedenen Namen dieser inneren Stimme schon öfters zitiert: Intuition, innere, weise Instanz, Körperstimme, unsterbliche Seele, Impuls aus der Tiefe, Lebensfluss, weise Leitenergie, Gott.

Die Stimme ist absolut sicher, sie *weiß*, wie es geht. Sie kommt aus der Urtiefe und erfüllt das Herz, dessen Energie zum Geben drängt. Weil beide ihre Herzen öffnen, wird niemand zu kurz kommen, denn beide werden einander beschenken.

Diese Stimme kann man üben. Anfangs kann Sie das leider mit einer Art innerer Leere konfrontieren, die Angst macht. Auch wird es meist lange gehen, bis sich die innere Stimme deutlich äußert. Aber seien Sie unbeirrt. Die Stimme ist da und fühlt sich durch den Blick nach innen angesprochen. Nur nicht aufgeben.

Übung: »Was will ich wirklich«

Diese Übung ist eine Partnerübung. Sie können sie alleine durchführen und einen virtuellen Partner einführen. Mit einem willigen realen Gegenüber kann man sie aber auch gemeinsam machen. In beiden Versionen ist es wichtig, dass einer führt und das Gegenüber nur mitgeht. Wir beschreiben die grundsätzlichen Strukturen der Übung nur in der virtuellen Version, da diese ein wenig mehr Fantasie braucht, bringen dann aber ein reales Beispiel über den Weg zu einer Herzensbeziehung und damit zu mehr Sinnlichkeit.

Wenn Sie es alleine und virtuell probieren wollen, entspannen Sie, indem Sie mit Ihrer Aufmerksamkeit nach innen zum eigenen Atem gehen, bis dieser tief und fließend wird.

Stellen Sie sich vor, Sie liegen mit Ihrem nackten Partner oder der nackten Partnerin an einem angenehmen Ort.

Sie lassen in sich aufsteigen, was Sie mit Ihrem Gegenüber tun wollen. Und wenn dies schwierig ist, warten Sie einen Moment. Vielleicht spüren Sie zuerst gar nichts, aber dann kommt ein Bild in Ihnen hoch, oder Ihre Hände oder Ihre Lippen finden im Geist den richtigen Platz. Das vorgestellte Gegenüber antwortet auch in der Fantasie manchmal nicht so, wie man das gerne möchte. Dann sagt man ihm, was man gerne hätte, oder nimmt seine Hand, führt sie an die gewünschte Stelle und fährt danach mit dem virtuellen Ausleben der eigenen Tiefenimpulse fort.

Und nun das Beispiel einer Frau. Sie hat ihre innere Stimme gemeinsam mit ihrem Mann gesucht. Die beiden haben zwei Kinder, 13 und 15 Jahre alt, und waren vor dieser Reise zur inneren Wahrheit kurz vor der Scheidung.

Wie das Horchen auf die innere Stimme schlechte Sexualität in gute Sexualität verwandeln kann.

4. Oktober

Ich habe mich entschlossen, im Bett nichts mehr zu tun, was ich nicht will. Ich habe so genug von unserer flachen Sexualität, bei der nur er noch Lust hat. Aber seine Lust gefällt mir auch nicht, sie ist in meinen Augen leer. Er kommt mir gar nicht sehr lustvoll und vor allem überhaupt nicht liebevoll vor.

Ich liege einfach neben ihm, wir sind beide nackt. Er will meine Brüste streicheln. Ich merke, wie ich erstarre. Ich halte seine Hände fest und sage: »Halt, ich kann gar nichts tun, bevor mein Herz wieder bei mir angekommen ist. Es ist auf unserem gemeinsamen Weg irgendwo zurückgeblieben, nun muss ich warten, bis es mich wieder einholt. Bitte sei geduldig mit mir.« Er nickt. Ich staune, dass er nicht beleidigt ist.

Nach diesem unerwarteten Nicken kann ich tatsächlich ein wenig näher rücken, aber mein Herz kommt noch lange nicht. Es ist mir sehr schmerzlich bewusst, wie leer es sich in mir anfühlt, und ich habe große Angst, es wird nie wieder anders. Die Angst lässt mich kalt und klamm werden, ich lasse sie aber tapfer zu und warte trotzdem. Ich warte eine Viertelstunde. Alles, was passiert, ist, dass die Angst ein wenig nachlässt und ich seine Hände fassen kann. Nun warten wir zusammen. Ich hoffe, er langweilt sich nicht zu sehr.

10. Oktober, 14. November, 18. November, 2. Dezember
Wir warten wieder und wieder, er kennt das Spiel nun schon. Wir haben viel geredet. Er hat mir gesagt, er könne damit leben, Hauptsache, ich wolle endlich etwas tun. Als sei es nur mein Fehler. Na ja, ganz ohne Vorwurf kann so was eben nicht abgehen.

Mir geht es besser. Mein Herz beginnt mir zu glauben, dass ich es ernst meine. Jedenfalls ist am 2. Dezember etwas Wichtiges passiert, nur einmal, während ich wartete, aber es war definitiv ein Wendepunkt – ein schönes Gefühl kam kurz auf und wehte durch mich durch, ganz leicht und warm. Es war nur ein Hauch, aber ich wusste, jetzt ist etwas wach, sanft, zart, zerbrechlich. Es machte meine Hände weicher und ich konnte ihn ein wenig streicheln.

Er versteht immer noch nicht, warum ich das alles veranstalte, aber er wartet trotzdem auf mich. Und das macht mich manchmal so dankbar, dass ich ihn ganz, ganz fest umarme.

Dezember und Januar
Ich weiß nicht mehr genau, wie oft wir so beieinandergelegen sind, passiver als vor meinen ›seltsamen Experimenten‹, wie er sagt, aber von mir aus wahrer als seit langem. Nun kann ich

meine Hände bereits ein wenig wandern lassen, sie wollen das, es ist keine Pflicht mehr. Das flüchtige Wärme-, ja fast Liebesgefühl kommt nun ab und zu. Es bleibt sogar manchmal etwas länger. Ich fange an, mich drauf zu verlassen, dass es kommen wird, und kann meinen Mann nun leichter streicheln. Manchmal haben wir schon einen unbeholfenen Koitus gewagt. Das leise Gefühl kam und ging dabei sehr schnell. Es ist schlimm, wenn es mich verlässt, ich habe dann nur diese fade, von meinem Willen erzwungene Lust. Und doch weiß ich, dass mein Herz zurückkommen will, dass es mich immer wieder erreicht, und deshalb macht mir der Verlust nun weniger Angst.

Manchmal kommt dann ein Impuls, der sich wahr anfühlt, dann kann ich weitermachen. Vor allem, wenn das Herzgefühl hochkommt, weiß ich wieder, was ich tun möchte. Es ist, als finde ich eine Melodie in mir. Zuerst sind es Töne. Einige sind klangvoll, andere voller Misstöne. Dann wieder gibt es kurze Tonfolgen, immer noch von Stille gefolgt. Die Komponistin in mir ist eine totale Anfängerin.

Aber wenigstens weiß ich nun, dass ich eine Komponistin in mir habe.

Frühling und beginnender Sommer

Außen und innen ist es wärmer geworden, ich fühle die Sonne auf meiner Haut, höre das Zwitschern der Vögel, merke die fühlende und warme Qualität in meinen Händen, und endlich kommt auch eine neue Art von Lust. Sie fühlt sich fließender an, macht mich neugierig und ist irgendwie mit Zuneigung und dem Drang verbunden, zu seinem Wesen zu gelangen. Alles ist noch flüchtig und geht mir leicht wieder verloren – aber immerhin, es geht etwas, und das gibt mir Vertrauen in mich und – noch wichtiger – in ihn.

Mein Herz kommt nun schon ein wenig häufiger mit mir, wenn wir zusammenliegen. Mein Liebster – ich sage wieder Liebster – merkt den Unterschied zu unserer früheren, leeren Sexualität und macht nun lieber mit bei meinem schrägen Experiment. Trotzdem denkt er noch, es wäre meine Schuld gewesen, er habe ja schließlich nie Potenzprobleme gehabt.

Aber ich merke, dass auch er sich verändert. Ich finde seine Hände nun viel fühlender und sprechender als vorher. Dann denke ich, »sein Komponist existiert auch«, und schicke ihm meine Handmelodien entsprechend leichter. Ich schicke sie in sein Gewebe, in einen imaginären Raum, in dem ich mir seine Seele vorstelle, oder manchmal, wenn ich ein wenig verzweifle, zu seinen Engeln, damit sie mir helfen, ihn zu treffen. Dabei weiß ich nicht mal, ob ich an Engel glaube.

Ich denke, ich bilde mir nicht einfach ein, dass alles zwischen uns nun wärmer ist und mehr Farben hat, es ist wirklich so.

Wir sind noch lange nicht so weit, wie wir kommen können. Aber ich liege nun gerne mit ihm im Bett und finde weniger Ausreden als vorher. Er interessiert mich so viel mehr. In unseren Körpern ist mehr Wahrheit, wenn wir uns begegnen: Zärtlichkeit, Unsicherheit, sanftes Staunen. Ich werde freudiger und poetischer und meine Lust gefällt mir – manchmal und immer wieder. Noch vergeht sie genauso wie die Herzqualität, aber mein Vertrauen in mich und meine Fähigkeiten kehren zurück.

Herbst und Winter
Ich danke Gott, den Engeln, der Natur, dem Zufall, dass er oder sie mir diesen Mann geschenkt hat, der mit mir einen solchen Weg macht.

Ich glaube langsam, dass das, was ich jetzt fühle, der schüchterne Beginn meiner wirklichen Liebe ist. Und das Wichtigste, ich habe wieder richtige Lust. Sie ist anders als alles vorher, sie freut mich bis in meinen Kern. Ich liebe ihn mit meiner Lust. Ich weiß noch nicht, ob er den Unterschied wirklich völlig begreift, aber sein Unbewusstes muss es merken, denn seine Lust fühlt sich auch viel reicher und bezogener an.

Diese Übung geht stark von den Bedürfnissen der Frauen aus, die ihre Lust ja eher über Zärtlichkeit und Nähe aufbauen. Die Frau im Beispiel bestimmt den Weg und nimmt den Mann dabei mit.

Der Dalai-Lama diskutierte einmal auf einer Tagung mit Hirnforschern und sagte unserer Erinnerung nach sinngemäß etwa Folgendes zu ihnen: »Das Wichtigste, so denken wir Buddhisten, ist nicht das Gehirn, sondern das Energiefeld, die Aura. Dort ist der Sitz unseres Wesens mit allen Gefühlen, das man auch Seele nennen kann.«

Männer sind unserer Erfahrung nach in ihrer Seele – mit Sitz im Energiefeld – so fühlend und tief wie Frauen und können bei einer entsprechend liebevollen Einladung, egal, wie eng ihre Landstraße für die Gefühle im Hirn sein mag, sehr innige und herzerfüllte sexuelle Begegnungen mit ihren Partnerinnen oder Partnern haben. Trotzdem möchten wir nochmals Peter Gehrig konsultieren, um auch den Männern einen Zugang zu dieser Dimension der Echtheit und Vielfalt der Impulse zu ermöglichen.

Männer können ihre Erregung auch anders als über die funktionale Erektion aufbauen. Sie müssen dafür wieder lernen, den ganzen Spielraum zurückzugewinnen, den sie in ihrer sexuellen Geschichte oftmals aufgegeben haben. Dazu gehören der Atem und die ganzheitliche Bewegung des Beckens. Wir werden im Abschnitt über die Weite des Körpers darauf noch detaillierter eingehen. Wichtig ist für sie auch die Bauchatmung, die über das Entspannen der verhärteten und erstarrten Muskulatur im Beckenraum Erregung vertieft und verlängert. Bewegung, Ganzkörperkontakt, das Zulassen der eigenen Bilder und ihre Umsetzung, der persönliche Bezug auf ihre Frauen statt auf das Objekt ihrer Triebbefriedigung werden neue Tore auftun. Wir werden uns mit diesem Aspekt gerade im nächsten Abschnitt befassen.

Wir finden für Männer auch die Position, in der sie unter der Partnerin liegen, besonders heilsam. Wenn ihre Frau durch ihre Bewegungen für ihre Erektion sorgt, können sie sich einmal fallen lassen und nach innen gehen. Sie müssen nichts »machen«, sie können den erotischen Puls in sich auffinden, das Wesen ihrer Sinnlichkeit erspüren, den Atem frei fließen lassen und ihre Selbstwahrnehmung üben.

Mit diesem Text sind wir bereits bei der zweiten Dimension des Herzens in der Sexualität, nämlich der innigen Bezogenheit auf das Gegenüber, angelangt. Sie macht die Liebe erst richtig schön.

Wie finden wir die Dimension der innigen Bezogenheit in der Sexualität?

Wir möchten wieder Maria illustrieren lassen, was ganz genau damit gemeint ist. Sie hat mit der staunenden Umkreisung von Johns Hüftknochen nämlich ihren Liebesakt keineswegs beendet.

Sie erinnern sich vielleicht:

Der Drang, ihn zu berühren, kommt nun mehr aus ihrer Mitte, aus der Tiefe und wandert einfach in die Hände, zum Mund und zu allem, was sich sonst noch nach ihm zu sehnen beginnt. Es fühlt sich reich an. Marias Hände sind energetisch sehr geladen, sie legen sich, davon schwer geworden, auf Johns Bauch und umkreisen seine Hüftknochen, jede Berührung ein Moment des Staunens.

Wie weich und zugleich elastisch alles ist. Wie vertraut und neu. Sie möchte ihn verspeisen, beißen und gleichzeitig einfach im Arm halten. Oh, wie er sie inspiriert: durch das laute Klopfen seines Herzens, durch das Pulsieren seines Gliedes in ihrer Hand und dadurch, wie er zu lächeln beginnt, wie er sich nach ihr ausstreckt und nicht nur nach dem, was er außen trifft, sondern nach ihr, nach der ganzen Person. Sie merkt es daran, dass auch seine Hände schwerer werden und mit ihr sprechen, allein durch die Art, wie sie nun auf ihrer Haut liegen.

Sie liebt diese Momente, wo sie sich ganz und gar gemeint fühlt. Seine Hände, die nach etwas Unnennbarem in ihr suchen, sind unglaublich sprechend. Flammen von Lust springen in ihr auf, wenn seine Hände auf diese gewisse Art ihre Hüften packen und gleichzeitig mit den Geweben auch ihre Lust treffen und ihr innerstes Wesen erreichen.

John schaut sie an. Sein Blick ist leicht nach innen abgesunken, Maria erkennt den ganz speziellen Glanz der Lust darin und merkt, wie auch ihre Lust in ihre Augen steigt. Eine köstliche Mischung aus Wegtreten und mehr da sein. Diese sich findenden Lustblicke heizen auf, und beide fangen an, einander noch heftiger zu streicheln und immer mehr dabei zu umfassen, die Lust des anderen, die Seele, das immer neu aufsteigende unbekannte Wachsen, das im Werden einen Namen erhält.

Das wahre Selbst ist nicht einfach nur ein Kreisen um eigene Wünsche. Es ist nicht allein auf das persönliches Wachstum fixiert, sondern zutiefst *verbunden*. Das echte Selbst lebt von der Freude am anderen, will sich hingeben, will die Liebsten beglücken, will sich mit den Impulsen und Wünschen des Gegenübers voller Intensität befassen. Wenn wir wirklich in uns hineinhorchen, finden wir den Wunsch nach dem anderen. Es ist wichtig, zu beachten, dass wir uns nicht zuwenden, um gut dazustehen, das tut eher die überverantwortliche geschädigte Teilpersönlichkeit in uns. Im wahren Selbst geht es um die Zuwendung um der Zuwendung selber willen, um das Schenken und um das Empfangen von Freude.

Man kann nicht genug betonen, dass diese Art von Echtheit mit einem zweiten Menschen passiert und daher immer wieder bezogen stattfindet.

Reine Innenwahrnehmung, die sich nur an dem eigenen Lustgewinn ausrichtet, wird nicht zu den schmelzenden Glücksgefühlen führen, von denen wir hier sprechen. Es geht um etwas, was wir gemeinsam herstellen, das heißt, wir richten unsere Wahrnehmung auch auf unser Gegenüber, versuchen aufzunehmen, was es uns zeigt und das Gezeigte in unsere Tiefe hineinzulassen, um mit echten Impulsen darauf zu antworten. So entstehen Netze von liebenden, lustvollen oder geistig weiten Interaktionen zwischen uns, die ein Gefühl von wilder oder auch inniger Gemeinsamkeit erzeugen.

Unsere Körperstimme wird also dazu benutzt, unsere eigene Freude zu steigern, weil eine wirklich echte Berührung des anderen immer auch uns selber Freude macht. Sie wird weiter dazu benutzt, die echte Resonanz in uns aufzufinden, die Handlungen und Worte des Gegenübers in uns hervorrufen. Und sie wird dazu benutzt, diese Resonanz in eine für uns stimmige Reaktion zu formen, die dem Gegenüber zeigt, wie wir es erleben, und die gleichzeitig neue Flammenwege zünden mag oder auch nicht. Das müssen wir stets offen lassen.

Egal, ob wir uns selbst erkunden, unsere Aufmerksamkeit dem Gegenüber zuwenden oder nach Wegen der Zuwendung suchen, immer gibt es nach einer Innenorientierung die Orientierung nach außen, um die Wirkung auf den geliebten Menschen zu spüren, und nach einer Außenorientierung die nach innen, um unsere Resonanz auf sie wahrzunehmen.

Die Folge dieser sorgfältigen, interaktiven Außen- und Innenwahrnehmung ist schließlich das *Zutiefst-gemeint-Sein.*

Wir lieben nicht nur die attraktive Frau oder den tollen Mann, wir lassen uns nicht einfach von unseren Hormonen zur Befriedigung bringen, sondern wir lieben *ihn* oder *sie*. Unsere Berührungen sind nicht zum Aufheizen da, um die Befriedigung voranzutreiben, sie sind wirkliche Berührungswünsche. Wir möchten diesen einzigartigen Menschen, der unser Lager mit uns teilt, umfassen, seine Haut oder seine Seele streicheln, wir möchten diese Person erkunden, erkennen, was sie im Innersten bewegt. Wir möchten ihr auf alle erdenkliche Weise zurufen, zuflüstern, zustreicheln, wie sehr wir sie lieben. Wir möchten aber auch seine Liebe annehmen, zulassen, dass er uns meint und unser Glück darüber zeigen.

Aber wir tun noch mehr. Weil wir uns, ohne den Schatten zu ignorieren, einfach auf den Kern im anderen einstellen, lieben wir gegenseitig das Beste in uns hervor, ja wir erschaffen einander neu. Es ist ein unbeschreiblich schönes Gefühl, es ist, als ob uns etwas trägt und als ob wir damit erst das richtige Potenzial zum Lieben bekämen. Dies haben wir den »Herzsprung« genannt. Das Glück des Herzens ist das Geben- und Empfangenwollen und es ist zugleich die Erfüllung. Es ist ein tatsächlicher Wechsel der Dimensionen. Man wird von einem Bedürftigen zu einem Herzensreichen, dessen Natur Freude, Fülle und Liebe ist. Das kann man nicht mit dem Verstand hinkriegen, und deshalb braucht dieser Liebesweg Zeit, unter Umständen sogar Jahre. Aber in diesen Jahren werden an der Baumkrone zarte Blätter und vielleicht sogar Blüten aufkeimen, die uns Mut machen, und wir werden Momente erleben, wo ein strahlender Blütensegen seinen Duft verströmt, als gäbe es die volle Krone schon. Diese Momente geben uns Sicherheit, dass wir auf dem richtigen Weg sind.

Diese Liebe ist in der Verliebtheitsphase gar nicht möglich. Paare können in diesem Zeitraum einander noch gar nicht zutiefst meinen, weil sie noch in ihren Hoffnungen und Illusionen befangen sind. Erst wenn sie sich mit allen schlechten Eigenschaften kennen und dann die wahren Quellen der geliebten Person unter deren Verletzungen hervorlieben, wenn sie einander wirklich meinen, dann blüht eine Intensität auf, für die sie alles andere stehen und liegen lassen.

Übung zur Selbsteinschätzung: »Habe ich Sexualität aus Liebe oder zu deiner und meiner Befriedigung?«

Menschen täuschen sich oft darüber, was ihre Leitmotivation in der sexuellen Begegnung ist. Wir haben eine Übung für Sie erprobt, die Ihnen zeigt, welche Art Annäherung sich wie anfühlt. Sie wird Sie motivieren.

Nehmen Sie sich ein Kissen und schmiegen Sie sich dagegen. Machen Sie die Augen zu und stellen Sie sich vor, dies sei Ihr Partner oder Ihre Partnerin.

Jetzt fühlen Sie, was passiert, wenn Sie den Kontakt mit dem Satz beginnen: »Ich möchte dich befriedigen oder ich möchte mich mit dir zusammen befriedigen.« Welche Gefühle, welche Bilder, welche Vorstellungen von Handlungen tauchen auf?

Nun schmiegen Sie sich wieder an und stellen sich einen Kontakt mit dem Satz vor: »Ich möchte dir zeigen, wie sehr ich dich liebe. Ich möchte deine Seele in meine Hände nehmen.« Welche Gefühle, welche Bilder, welche Vorstellungen von Handlungen tauchen auf?

Worin besteht der Unterschied?

Aber auch, wenn wir bereits die Liebe mit unserem Partner oder unserer Partnerin suchen, kann es sein, dass wir sie in den Umarmungen nicht erreichen, dass wir doch nur aneinander vorbei funktionieren und uns gar nicht wirklich meinen. Dann können wir stumm nach dem Herzen des geliebten Menschen rufen. Sehr oft wird es uns antworten. Damit Sie ein Gefühl dafür bekommen, was damit gemeint ist, haben wir etwas geschrieben, das diese Situation genau trifft.

Lesen Sie wieder laut vor:

Ich nehme wahr, dass es zwischen uns leer bleibt, auch wenn wir äußerlich durch alle Bewegungen hindurchgehen. Ich meine zu fühlen, dass dein Herz nicht mit mir ist. Ich merke, wie ich mich unwillkürlich abzuwenden beginne.

Was kann ich tun? Wortlos rufe ich nach deinem Kern, den ich nicht spüren kann. »Wo bist du? Komm bitte näher. Ich bin sonst ganz allein.«

Dann richte ich meinen inneren Blick auf dein Herz aus und meine zu sehen, dass es weit weg ist und vielleicht auch einsam und verletzt.

Nun werden meine Hände wärmer und können nach diesem Herzen in deinem Körper tasten. Es ist schön, wieder liebevolle Hände zu haben, und ich habe liebevolle Hände, weil du mir mit deinem Herzen Antwort gibst. Ich merke es, weil deine Hände mich jetzt bedeutungsvoller anfassen und weil in deinem Blick eine leise Innigkeit aufflackert und weil du unter der Hitze der Sexualität wärmer wirst und die Hitze sich weniger leer anfühlt.

Ich entspanne mich.

Meine Arme öffnen sich, um deine Liebe zu empfangen.

Ich möchte dir mit meiner Liebe die Freude spiegeln, die du mir schenkst.

Ich möchte mit meiner Liebe Freude in dir wecken und das Fest der Liebe mit dir feiern, heftig oder sanft, immer neu, aufregend in jedem Moment.

Es ist die visionäre Qualität der Liebe, die dafür sorgt, dass unsere Küsse köstlich werden und unsere Gesten voller Bedeutung sind – immer ganz und gar persönlich gemeint.

Nun liege ich nicht mit einem Mann/einer Frau, sondern mit dir. Und ich liege nicht nur mit dir, sondern mit dem Wunder in dir.

5. Praktische Arbeit an der Weite des Geistes

Zum einen finden wir diese Weite automatisch, wenn wir das Herz öffnen, das als Organ einen direkten Zugang zu anderen Dimensionen hat, zum Beispiel zur Spiritualität[20], zum anderen finden wir sie durch ganz bestimmte Formen von Gesprächen, und schließlich finden wir sie auch noch, indem wir die Energie in unserem Körper erhöhen. Wir werden Ihnen alle drei Zugänge nacheinander schildern.

Weite, weil das Herz mitschwingt und man seiner inneren Stimme folgt

Wenn das Herz mitschwingen darf und man seiner inneren Stimme folgt, kommen ganz von selber auch starke geistige Dimensionen in die Liebe hinein. Das Interview, das Gaby mit Fred gemacht hat, zeugt davon:

Gaby: *Was hat sich für dich seit unserer Krise in der Sexualität verändert?*

Fred: *Die große Veränderung kam mit der Entdeckung der Langsamkeit und mit dem wachsenden Wunsch, mich fallen zu lassen, sozusagen den Weg nach innen anzutreten. Ich hatte mich vorher als Mann sehr häufig als drängend, impulsiv, mich selber vereinnahmend erlebt.*

Gaby: *Was heißt das?*

Fred: *Na ja, ich hab früher nicht viel mehr wahrgenommen als meinen Drang, mich in Richtung auf den Orgasmus zu bewe-*

gen. Nun lerne ich, genauer auf mein Erleben zu achten und dadurch viele neue Nuancen meiner Sexualität zu entdecken.

Eine wichtige Entdeckung war für mich, dass ich bei der Stellung, in der du über mir bist, immer mehr Lust bekam, nichts zu machen, sondern mich fallen zu lassen.

Das Faszinierendste war diese wachsende Erfahrung meiner sexuellen Kongruenz: Immer mehr habe ich mich ganz auf mich eingelassen, mein Verlangen und meine Seele zur Deckung gebracht. Diese Stimmigkeit ist einfach wunderbar.

Gaby: *Davon merke ich viel. Ich liebe es, deine Seele in meinen Armen zu halten. Wie ist es denn für dich? Nimmst du mich eigentlich auch mehr wahr, oder ist es vor allem eine Innenwahrnehmung?*

Fred: *Auf jeden Fall spüre ich mehr von dir als vorher. Ich habe mehr Lust auf langsame Liebe als bisher, gebe uns Pausen und Zeit. Dabei kann ich eher bei mir und dadurch auch leichter bei dir bleiben.*

Gaby: *Würdest du das bitte noch etwas genauer beschreiben?*

Fred: *Ich spüre besser, dass du da bist, ich halte mehr Gaby in meinen Armen.*

Ich erfahre dich tiefer und berührender. Und manchmal erlebe ich eigenartig schöne, fast unpersönliche Momente, besonders, wenn du über mir bist. Ich oszilliere dann zwischen zwei oder mehr Erfahrungsebenen, die sich ineinanderschieben.

Gaby: *Du hast mir, als wir so miteinander lagen, mal so was Schönes gesagt. Was war das noch gleich?*

Fred: *Es ist das tiefe Einverständnis in mir: »So sei es«, als würde ich eine Art ungeschriebenes Gesetz der Liebe erfüllen …*

Gaby: *Das lässt mich ganz still werden.*

Deine Worte zeigen mir etwas, was ich vorher nicht so genau gesehen hatte, und ich glaube, ich verstehe, was du meinst. Es kommt mir dieses Sutra über den Buddha des Mitgefühls in den Sinn: »Sein mitleidvoller Sinn ist wunderbar und wie eine große Wolke. Er lässt herabströmen den Regen des Gesetzes wie süßen Tau und bringt die Flammen der Verblendung zum Erlöschen.«[21]

Nicht wahr, der süße Tau des Gesetzes der Liebe lässt uns immer wahrer werden miteinander?

Fred: *Wahrer und vielfältiger.*

Gaby: *Hattest du nicht vor kurzem über die Differenzierung des Lassens philosophiert? Wie kam das noch gleich zustande, dieses interessante Phänomen?*

Fred: *Es hat damit angefangen, dass du nach unserer Krise sehr zerbrechlich warst und viel Zeit fürs Liebemachen brauchtest. Und ich wollte unbedingt den Weg gemeinsam mit dir gehen. Ich lernte, mich zurückzunehmen und zu warten. Am leichtesten ging das, wenn du über mir lagst. Damals ließ ich mich zum ersten Mal wirklich fallen.*

Ich lernte, dass ich Vertrauen brauche in dieses Fallenlassen. Der Macher in mir musste sicher sein, dass ich irgendwann beim Fallen einen Boden erreiche, dass etwas wachsen wird. Das brauchte Zeit, und ich musste Geduld entwickeln und lernen, wie ich mich während dem Lieben mehr nach innen wenden kann. So kam ich vom männlichen Machen hin zur Lust am Lassen. Wir haben uns ja darüber viel ausgetauscht, du weißt, es wurde mit der Zeit für mich eine Art Suche nach der »blauen Blume«.

Die Differenzierung des Lassens hat damit zu tun, dass ich heute nicht einfach passiv bleibe, sondern dass ich das Fallenlassen vielfältiger erlebe, mich aktiv öffne und dabei immer noch vor allem in der Qualität des Lassens bleibe. Ein kleines Wunder für mich.

Ich kann, auch wenn ich heftig und schnell bin, den Macher oft hinter mir lassen und einfach mehr »sein«. Viel mehr kann ich nicht beschreiben. Ich habe keine richtige Lassenssprache. Aber es steigen Bilder und Zustände dazu auf.

Gaby: *Welche?*

Fred: *... den Klang in mir entstehen lassen;*
... die Energie den Weg finden lassen;
... bereit sein und nicht wissen, was kommt;
... zulassen, wirklich angefasst zu werden;
... meinen Verrücktheiten trauen;
... mich auf dich einlassen;
... dich in mich hineinlassen;
... den Gott und die Göttin in der Tiefe grüßen;
... mein goldenes Mädchen in den Armen halten;

… *den Gedanken freien Lauf lassen;*
… *die Glieder selber machen lassen;*
… *der Intuition des Körpers trauen;*
… *der Lust folgen, die dem Herzen verbunden ist, und nicht nur der Gier;*
… *mich trauen, zu träumen, Liebe träumen;*
… *die Glieder schwer werden lassen;*
… *wirklich frei sein;*
… *die Köstlichkeit des Herzens zulassen;*
… *mit dem Herzen mich aufmachen;*
… *authentisch und demütig sein;*
… *sich hingeben;*
… *Gebet der Körper;*
… *sich aneinander laben;*
… *ungeteilt sein.*

Gaby: *Das ist inspirierend. Ich erfahre dich voll Staunen. Ich liebe diesen neuen Fred.*

Fred: *Ich mag diesen neuen Fred auch sehr. Ich weiß aber auch, dass ich dies allein nie hätte erreichen können, unsere neue Nähe ist nur zusammen herstellbar. Keiner könnte das alleine. Als Mann habe ich früher eher mein eigenes Ding durchgezogen. Jetzt ist das Miteinander häufiger im Zentrum. Ich erlebe es fast als Icherweiterung, wenn wir in diese spirituelle und körperliche Vision eintauchen und zusammen so etwas wie Verheißung erfahren.*

Gaby: *Weißt du eigentlich, dass ich dich manchmal regelrecht anbete?*

Fred: *Was du Anbetung nennst, nenne ich Zauber. Ich erliege deinem Zauber und es ist herrlich, dir zu erliegen. Im Zauberraum, über den Kairos, der Gott des glücklichen Momentes, wacht, gibt noch viel zu entdecken. Er ist ein unbekannter Kontinent und eine Ressource ohnegleichen.*

Weite des Geistes, weil man eine anrufende Sprache lernt

Sie merken, wie sehr diese beiden auf dem Weg zur Liebe ihrer inneren Stimme folgen, wie sehr sie sich aufeinander einlassen und wie sie durch beides zu neuen inneren Räumen finden. Fred nennt das die »Suche nach der blauen Blume«. Das passiert aber nicht nur, weil sie so handeln, wie sie handeln, sondern auch weil sie sich ihre tiefen Erlebnisse erzählen und gegenseitig bestätigen. Auch dadurch wachsen ihre Liebe, ihre Sinnlichkeit und eine Art von Spiritualität.

Leider tauschen sich Menschen, wenn sie mit ihrer körperlichen Liebe auf einem Tiefpunkt angelangt sind, selten miteinander aus. Über die langjährig erlahmte Sexualität redet man laut den gefundenen Untersuchungen offenbar gar nicht mehr, und in unserer Praxis sagt man sich zunächst allerlei unfreundliche Dinge.

Am schönsten ist natürlich, wenn man sich wie Gaby und Fred mit Worten anbeten kann und von der gemeinsamen Liebe schwärmt. Nur – wie tut man das, wenn man mehr Stolpersteine als Erfüllung vor sich sieht?

Folgen Sie unseren Beispielen über mögliche Gesprächsformen, und lassen Sie sich dadurch zu immer positiveren und vielleicht sogar magischen Formen der Sprache führen. Sexualität soll man nicht kaputtkritisieren sondern magisch herbeirufen.

Bloß nicht so:
Die meisten Menschen benutzen zur Kritik leider negative Formulierungen. Sie sagen zum Beispiel:

a) »Du schläfst ja nie mit mir«, oder: »Ich halte es nicht aus, wie schnell du immer kommst.«
b) »Du bist wie ein toter Fisch.«
c) »Ich hasse es, wenn du zuerst meine Brüste anfasst. Du bist so unsensibel.«
d »Du stinkst, warum wäschst du dich nie?«
e) »Deine Freundin zieht sich viel reizvoller an als du.«
f) »Ich habe einfach keine Lust auf dich.«

Hätten Sie nach diesen Sätzen Lust, langsamer auf Ihren Orgasmus zuzusteuern, häufiger Liebe zu machen, geschickter anzufassen, sich für ihn herausfordernd zu stylen oder mit der lustlosen Person voll Freude Liebe zu machen?

Wahrscheinlich nicht. Sie würden ihm oder ihr zuliebe gar nichts mehr tun wollen und sich wahrscheinlich nur noch ungeschickt verhalten oder gar total abwenden. Ohne einen anständigen »Empfang« wird keine gute »Sendung« möglich sein.

Es gibt nun verschiedene Stufen, wie wir auch in schwierigen Situationen *konstruktiv* miteinander reden können, je nach Stand der Beziehung.

Wenn unsere Sexualität sehr schlecht ist, *halten wir uns beim Reden am besten erst einmal am Respekt fest:* Dann kann nicht allzu viel schiefgehen.

Manchmal bringen wir nur Fragen zustande. Ein Teil der obigen Sätze sähe in *respektvolle* Fragen verwandelt zum Beispiel so aus:

a) »Hat unsere seltene Sexualität etwas damit zu tun, dass ich in deinen Augen einiges falsch mache, oder liegt es an irgendetwas, was dich bei dir selber stört?« »Darf ich dir erzählen, was bei mir passiert, wenn du einen schnellen Orgasmus ansteuerst, ohne dass du es gerade ändern musst? Kannst du mir einfach mal dazu Platz einräumen?«
b) »Was bedeutet es für dich, wenn du dich wenig bewegst?«
c) »Was bedeutet es für dich, wenn du als Erstes meine Brüste anfasst? Kannst du mir darüber etwas erzählen, damit ich dich verstehe?«
d) »Könntest du vor dem Liebemachen an mein Bedürfnis nach Sauberkeit in der körperlichen Begegnung denken, auch wenn es für dich weniger wichtig ist?« Oder: »Dürfte ich dich daran erinnern, ohne dass du dich von mir gegängelt fühlst?«
e) »Wieso kleidest du dich genau auf diese Weise, was bedeutet dir Kleidung?«
f) Für die Lustlosigkeit ist uns keine entsprechende Frage eingefallen. Dieses Phänomen muss vielleicht im nächsten Abschnitt gelöst werden.

Wenn die Sexualität keine große, sondern nur eine kleine Katastrophe ist, *kann man sich auch an Gesprächsführungsregeln halten.*

Dann würde man Feedback oder auch einfache ICH-Botschaften wählen.

b) Der tote Fisch würde dann z. B. so ausgedrückt:
»Als ich dich gerade umarmt habe, lagst du einfach da (aktuelles Beispiel mit beschreibender Sprache). Ich konnte

keine Reaktion wahrnehmen und dachte dann, du hättest keine Lust auf mich (explizite Interpretation ohne Abwertung). Da bin ich innerlich gerade zusammengefallen (Beschreibung der eigenen Reaktion oder der Gefühle). Mir wäre wohler, wenn du mir eine Reaktion zeigen würdest. Das muss nicht Lust sein. Ich weiß ja nicht, was in dir vorgeht. Aber ich würde mich weniger einsam fühlen, wenn ich deine Empfindungen oder Gedanken hören dürfte.« (Wünsche, und zwar möglichst konkret ausgedrückt).

c) Man kann das auch halb körperlich, halb verbal tun: Der Umgang mit den Brüsten würde dann so geregelt:
Sie nimmt seine Hand, die auf die Brüste fasst, sanft weg und legt sie zum Beispiel auf ihre eigene Hand. Dazu sagt sie: »Ich merke, dass meine Hand sich gerade sehr auf deine Hand gefreut hat. Meine Brüste sind noch nicht mit dabei. Sie brauchen Zeit, bis sie mitmachen wollen.«

f) »Ich fühle im Moment gerade wenig Lust.« (Immer nur beim aktuellen Beispiel bleiben.) »Wäre es möglich, dass ich viel Freiheit bekomme, meiner inneren Stimme zu folgen, auch wenn ich dann manchmal stillhalte und nach innen spüre, um zu sehen, wie genau ich mich dir annähern möchte?« (Wünsche äußern.)

Wenn die Sexualität mindestens von Zeit zu Zeit einigermaßen o.k. ist, *lohnt sich die anrufende Sprache, die Zaubersprache.*

c) Wenn er die Brüste anfasst, aber seine Hände fühlen sich irgendwie abgespalten an und sprechen nicht zu ihr, dann kann sie zum Beispiel sagen: »Lieber, kannst du nach mir suchen? Mein Herz sehnt sich danach, dass deine Hände es halten.«

f) Oder wenn sie lange keine Lust spürt, könnte sie ihm sagen: »Ich bin noch auf dem Weg in meinen Körper. Könntest du etwas langsamer vorgehen, meine Seele kommt sonst nicht nach. Ist es dir recht, wenn meine Hände dich berühren und meine Seele dir dabei erst von ganz weit etwas zuruft? Kannst du ihre leisen Töne hören? Spürst du auch darin, wie ich dich liebe?«

g) Wenn er ganz heiß ist und sich darin nicht beantwortet fühlt, weil sie still daliegt und ihn nur passiv zulässt, kann er sagen: »Spürst du, wie mein Penis dich liebt? Kannst du dich mit deinem Herzen auf ihn einstellen und ihm irgendwie eine Antwort geben, er fühlt sich sonst ganz einsam.«

Auch nachträglicher Austausch kann zaubern.

Am Anfang dauert der Herzsprung noch nicht an, die Verwandlung kommt für einen kurzen Momenten und vergeht wieder. Da zieht eine Ahnung von wundersamer Liebe durchs Herz, aber etwas später ist gar kein klares Gefühl mehr da. Immer wieder kippt das Paar in diese Leere.[22] Dann brauchen die beiden viele nachträgliche Gespräche, die ihre Erinnerungen an das Kippen in eine schönere Wirklichkeit wieder in die Gegenwart zurückholen. Das Herz findet diese kurzen Momente sehr wichtig und fühlt sich durch die Nachbereitung angesprochen. Es wird das nächste Mal eher bereit sein, sich wieder in die Beziehung hineinzuwagen.

Aber auch dann, wenn der Liebesbaum schon einen kräftigen Stamm hat, hilft es, immer wieder über die gelungene Sexualität zu sprechen, weil dann weitere Sternstunden leichter entstehen. Beschreibung der Erotik und ihrer ganzen Tiefe und Weite ist ein herrliches Aphrodisiakum. Probieren Sie es aus.

Wir verlassen nun den Raum der »Besprechung« der Sexualität und wenden uns dem energetischen Grundprozess zu.

Geistige Weite, weil man den Körper mit Energie füllt

Die geistige Dimension der Energie können wir am leichtesten über den Atem beziehen. In östlichen Religionen gilt der Atem als die göttliche Energie schlechthin.

Umso trauriger ist, dass viele Menschen ihren Atem in der Liebe stark blockieren.

Beide Geschlechter neigen dazu, Lust auf die Dauer eher mechanisch zu erzeugen. Mehr als 50% der Männer, so Peter Gehrig, haben beim Onanieren gelernt, die Erregung mit schnellem, sich steigerndem Reiben des Penis zu steigern, *wobei sie alle Beckenmuskeln anspannen und den Atem anhalten.*[23]

Etwas von dieser Fehlhaltung nehmen wohl viele Menschen in ihr Erwachsenenleben und in ihre körperlichen Begegnungen mit hinein, denn wer kann in der Jugend schon in aller Ruhe eine ausgedehnte, atemreiche Sinnlichkeit aufbauen? Hast und Angst vor Entdeckung begleiten das frühe Lernen mit sich selber nur allzu oft. Angespannte Haltungen beim Masturbieren bestimmen dann auch bei Frauen den Erregungsaufbau, prägen sich dem Körper ein und bestimmen später auch das Liebesleben zu zweit mit.

Es wäre schön, wir wären alle wie die Trobriander. Dieses Volk in der Südsee, das um etwa 1930 von Bronislaw Malinowski beobachtet wurde, war ein großes Vorbild für den berühmten Körpertherapeuten Wilhelm Reich, denn es pflegte eine begnadet schöne Sexualität.[24] Lassen Sie sich von uns erzählen, wie dort das Liebesspiel betrieben wurde.

Zuerst gingen die jungen Menschen in Gruppen von Gleichaltrigen los und heizten sich mit Gesängen, Tänzen und Gesprächen auf. Gruppensex jedoch gab es nicht. Mit der Zeit lösten sich die Paare von den anderen, liefen zu zweit unter Palmen am Meer entlang und nahmen die Schönheit der Natur auf. Lange hielten sie sich so an den Händen, bevor sie sich einen Liebesplatz suchten und miteinander niederließen. Dort aber fielen sie immer noch nicht übereinander her, sondern sie näherten sich sanft und zärtlich an, lange, lange. Ihre Erregung wuchs langsam, immer gekoppelt an Atem und Bewegung und offenbar auch an das Herz.

Wenn sich die Seelen aufeinander eingestellt hatten, wurden die Bewegungen heftiger, und der Atem steigerte sich, und wenn sie sich vereinigten, blieben sie auf einem sehr hohen Erregungsniveau stundenlang und heftig zusammen, bevor sie ihren Höhepunkt erlebten. Sie legten dabei großen Wert auf Stellungen, bei denen beide gleich viel Bewegungsfreiheit hatten.

Hier stimmt alles. Der Atem, die Bewegung, die innige Bezogenheit, die Gleichberechtigung, das Aufnehmen des allgemeinen Lebensstromes über die Natur, die Höhe der Erregung und die Fähigkeit, Erregung zu erhalten.

Wir haben allerlei Nachteile gegenüber diesen Könnern, vor allem auch den, dass wir nicht wie die kleinen Trobriander ab dem 5. Lebensjahr regelmäßig mit Gleichaltrigen in Gruppen zum Üben unserer sexuellen Fähigkeiten losgezogen sind. Aber auch wir können etwas tun: Wir können lernen, als Erwachsene Atem und Bewegung zu öffnen, und die dadurch gesteigerte Energie im Körper zu halten. Es gibt mehr Lust, aber auch mehr geistige Weite bzw.

mehr Spiritualität. Wie die Trobriander sind Sie dann an eine starke Quelle angeschlossen, die den Geschlechtsverkehr nicht nur länger, sondern auch bedeutsamer werden lässt.

Es gibt Bücher über diese Dinge.[25] Dort können Sie sich kundig machen und Zeit investieren, wenn Sie das möchten. Wir wollen hier nur Kurzversionen bringen, die unserer Erfahrung nach jeder fertigbringt, damit sexuelles Wachstum möglich wird.

Stellen Sie sich vor, dass Ihr Körper ein Behälter mit verschiedenen Fächern ist.

Bisher haben Sie vielleicht nur das Fach um Ihren Penis bzw. Ihre Vagina herum aufgeladen. Wenn es voll war mit Energie, dann hat es sich entleert. Der Orgasmus kam schnell und lokal, statt durch den ganzen Körper zu fliegen. Wahrscheinlich hat er sie auch ein wenig fragend zurückgelassen.

Jetzt geht es darum, Fach um Fach Ihres Körpers mit Energie anzufüllen: das Becken, den Solarplexus, das Herz und die ganze Aura, also den Geist. In jedem Fach Ihres Körpers bekommt die Energie dann eine ganz eigene Färbung, Die köstliche Sinnenlust im Becken, Kraft im Solarplexus, Wärme, Innigkeit und schmelzende Hingabe im Herzen und Freiheit und Einfallsreichtum im Geist. In jedem Fach kann der grundsätzliche Drang zur Vereinigung, der dem Sexuellen innewohnt, mitschwingen und quasi den Urton angeben. Es muss also nicht sanfter werden durch das Herz und nicht spielerisch durch den Geist, aber es *kann* zeitweilig durch die anderen Fächer sanfter oder heiterer werden. Dann ist man wie in einer Symphonie, wo verschiedene Sätze gespielt werden. Leise und laute, traurige und lustige, zurückhaltende und solche mit dem ganzen Fortissimo.

Für den Aufbau dieses Reichtums braucht man einen freien Atem, automatisierte, wellenförmige Ganzkörperbewegungen, die das Becken einschließen, und die Fähigkeit, die dadurch gesteigerte Energie auch eine Weile zu halten, damit sie nicht zu schnell verpufft. Das Halten der Energie hat mit der Entspannung der meist sehr verkrampften Tiefenmuskulatur zu tun, besonders der im Becken, im Brustkorb, in den Schultern und im Nacken.

Um alle diese Voraussetzungen mit möglichst einfachen Mitteln anzusprechen, haben wir uns entschlossen, zwei einfache

Atemübungen vorzuschlagen und dann ein wenig Hilfestellung für das Halten der Energie zu geben. Die erste Übung koppelt den Atem mit Entspannung, die zweite koppelt ihn mit Bewegung.

a) Atemübung, die mit Entspannung gekoppelt ist:
Am besten machen Sie diese Übung am Morgen im Bett vor dem Aufstehen.

Sie müssen Ihren Atem dabei gar nicht beeinflussen, nur liebevoll wahrnehmen.

Er wird sich zuerst in seiner ganzen Blockiertheit zeigen, aber dank der annehmenden Wahrnehmung bald fließender werden.

In jedem von uns ist nämlich unbewusst ein »Wissen« um die ursprünglich vorhandenen Körperfähigkeiten. Das ist fast so, als wohnte eine Person in uns, eine ganz besonders fähige Teilpersönlichkeit, die ein wenig unterging in dem manchmal sehr herausfordernden Leben. Wir haben sie auch schon Körperstimme genannt. Wenn wir in der Übung nun unsere durch das Leben entstandenen Beengungen wahrnehmen, wird dieses »tiefe Körperwissen« wach, wird sich seiner Einschränkungen bewusst und merkt, dass es unter der Enge Gesundheit und damit die Urfähigkeit zum Atmen besitzt. Und sofort wird »es« diese Erkenntnis umsetzen und tiefer und freier atmen helfen.

Diesen völlig anstrengungslosen Prozess können Sie nun mit einem inneren Gespräch mit Ihren verspannten Muskeln noch weiter verbessern.

Sie können zum Beispiel sagen:

»Liebe Beckenmuskeln, mögt ihr euch entspannen? Lasst doch einfach mal los.«

Sie können auch die Nackenmuskeln anregen, ihre uralten Lasten abzulegen und sich zu entspannen: »Es ist doch alles vorbei«, können Sie ihnen erzählen, »stellt euch auf das Heute ein.« Auch die Schultermuskeln und die Brustmuskeln, die beide zusammen einen Panzer über Ihr Herz spannen, freuen sich, wenn Sie ihnen mit folgenden Worten helfen: »Öffnet euch, lasst euch auf die Unterlage sinken, gebt das Herz frei. Entspannt euch.«

Und Sie werden staunen, wie sich alles leise öffnet und wie sich die Atemmuster weiten.

b) Atemübung, die mit Bewegung gekoppelt ist und den Orgasmusreflex nachahmt

Legen Sie sich mit dem Rücken auf eine weiche Unterlage, und stellen Sie Ihre Beine so auf, dass die *Fußsohlen fest auf dem Boden* stehen. Lassen Sie Ihren *Mund offen*, so dass der Atem leichter hinaus und herein kann.

Nun machen Sie mit Ihrem Rücken einen Bogen, indem Sie das *Becken am Sitzhöcker nach hinten ziehen,* so dass der Bauch sich automatisch dehnt und ballonartig nach oben wölbt. Durch den offenen Mund sollten Sie automatisch einatmen. Die Füße bleiben am Platz.

Dann lassen Sie den Rücken sinken und *schieben Ihr Becken nach vorne und nach oben,* so dass Ihr Bauch zur Schale wird. Mit offenem Mund werden Sie nun automatisch *ausatmen.*

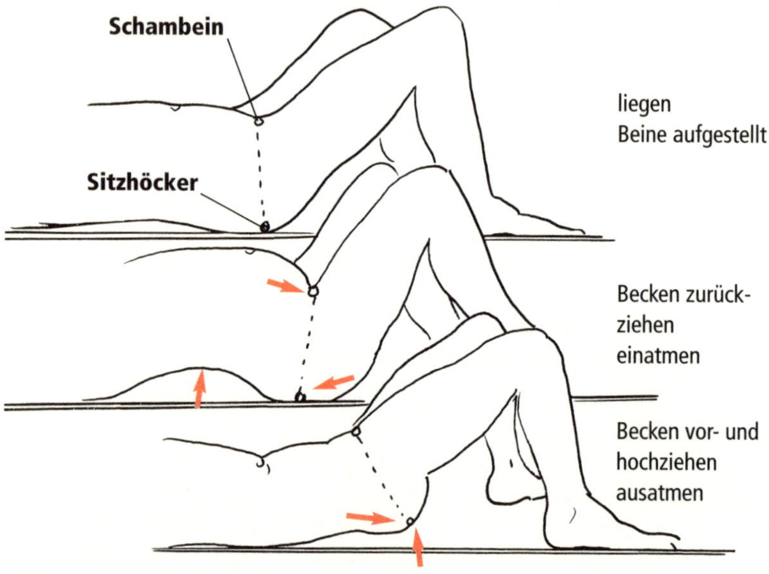

Jetzt wiederholen: Becken nach hinten, Bauch wölben, einatmen, Becken nach vorne und nach oben, ausatmen, Becken nach hinten, Bauch wölben … Halten Sie die Füße stets sicher am Boden und machen Sie die Atembewegung mit dem Becken, durch die der Bauch erst zum Bogen und dann zur Schale wird, ganz weich und so selbstverständlich wie möglich. Den Rest des Körpers lassen Sie einfach locker folgen. Es ist wichtiger, dass Sie Ihren Körper alles wie von selbst machen lassen, als dass Bogen und Schale groß und deutlich werden. Sie kommen dann in einen fast hypnotischen Rhythmus, der Sie ein wenig high werden lässt. *Stellen Sie sich einfach vor, Ihr Körper wäre eine Art Gallertmasse, die vor- und zurückschaukelt, mal schwappt ihr »flüssiger Körper« in die Bogenform, mal in die Schalenform.* Kein Muskel muss sich dabei verkrampfen. Na, klappt das? Sobald Sie sich wohl fühlen, ist es richtig.

Machen Sie zuerst Übung a) regelmäßig, um den Effekt auf die Verbesserung Ihres allgemeinen körperlichen und seelischen Zustands zu spüren. Nach etwa 2 bis 3 Monaten wird sich ein besseres Selbstgefühl entwickeln, Sie werden auch außerhalb der Übung tiefer atmen, und eventuell werden Sie schon mehr Lust entwickeln.

Versuchen Sie Übung b) sofort ins Liebemachen miteinzubeziehen, und helfen Sie sich gegenseitig dabei, sich daran zu erinnern. Also, sobald Sie sich küssen, bewegen Sie ihr Becken und lassen Sie den Atem los. Natürlich müssen Sie dann nicht auf dem Rücken liegen und Ihre Füße müssen auch nicht auf dem Boden stehen, aber schaukeln Sie atmend mit dem ganzen Becken kleine Bögen und Schalen.

Wenn Sie dann Lust auf ein regelmäßiges Lusttraining bekommen, machen Sie die Übung b) auch noch jeden Tag alleine für sich. Auch das muss nicht lange gehen, denn die Wiederholung bringt den Effekt.

Sie werden sich mit der Zeit gelöster fühlen, Ihre Bewegungen werden mehr von selber kommen, und das Gefühl wird Sie, wie gesagt, angenehm high werden lassen, ganz ohne Drogen. Wenn die Bewegungen irgendwann einmal so automatisch werden, dass sie sich anstrengen müssten, damit aufzuhören, sind Sie dem Orgasmusreflex nahe. Dieser Reflex ist wohl ein wenig vergessen worden. Aber es gibt ihn, und keine Sorge, auch ohne Orgasmusreflex ist diese Übung belebend und schön.

Wir haben absichtlich etwas herausgesucht, was wenig Aufwand braucht, weil wir als Paartherapeutinnen wissen, wie schwer es für unsere Klienten und Klientinnen ist, sich überhaupt Zeit für die Liebe zu nehmen: die Kinder … das Fernsehen … der Stress …

das Internet … die Müdigkeit … die Konflikte … die Pflichten … diese Schranke zum Liebemachen, die so schwer zu überwinden ist, … die verfluchte Gewohnheit … Wer hat da noch zusätzlich Zeit, um aufwendige, nützliche Aktivitäten wie Yoga, ausführliche Übungen oder Meditationen zu absolvieren?

Wenn es geht, lesen Sie die unten angegeben Bücher, wenn es nicht geht, nehmen Sie unsere Miniversionen, aber die bitte mit innerer Aufmerksamkeit und möglichst jeden Tag fünf bis zehn Minuten lang.

c) Und nun noch eine Atemübung für die Stille in der Liebe.
Kennen Sie das Gefühl, wenn Sie auf einem hohen Berg stehen, und es ist kein Ton zu hören? Spüren Sie dann auch, wie in dieser Stille Ewigkeit ist? Können Sie hören, wie mächtig der Klang dieser Stille ist?

In der Liebe lohnt es sich auch, dieser Stille Platz zu geben, weil sie die große Quelle, das große Herz enthält. Sie können auch sagen, weil sie ein Fenster ins Göttliche darstellt. Schauen Sie ab und zu durch dieses Fenster bzw. hören Sie im Stillsein den Ton der großen Leere, die wir auch die große Fülle nennen können.

Nehmen Sie sich während der Vereinigung oder, wenn das besser geht, auch beim zärtlichen Beieinanderliegen einen Moment Zeit. Atmen Sie ruhig ein und aus und nehmen Sie Ihren jeweiligen Atem bewusst und liebevoll wahr. *Legen Sie zwischen Einatmen und Ausatmen eine kleine Pause ein. Dies ist der Moment der Stille.* Lassen Sie diese Stille immer wieder beim Atmen zu Ihnen kommen. Tauchen Sie hinein. Spüren Sie, wie Sie beide in dieser Stille beieinander sind. Tauschen Sie sich später darüber aus. Es ist wie bei allen Übungen nicht wichtig, dass man diese Dinge sofort richtig stark erlebt. Auch ein erster Schimmer dieser Wahrnehmungen kann beglücken, wenn man ihn wichtig nimmt. Und er wird mit der Zeit wachsen und Ihrer beider Herzen immer mehr erfüllen.

d) Mareike öffnet ihren Körper mit einer Andeutung von Spiritualität – und staunt
Mareike läuft ihren Morgenweg und macht beim Laufen die Schauspieler-Körperübung. Sie sieht sich also beim Laufen von außen zu und stellt sich vor, was sie da sieht, sei eine Schauspie-

lerin, die Mareike in allen Details ganz genau nachspielt. So sieht sie sich illusionsloser.

Es ist aber nicht leicht, und als es gelingt, ist sie erschrocken.

Die »Schauspielerin« läuft mit steifen Knien, zackig, der Oberkörper ist eng, der Rücken hart, der ganze obere Teil ist im Becken geknickt und weit vornübergebeugt. Das Herz ist fest verpackt in einer Art Metalltruhe. Kein Gefühl dringt nach innen und keines nach außen. Eine Mischung zwischen einem eisenharten General und einem resignierten Opfer. So negativ empfindet sie sich sonst nie.

Sie fragt die »Schauspielerin«: »Wo ist das Licht?« Sofort lenkt sich ihr »externer Blick« auf die Füße. Unglaublich tapfer sind die, sie geben nie auf, egal, wie hart das Leben ist, versuchen sie weiterzugehen. Von selber werden diese anerkannten Füße und die ganzen Beine dazu weicher, federnder und laufen stolzer. Nur durch diese Wahrnehmung. Mareike staunt.

Sie kann nun weiter nach dem Licht suchen. Ihr Blick richtet sich von selber auf ihr Rückgrat, dorthin, wo der Schultergürtel sich mit diesem kreuzt. Eine harte Stelle, nach vorne gebeugt, ohne jedes Gefühl, leer und trotzdem irgendwie unerbittlich.

»Ach je«, seufzt Mareike.

Aber schon wieder passiert nur durch diese Achtsamkeit Erstaunliches. Das kleine Rückgratstück streckt sich und wird offener, Licht scheint darin zu sein. Nun wird ihr der Nacken bewusst. »Dieser Kopf ist wie ein Marmeladenglas, das man zu fest zugeschraubt hat«, denkt sie und fügt laut hinzu: »Gelt, du hast dich vom Himmel abgewendet, kein Wunder bei dieser Kirche.«

Der Kopf fühlt sich verstanden, er möchte offenbar leicht und weich auf dem Rückgrat federn und tut es auch sofort.

»Weg der Wunder«, denkt Mareike. »Eine tolle Übung, ich muss es meiner Freundin erzählen, wie gut mir dieser Rat von ihr getan hat.«

Doch nun geht die Aufmerksamkeit zu etwas Neuem. Sie merkt, dass sie nicht nur aufgerichtet ist, sondern fast gierig die Kehle – zu weit? – nach oben streckt.

O Gott, diese Schauspielerin ist verhungert nach etwas, nach was denn? Nach Luft, aber auch nach mehr. Nach der Spiritualität in allem? Luft und dieses andere kommen tatsächlich durch den offenen Mund in die »Schauspielerin«, die ja Mareike ist, hinein.

Geht zuerst in den Brustraum, dann langsam zum Bauchnabel, dann ins Becken.

Mareike merkt, dass der ganze Körper nun atmet.

»So kann man atmen? So?« Schon wieder erwischt sie sich bei einem unwillkürlich laut hervorgestoßenen Kommentar. »Für mich ist das besser als Beten.«

Von oben bis unten ist nun geschmeidige Bewegung da. Es ist unglaublich, sie hat doch nichts gemacht als diese komische Übung.

Ihre Beine sind weich in den Knien, der Atem macht leise Wellenbewegungen und erreicht Stellen, die er sicher noch nie berührt hat. Es macht sie ruhig – und noch etwas – könnte man es satt nennen?

Die Kehle der »Schauspielerin« ist immer noch weit offen und saugt das Gemisch von Luft und irgendetwas Weiterem ins ganze Selbst hinein.

Die Arme bewegen den Oberkörper, die Beine die Hüften in sanftem Wiegegang. Alles ist anders, die Härte ist weg und um sie herum machen, wie sie sich einbildet, der Weg, die Gräser, die Bäume mit. Alles ist lebendiger und weniger fest, als lebte es und redete auf unnachahmliche Weise mit ihr.

»Das mach ich wieder«, sagt sie sich. »Gleich morgen früh.«

e) **Zum Schluss lassen wir Sie nun mit dem Halten der Energie experimentieren.**

Spontan scheint es nicht immer so leicht zu klappen. Jedenfalls haben wir vor kurzem zwei schräge Geschichten gehört, wie Männer ihren vorzeitigen Samenerguss zu beherrschen suchen. Dort geht es ja auch darum, die Energie nicht verpuffen zu lassen.

Der eine löste beim Liebemachen im Kopf Mathematikaufgaben, was noch eine bekannte und weit verbreitete Technik ist, der andere dachte an seine verhasste Tante und stellte sich vor, wie sie aus Leibeskräften kotzte. Das war schon ungewöhnlicher und spiegelt die Verzweiflung, die einen packen kann, wenn die »verdammte Energie« wieder einmal, kaum angezündet, sofort ihr Feuerwerk veranstalten oder gar nicht erst richtig stark werden will.

Als Alternative können Sie am einfachsten wieder mit Ihrem Körper reden. Sie wissen ja nun, dass er eine tiefe Weisheit in sich trägt, die weiß, wie es »richtig und gesund« wäre.

»Bitte warte noch mit dem Orgasmus«, können Sie innerlich sagen, »es ist gerade so schön.« Oft wird es dann tatsächlich ein wenig länger gehen.

Sie können sich aber auch, wenn die Erregung wächst, in einen defokussierten Zustand begeben[26] und in diesem Zustand Ihre Wahrnehmung auf Ihre ganze Person ausdehnen, weg vom genitalen Brennpunkt. Sie können Ihre genitale »Ladung« in diesem defokussierten Zustand auch leise einladen, sich auszudehnen und zum Beispiel auf das Herz zu erstrecken. Je mehr Sie sich jedoch mit festem Willen auf die Hoffnung fokussieren, dass die Energie sich steigern und lange bei Ihnen bleiben soll, umso schneller wird sie Sie verlassen. Mit unserem Intellekt können wir die Körperstimme nämlich nicht erreichen. Das Defokussieren ist der Trick, der die Intuition automatisch anspricht, die sehr wohl alle diese wunderbaren Dinge fertigbringen kann.

Sie können aber auch bei den Atemtrainings immer wieder Pausen einschalten, in denen Sie wahrnehmen, wie sich Ihr Köper auflädt und wie sich die Energie in die Zellen und Muskeln senkt.

Es geht ja um das Auffüllen der Schubladen. Wahrnehmung steuert diesen Vorgang besser als bewusstes Schieben und als alle Versuche, etwas zu erzwingen.

Wenn Sie ein Kribbeln in den Händen oder in den Fußsohlen fühlen, wissen Sie, dass diese nun mehr mit Energie geladen sind als vorher.

Warten Sie nun und schauen Sie, wo Sie sonst noch etwas Neues fühlen. Wird das Herz ein wenig wärmer? Dann ist dort mehr Energie. Ist der Nacken entspannter? Dann ist dort mehr Energie. Atmen Sie ein wenig mehr in den Bauch? Dann ist dort mehr Energie.

Danken Sie nun Ihrem Körper, dass er Ihnen diese energetische Aufladung auf seine ganz eigene Weise zeigt, und freuen Sie sich an dem Erfolg. So wird sich mit der Zeit auch das Liebemachen zeitlich ausdehnen, entspannter sein und wärmer werden.

Die Fähigkeit, Energie im Körper zu halten, nennen wir Körpertherapeutinnen »Containment« (siehe Kap. 6, S. 129). Sie wird Ihnen in vielen Lebenslagen nützlich werden. Sie müssen zum Beispiel, wenn Sie Gefühle in einen Energiecontainer abladen können, nicht bei jedem Ärger sofort platzen, sondern können sich – was sehr wichtig ist – *unverspannt* darauf vorbereiten, zum richtigen Zeitpunkt auf die richtige Art mit dem Konflikt umzugehen.

Ein Container ist also etwas anderes als Enge oder Verdrängung. Er ist ein Gefäß der Aufbewahrung. Mit einem Container fühlt man sogar mehr als ohne ihn, weil man darin ja Energie oder Gefühle ansammeln kann. So kann man sie wie den Orgasmus besser regulieren als ohne diesen Container. Diese Fähigkeit steht im Zentrum unseres nächsten Kapitels. Wir wünschen Ihnen viel Spaß dabei. Es geht nämlich um das Regulieren von Konflikten.

8. Kapitel

Vom Umgang mit Konflikten

Konflikt heißt Zusammenstoß. Er kann federnd oder hart sein, aber wen wundert's, dass es Zusammenstöße gibt, wenn zwei Menschen eine Beziehung eingehen oder gar versuchen, ihr Leben miteinander zu teilen?

Allein schon die Tatsache, dass es zwei verschiedene Persönlichkeiten sind, garantiert Zusammenstöße (vgl. Kap. 4: »Du und ich sind nicht dasselbe«). In der Begegnung zweier Menschen können Welten aufeinanderprallen: die beiden Geschlechter, die jeweiligen Herkunftsfamilien, verschiedene persönliche Lebenserfahrungen, unterschiedliche Liebesstile, weit auseinanderliegende Berufswelten und soziale Schichten; ferner andersartige Kulturen, Religionssysteme, Nationalitäten. Erstaunlich, dass Menschen überhaupt Wege finden, mit diesen Unterschieden zurechtzukommen. Konflikte sind also das Normalste der Welt.

Wie schon Krishnamurti sagte: »Es gibt keine Beziehung ohne Konflikte.«

Das Problem liegt nicht darin, dass sie auftreten, sondern in der Einstellung von Paaren zu ihnen. Dürfen Diskrepanzen Platz einnehmen in der Beziehung oder werden sie durch eine konfliktscheue Haltung unter den Teppich gekehrt? Und wenn sie vorkommen dürfen, wie geht ein Paar damit um? Artet ein Konflikt in eine wilde Kampfszene aus, in der es um »Wer hat recht?« oder »Wer gewinnt?« geht?

Die zweite Bedeutung von Konflikt ist nämlich: »Streit. Zerwürfnis.«

Eine Weile war die Auffassung beliebt, dass man, um die Beziehung lebendig zu halten, nur richtig miteinander streiten müsse. Und es stimmt, denn wenn nach einem solchen Streit die Luft gereinigt erscheint wie nach einem Gewitter, bringt das tatsächlich Erleichterung. Aber diese stellt sich nur aus einer »Win-win-Situation« her, d. h., wenn beide Partner aus dem Zusammenstoß etwas gewonnen haben und es keine Verlierer gibt. Häufig sind es jedoch destruktive Streitereien, die ein Paar bedrückt und verletzt zurücklassen. Solche Kämpfe können schließlich in eisigem Schweigen enden, wo jeder tiefere Austausch aufhört, weil die Partner gegenseitig davon überzeugt sind: »Mit dir kann man nicht reden!« Durch derartige Zusammenstöße vergrößert sich die innere Distanz des Paares zunehmend.

Diese Art von fruchtlosem Streiten führt deshalb nicht weiter, weil es sich dabei nicht um echte Auseinandersetzungen handelt, in denen es darum geht, die Andersartigkeit des Gegenübers anzuerkennen und auch eine andere Meinung als die eigene gelten zu lassen.

Nun gibt es durchaus Menschen, die imstande sind, die Meinung ihrer Partner gelten zu lassen, sich über Verschiedenheiten auszutauschen und für anstehende Entscheidungen einen Konsens zu finden oder einen Kompromiss auszuhandeln. Andere aber geraten sich wegen jeder Kleinigkeit in die Haare, fühlen sich schnell angegriffen oder gekränkt und müssen sich hartnäckig verteidigen. Dazwischen liegen alle Variationen von Unverträglichkeit bei Meinungsverschiedenheiten.

Unbearbeitete Konflikte machen einsam. Sie schaffen Distanz zwischen den Partnern und lassen die Beziehung mit der Zeit sinnentleert werden. Bestenfalls findet das Paar dann Sinnvolles außerhalb der Familie. Sie, indem sie ihre Probleme mit Freundinnen bespricht, mit denen sie auch vergnügliche Unternehmungen plant. Er, indem er in Männervereine, Hobbys oder berufliche Verpflichtungen ausweicht, die partout keine Zeit mehr für die Partnerschaft lassen.

An Festtagen, wenn die Sehnsüchte nach Wärme und Geborgenheit in der eigenen Familie sich melden, flammen dann die unterdrückten Konflikte oft auf wie Kerzen am Weihnachtsbaum und lassen einen Scherbenhaufen an enttäuschten Erwartungen zurück.

Konfliktkultur will also gelernt sein. Je mehr ein Paar die Erfahrung macht, dass die erlernten Strategien zum erhöhten Wohlgefühl in der Beziehung beitragen und die Verbundenheit mit dem Partner/der Partnerin stärken, umso williger wenden sie die – zugegeben manchmal mühsam einzuhaltenden – Regeln für den Umgang mit Konflikten an.

In diesem Kapitel geht es uns also darum, die Konfliktfähigkeit von Paaren zu stärken und geeignete Strategien und Regeln im Umgang mit verschiedenen Arten von Konflikten zu vermitteln. Dazu möchten wir in einer Tabelle den Unterschied zwischen Konfliktscheu, Streitlust und Konfliktfähigkeit aufzeigen.[1] In der mitt-

Konfliktscheu	Konfliktfähigkeit	Streitlust
Konflikte kosten nur Kraft, darum: Hände weg davon!	Aggressionen sind Energie: Ich leite sie positiv um!	In Konflikten erlebe ich mich selbst – sie steigern die Vitalität!
Offene Konflikte zerstören unnötig vieles!	Konflikte helfen, sich von Überkommenem zu lösen.	Nur aus Chaos entsteht wirklich Neues!
Konflikte vertiefen nur die Gegensätze, Differenzen sind im Grunde doch nicht lösbar!	Unterschiede sind lebensnotwendig. Das Arbeiten an Differenzen bereichert alle!	Konsens ist oft Illusion, denn: Der Krieg ist der Vater aller Dinge!

leren Spalte erscheinen die Grundannahmen und Leitlinien der konfliktfähigen Einstellung.

Eine konfliktscheue Haltung kann aus der Erfahrung mit vergeblichen Lösungsversuchen in früheren Konflikten hervorgehen. Das »Hände weg« bedeutet dann: »Hüten wir uns, noch mehr Geschirr zu zerbrechen!« Die Streitlust hingegen kann durch ein untergründiges Motiv angeheizt werden wie z. B.: »Ich setze mich unter allen Umständen durch!«

Die Konfliktfähigkeit beruht jedoch auf positiven Annahmen über Auseinandersetzungen. Ihr liegt das Vertrauen zugrunde, dass Konfliktbearbeitung zu größerer Offenheit und Lebendigkeit in der Beziehung führen kann.

Sehen wir uns zunächst zwei praktische Beispiele im Umgang mit einer konfliktträchtigen Situation bei annähernd gleicher Ausgangslage an:

Erstes Beispiel:

Hans kommt am Abend müde nach Hause. Ursula ist noch in der Küche und ruft: »Gleich können wir essen! Habt ihr den Tisch gedeckt, Kinder?«

Antwort der beiden Neun- und Zehnjährigen: »Noch nicht.«

Ursula zu Hans: »Könntest du mal schauen, dass sie sich beeilen?«

Hans spricht ein Machtwort. Die Kinder gehorchen, sitzen aber danach bedrückt auf ihren Stühlen.

Ursula nimmt beim Hereinkommen die unangenehme Stimmung wahr und fragt: »Was ist los?«

Sie erhält jedoch keine Antwort und beginnt, die Teller zu füllen.

Als die Kinder nach dem Essen zum Zähneputzen geschickt werden, bricht es aus Hans heraus:

»Ich verstehe einfach nicht, warum die Gören derart herumtrödeln, wenn sie den Tisch decken sollen. Auch beim Ins-Bett-Gehen machen sie nie vorwärts. Kannst du das nicht ändern?«

Ursula, gereizt: »Verbring doch du mal den ganzen Tag mit ihnen! Dann bist du auch fix und fertig abends und hast nicht mehr die Energie, sie ins Bett zu pusten.«

Hans, bereits etwas lauter: »Du denkst wohl, meine Arbeit im Geschäft sei das reinste Zuckerschlecken? Heimkommen und für Ordnung sorgen müssen, weil du das nicht fertigbringst, ist nicht gerade ein Vergnügen.«

Ursula: »Ach, hör doch auf. Du bist nicht der Einzige, der arbeitet. Und etwas Unterstützung in der Erziehung kannst du mir wohl geben. Das ist wahrhaftig nicht zu viel verlangt.«

Hans antwortet nicht. Er geht ins Badezimmer und schnauzt die Kinder an: »Fertig jetzt mit dem Herumalbern. Ab heute seid ihr abends punkt acht Uhr im Bett. Verstanden?«

Was denken Sie, wie die vom Vater verordnete Regel eingehalten wird? Wahrscheinlich nur, solange der Vater einschüchternd dahintersteht. Dann wird das gesetzte Zeitlimit allmählich überschritten, und der alte Schlendrian macht sich breit. Entweder führt das Thema dann zu weiteren eskalierenden Streitereien zwischen den Eltern oder der Ärger wird hinuntergeschluckt und explodiert irgendwann mal massiv.

Zweites Beispiel:

Renate und Peter können an einem Sonntagmorgen länger im Bett bleiben. Die Kinder sind von den Großeltern übers Wochenende eingeladen worden. Am Freitagabend haben sie gequengelt und wollten nicht ins Bett gehen. Die Eltern waren genervt.

Nachdem er Renate guten Morgen gesagt hat, fängt Peter an: »Du, Renate, was ich dir schon längere Zeit sagen wollte – magst du's hören?«

Renate: »Um was handelt es sich denn?«

Peter: »Ja weißt du, es geht um die Kinder. Mich stört immer mehr, dass sie nach dem Abendessen so lange nicht ins Bett kommen und unsere Abende so kurz werden dadurch. Am Freitag musste ich mich richtig zurückhalten, um sie nicht anzuschreien.«

Renate (nachdenklich): »Ja. ich weiß, ich wünschte mir auch mehr Zeit am Abend für mich oder für uns. Aber meistens habe ich einfach nicht mehr die Energie, sie ins Bett zu scheuchen.«

Peter: »Du musst dich nicht verteidigen. Ich weiß, dass du manchmal nach einem Tag mit ihnen fix und fertig bist. Mir geht es ja auch so nach der Arbeit.«

Längere Zeit Schweigen. Beide denken nach.

Schließlich sagt Renate: »Hast du eine Idee oder einen Vorschlag, wie wir das ändern könnten?«

Peter: »Im Moment noch nicht, wie können es uns ja überlegen und nochmals darauf zurückkommen.«

Renate: »Einverstanden.«

Später am Tag kommt Renate auf das Thema zurück: »Du, Peter, mir ist etwas eingefallen. Wir könnten nach dem Abendbrot beide aufstehen und zu den Kindern sagen: »Wir möchten jetzt, dass ihr in einer halben Stunde im Bett seid.«

Peter steigt darauf ein: »Wir könnten ihnen einen Wecker stellen und sagen, dass ich nachsehen komme, wenn er klingelt.«

Darauf Renate: »Ja, und wenn es klappt, erzähle ich ihnen eine Geschichte.«

Beide freuen sich, ihre Idee am Abend, wenn die Kinder wieder zuhause sind, auszuprobieren.

Geben Sie diesem Lösungsversuch eine Chance? Wir denken, die Aussichten für eine erfolgreiche Lösung sind im zweiten Fall größer, obwohl in der angesprochenen Situation eine Menge Konfliktstoff steckt: Erziehungsfragen, Verteilung der elterlichen Aufgaben, Unterschiede zwischen Arbeitswelt des Mannes und Haushaltsalltag der Frau, Raum haben dürfen für sich selber und für die Beziehung sowie autoritäre vs. Konsens-Mentalität. Aber Sie haben bestimmt gemerkt, dass Peter und Renate mehr von den Regeln für ein gutes Konfliktmanagement verstehen als Ursula und Hans.

Wir wollen deshalb gleich eine Grundregel für den Umgang mit den unvermeidlich auftretenden Konflikten einführen:

> Versuchen Sie nie, einen Konflikt im »heißen« Zustand zu lösen, d. h., wenn Sie wütend, erschöpft oder genervt sind.

Erinnern Sie sich: Peter und Renate (S. 214) wählen einen ungestörten Sonntagmorgen für ihren Austausch über Erziehungsfragen. Ursula und Hans geraten in Streit nach einem langen Arbeitstag, als beide gereizt sind.

So einfach diese Regel erscheint, einfach einzuhalten ist sie nicht, wenn die Gefühlswogen hochschlagen und die vernünftige Steuerung überrollen. Dies geschieht je nach Beschaffenheit der Konflikte mehr oder weniger heftig. Wir wollen deshalb erst einmal verschiedene Arten von Konflikten anschauen.

Kategorien von Konflikten

Für Gottman[2], den amerikanischen Beziehungsforscher, gibt es im Prinzip nur zwei Kategorien von Konflikten. Er unterscheidet zwischen den lösbaren Konflikten und den »ewigen«. Die Ersteren finden durch Aushandeln, Entgegenkommen und Kompromissbereitschaft beider Partner Lösungen, die Letzteren nicht. *Unglücklicherweise sind nach Gottman 69% der Paarkonflikte »ewig«. Sie gehören zu unserem Leben »wie ein wetterfühliges Knie, ein Tennisarm oder ein empfindlicher Darm«.* Düstere Aussichten, finden Sie? Nun, Gottman versichert uns, dass für Paare die Hoffnung besteht, einen geschickten Umgang mit den ewigen Dauerbrennern zu finden und mit oder trotz ihnen zufrieden miteinander leben zu können.

Wir geben zusätzlich eine vierteilige Skala von Konflikten, die man leicht in Gottmans zwei Kategorien einreihen kann:

1. Meinungsverschiedenheiten

Dabei handelt es sich um gelegentliche Meinungsverschiedenheiten, ohne dass daran tiefer liegende Gefühle beteiligt sind, also ohne tiefere »Ladung«. Verschiedener Meinung sein ist an sich nicht konflikthaft. Im Gegenteil: Untersuchungen haben gezeigt, dass Beziehungen umso besser halten, je offener die Partner verschiedener Meinung sein dürfen. Meinungen können ausgetauscht und stehen gelassen werden.

Diese Konflikte haben den Charakter von Wellengekräusel im Alltag. Das Paar bleibt konsensfähig. Konflikte dieser Art sind lösbar.

2. Alltagskonflikte

Hier handelt es sich um die täglich auftretenden, ganz »normalen« Probleme, welche Fragen wie Haushaltsführung, Aufgabenverteilung, Kinderziehung, finanzielle Planung, Ferienziele usw. betreffen. Alle Paare müssen sich damit beschäftigen: »Wie machen wir das am besten?« Sie werden sehr wahrscheinlich verschiedene Auffassungen haben über die geeignetste Art, Schwierigkeiten anzugehen. Sofern diese Themen im Rahmen von Sachfragen bleiben, sind die damit verbundenen Probleme verhandelbar und finden Lösungen. Das Paar bleibt kompromissfähig, die Konflikte werfen leichte Wellen im Beziehungsmeer.

Sobald über die genannten Themen aber tiefer liegende Schichten bei den Beteiligten angekratzt werden, gehören die Konflikte in die nächste Kategorie.

3. Konstellationskonflikte

Diese Kategorie gehört zu den »Ewigen«. Wir nennen sie Konstellationskonflikte, weil sie sich – unabhängig vom Inhalt – um ein tiefer liegendes Beziehungsthema konstellieren. Wir unterscheiden zwei Sorten:
durch ein tiefer liegendes Bedürfnis genährte Konflikte;
Konflikte, die eine verletzte Stelle bei den Beteiligten berühren.

Diese Art von Konflikten spiegelt unerfüllte Bedürfnisse oder sie berührt empfindliche Stellen, Wunden aus der Kindheit (vgl. Kapitel 5), die den Beteiligten nicht einmal bewusst sein müssen. Gerade das macht sie zu »ewigen Konflikten«. Sie steuern konfliktträchtiges Material aus der Tiefe bei, das, was wir schon manchmal in diesem Buch »Ladung« genannt haben. Und diese Ladung kann ganz schön geballt sein, denn sie ruft Abwehrmuster wie z. B. die apokalyptischen Reiter, Aggressionen und Misstrauen auf den Plan. Unsicherheiten im Liebesstil (vgl. S. 56 ff.) können jetzt krass zum Vorschein kommen. Nun gibt es Schaumkronen auf dem Beziehungsmeer.

4. Lebenskonflikte

Diese Konflikte gehören unserer Meinung nach weder zu den lösbaren noch zu den »Ewigen«. Sie sind eine Kategorie für sich und können im besten Fall gemeinsam getragen werden. Wir denken an Konflikte, die bei Schicksalsschlägen entstehen können, bei einem tot geborenen oder missgebildeten Kind, einer schweren Krankheit, die einen der beiden Partner befällt, oder auch bei unfreiwilliger Arbeitslosigkeit. Solche Probleme führen oft zu schweren Stürmen in der Paarbeziehung und können unter Umständen das gemeinsame Lebensschiff zerschlagen.

Für Paare ist es von grundlegender Wichtigkeit, die Art des aufgetauchten Konfliktes zu erkennen. Mit Konstellationskonflikten muss man anders umgehen als mit Meinungsverschiedenheiten oder Alltagsproblemen. Konstellationskonflikte bergen am meisten Sprengstoff oder Zerstörungspotenzial für die Beziehung.

Erhöhen der Konfliktfähigkeit

In jedem Fall hilft es, mit allen Fährnissen umzugehen, wenn Paare lernen, ihre Konfliktfähigkeit zu erhöhen.

1. Grundlage für alle Konfliktregelung: gegenseitige Wertschätzung

Welcher Art die Konflikte in einer Beziehung auch sind: Ohne gegenseitige Wertschätzung, Anerkennung und Akzeptanz nehmen die Versuche, ein Problem zu lösen, rasch die Form von persönlichen Angriffen an und eskalieren in einer Art, die jede Verständigung unmöglich macht.

Untaugliche Methoden im Umgang mit Konflikten kennen alle Paare: aufbauschen oder verharmlosen, unentwegt nachtragen oder wegstecken, Vorwürfe machen und anklagen, jammern oder keifen, Schuldgefühle vermitteln, Druck machen, drohen, wütend schweigen, innerlich aussteigen, den Kontakt verweigern, fragmentieren, in Tränen ausbrechen, Ultimaten stellen, Liebesentzug und andere »Spezialitäten«.

Das Gegenteil von Wertschätzung steckt in den so genannten *Killer-Wörtern und -Sätzen* wie: Nie machst du ... Immer sagst du ... Ständig stellst du in Abrede ... Sowieso bist du ... überhaupt tust du ... Natürlich wieder ... Klar, war ja nicht anders zu erwarten. Sonst noch etwas? Wie gehabt. Dasselbe in Blau. Weiß ich längst. Musste ja so kommen. Du hast ja immer Recht. Glaubst du, ich bin blöd? Ich bin ja nicht blind. Ist ja nichts Neues. Und das soll ich dir abnehmen? Du glaubst mir ja doch nicht. Ach, lassen wir's, es schaut nichts heraus dabei.

Vielleicht führen Sie diese Ausdrücke nicht im Repertoire Ihrer Beziehungssprache. Dann können wir Ihnen wirklich gratulieren! Wenn Sie nicht sicher sind, überprüfen Sie doch, ob sie Ihnen ab und zu über die Lippen kommen und wie Ihre Partner darauf reagieren.

In diesem Kapitel geht es unter anderem darum, den eigenen Anteil an der Verschärfung von Konflikten aufzuspüren. Mit unserer Sprache können wir einiges zur Eskalation oder eben zur Deeskalation von Streitgesprächen beitragen.

Klar ist trotzdem, dass im Grunde niemand die Konflikte liebt. Man möchte sie auf den Mond schießen oder wenigstens den anderen dazu bringen, etwas zu tun, damit es einem selber besser geht. Wenn die fünf apokalyptischen Reiter Kritik, Rechtfertigung, Verachtung, Mauern und Machtdemonstration (vgl. Kap. 5) bereits Einzug gehalten haben, ist jedoch eine angemessene Konfliktbearbeitung auf der Basis von Wertschätzung schwierig oder unmöglich geworden. Die gegenseitige Wertschätzung kommt einem manchmal abhanden im »heißen« Stadium, wenn man gereizt oder verärgert ist und das Gefühl hat, der Partner treibt einen auf die Palme und man könnte platzen.

Erinnern Sie sich daher an die erste Regel in diesem Kapitel: *abkühlen*. Keine Lösung erzwingen wollen, bevor man nicht wieder auf dem sicheren Boden der Wertschätzung für den andern steht und wenigstens einen oder zwei seiner Vorzüge sehen kann.

In unserer Praxis, wo oft sehr zerstrittene Paare auftauchen, die nur noch gegen die Schattenseiten des anderen kämpfen, bringt manchmal die Frage nach dem Kennenlernen und der Zeit der ersten Verliebtheit ein Stillewerden und einen versonnenen, leuchtenden Gesichtsausdruck hervor, als ob die beiden verwandelt würden durch die Erinnerung an das Gute, das sie früher ineinander gesehen haben. Zwar kann die Stimmung schnell in die hässlich gewordene Gegenwart kippen, aber ein Zipfel von Wertschätzung ist doch wieder aufgetaucht.

Gottman gibt an, dass 94% der Paare, welche die Geschichte ihrer Ehe positiv sehen, eine glückliche Zukunft haben. Wenn alle glücklichen Erinnerungen verschwunden sind, braucht die Beziehung Hilfe.

Um die Stärke Ihrer Partnerschaft in diesem Punkt zu überprüfen, listen wir ein paar grundlegende Aussagen auf, die von Wertschätzung zeugen.

1. Mir fallen spontan drei Eigenschaften ein, die ich an meinem Partner schätze und bewundere.
2. Wenn wir getrennt sind, denke ich oft voller Zuneigung an meine Partnerin.
3. Ich drücke meine Zuneigung öfters aus, indem ich meinen Partner küsse, berühre oder ihm sage, dass ich ihn mag.
4. Ich fühle mich in dieser Partnerschaft geliebt und geborgen.
5. Ich bin stolz auf meine Partnerin.
6. Sie freut sich ehrlich über meine Fähigkeiten und Leistungen.
7. Ich kann leicht erklären, warum ich meinen Partner geheiratet habe.
8. Wenn ich noch einmal vor derselben Entscheidung stünde, würde ich nochmals denselben Menschen heiraten.
9. Unser Sexualleben ist grundsätzlich befriedigend.

(Nach Gottman: »Die 7 Geheimnisse der glücklichen Ehe«)

Geben Sie sich für jede bejahende Antwort einen Punkt und bewerten Sie selbst, wie viel gegenseitige Wertschätzung in Ihrer Beziehung vorhanden ist. Falls Sie einen Mangel auf diesem Gebiet feststellen, fangen Sie mit dem Erneuern der Wertschätzung an. Die folgende Übung kann Sie dabei unterstützen.

Aufbauen und Erhalten von Wertschätzung des Partners:

Diese Übung machen Sie am besten, wenn der Ehehimmel blau und kein Konflikt am Schwelen ist. Je klarer Sie im Streitfall die Verbindung zu Respekt und Anerkennung behalten können, umso besser sind die Aussichten auf eine erfolgreiche Regelung.

Falls Sie Mühe haben, die Verbindung zur Wertschätzung Ihres Partners wiederzufinden, lassen Sie in der Erinnerung Situationen auftauchen, in denen ein liebendes oder anerkennendes Gefühl in Ihnen lebendig war. Sie können auch Fotoalben ansehen, z. B. aus der Zeit vor der Hochzeit oder von besonders schönen Reiseerlebnissen.

Nehmen Sie sich dann Zeit, die Eigenschaften aufzuschreiben, die Sie jetzt oder damals geschätzt haben, und schalten Sie »Störsender«, d. h. Gedanken wie »Ja, damals, aber heute …«, vorerst ab.
Sie können auch die nachfolgende Liste »Was ich mag an meinem Partner« benützen.

Sie/Er ist:

liebevoll	treu	lebendig	mutig
sexy	voller Pläne	aufrichtig	warm
praktisch	elegant	rücksichtsvoll	integer
humorvoll	stark	sensibel	großzügig
ordentlich	zärtlich	sparsam	verspielt
unterstützend	charmant	fantasievoll	verlässlich
attraktiv	aufmerksam	entschieden	herzlich
ruhig	sorgfältig		

Diese Übung nennen wir »Öffnen der Beziehungs-Schatzkiste«. Sie können allein darin wühlen oder gemeinsam mit Ihrer Partnerin. Für die Beziehung sind Mitteilungen über das, was man aneinander schätzt, überaus stärkend und festigen den Boden für das Austragen von Konflikten.

Strategien und Regeln für den Umgang mit lösbaren oder Alltagskonflikten

Zunächst stellt sich die Frage: Wie unterscheidet man lösbare von unlösbaren Konstellationskonflikten? Die unlösbaren sind leichter zu erkennen, weil sie tiefere Spuren im Gefühlsleben hinterlassen. Wir führen daher zuerst einige charakteristische Anzeichen für unlösbare Konflikte auf.

1. Anzeichen für unlösbare Konflikte

- Die Gespräche sind ermüdend und wecken Gedanken wie: »Schon wieder eine ergebnislose Runde gedreht!«, oder: »Hätten wir doch gar nicht erst angefangen!«
- Stimmungsmäßig landen Sie mit der Zeit im Keller. Gefühle von Resignation bis hin zu Verbitterung machen sich breit.
- Sie fühlen sich absolut nicht verstanden vom Partner/von der Partnerin. Zuweilen kommen Sie sich regelrecht abgewiesen vor.
- Die Gespräche bringen Sie einander nicht näher. Sie verursachen im Gegenteil innere Distanz oder Rückzug.
- Sie werden immer unlustiger und frustrierter bei der Vorstellung eines Gesprächs über einen Konflikt, weil Sie den Ablauf schon im Voraus zu kennen glauben.
- Sie verlieren die Hoffnung auf flexible und kreative Lösungen. Stattdessen versteifen Sie sich auf Ihren Standpunkt und werden immer weniger bereit, Kompromisse einzugehen.

Treffen die meisten der obigen Merkmale nicht zu für ein anstehendes Konfliktgespräch, kann man annehmen, dass es sich um einen lösbaren Konflikt handelt. Dann gelten die Regeln für den Umgang mit lösbaren Konflikten. Die Arbeit daran führt zu einer für beide Partner annehmbaren Problemregelung.

2. Regeln für den Umgang mit lösbaren Konflikten:

Vielleicht haben Sie bei Ihren bisherigen Konfliktlösungsstrategien bereits einige der folgenden Punkte beachtet und wissen, dass sie zum Erfolg führen. Andere können Sie jetzt bewusster einsetzen und zusammen mit Ihrem Partner oder Ihrer Partnerin im Sinne einer kreativen Lösungssuche experimentieren.

a) Schaffen Sie eine günstige Situation für das Gespräch.
b) Räumen Sie genügend Zeit ein.
c) Gestalten Sie die Einleitung des Gesprächs wertschätzend.
d) Drücken Sie die eigenen Gefühle aus.
e) Achten Sie auf Ihre Körperempfindungen.
f) Anerkennen Sie, dass es zwei subjektive Realitäten gibt.
g) Tolerieren Sie Fehler des Gegenübers. Scheuen Sie sich nicht, eigene einzugestehen.
h) Machen Sie Zugeständnisse. Gehen Sie Kompromisse ein.

Wir möchten nun zu den einzelnen Punkten einige Hinweise geben:

a) Eine günstige Situation für das Gespräch schaffen

Zur Erinnerung: Bevor Sie einen Vorschlag für ein Konfliktgespräch machen, überprüfen Sie bitte, ob Sie im Moment genügend Wertschätzung empfinden für Ihr Gegenüber. Fall das nicht der Fall ist, wenden Sie eine selbstberuhigende Methode an. Wir schlagen Ihnen vier *Beruhigungsmethoden* vor, die stressabbauend wirken.

- Die kürzeste Form: Schließen Sie die Augen und streichen Sie mit drei Fingern (Zeige-, Mittel- und Ringfinger) sanft im Uhrzeigersinn über Ihre beiden Schläfen. Lassen Sie dabei allmählich den Kopf sinken. Beenden Sie die Übung mit einem kurzen, leichten Druck auf die Schläfen.
- Ebenfalls kurz ist die folgende Übung: In bequemer Sitzhaltung die Handflächen aneinanderreiben und die warm gewordenen Hände über die geschlossenen Augen halten, ohne sie zu berühren. Einige Minuten die Wärme der Hände und die zunehmende Entspannung der Augen spüren. Lassen Sie Nacken und Schultern locker werden und spüren Sie, wie Ihr Atem durch den Körper fließt.
- Etwas länger dauert die meditative Muskelentspannung, die Sie am besten allein an einem ruhigen Ort machen. Sie können dazu sitzen oder liegen. Erlauben Sie Ihrem Atem, langsam und ruhig durch den ganzen Körper zu fließen. Konzentrieren Sie sich jetzt auf Ihre Körperempfindungen. Machen Sie eine Wanderung durch den Körper und spüren Sie, wo er sich verspannt anfühlt.

Ist es Ihr Nacken, so verstärken Sie diese Spannung ein kleines bisschen, halten sie für einen Moment und lösen sie wieder. Dabei können Sie sich vorstellen, dass die verspannte Stelle schwer und warm wird. Machen Sie diese Übung mit allen verspannten Stellen, die Sie im Körper finden.

- Auch die folgende Übung machen Sie zuerst für sich allein. Setzen Sie sich bequem hin, schließen Sie die Augen und lassen Sie den Atem durch den Körper strömen. Dann stellen Sie sich einen Ort vor, an dem Sie sich sehr ruhig und geborgen fühlen. Lassen Sie die durch das Bild entstehenden Körperempfindungen sich im ganzen Körper ausbreiten. Nehmen Sie wahr, wie der Herzschlag sich beruhigt, die Muskelspannung nachlässt und ein friedliches Gefühl in Ihnen aufsteigt. Wiederholen Sie diese Übung regelmäßig. Mit der Zeit wird der Gedanke an das Bild unwillkürlich die entsprechenden Empfindungen im Körper auslösen.

Erst wenn Sie ruhig genug geworden sind, schlagen Sie einen Ort und einen Zeitpunkt für das Gespräch über das anstehende Konfliktthema vor. Ihr Partner muss damit einverstanden sein oder einen neuen Vorschlag machen, der Ihnen auch passt.

b) Genügend Zeit einräumen

Warten Sie nicht zu lange, um einen Konflikt anzusprechen, der Ihnen zu schaffen macht. Gestaute oder nagende Gefühle können leicht das nächste Konfliktthema aufheizen und zur Eskalation führen. Es fällt Ihnen so leichter, in der Gegenwart zu bleiben und die Situation von gestern oder von voriger Woche aufzugreifen. Wärmen Sie nicht endlos alte Dinge auf.

Den günstigsten Ort und die günstigste Zeit für ein Konfliktgespräch muss jedes Paar selber ausmachen. Oft ist es der Abend oder das Wochenende. Auch ein Spaziergang ist vorteilhaft, weil man in der Bewegung flexibler bleibt. Auf jeden Fall sollen Kinder – ausgenommen Babys – die Eltern nicht stören, damit das Gespräch in Ruhe ablaufen kann. Telefon und Hausklingel werden nur im Notfall bedient.

Für das Gespräch muss genügend Zeit zur Verfügung stehen, sonst entsteht Zeitdruck und damit Stress. Es soll aber auch nicht endlos dauern, vor allem, wenn im Moment keine befriedigende Lösung gefunden werden kann. Als gute Regel hat sich erwiesen, dass jeder der Partner stoppen darf, wenn er oder sie sich nicht mehr wohl fühlt oder spürt, dass es vorbei ist mit dem Ruhigbleiben. Dann ist eine Beruhigungspause angesagt, oder das Gespräch wird verschoben, bis beide sich wieder gefangen haben.

Die Partner können auch ein Signal vereinbaren, das jeder geben darf, wenn eine Pause nötig ist, z. B. eine Handbewegung oder das Schwenken eines Taschentuchs. Vielleicht kommt Ihnen das ein bisschen lächerlich vor. Es ist aber eine Strategie, die verhindert, dass ein lösungsfeindlicher Prozess ins Spiel kommt, z. B.: »Du willst immer bestimmen, wie lange wir reden und wann wir aufhören müssen!« Legen Sie also ruhig eine Papierserviette bereit!

Erinnern Sie sich: Renate und Peter (S. 214) nehmen sich Zeit, um über das Problem nachzudenken, und sie vereinbaren, später am Tag darauf zurückzukommen.

c) Die Einleitung des Gesprächs wertschätzend gestalten

In einer von Ärger und unterdrückter Wut erfüllten Atmosphäre lässt sich kein Konflikt befriedigend lösen, was nicht heißt, dass man diese Gefühle nicht haben oder ausdrücken darf. Um das Gespräch einzuleiten, gibt es jedoch günstigere Formen, als gleich mit einem überwältigenden Gefühl loszuplatzen. Wenn Sie vor dem Gespräch sichergestellt haben, dass Sie ruhig und wertschätzend genug sind, sollte es Ihnen gelingen, in gemäßigtem oder sogar sanftem Ton anzufangen. Ein sanfter Auftakt kann sehr direkt sein, er muss nur frei von Kritik oder Verachtung sein.

Wenn Ihr Partner Ihnen versprochen hat, abends um halb sieben zuhause zu sein, weil Sie zum Essen ausgehen wollen, und er kommt erst eine Stunde später, haben Sie Grund, verärgert zu sein. Wenn Sie ihn aber anschnauzen: »Ich wusste doch, dass auf dich kein Verlass ist! Immer versprichst du Dinge, die du nicht einhältst!«, wird der Abend ziemlich verdorben sein.

Probieren Sie, tief durchzuatmen, bevor sie sprechen, und sagen Sie zu ihm: »Weißt du, ich habe mich so gefreut auf den Abend mit dir. Dass du eine ganze Stunde zu spät kommst, macht mich wirklich ärgerlich und nimmt mir einen großen Teil der Freude.«

Manchmal schaffen es besonders Frauen nicht, spontan diese Wertschätzung aufzubringen. Sie sind nach Gottman meistens für einen groben Auftakt verantwortlich, weil sie in unserer Kultur häufiger als die Männer heikle Dinge zur Sprache bringen und auf

Lösungen drängen. Wenn sie kein Gehör finden, sind sie entsprechend frustriert, was sich dann gerne in Anklagen und Beschuldigungen äußert.

Erinnern Sie sich: Peter fragt Renate (S. 214), ob sie auf sein Anliegen eingehen mag. Die Frage: »Magst du's hören?« ist eine wertschätzende Einleitung, weil sie Respekt ausdrückt vor der Mitbestimmung der Partnerin.

d) Die eigenen Gefühle ausdrücken

Anklagen, Beschuldigungen und Vorwürfe sind zwar ein Ventil für aufgestaute Gefühle, sie laden aber das Gegenüber nicht ein, zuzuhören oder darauf einzugehen. Wer angeklagt wird, fängt an, sich zu verteidigen, und reagiert mit Gegenanklagen.

Eine der wichtigsten Regeln ist daher, von sich selbst zu sprechen und dem Partner mitzuteilen, wie man sich bei einer bestimmten Gelegenheit fühlt. Im obigen Beispiel des Zuspätkommens fängt die Frau mit einer wertschätzenden Bemerkung an (Ich habe mich auf den gemeinsamen Abend gefreut) und fährt dann weiter mit einer Ich-Botschaft (Es macht mich wirklich ärgerlich, dass du ...). Sie könnte auch sagen: »Mir ist es wichtig, dass wir unsere Abmachungen einhalten.« Oder: »Ich hätte gerne, dass du mich anrufst, wenn du später kommst, sonst fühle ich mich nicht respektiert.« Diese Sätze drücken aus, wie sie sich fühlt, was sie sich wünscht und was sie nicht schätzt. Der Partner hat dann Gelegenheit, darauf einzugehen, und kommt weniger in Versuchung, Ausreden zu bringen oder sein Versäumnis abzuwiegeln.

Ich-Botschaften müssen nicht immer mit »Ich« beginnen. Sätze mit »Ich« am Anfang können sogar versteckte Du-Botschaften enthalten, z. B. »Ich finde, du hältst Abmachungen nie ein« oder »Ich finde, du bist sehr egoistisch«. Das hat denselben Effekt wie ein direkter Angriff und lädt zur Verteidigung ein.

Erinnern Sie sich: Peter und Renate (S. 214) teilen einander mit, wie es ihnen persönlich ergeht in der unbefriedigenden Situation am Abend mit den Kindern. Ursula und Hans dagegen machen sich gegenseitig Vorwürfe und klagen sich an.

e) Auf die Körperempfindungen achten

Das Wahrnehmen der eigenen Körperempfindungen während eines Konfliktgesprächs ist sehr wichtig. Wie wir bereits früher erwähnt haben, gibt es physiologische Gründe, warum Männer dazu neigen, harten Konfrontationen mit ihren Partnerinnen aus dem Weg zu gehen. Das liegt daran, dass sie schneller überflutet sind, weil ihr Körper auf emotionalen Stress rascher reagiert als der ihrer Frauen. Das lässt sich leicht an der steigenden Pulsrate feststellen. (Vgl. Kap. 5, S. 104)

Beide Partner tun gut daran, auf körperliche Anzeichen von Überflutung zu achten. Es ist natürlich, dass Sie ins Schwitzen geraten, wenn Sie ärgerlich sind, aber im Lauf des Gesprächs, wenn Sie mit Ihrem Anliegen gehört werden, flaut die Hitze gewöhnlich ab. Bleibt sie aber bestehen und kommt starkes Herzklopfen oder Atemnot dazu, kann es sein, dass Sie im Begriff sind, sich in einen unlösbaren Konflikt zu verwickeln.

Wenn Ihre Herzschlagfrequenz 100 Schläge in der Minute überschreitet, werden Sie nicht fähig sein, aufzunehmen, was Ihre Partnerin sagt, wie sehr Sie sich auch bemühen. Es ist also ganz wichtig, *körperlich* wahrzunehmen, wenn die Mühle heißläuft. Legen Sie dann eine Pause von einer halben Stunde ein, machen Sie allein oder zusammen eine Beruhigungsübung (S. 223) oder vertagen Sie das Gespräch. Auf jeden Fall ziehen Sie die Notbremse und lesen Sie in der Zwischenzeit das Kapitel über den Umgang mit den »Ewigen« bzw. Unlösbaren!

f) Anerkennen zweier subjektiver Realitäten

Im 4. Kapitel dieses Buches (Du und ich sind nicht dasselbe) haben wir dargestellt, wie wichtig es ist, wahrzunehmen und anzuerkennen, dass der Partner/die Partnerin ein Mensch ist, der sich in vielen Dingen von einem unterscheidet. In Konfliktsituationen tritt das besonders grell hervor, indem das Paar sich unter Umständen mit diametral entgegengesetzten Meinungen und Ansichten konfrontiert sieht.

Das kann nicht nur befremdlich, sondern ausgesprochen schmerzlich sein. Und doch müssen Paare aushalten, dass der geliebte Mensch vollständig anderer Ansicht sein kann und dies auch noch ernsthaft vertritt. Ohne die Bereitschaft, die subjektive Realität des anderen als Tatsache anzunehmen, gibt es keine befriedigenden Konfliktlösungen.

Deshalb lohnt sich der Versuch, die Welt durch die Brille des Gegenübers zu betrachten. Wie beim Aufbau der Love-Map gilt es, die Meinungen und Einstellungen des Gegenübers auszukundschaften und eine Sache unter einem anderen Blickwinkel als dem eigenen zu sehen. Das heißt keinesfalls, den eigenen Standpunkt aufzugeben, sondern nur in Betracht zu ziehen, dass es noch andere Sichtweisen gibt.

Wem dies extrem schwerfällt, dem sei die Methode des kontrollierten Dialogs empfohlen (Kapitel 5, S. 104), der sicherstellt, dass die Partner einander in ihren Aussagen und Anliegen richtig verstehen.

Es kann sein, dass ein Konfliktgespräch mit der Feststellung endet: »Da sind wir einfach ganz verschiedener Meinung.« Indem beide in diesem Punkt übereinstimmen, ist eine Form von Einigkeit hergestellt, die aussichtsloses Streiten verhindert.

Meistens kommen sich aber die Partner über das Austauschen ihrer verschiedenen Standpunkte und Ansichten näher. Einsichten wie »Aha, so meinst du das?« oder »So ist das für dich?« tauchen auf, falsche Annahmen werden berichtigt, unausgesprochene Gefühle ans Licht gebracht und besser verstanden. Kurz: Es bahnt sich eine entgegenkommende Haltung an.

Um schließlich eine Lösung oder einen Kompromiss zu finden, ist es sehr wichtig, dem Partner zu zeigen, dass man seinen Standpunkt versteht, auch wenn man seinen eigenen nicht aufgeben möchte. Niemand ist bereit, etwas zu verändern, wenn die Vorschläge dazu von einer Person kommen, von der man das Gefühl hat, sie ist nicht bereit, sich wenigstens um ein Verständnis einer anderen Sichtweise zu bemühen.

Bevor Sie also von Ihrem Partner verlangen, dass er die Art ändert, wie er Auto fährt, isst oder Liebe macht, lassen Sie sich erklären, was er selber davon hält oder was ihm seine Art und Weise, die Dinge so zu tun, bedeutet. Das ist extrem wirksam, um ihn kompromissbereit zu stimmen.

Sagen Sie also bitte nicht: »Du fährst schon wieder zu schnell! Wie oft muss ich dir noch sagen, dass es mir beinahe den Magen umdreht, wenn du die Kurven so rasant nimmst?«

Versuchen Sie es mit einer wertschätzenden Einleitung, die Verständnis für seinen Rennfahrertraum signalisiert: »Ich weiß, wie gerne du schnell fährst, aber mir schlägt es in den Kurven auf den Magen. Könntest du bitte etwas langsamer fahren?«

Wenn sich die Situation noch nicht so verhärtet hat, dass beide trotzig auf ihrem Standpunkt beharren, können solche sorgsam vorgebrachten Bitten Wunder wirken. Achten Sie deshalb auf Formulierungen, die Verständnis ausdrücken und gehen Sie darauf ein.

Beispiele für Sätze, die Entgegenkommen signalisieren:
Das habe ich mir auch schon/noch nie überlegt.
Das ist ein gutes Argument.
Was du sagst, gibt mir eine ganz neue Sicht auf die Sache.
Diesen Teil deiner Einstellung kann ich annehmen.
Ich verstehe, was du sagen willst. Ich verstehe deine Ansicht.
Könnten wir einen Kompromiss finden?
Geben Sie Ihrer Partnerin also Rückmeldung, sobald Sie etwas, das sie sagt, verstehen oder wenn Sie merken, dass Sie in einer Teilfrage auf sie eingehen können.

Erinnern Sie sich: Peter zeigt Renate (S. 214) Mitgefühl für ihre Situation mit den Kindern und sagt, dass es ihm auch so geht nach einem arbeitsreichen Tag. Das verbindet und stimmt kompromissbereit.

g) Fehler des Gegenübers tolerieren und eigene eingestehen

Ein wichtiges Hindernis bei der Suche nach Lösungen ist Recht-haben-Wollen oder Bestehen auf der eigenen Fehlerlosigkeit. Das kann sich in der Formulierung zeigen: »Nein, die Sache war so, wie ich sie sehe oder erinnere!«, oder schlicht in der Behauptung: »Das ist doch alles dein Fehler!«

In der therapeutischen Situation mit Paaren geht es oft darum, stehen zu lassen, dass jeder Mensch seine eigene Erinnerung an eine bestimmte Szene hat, sie mit *seinen* Augen gesehen, mit *seinen* Ohren gehört und *seine* Gefühle dabei empfunden hat. Das kann man dem anderen nicht wegnehmen. Man kann ihn auch nicht überzeugen, dass es so war, wie man selber es sieht. Ohne eine Video-Aufnahme oder ein Tonband lässt sich das, was sich »wirklich« zugetragen hat, nicht überprüfen.

Selbstverständlich gibt es Irrtümer, die sich feststellen und berichtigen lassen. Das Telefon hat Bell erfunden und nicht Edison.

In Paargesprächen geht es eher nicht um solche Irrtümer, sondern um die Frage: »Kannst du annehmen, dass ich es so empfunden habe und dass mich deine Äußerungen verletzt haben?«

Es geht also um die Verständigung über die jeweiligen Gefühle und um eine Annäherung an das Verständnis dafür.

Deshalb sind folgende Sätze nicht ehrenrührig:

Da habe ich offenbar zu stark reagiert. Entschuldigung.
Das habe ich missverstanden. Es tut mir wirklich leid.
Ich kann meinen Anteil an dem Streit sehen.
Mein Ton war unangebracht. Sorry!

Solche Äußerungen tragen zum Abkühlen bei und wirken als Türöffner beim Verhandeln von Konflikten. Sehen Sie deshalb die Wörtchen »Entschuldigung« oder »Es tut mir leid« als kleine Kostbarkeiten an, die Sie als Wegbereiter einsetzen können.

h) Zugeständnisse machen und Kompromisse eingehen

Ein hübsches Beispiel für einen gelungenen Kompromiss fanden wir kürzlich in einer Zeitschrift: Ein Paar in mittleren Jahren lernte sich kennen, als er einen Schnurrbart trug. Die Frau hatte bestimmte Vorstellungen über ihren Traummann und dachte sofort: »Der Schnauz muss weg!« Er tat ihr den Gefallen. Nach einiger Zeit ließ er ihn aber wieder wachsen. Ihm habe etwas gefehlt. Mittlerweile hatten sie immer größeren Gefallen aneinander gefunden, so dass sie den kleiner gewordenen Schnurrbart akzeptieren konnte. »Der kratzt viel weniger beim Küssen«, meinte sie lachend.

Ein gelungener Kompromiss hinterlässt bei den Partnern das Gefühl, etwas Befriedigendes erreicht oder zumindest eine Lösung gefunden zu haben, mit der beide leben können. Ohne Zugeständnisse von jeder Seite ist das nicht möglich.

Zugeständnisse in alltäglichen Dingen sorgen für eine gute Stimmung im Haus. Wenn Ihre Frau sich darüber ärgert, dass Sie die Zeitung nach dem Durchlesen auf den Boden werfen und liegen lassen, können Sie sich überlegen, was Sie daran hindert, das Papier in den Zeitungsständer zu versorgen. Wenn Ihr Mann sich darüber beklagt, dass Sie das Honigglas bekleckern und er klebrige Finger bekommt – können Sie sich entschließen, darauf zu achten, dass es sauber bleibt?

Solche Zugeständnisse sind das Schmieröl des Alltags. Konfliktsituationen können dieses Schmieröl gebrauchen für die Verhandlungsphase. Wenn Sie so weit gekommen sind, dass Sie sich verständigen konnten über die Ausgangslage und die Ansichten Ihres Partners zu einem strittigen Punkt, geht es darum, Lösungsvorschläge zu machen, die angenommen oder abgelehnt werden können. Seien Sie nicht zu schnell mit Antworten wie: »Das kommt für mich überhaupt nicht in Frage!« Drücken Sie aus, was Sie an dem Vorschlag stört, überlegen Sie, ob Sie ihn teilweise annehmen oder Verbesserungen einbringen können. Ein Kompromiss funktioniert nur dann, wenn Sie sich den Meinungen und Wünschen Ihres Partners gegenüber offen zeigen. Sie müssen sich aber nicht aus Rücksicht darauf anpassen oder nachgeben, sonst bleibt ein ungutes Gefühl bei Ihnen zurück.

Verhandlungen sind je nach Konfliktthema zäh und langwierig. Gestehen Sie sich das zu, werden Sie aber nicht verbissen dabei. Sie können sich z. B. vornehmen, nach fünf abgelehnten Vorschlägen eine Pause zu machen oder das Gespräch zu verschieben. In der Zwischenzeit tauchen manchmal unerwartete Ideen auf.

Erinnern Sie sich an Renate und Peter? (S. 214) Nach einer Pause von mehreren Stunden hatte Renate eine kreative Idee, die Peter mit einer weiteren ergänzt. Beide freuten sich darauf, ihren Einfall auszuprobieren.

Geben Sie sich die Freiheit, unerwartete Einfälle einzubeziehen, vollständig neue Ideen zu entwickeln, absurde Lösungen zu imaginieren, die Sie vielleicht zum Lachen bringen und die Atmosphäre entspannen.

Als Beispiel bringen wir eine Szene unseres Modellpaars Iris und Fabian, die aus einer Krisensituation einen Ausweg fanden. Es ging um das Thema »Sexualität«. Iris hatte mit ihrer Arbeitskollegin Jutta über ihre Probleme gesprochen. Diese machte sie auf die »Eierwecker-Methode« aufmerksam.

Am nächsten Sonntagmorgen, als beide ausgeschlafen hatten, stieg Iris aus dem Bett und sagte: »Ich mach uns ein schönes Frühstück.« Fabian atmete auf, denn er hatte schon erwartet, dass sie mit Klagen über ihre unbefriedigende Sexualität anfangen würde, die in letzter Zeit das lustvolle Tun ersetzt hatten. Angenehm überrascht ließ er sich nochmals in die Federn fallen, bis Iris rief: »Frühstück ist fertig!« Fabian schlüpfte in den Morgenmantel und ging ins Esszimmer. Er machte Iris gut gelaunt ein Kompliment über den reizend gedeckten Tisch und fragte halb ernst, halb scherzend: »Darf ich ohne Krawatte dazukommen?«, weil er wusste, dass sie saloppe Kleidung nicht schätzte. »Es ist Sonntag, mach's dir bequem«, war die freundliche Antwort.

Iris wartete, bis sie gefrühstückt hatten, dann legte sie ihre Hand auf Fabians Arm: »Fabian, wir haben's in letzter Zeit nicht so gut gehabt miteinander. Ich möchte etwas ausprobieren. Jutta hat mir einen Tipp gegeben. Machst du mit?«

Fabian zögerte. Einerseits witterte er sofort einen weiteren Angriff, anderseits signalisierte ihm Iris' sanfte Stimme, dass sie es mit ihrer Annäherung ernst meinte. Weil er sich die im Grunde auch wünschte, sagte er ja, fügte aber hinzu: »Ich möchte aber erfahren, worum es dabei geht.«

Iris erklärte: »Um die ›Eierwecker-Methode‹. Jutta hat sie mir beschrieben.«

Fabian prustete los: »Die Eierwecker-Methode, ha ha! Worin besteht die denn?«

Iris verstand erst nicht, woran er dachte, musste dann aber auch lachen: »Nicht in dem, an was du denkst!«

Durch ihr Lachen war das Eis gebrochen. Iris konnte das Vorgehen beschreiben: »Wir stellen einen Eierwecker auf drei Minuten. Vorher würfeln wir, wer anfängt. Wer die niedrigere Zahl hat, darf drei Minuten lang sagen, wie es ihm in der Beziehung geht, was er für Gefühle hat, worunter er leidet, welche Bedürfnisse nicht erfüllt werden und so weiter. Einfach alles, was wichtig ist. Wenn der Wecker klingelt, wird gewechselt.«

Fabian hatte noch Bedenken: »Darf man gar nichts dazu sagen, wenn man etwas für ungerecht hält oder wenn es einem nicht stimmig erscheint?«

»Eigentlich nicht, weil es wirklich ums Zuhören geht. Aber man darf die Notbremse ziehen, wenn man nicht mehr zuhören kann, z. B., weil man durch das Gehörte sehr verletzt worden ist. Man darf signalisieren, wenn man wieder bereit ist, weiterzufahren. Außerdem gibt es ein paar Regeln, die wir in der Familienberatung verwenden.«

Iris hatte wie alle sozial Tätigen gute Kenntnisse von Kommunikationsregeln, die sie den Familien, mit denen sie arbeitete, vermittelte. Sie im eigenen Leben anzuwenden fiel ihr schwerer, weil sie da zu wenig Abstand hatte. Klugerweise drängte sie Fabian die Regeln nicht als Vorschriften auf, die von ihr kamen, sondern als allgemein gültige Anweisungen.

Fabian studierte das Blatt, welches Iris ihm reichte.

Auf dem Blatt war festgehalten:

- *Sprich in Ich-Botschaften, d. h. von deinen Gefühlen, Wünschen, Bedürfnissen ...*
- *Vermeide Vorwürfe, Schuldzuweisungen, Anklagen.*
- *Verteile keine Ratschläge im Sinne von »Du solltest ...«, »Wenn du nur ...«.*
- *Unterschiebe niemandem Motive und gib keine Deutungen des Verhaltens.*
- *Bleib auf dem Boden der Wertschätzung für deine Gesprächspartner.*

Fabian schienen es ein bisschen viel Regeln zu sein, aber wenn Iris sich nur daran hielt, ihm keine Vorwürfe zu machen und ihn nicht anzuklagen, würde es ihm leichter fallen, sie anzuhören.

Mutig sagte er: »Gut, fangen wir an.«

Iris hatte Würfel und Eierwecker schon bereitgestellt. Sie würfelte eine Drei, Fabian eine Fünf.

»Ladies first«, meinte Fabian galant.

Iris fing mit klopfendem Herzen an und sagte als Erstes: »Fabian, ich bin aufgeregt, mein Herz klopft und ich habe Angst, dass wir wieder in einen Streit geraten. Und ich möchte doch so gerne, dass wir uns wieder näherkommen.«

Fabian nickte ihr aufmunternd zu. Es freute ihn, was er hörte.

Iris fuhr fort: »Es ist gar nicht so einfach, zu sagen, wo mich der Schuh drückt. Ich denke immer wieder an unsere erste Zeit zurück, an unsere heißen Umarmungen und die hinreißenden Zärtlichkeiten, die ausgiebige Lust in unserer Sexualität.«

Fabian runzelte die Stirn. Er schaute auf dem Blatt mit den Regeln nach. Iris hatte tatsächlich keine verletzt, sie hatte nur von sich gesprochen und ihren Erinnerungen. Trotzdem wurde Fabian nervös. Sie konnte ja nur das alte Lied anstimmen, wie schön es damals und wie miserabel es jetzt war.

Er staunte, als Iris fortfuhr: »Mir ist auch klar, dass die Leidenschaft der ersten Verliebtheit nicht anhalten kann. Dass wir weniger häufig miteinander schlafen, ist wohl normal. Aber es macht mich traurig, wie oft wir über das Thema in Streit geraten. Ich weiß, es ist heikel, was ich jetzt sage, aber es ist so, dass ich das Gefühl habe, wie sind nicht mehr so verbunden beim Liebemachen. Ich vermisse das zärtliche Aufeinandereingehen, den Blickkontakt, der mir das Gefühl gibt, du meinst wirklich mich, es geht dir nicht nur ums Abreagieren. Und das Schlimmste: Ich fühle mich nicht mehr wirklich begehrt.«

Iris konnte nicht weitersprechen. Fabian war hin und her gerissen. Die weinende Iris rührte ihn; er hätte sie am liebsten in den Arm genommen. aber was sie sagte, glich doch allzu sehr den bekannten Klagen, die ihm Schuldgefühle machten. Immerhin hatte er wahrnehmen können, dass ihr Tonfall anders war als sonst, weicher, sanfter, nicht verhärtet oder keifend.

Iris hatte sich gefasst. Sie schaute Fabian an: »Jetzt bist du dran. Ich habe das Wichtigste gesagt.« Sie stellte den Eierwecker auf drei Minuten.

Auch ohne die Version von Fabian zu demonstrieren, dürfte das Prinzip der Übung klar sein.

Wir überlassen daher unser Paar seinem Verständigungsgespräch und schauen, wie viel von den Konfliktlösungsstrategien die beiden bereits angewendet haben. Eine ganze Menge: Die Situation ist gut gewählt, ein Sonntagmorgen, an dem sie nicht unter Stress stehen und genügend Zeit haben. Iris unterdrückt ihre üblichen Vorwürfe und spricht in freundlichem Ton. Fabian nimmt ihr Angebot an, etwas auszuprobieren, und geht auf die Regeln ein, die dabei gelten sollen. Beide haben den Wunsch, sich wieder näherzukommen. Iris erreicht Fabians Herz, indem sie von ihren eigenen Gefühlen und Körperempfindungen spricht. Sie zeigt Wertschätzung für die Beziehung und drückt ihren Wunsch aus, etwas daran zu verändern. Fabian ist imstande, ihre Weichheit wahrzunehmen, und geht nicht in seine Abwehrmuster, sondern hört ihr wirklich zu.

Die »Eierwecker-Methode« eignet sich in jedem Fall als Einstieg in ein Konfliktgespräch. Bei Iris und Fabian bewirkte sie eine gefühlsmäßige Öffnung und die Bereitschaft für weitere Gespräche, in denen ein Kern-Thema ihrer Beziehung zum Vorschein kommen wird. Kernthemen jedoch gehören ins Kapitel »Umgang mit den »Ewigen«.

Umgang mit Konstellationskonflikten, den »Ewigen«

Wir haben bereits ausgeführt, dass es bei den Konstellationskonflikten der »ewigen Konflikte« nicht in erster Linie um die Lösung für eine praktische Frage oder eine aktuelle Situation geht, wie z. B.: »Wo verbringen wir unseren Urlaub?«, oder: »Sollen wir die Wohnung wechseln?« In Konstellationskonflikten scheinen vielmehr Verletzungen aus früheren Lebensphasen auf, welche die Beteiligten empfindlich machen für die Art, wie das Konfliktgespräch angegangen oder ausgetragen wird. Aus diesem Grunde kreisen die »Ewigen« endlos weiter, ohne zu einer Lösung des vordergründig anstehenden Problems zu führen. Selbst Paare, die mit ihrer Beziehung zufrieden sind und gut miteinander reden können, quälen sich jahrelang mit denselben Konfliktgesprächsmustern, ohne sie überwinden zu können. Beide Partner scheitern an den unverständlichen Reaktionen ihres Gegenübers und resignieren stillschweigend.

Ein Paar, welches seit dreißig Jahren verheiratet war, schilderte das Auftauchen eines »ewigen Konfliktes« so: »Wir sprechen harmlos miteinander, und plötzlich geraten wir wegen einer unbedeutenden Bemerkung in einen heftigen Streit, den wir nicht beabsichtigt haben. Diese Streitigkeiten sind nicht vorherzusehen. Es ist, als ob wir uns auf einmal in einer Wolke befänden, welche die Landschaft verdunkelt. Wir sehen den Weg nicht mehr und haben auch einander verloren.«

Dieses Paar tröstete sich mit dem Wissen, dass sie bisher immer wieder aus der dunklen Wolke herausgekommen waren.

Die Erwartung, sich friedlich über eine Sachfrage, eine praktische Angelegenheit, eine persönliche Ansicht einigen zu können, wird sich also im Umgang mit den Konstellationskonflikten nicht erfüllen. Paare werden etwas ganz anderes daraus gewinnen: eine Begegnung mit einem Teil ihrer Partner, welcher in deren lebensgeschichtlichen Tiefen verborgen liegt und eine neue Facette ihres Wesens enthüllt. Wenn es gelingt, diesem Aspekt der Persönlichkeit mit Verständnis und Mitgefühl zu begegnen, ergibt sich daraus eine besondere Art von Verbundensein.

Werfen wir einen Blick auf unser Modellpaar und sein Ringen mit einem »ewigen Konflikt«. Trotz des versöhnlichen Gesprächs mithilfe der Eierwecker-Methode hatte sich ihre Sexualität nicht wesentlich verbessert. Die Motive für Iris' Klagen und Fabians Abwehr derselben waren beiden nicht klar geworden, und so schlitterten sie tiefer und tiefer in die Verstrickung miteinander.

Der folgende Tagebucheintrag von Iris nach drei Jahren Zusammenleben macht dies deutlich.

Tagebuch von Iris

Ich hätte nie geglaubt, dass ich mich so elend fühlen könnte mit Fabian. Zwar habe ich mich damit abgefunden, dass unsere Sexualität nur am Wochenende gelebt werden kann, weil Fabian unter der Woche zu viel Stress hat. Aber wo ist der feinsinnige Liebhaber hingekommen, dem ebenso viel an Zärtlichkeiten lag wie mir, der mir Zeit ließ, sich auf mich einstellte, mich fragte, was ich gerne habe, und auch, wie's war für mich?

Ich wage es kaum zu sagen, aber heute habe ich einen Bock vor mir, der möglichst schnell zur Sache kommen will, der seinen Drang kaum bändigen kann und bereit ist, sich ohne tieferen Kontakt abzureagieren, ohne mich dabei anzuschauen. Danach schläft er ein, und ich bleibe unglücklich zurück.

Wenn ich etwas sage, findet er, ich mäkele an ihm herum, er könne es mir nicht recht machen und ein Quickie dürfe doch sein.

Gestern Nacht habe ich mich wieder einmal getraut, zu sagen, dass es mir zu schnell geht. Da hat er zu mir gesagt: »Weißt du was, wenn's dir nicht recht ist, lassen wir's bleiben. Du bist nicht die Einzige und die Schönste, und ich hab's satt, von dir ständig kritisiert zu werden.«

Drehte sich zur Wand und schlief ein. Ich habe die ganze Nacht nicht geschlafen und das Weinen unterdrückt. Es ist furchtbar, dass er das Reden verweigert. Was soll nur aus unserer Beziehung werden?

Iris und Fabian haben wie viele Paare Auseinandersetzungen über ihre Sexualität. Das ist an sich ganz natürlich, weil Sexualität ein zentrales Thema jeder Paarbeziehung ist. Es eignet sich jedoch wie kein zweites, um Konstellationskonflikte zu erzeugen. Paare nehmen dann an, sie würden über Sexualität sprechen; in Wirklichkeit kreisen ihre Diskussionen aber um darunterliegende Themen. Bei Iris ist das Motiv für ihre Klagen die Unsicherheit, ob sie als ganze Person und als Frau gesehen und angenommen wird. Fabian dagegen hasst Kontrolle und Vorschriften, wie er zu sein hätte. Hinter beiden Themen steht die Frage: »Liebst du mich so, wie ich bin, oder habe ich zu sein, wie du mich brauchen kannst?«

Diese grundsätzlichen Fragen sind der Motor für sterile Diskussionen um die »ewigen Konflikte«. Wir nennen diese Fragen Kernthemen. Konstellationskonflikte, deren Kernthemen nicht erkannt werden, können in tiefe seelische Krisen führen. Das Leiden an ihnen hört nicht auf, solange Paare versuchen, ausschließlich Lösungen für die an der Oberfläche liegenden Probleme zu suchen. Sogar, wenn das Thema kein oberflächliches ist, wie z. B. die Sexualität, gilt es, zuerst die Kernthemen herauszufinden.

Denken Sie bitte daran: *Im Umgang mit Konstellationskonflikten geht es in erster Linie nicht um Lösungen!* Wir bieten in diesem Kapitel Strategien an, wie Sie den Kernthemen auf die Spur kommen und sich mit Ihren Partnern darüber verständigen können. Das führt zu einer Erweiterung der Love-Map und eröffnet über das Verständnis für die empfindlichen Punkte des anderen neue Perspektiven für den Umgang mit den »Ewigen«.

Nach unserer Erfahrung sind Konstellationskonflikte die größte Belastung für die Paarbeziehung, besonders, wenn die Kernthemen der beiden Menschen ähnlich sind. Die Partner prallen dann aufeinander wie zwei Schiffe Bug gegen Bug und holen sich dieselben Verletzungen wie in ihrer Kindheit. Das ist ein schmerzlicher Prozess, weil beide gehofft haben, in ihrer Beziehung Heilung zu finden. Dies ist zwar möglich, aber der Weg dahin ist steinig und braucht Geduld.

Schauen wir uns aber vorerst den Hintergrund von Konstellationskonflikten etwas genauer an. Sie sind, wie gesagt, dadurch gekennzeichnet, dass sie immer wiederkehren, kein Ende nehmen und die Partner ermüdet und resigniert zurücklassen. Sie münden also regelmäßig in eine Pattsituation. Womit hängt das zusammen?

In Konflikte dieser Art schleichen sich Gespenster aus der Vergangenheit ein. Wir haben sie in Kapitel 5 als Teilpersönlichkeiten beschrieben. In Konstellationskonflikten, den »Ewigen«, tauchen ganz verdrehte und verhärtete Teilpersönlichkeiten auf. Sie verursachen einen Zwiespalt zwischen den bewussten Absichten in der Gegenwart (ein bestimmtes Problem lösen zu wollen) und den Motiven aus der Kindheit (endlich Balsam auf alte Kindheitswunden zu bekommen).

Die dritte Bedeutung von »Konflikt« als Widerstreit der Motive, Zwiespalt, lässt sich gut auf sie anwenden.

Auch für den Umgang mit solchen Konflikten gibt es Strategien.

1. Strategien für den Umgang mit »ewigen Konflikten«

Die folgenden Strategien zum Umgang mit »ewigen Konflikten« dürfen nicht als Lösungsversuche missverstanden werden. Wir haben sie in einer Tabelle zusammengestellt:

a) Streben Sie keine »Lösung« des vorgebrachten Problems an.
b) Unterscheiden Sie zwischen Vehikel und Prozess.
c) Erkennen Sie das Kernthema.
d) Sprechen Sie die verletzten Stellen in der Kindheit an.
e) Tauschen Sie sich über die zugrunde liegende Sehnsucht, den »Traum«, aus.
f) Drücken Sie eigene Gefühle und Körperempfindungen aus.
g) Benützen Sie Stopp-Techniken.
h) Besinnen Sie sich auf Ressourcen.

Einige Strategien für den Umgang mit Dauerbrennern oder »Ewigen« sind identisch mit denen, die wir für die lösbaren Konflikt angegeben haben, nämlich das Auswählen von Ort und Zeit, die wertschätzende Einleitung, das Ausdrücken von Gefühlen und Meinungen in Form von Ich-Botschaften sowie das Wahrnehmen von Körperempfindungen. Andere sind ganz spezifisch wichtig für die Unlösbaren, wobei man betonen muss, dass Gespräche dieser Art mehr Zeit und vor allem Aufmerksamkeit brauchen. Stopp-Techniken sind sehr wichtig, auch dann, wenn sich beim anderen zu viel Erregung angesammelt hat. (s. S. 257) Basis für den Austausch sind in jedem Fall die Wertschätzung und der Respekt der Partner für einander.

Wir werden jetzt die speziell für Konstellationskonflikte geeigneten Strategien entsprechend der Tabelle näher beschreiben.

a) Keine Lösungen für das vorgebrachte Thema anstreben

Wenn wir keine Lösung anstreben, heißt das nicht, dass wir die vordergründige Frage unbeantwortet lassen, sondern als Erstes versuchen, aus der Pattsituation herauszukommen. Endlose Diskussionen z. B. darum, was Mann oder Frau ausgeben dürfen, führen nirgendwohin, solange sie sich um ein untergründiges Thema drehen wie den Kampf gegen patriarchalische Verhältnisse oder die Anerkennung für diejenigen, die das Geld verdienen. Alle Versuche, sich auf der Sachebene zu verständigen, werden scheitern, solange diese Themen nicht zum Vorschein gekommen sind. Sobald dies der Fall ist, finden anstehende Probleme oft eine rasche und kreative Lösung.

b) Unterscheiden zwischen Vehikel und Prozess

Bei Konstellationskonflikten ist die entscheidende Frage: Worum geht es hier eigentlich?

Um das vorgebrachte Thema oder um unausgesprochene, tiefer liegende Bedürfnisse und Erwartungen, enttäuschte Liebesansprüche, Narben aus der Lebensgeschichte, eine Mann-Frau-Thematik oder um ein anderes verborgenes Kernthema wie Machtausübung oder ein Gerangel um Loyalitäten?

Paare können endlos um Kleinigkeiten streiten, wenn sie nicht merken, was das Kernthema ihre Konfliktes ist, und nicht wissen, dass sie von der Inhaltsebene auf die Prozessebene wechseln müssen, um sich verständigen zu können, worum es eigentlich geht.

Deshalb unterscheiden wir zwischen *Vehikel* (= Inhalt) und *Prozess* (= Art des Umgangs mit den Vehikeln). Erst diese Unterscheidung macht verständlich, warum Paarkonflikte von außen betrachtet aus lächerlichen Ursachen entstehen. Ist es so wichtig, wer die Klopapierrolle wechselt oder wer den Müll vors Haus trägt? Wer die sich im Streit um solche Themen ausdrückende Paardynamik nicht erkennt, wird nur den Kopf schütteln.

Bei Paaren taucht dabei oft die Frage auf: »Sag mal, *müssen* wir uns denn wegen jeder Kleinigkeit so streiten?« Und der nächste Satz lautet: »Wir hätten gar keinen Streit, wenn du nur nachgeben würdest. Dann wäre alles ganz einfach.« Das stimmt, rational gesehen. Nur, wenn beide so sprechen, steht Kernthema gegen Kernthema, z. B. Machtanspruch gegen Unterwerfungsprotest.

Dann muss erbittert weitergestritten werden bei jeder Gelegenheit, die das zugrunde liegende Thema triggert.

Das Verhalten, welches einem zunächst verborgenen Motiv entspringt, nennen wir den *Prozess*. In ihm wird dasselbe Thema wieder und wieder abgehandelt. Im oben erwähnten Beispiel handelt es sich um das Thema »Dominanz«. Umgangssprachlich wird dann von Machtkampf gesprochen. In anderen Prozessen geht es im Kern z. B. um *Autonomie, Nähe, Abgrenzung oder Distanz, Wertschätzung, Ernährtwerden, Raum-haben-Dürfen, Eifersucht, Loyalität.*

Die Inhalte, in welchen die Prozesse um ein Kernthema zum Ausdruck kommen, nennen wir, wie bereits erwähnt, Vehikel. Die Vehikel drehen sich um das Kernthema des Prozesses wie um einen Angelpunkt. Deshalb können extrem verschiedene, weit auseinanderliegende Inhalte nach demselben Muster abgehandelt werden, ob es dabei ums Schuheausziehen, Zeitungenfalten, Geschirr-in-die-Spülmaschine-Einfüllen handelt oder ob es um Geld, Sexualität oder die Kindererziehung geht. Die letzten drei sind allerdings recht vergiftete Vehikel, sobald der Prozess genügend aufgeladen ist.

Die höchste Ladung erhalten Konflikte, wenn sie empfindliche, aus der Kindheit rührende Kerben berühren (vgl. Kapitel 5).

Männern fällt es oft besonders schwer, Inhalt und Prozess auseinanderzuhalten. Ihre Ratio drängt auf sachbezogene Lösungen, um das Problem aus der Welt zu schaffen. Sie machen daher Vorschläge auf dieser Ebene und schütteln verständnislos den Kopf, wenn ihre Frauen sie anschreien: »Du brauchst mir nicht zu sagen, wie ich es machen soll! Ich möchte nur, dass du mir zuhörst!« Worauf der Mann antwortet: »Ich biete dir jede erdenkliche Hilfe an – und du schlägst sie aus!« Die Frau jedoch wünschte sich nichts anderes als emotionale Begleitung.

In Paarsitzungen hat die Therapeutin in solchen Fällen die Aufgabe, für die Partner zu dolmetschen, weshalb sie auf diese Weise ihr Problem nicht lösen können.

c) Erkennen des Kernthemas

Es gibt einige wiederkehrende Kernthemen in Beziehungen, die in verschieden tiefen Schichten angesiedelt sind. Hier einige der wichtigsten:

- **Kernthema Anerkanntwerden in der eigenen Existenz. Man will gesehen und gehört und in der persönlichen Wesensart angenommen werden**
  Dieses Kernthema ist für alle Menschen wichtig und spielt besonders in der engsten Beziehung eine große Rolle, weil in unserer westlichen Arbeitswelt Menschen oft nur in ihrer Funktion als Leistungserbringer und nicht als ganze Person gesehen werden. Frühe lebensgeschichtliche Verletzungen in dieser existenziellen Dimension können unerwünschte Schwangerschaft, Abtreibungsversuche oder Vernachlässigung als Kind sein. Die Sehnsucht nach unbedingter Liebe und Akzeptanz kann in der Partnerschaft als Kernthema erscheinen und die Konfliktfähigkeit einschränken, weil jede Streitfrage um das Thema »Hörst du mich auch?« oder »Siehst du mich wirklich?« kreist.

- **Kernthema Ernährtwerden, die Sehnsucht nach dem Puls von Geben und Empfangen**
  Seelisch ernährt zu werden ist ebenfalls ein Grundbedürfnis, das in der Partnerschaft befriedigt werden möchte. Hier geht es um den Austausch von Gefühlen und Zärtlichkeiten, um das Umeinanderwissen und darum, sich zuliebe Dinge zu tun.
  Wichtig ist die Gegenseitigkeit, sonst entsteht ein Ungleichgewicht, das sich im reinen Bekommenwollen oder im ständigen Gebenmüssen äußert. Die westliche Kultur hat mit der Kompetenzenteilung (Mann in der Arbeitswelt – Frau in der häuslichen Domäne) der Frau die Rolle der emotionalen Ernährerin zugeschoben, die sie oft noch erfüllen soll, wenn sie berufstätig und selber bedürftig ist.

- **Kernthema Nähe-Distanz**
  Dieses Kernthema hängt mit dem Grundthema »Grenzen« zusammen, d. h. mit dem Bedürfnis, respektiert zu werden in dem Raum, den man unbedingt für sich braucht. Hier ergeben sich oft Paarkonflikte aufgrund von Unterschieden in der Konstitution, von Verschiedenheiten im Tag-Nacht-Rhythmus oder von unterschiedlich ausgeprägter Introversion bzw. Extraversion.
  Früh im Leben erlittene seelische Verletzungen wie z. B. Missbrauchserfahrungen können die Grundlage bilden für eine besonders hohe Empfindlichkeit in Bezug auf das Thema Grenz-

überschreitungen. Für einen solchen Fall ist es besonders wichtig, dass die Love-Map gegenseitig gut ausgebaut ist. Wenn nämlich ein »Nein« zu momentaner Nähe für die eine Seite eine überlebenswichtige Manifestation von Selbstbestimmung in Bezug auf Grenzen bedeutet und für die andere Seite eine totale Abweisung ihrer Liebesangebote, kann ein Teufelskreis von »ewigen Konflikten« um dieses Thema in Gang gesetzt werden.

- **Kernthema Dominanz oder »Wer hat das Sagen?«**
  In heutigen partnerschaftlichen Beziehungen wechselt das Bestimmen oder das Übernehmen der Führung idealerweise je nach Kompetenz zwischen den beiden Partnern ab. Sobald das Kernthema jedoch »Machtausüben und Unterwerfen« heißt, kommt es zu heftigen, oft unerbittlichen Konflikten, in denen die Autonomie und die Würde der Partner schwer verletzt werden können.
  Wo die Freude am Herrschen über den anderen Menschen der bestimmende Prozess in einer Paarbeziehung ist – wir legen ihn absichtlich nicht bei einem der beiden Geschlechter fest –, kann es zu erbitterten Kämpfen kommen wie in einer Arena mit Gladiatoren. Konflikte werden dann ebenso brachial ausgefochten. Ein anderes Bild ist der Thron, der vom Herrscher besetzt wird. Das kann abwechslungsweise ein König oder eine Königin sein. Im so genannten Wippe-Prozess ist bald der eine und bald der andere oben. Wichtig ist: Es gibt immer ein Oben und ein Unten: Jemand befiehlt und jemand muss sich unterordnen. Da niemand sich gerne unterwirft und Befehlen unterzieht, erzeugt ein Machtkampf Groll, Wut und Ärger. Herrschen befriedigt zwar, wärmt aber nicht. Kuschen dagegen macht niederträchtig und gebiert fiese Tricks.
  Je hartnäckiger einer oder beide Partner der Meinung sind: »So, wie ich bestimme, muss es sein«, desto schwieriger wird es sein, eine Win-win-Situation herzustellen.

- **Kernthema Eifersucht**
  Eifersucht ist ein natürliches Gefühl, aus der Angst geboren, eine jüngere, schönere, reichere, intelligentere Person könnte anziehender wirken als man selbst. Insofern bedeutet Eifersucht die Besorgnis, jemanden zu verlieren, der einem sehr wichtig ist.

Wenn sie jedoch unbeherrschbar wird und zu Angriffen, Vorwürfen und kontrollierenden Fragen führt, kann das heißen, dass ein Kernthema berührt worden ist.
In diesem Fall ist es günstig, sich mit dem eigenen Liebesstil auseinanderzusetzen (vgl. Kap. 4), um herauszufinden, ob sich daran etwas verbessern lässt.

- **Kernthema Loyalität**
Loyalitätskonflikte zwischen Herkunftsfamilie und Partnern spielen häufig eine Rolle in Paarbeziehungen. Wenn ein Mann zu sehr an seine Mutter gebunden und deshalb nicht imstande ist, vor ihr zu seiner Partnerin zu stehen, oder wenn eine Frau nicht wagt, ihrem Vater zu bedeuten, dass sie nicht mehr das folgsame Töchterchen ist, sondern eine erwachsene Frau, ergeben sich oft langwierige, vorwurfsvolle Diskussionen. Solange der Grundkonflikt nicht gelöst, d. h. nicht klar ist, dass im Erwachsenenleben die erste Loyalität dem Partner oder der Partnerin gehört und nicht mehr den Eltern, werden die Streitereien um diese Frage nicht aufhören. Formen zu finden, die Partnern und Eltern gerecht werden oder Partnern und Kindern, ist nicht ganz einfach. Besonders in Patchwork-Familien kann das Thema höchst virulent werden. Klarheit über die Prioritäten erleichtert aber eine Auseinandersetzung über diese Fragen.

Kernthemen von Partnern können zueinander passen wie Puzzleteile. Das Paar verstrickt sich dann in richtigen Teufelskreisen. Diese haben die Tendenz, sich unheilvoll zu destruktiven »Ewigen« aufzuschaukeln. Paare, die zu uns in die Praxis kommen, leiden meistens an einem solchen unlösbaren Konflikt.

Wir geben ein Beispiel, um Kernthemen in Eheszenen zu verdeutlichen.

Sie hat die Spülmaschine eingeräumt. Er macht Ordnung in der übrigen Küche und räumt die Spülmaschine nochmals um, damit sie »richtig« eingeräumt ist. Sie kommt in die Küche und bemerkt, was er tut.

Sie: »Hab ich's wieder falsch gemacht? Immer kontrollierst du mich.«

Er: »Ich kontrolliere dich überhaupt nicht. Aber so hat mehr Geschirr Platz.«

Sie: »Ist ja gut. Ich weiß, ich mache immer alles falsch. Dann räum halt alles um.«

Sie verlässt laut schimpfend die Küche. Er räumt weiter um.

Bei diesem älteren Paar wiederholen sich solche Sequenzen, ohne dass sie deswegen auseinandergehen würden. Sie versöhnen sich immer wieder, aber die Szenen hinterlassen jeweils einen bitteren Geschmack.

Die Reaktion und die Wortwahl (Immer tust du ...) der Frau lassen vermuten, dass es sich um einen Dauerbrenner handelt mit dem Kernthema »Ich weiß, wie es sein soll« bei ihm und bei ihr »Du kontrollierst mich und findest nur deine Art richtig, wie etwas getan werden soll«.

Wir unterbrechen nun den Text und stellen ein paar Übungen zu den Kernthemen vor, die Paaren helfen können, ihren tiefer liegenden Motiven auf die Spur zu kommen. Am besten werden die Übungen in unbelasteten Zeiten aufgenommen. Sie stärken den Boden von Vertrauen und Verständnis, der für konflikthafte Auseinandersetzungen nötig ist, und bringen für beide Partner Erkenntnisse über die eigenen Kernthemen sowie Verständnis für die Kernthemen des Gegenübers.

- **Übung zum Thema Wertschätzung**
  Paare, die Mühe haben, die Verbindung zur gegenseitigen Wertschätzung wiederherzustellen, laden wir manchmal ein, im Laufe einer Woche jeden Tag einmal einen anerkennenden Gedanken über ihre Partner aufzugreifen, ohne dass sie einander aber mitteilen, was ihnen eingefallen ist. Oft gerät es in der nächsten Paarsitzung zu einem vergnüglichen Rätselraten, was die Partner Positives übereinander denken. Dabei kommen auch weitere Eigenschaften zum Vorschein, welche die gegenseitige Wertschätzung verstärken.

- **Übungen zum Thema ernährende Dinge**
  Wertschätzung ist die Grundlage für den »Ernährungsplan« der Beziehung.
  Außerdem gibt es viele weitere Dinge, die großen Beziehungs-Nährwert haben. Für sie muss man oft ganz bewusst Zeit aus-

sparen. Wir arbeiten manchmal mit Paaren regelrechte Menüs aus, welche die beliebtesten Delikatessen enthalten und die günstigste Zeit für deren Genuss festlegen. Dazu gehört selbstverständlich Zeit für die gemeinsame Sexualität, aber auch für Massagen, Wanderungen, einen Besuch im Thermalbad, Ins-Kino-Gehen usw.

Jedes Paar hat seine besonderen Vorlieben, die berücksichtigt werden wollen. Es können auch kleine Liebesdienste sein wie müde Füße sanft kneten oder zuhören, auch wenn das Gegenüber weitschweifig wird.

Das bedeutet keinesfalls, dass man die eigenen Grenzen überschreitet. Sie zu wahren ist erlaubt, wenn es in einer freundlichen Form geschieht. Ein Satz wie »Ich möchte gerne mitbekommen, was du mir sagen willst, aber meine Kapazität für heute ist erschöpft« signalisiert die eigene Grenze, ohne den Partner schroff zurückzuweisen.

- **Übung zum Thema Macht/Dominanz**

Zum Dominanzstreben gibt es verschiedene Übungen, mittels derer zwei Menschen herausfinden können, wie wichtig ihnen die Machtausübung ist.

Eine davon ist die Führe-folge-Übung. Wenn beide Partner einverstanden sind, wählen sie aus, wer beginnt, am besten mit einem Münzwurf oder mit »Schere–Stein–Papier«.

Nachdem so ermittelt worden ist, wer anfängt, d. h., wer für eine bestimmte Zeit das Sagen hat, nimmt der Dominante sein Gegenüber bei der Hand und führt es durchs Zimmer. Er darf dabei Rückwärtsgehen, Drehungen, Niederknien etc. vorgeben, aber alles ohne Worte, nur mit der Verbindung über die Hand. Einzige Bedingung: Es darf nichts Entwürdigendes verlangt werden, außerdem hat die »gehorsame« Person das Recht, durch ein kurzes Loslassen der führenden Hand zu signalisieren, dass ein Ansinnen für sie nicht annehmbar ist.

Es empfiehlt sich, das Spiel zeitlich zu beschränken, z. B. auf wenige Minuten.

Nachdem beide Partner in der Position der führenden und der gehorchenden Person ihre Erfahrungen gemacht haben, können sie sich darüber austauschen.

Falls diese Übung zu einer wohlbekannten Verstrickung führt, sollte sie abgebrochen werden. Menschen, die in ihrer Kindheit den unbeugsamen Vorsatz gefasst haben »Mir zwingt nie wieder jemand etwas auf!«, müssen erst darauf vorbereitet werden, dass es so etwas wie Abwechseln in der Position der bestimmenden Person in einer Partnerschaft gibt.

- **Übung zum Thema Nähe und Distanz**
  Nähe kann man nur zulassen, wenn man sicher ist, die eigenen Grenzen wahren zu können. Deshalb beginnen Übungen zu Nähe immer mit Abgrenzungsübungen.
  Dafür kann man Kissen, Tücher oder Seile benützen. Beide Partner legen mit dem Material Grenzen um sich herum und schauen, wie es ihnen geht mit dem Raum, den sie durch diese Grenzen für sich bestimmen, und wie sie die Grenzziehung ihres Gegenübers empfinden.
  Dabei kommen oft erstaunliche Dinge zum Vorschein. In einer Paarsitzung legte ein Mann ganz selbstverständlich das Seil um sich und seine Frau. Es gab für ihn überhaupt keinen eigenen Raum für jeden der beiden. Als die Frau gefragt wurde, wie sie sich dabei fühle, sagte sie: »Äußerst unwohl!« Das erstaunte ihren Mann, denn er hatte angenommen, sie würde ebenso wie er ständige Nähe schätzen. Erst wenn die beidseitigen Bedürfnisse nach Nähe oder Abgrenzung klar sind, kann ein Paar darüber verhandeln, wie viel Nähe sie beide sich geben möchten.
  Eine weitere Abgrenzungsübung ist die »Halt«-Übung. Beide Partner stehen einander gegenüber. Eine Person geht auf die andere zu, welche das Recht hat, »Halt« zu sagen und die Hand dabei zu heben, sobald ihre Grenze erreicht ist. Auch bei dieser Übung wird abgewechselt und ausgetauscht, wie man das »Halt« akzeptieren konnte und ob es an dieser Stelle erwartet wurde. Es kommt vor, dass Paare nach dem Einhalten der Grenzen einander spontan umarmen, weil sie jetzt Nähe zulassen können.

- **Eine Abgrenzungsübung, welche die eigenen Vorstellungen über die Grenzen der anderen Person klarmacht, ist folgende:**
  Beide Partner stehen auf Zimmerlänge einander gegenüber. Eine Person bleibt stehen und die andere geht auf sie zu. Die Aufgabe

besteht darin, in der Distanz stillzustehen, von der man annimmt, dass dort die Grenze des Gegenübers liegt. Insbesondere soll auf das Wahrnehmen von Signalen geachtet werden, mit denen Grenzen angedeutet werden.

Beim Austauschen erfahren viele Paare, dass sie Signale nicht richtig gedeutet haben oder über die Grenzen ihrer Partner gegangen sind oder auch sich nicht nahe genug herangewagt haben. Wenn ein Partner sich nicht traut, die Nähe zu suchen, die möglich wäre, kann der andere ohne weiteres seine Wünsche nach mehr Annäherung signalisieren.

Die dritte Übung sollte nicht unmittelbar nach der zweiten gemacht werde, weil man dann schon Anhaltspunkte über die Grenzen der Partner hat. Die eine wie die andere Übung kann an verschiedenen Tagen – auch wiederholt – ausgeführt werden. Man erfährt dabei, dass Grenzziehungen nicht starr sein müssen, sondern je nach Situation und Stimmung variieren können. Das Gleichgewicht zwischen Nähe und Distanz ist deshalb fließend. Wir verzichten hier auf Übungen zu Nähe, weil wir annehmen, dass Paare, die sich über Grenzen verständigen können, auch fähig sind, einander ihre Wünsche nach Nähe mitzuteilen.

Wir fahren nun fort mit den Strategien für die unlösbaren Konflikte.

d) Ansprechen der verletzten Stellen aus der Kindheit

Paare haben, wie bereits erwähnt, oft dieselben Kernthemen. Häufig werden aber die eigenen übersehen und auf das Gegenüber projiziert, weil man sie da besser erkennen kann (vgl. Kap. 5).

Wie kommt man also dazu, die eigenen Kernthemen herauszufinden?

Dazu gibt es eine Reihe von Hilfen. Die wichtigsten sind das Rekonstruieren der eigenen Gefühle nach einem ergebnislosen Streit, der Sie enttäuscht zurückgelassen hat, und dann den Zusammenhang zu früheren Ereignissen in Ihrem Leben zu finden.

• Rekonstruieren der eigenen Gefühle nach einem Streit

Denken Sie an Ihren letzten unbefriedigenden Streit. Beruhigen Sie sich zuerst (s. Beruhigungsübungen S. 223), falls das nötig ist, und stellen Sie sich dann folgende Fragen:

Bis zu welchem Punkt konnte ich meinem Partner folgen, ohne zu fragmentieren, d. h. außer mich zu geraten?

Was hat er gesagt oder getan, das mich verletzte, so dass ich nicht mehr richtig zuhören konnte?

Welche Gefühle hat die Verletzung bei mir ausgelöst?

Ich fühlte mich:

ängstlich	geladen
alarmiert	gelähmt
alleingelassen	hasserfüllt
angeekelt	hilflos
angespannt	in Panik
ärgerlich	kalt
aufgeregt	*kontrolliert*
ausgenutzt	*kritisiert*
bedroht	leblos
bedrückt	*missbraucht*
benommen	*missverstanden*
bitter	mutlos
deprimiert	*nicht gesehen, nicht gehört*
dominiert	*nicht respektiert in meinen Grenzen*
durcheinander	niedergeschlagen
einsam	ruhelos
elend	scheu
empört	traurig
enttäuscht	*unerwünscht*
erschöpft	*unwichtig, nicht ernst genommen*, ein Nichts
erstarrt	wütend
gedemütigt	

Einen Teil dieser Liste haben wir dem Buch »Gewaltfreie Kommunikation« von Marshall Rosenberg entnommen.[3] Dieser Autor schlägt vor, in Gesprächen nur ursprüngliche Gefühle zu verwenden und solche, in denen eine Du-Botschaft versteckt sein könnte, zu vermeiden. Sie bewirken nur negative Verstrickungen.

Wir haben trotzdem einige dieser Pseudogefühle mit impliziertem Vorwurf aufgenommen, weil sie die kindliche Verfassung wiedergeben, der wir hier auf die Spur kommen wollen. Wir haben sie für Sie in der Tabelle kursiv markiert. Es wird Ihnen sicher schwerfallen, diese Worte in Streitgesprächen nicht mehr zu verwenden. Das geht uns allen so.

Wie können Sie stattdessen mit den Gefühlen umgehen, die der Streit in Ihnen hochgebracht hat?

Halten Sie als Erstes Ihre gefühlsmäßigen Reaktionen auf die Auseinandersetzung fest. Beruhigen Sie sich dazwischen immer wieder, falls während der Aufzeichnung die alten Emotionen wieder auftauchen sollten. Sie könnten sonst leicht resignativ werden und denken: »Es nützt doch alles nichts, ich werde nie verstanden und anerkannt in meinen guten Absichten oder geschätzt für das, was ich bin.«

Damit wären Sie bereits in einem alten Muster. Lassen Sie das nicht zu. Legen Sie lieber das Blatt einen Moment zur Seite und tun Sie etwas für sich: Musik hören, einen Spaziergang machen, etwas Aufmunterndes lesen.

Falls Sie nicht nennenswert aus dem Gleichgewicht geraten sind, können Sie mit der Übung weiterfahren. Sie können die Fortsetzung aber auch auf einen anderen Tag verschieben.

- **Den Zusammenhang zu einer früheren Verletzung finden**

Für diesen Teil sollten Sie von Anfang an in einem ausgeglichenen Zustand sein, sonst geraten Sie leicht in eine alte Gefühlsfalle. Stellen Sie fest, ob Sie den Boden unter den Füßen spüren, ob Ihr Atem gleichmäßig durch den Körper fließt und ob Sie nicht aufgewühlt sind.

Nehmen Sie sich genügend Zeit und stoppen Sie rechtzeitig, wenn Sie merken, dass Sie von Erinnerungen an frühere Erfahrungen überschwemmt werden.

Nehmen Sie das Blatt zur Hand, auf welchem Sie Ihre Gefühle nach dem letzten Streit notiert haben. Wählen Sie ein bestimmtes vorherrschendes oder auch mehrere verschiedene aus. Stellen Sie sich jetzt die folgende Frage: Kenne ich diese Empfindungen aus einer früheren Situation in meinem Leben, z. B. aus meiner Kindheit?

Lassen Sie sich Zeit, um eine Erinnerung auftauchen zu lassen, mit der sich das angepeilte Gefühl verbindet. Vielleicht erscheint eine Situation, in der Sie mit jemandem zusammen waren, vielleicht waren Sie auch allein. Achten Sie auf das Bild, das Sie sehen, und auf die Worte, die Sie hören. Es kann sein, dass beides nur diffus ist. Nehmen Sie auf jeden Fall Ihre Körperempfindungen dabei wahr.

Falls die Erinnerung zu heftig wird, schalten Sie Bild und Ton aus wie bei einem Fernsehgerät und konzentrieren sich auf das, was Sie im Körper empfinden. Registrieren Sie, ob Sie irgendwo Spannungen spüren, ob Sie eng werden, z. B. in der Brust oder in der Kehle, ob Sie Kälte empfinden und ob Ihr Atem sich verändert hat.

Diese Körpersignale sind sehr wichtig für den Umgang mit Pattsituationen. Verbleiben Sie auf keinen Fall in dem Muster, sondern nehmen Sie sich Zeit, um den Atem wieder fließen zu lassen, den Boden unter den Füßen zu spüren und Enge, Spannungen oder Kältegefühle aufzulösen.

Notieren Sie dann das Ergebnis Ihrer Detektivarbeit, indem Sie z. B. aufschreiben:

»Meine Wut im letzten Streit mit meinem Mann hängt damit zusammen, dass ich als Kind immer wieder hörte: ›Wenn du wütend bist, ist eine *kleine* Welt wütend‹! Ich fühle mich dann mit meinen Gefühlen abgewiesen und nicht ernst genommen. Im Körper spüre ich Hitze im Bauch und Enge in der Kehle und einen Impuls, dreinzuschlagen. Ausgelöst hat Robert das mit den Worten: ›Wer wird denn immer gleich wütend werden!‹«

Zur Illustration von Konflikten, die sich aus dem Zusammentreffen von empfindlichen Stellen infolge Verletzungen aus der Kindheit bei Partnern ergeben können, im Folgenden ein Beispiel.

Ein Paar in mittleren Jahren hatte beschlossen, zusammenzuziehen. In ihrer Umgebung wurde ein Haus zum Verkauf ausgeschrieben. Sie besichtigten es und waren begeistert davon. Auf dem Heimweg sprachen sie über die Verteilung der Räume.

Wie die Frau später weinend berichtete, verließ sie der Mann mitten im Gespräch und ging voraus, weil er es nicht aushalten könne mit ihr.

»Und ich habe doch nur gesagt: ›Nicht wahr, in der Küche wird nicht geraucht?‹«

Die Vorgeschichte: Der Mann war Pfeifenraucher und liebte das gemütliche Schmauchen, weil es ihn nach der anstrengenden Berufsarbeit entspannte. Die Frau tolerierte anfänglich das Rauchen in ihrem Wohnzimmer, liebte den Geruch am andern Tag aber nicht und störte sich zunehmend daran. Mit ihrer Bemerkung hatte sie aber lediglich eine rauchfreie Zone im Haus vorschlagen wollen, wo beide sich wohl fühlen konnten. Er dagegen fand, sie bestimme im Vorhinein, was er dürfe und was nicht. Früher habe sie ihn samt Pfeifenrauch geliebt. Jetzt lehne sie ihn ab und wolle ihn in eine Ecke des Hauses verbannen.

Bei diesem Paar wurde nach längerer Zeit klar, dass beide auf tiefe Verletzungen in ihrer Kindheit gestoßen waren, die schmerzlich reagierten bei der harmlosen Frage nach: »Wo darf in unserem Haus geraucht werden?«

Das Kernthema der Frau könnte man so formulieren: »Werde ich geliebt, auch wenn ich Bedürfnisse äußere?«, dasjenige des Mannes: »Werde ich geliebt, ohne mich deinen Bedürfnissen anpassen zu müssen?«

Hier wird die Verschränkung von Kernthemen besonders deutlich und auch, dass die zentralste Frage eines Paares immer der Liebe gilt.

Bei den meisten Konstellationskonflikten kann man das darunterliegende Kernthema herausfinden, indem man sorgfältig den Spuren nachgeht, die zu ihm hinführen.

Leider gibt es aber auch Kernthemen, die sich dem Bewusstsein nicht erschließen. (Stufe 6–8 in Kap. 5, S. 93) Man könnte sie die »Unzugänglichen« unter den »ewigen Konflikten« nennen. Sie sind in so tiefen Schichten verborgen oder so gut getarnt, dass man nur ihren Einfluss auf das Zusammenleben als störend erlebt. Geschickte Paare finden jedoch Möglichkeiten, mit den »Unzugänglichen« umzugehen, wenn auch oft erst nach langer Zeit des Ringens um ein besseres Miteinander.

Kommen wir wieder zurück zu der Tabelle mit den effizientesten Strategien im Umgang mit unlösbaren Konflikten.

e) Austauschen über die zugrunde liegende Sehnsucht, den »Traum«

Das Herausfinden der Kernthemen – der eigenen wie derjenigen des Gegenübers – ist eine gute Methode, um den Prozess zu erkennen, der sich bei Konstellationskonflikten abspielt.

Eine andere wichtige Methode ist das Aufspüren der Sehnsüchte oder »Träume«, die sich hinter den Kernthemen verbergen. Oft sind es die Verletzungen aus der Kindheit, die nach einer heilenden Erfahrung rufen. Die Reaktionen in der Gegenwart lassen dies aber nicht ohne weiteres erkennen.

In Paarsitzungen erfahren wir häufig, dass sich hinter den Klagen über den Partner ein Traum verbirgt.

Ein Beispiel:

Eine Frau beklagt sich: »Mein Mann ist so unordentlich. Er wirft die Zeitungen zu Boden, lässt die Socken und seine Kleider herumliegen, versorgt die Dinge nicht am rechten Ort. Mich nervt das zu Tode.«

Der Traum hinter ihren Klagen lautet:

»Ich sehne mich so nach einem ordentlichen Heim. Ich möchte anders leben als in meinem Elternhaus, wo ein ständiges Chaos herrschte. In einem ordentlichen Haus fühle ich mich weniger bedroht als in meiner Kindheit durch meine impulsiven Eltern.«

Schauen wir, wie unser Modellpaar mit seinen Träumen umgeht.

In ihrer Verzweiflung über die Zurückweisung von Fabian im Bett hatte Iris sich wieder an Jutta, die gute Kollegin gewandt. Diese riet ihr, das heikle Thema vorerst auszuklammern und an den Wochenenden Paar-Gespräche zu führen, die nach bestimmten Regeln ablaufen sollten: einen Zeitpunkt festsetzen, der beiden passt, die Dauer des Gesprächs bestimmen und abwechseln im Zuhören und Sprechen.[4] »Einfach, damit ihr wieder in Kontakt kommt und euch nicht an dem leidigen Thema festbeißt, bis nichts anderes mehr zählt!«

Jutta beschrieb damit das Wesen von eskalierenden Konstellationskonflikten. Sie munterte Iris immer wieder auf, wenn diese in ihr altes Resignationsmuster zurückfallen wollte. »Soll ich dir einen Vorschlag machen für eine wirksame Methode, mit der du dich auch an das heikle Thema wagen kannst?«, war ihre neueste Idee. Iris griff hoffnungsvoll danach und ließ sich die Traum-Erforschung erklären. Weil ihre Paargespräche sie einander wieder nähergebracht haben, willigt Fabian ein, mitzumachen, als Iris ihm den Vorschlag unterbreitet. Er ist viel eher bereit, sich auf ein »Experiment« einzulassen, seit sie ihm die Freiheit gibt, einen Vorschlag anzunehmen oder abzulehnen.

Iris beginnt etwas stockend:

»Weißt du, Fabian, ich habe herausgefunden, dass ich mir im Tiefsten wünsche, angenommen und geliebt zu werden, wie ich bin, ohne Wenn und Aber, ohne Kritik und Entwertungen.«

Fabian spürt eine Regung aufsteigen, die sagt: »Das kann ich dir nicht bieten, Ich liebe nun mal deine Pingeligkeit nicht.« Er behält den Gedanken aber für sich und lässt Iris weiterreden.

Iris: »Ich möchte nicht die zweite Wahl sein wie für meine Mutter nach der Geburt meines Bruders oder mit Leistungen aufwarten müssen, damit mein Vater mich lobt.«

Ihre Stimme zittert; Tränen steigen ihr in die Augen.

Fabian betet, dass sie jetzt keine rührselige Szene macht. Gleichzeitig macht es ihn aber auch ein wenig betroffen, wie viel die Vergangenheit bei Iris noch immer auslösen kann.

Iris fährt fort: »Ich habe solche Sehnsucht, mein Herz offen zu halten für die Liebe. Ich möchte auch dich vorbehaltlos lieben können, so wie du bist, und über meinen Schatten hinauskommen, der mein Herz eng macht, wenn ich mich nicht angenommen fühle.«

Fabian ist jetzt wirklich berührt von dem, was Iris gesagt hat. Er schließt sie wortlos in die Arme. Sie weint ein bisschen, sieht ihn aber dann strahlend an. »Meine alte Iris!«, denkt Fabian und drückt sie fester an sich.

In diesem Gespräch beschreibt Iris ihr Kernthema: Es ist die Zurücksetzung, die sie nach der Geburt ihres Bruders erfahren hat. Durch intellektuelle Leistungen erntete sie Anerkennung bei ihrem Vater, was ihr aber das primäre Gefühl von Angenommen- und um ihrer selbst willen Geliebtsein nicht ersetzen konnte. Hinzu kommt die entwertende Haltung, die sie von ihrer Mutter in der Pubertät erfahren hatte.

Aus diesen Gründen ist Iris speziell darauf angewiesen, in der Sexualität persönlich gesehen und geschätzt und nicht als biologisch funktionierendes System benutzt zu werden. Zeichen des Angenommenseins ist für sie der Augenkontakt mit Fabian.

Fabian seinerseits reagiert ebenso empfindlich darauf, ob er angenommen wird, wie er ist, oder ob er kontrolliert und als »genügend« bewertet wird. Er schließt die Augen während des Liebemachens, weil er über die Körperempfindung die Verbindung zu Iris noch stärker spürt als durch den Augenkontakt.

Beide waren überverantwortliche Kinder[5] (vgl. Text S. 123) mit ihrem tiefen Zweifel an der eigenen Liebens-Würdigkeit. Die Kernthemen von beiden sind also Varianten derselben Grundfrage: Darf ich hoffen, angenommen und geliebt zu sein um meiner selbst willen ohne den Zwang, etwas bieten zu müssen, was richtig oder falsch sein kann?

Iris und Fabian verständigten sich in der Folge immer wieder über ihre verletzten Teile und fanden mit der Zeit heraus, wie sie damit umgehen konnten, damit diese sich meldeten, wenn sie wieder einmal aneinandergerieten.

Nach diesen Beispielen geben wir nun eine Anleitung, wie man miteinander nach den Kindheits- und Lebensträumen forschen kann. »Ewige Konflikte« können nämlich auch als Traum-Bewahrer betrachtet werden.

- **Genügend Zeit einplanen und einen ruhigen Ort für das Gespräch wählen**

Ein Traum-Gespräch braucht wie alle wichtigen Paar-Gespräche genügend Zeit und einen ruhigen Ort dafür. Versuchen Sie nie, in einer gestressten Atmosphäre Traumforschung zu betreiben! Wenn die Zeit nur für einen Traum reicht, verschieben Sie den zweiten auf ein anderes Mal.

- **Bestimmen, wer anfängt**

Wer anfängt, kann sich aus der Situation oder als Fortsetzung eines früheren Gesprächs ergeben. Sie können aber auch eine Münze werfen, Streichhölzer ziehen oder nach Kinderart »Schere–Stein–Papier« spielen. Achten Sie nur darauf, dass Sie durch das Wählen nicht destabilisiert werden und in einen Machtkampf geraten. Sonst schieben Sie eine Stopp-Übung (s. S. 257) oder eine Beruhigungsübung (s. S. 223) ein.

- **Zuhören ohne Abwertung**

Bauen Sie Ihrem Gegenüber einen imaginären Tempel mit einem Baldachin, luftigen Wänden und Sitzpolstern, auf denen Sie Platz nehmen. Geben Sie ihm den Raum, um seinen Traum, der im

Kernthema verborgen liegt, zur Entfaltung zu bringen. Stellen Sie nur weiterführende Fragen wie: »Gehört noch etwas zu deinem Traum?«, oder: »Kannst du mir das noch etwas mehr beschreiben?«, oder: »Was für eine Bedeutung hat das für dich?«

Nehmen Sie Ihre Gefühle und Körperempfindungen wahr, registrieren Sie Ihre Reaktionen und Impulse auf das, was Ihr Gegenüber sagt, behalten Sie aber alles für sich. Es kann später ausgetauscht werden.

- **Absolut verboten sind:**

Entwertende Kommentare wie: »Was du dir nur vorstellst, das ist ja viel zu stressig!«

Realitätsbezogene Kommentare wie: »Das gibt's eben nicht auf dieser Welt!«, oder: »Das können wir uns doch gar nicht leisten!«

Persönliche Kommentare wie: »Nein, so etwas kann ich mir gar nicht vorstellen!«

- **Feedback geben**

Halten Sie sich vor Augen, dass Träume delikate Gebilde sind und Vertrauen brauchen, um zum Vorschein zu kommen. Gehen Sie sorgfältig damit um! Geben Sie Ihrem Gegenüber das Gefühl, dass Sie den Traum aufgenommen haben. Vielleicht braucht es gar keinen verbalen Kommentar, nur eine Berührung oder einen Augenkontakt.

Das Austauschen von solchen Träumen stellt eine wertvolle Erweiterung der Love-Map dar und kann zum besseren Verständnis von Reaktionen dienen, die in einem ganz anderen Gewand, z. B. als Klagen oder Vorwürfe, daherkommen.

Anschließend geben wir eine Liste von Traum-Themen, die in der Beziehung beachtet und respektiert werden möchten:

- sich selber sein dürfen;
- sich sicher und geborgen fühlen;
- angenommen sein, wie man ist;
- zärtlich sein können;
- einfach nur sein dürfen;
- mehr Freiheit haben;
- die Welt kennen lernen;

- sich mit der Vergangenheit versöhnen;
- wachsen dürfen;
- sein Leben bestimmen können;
- seine kreativen Seiten ausleben dürfen;
- etwas Wichtiges im Leben ausrichten können;
- zusammenarbeiten zu können;
- Unterstützung bekommen.

Wenn tiefe persönliche Träume verschüttet werden in der Paarbeziehung oder unausgesprochen bleiben, um das Klima in der Partnerschaft nicht zu gefährden, kann das zu Konflikten führen, weil das Verborgene doch in die Beziehung einfließt, meist als Gefühl von Enttäuschung, Einengung oder sogar Verbitterung. Die Partner empfinden ihre Sehnsüchte als unvereinbar mit der Beziehung, schieben aber doch heimlich der anderen Seite die Schuld zu für die nagende Unzufriedenheit. Das gemeinsame Enthüllen der Träume hinter den Klagen oder Anschuldigungen kann ein gutes Mittel sein, um die Blockade zu überwinden.

Es folgt der nächste Punkt der Tabelle für Strategien im Umgang mit unlösbaren Konflikten.

f) Eigene Gefühle ausdrücken und Körperempfindungen wahrnehmen

Dieses Thema haben wir bereits im Kapitel über die lösbaren Konflikte besprochen (S. 221). Als kurze Wiederholung erinnern wir daran, wie wichtig es ist, im Gespräch mit den Partnern von seinen eigenen Gefühlen zu sprechen, d. h., sogenannte Ich-Botschaften zu senden. Verzichten Sie daher auf Anklagen, Vorwürfe und Beschuldigungen im Stil von: »Du hast mich schon wieder enttäuscht!« Wenn Ihr Partner sich angegriffen fühlt, ist er kaum geneigt, auf Ihre Gefühle einzugehen.

Ebenso wichtig wie Gefühle sind Körperempfindungen während eines Partnergesprächs. Achten Sie darauf, ob Ihr Puls sich beschleunigt, Ihre Atmung flach wird oder starke Spannungen im Körper aufsteigen. Das sind Signale für Stressmuster. Sie rufen nach einer Pause im Gespräch, während der Sie Beruhigungsübungen (S. 223) für sich allein oder zu zweit machen können. Um die Unterbrechung des Gesprächs anzukündigen, brauchen Sie die Stopp-Techniken, die wir im nächsten Abschnitt beschreiben.

g) Verschiedene Stopp-Techniken

Für den Umgang mit Konstellationskonflikten sind Stopptechniken äußerst wichtig und hilfreich. Sie können verhindern, dass Streitgespräche eskalieren oder in die Schlaufe eines Teufelskreises geraten. Gestehen Sie einander das Recht zu, ein Gespräch zu stoppen, wenn sich Anzeichen bemerkbar machen, dass Sie in ein destruktives Fahrwasser geraten und ein Unterbrechen des Gesprächs sinnvoller ist als ein Fortfahren. Sichere Signale für die Notwendigkeit einer Pause sind die Unfähigkeit, weiter zuzuhören, sowie gewisse Körperempfindungen: eine erhöhte Pulsrate, eine flache Atmung, starke Spannungen an bekannten Stellen oder auch ein Würgen im Hals, ein Druck auf dem Magen sowie sich steigernde Kopfschmerzen.

- Stopp-Sagen
  Um eine Pause einzulegen oder eine vorläufige Unterbrechung im Gespräch zu signalisieren, ist es sinnvoll, ein bestimmtes Wort zu wählen, z. B. »Stopp« oder »Halt«. Für beide Partner muss klar sein, dass dieses Wort die Bedeutung hat: »Es wird gefährlich für unsere Beziehung, ich merke, dass wir im Begriff sind, uns zu verstricken, und ich möchte (weitere) Verletzungen vermeiden!« Beide müssen einverstanden sein, dass das Wort »Stopp« in diesem Sinne von jeder Seite gebraucht werden kann. Damit wird verhindert, dass der Streit weitergeht mit Anschuldigungen wie: »Du willst mir das Maul verbieten«, oder: »Nur du bestimmst wohl, wer hier reden darf!«
- Stopp-Gesten
  Anstatt eines Wortes kann auch eine Gebärde gebraucht werden. Die einfachste ist das »Notbremse-Ziehen«, d. h., mit einer Hand in die Luft greifen und die Geste des Herunterziehens machen. Wiederum müssen beide Partner einverstanden sein mit der Bedeutung der Gebärde und ihrer Anwendung.
- Einfache Sätze
  »Lass uns eine Pause machen!« oder »Wollen wir später weitermachen und uns eine Verschnaufpause gönnen?« sind auch ge-

eignet, um eine Unterbrechung vorzuschlagen. In der Pause kann auch eine Beruhigungsübung gemacht werden.

- Kontrollierter Dialog (s. S. 104), Eierwecker-Übung (s. S. 231)
  Diese Methoden zielen darauf ab, mit ihren Regeln ein Eskalieren des Konfliktgesprächs zu verhindern und weitere Stopp-Strategien überflüssig zu machen.
- Zeitbeschränkung für ein Gespräch
  Die Aussicht, dass ein Gespräch nur eine bestimmte Zeit dauern wird, kann bereits Ängste vor dem Überschwemmtwerden oder einem Eskalieren des Dialogs vermindern. Die vereinbarte Zeit muss aber eingehalten werden. Wenn der Wecker klingelt, wird das Gespräch vertagt und eventuell bestimmt, wer den Faden wiederaufnimmt.

Der letzte Punkt unserer Aufzählung von Strategien für den Umgang mit unlösbaren Konflikten betrifft das Einbeziehen von Ressourcen.

h) Besinnen auf Ressourcen

Was Ressourcen in der Beziehung sind und wie man auf sie zurückgreifen kann, wird im nächsten Kapitel ausführlich besprochen. Hier möchten wir auf eine spezielle Form eingehen, die jedem Paar zur Verfügung steht. Sie hat Ähnlichkeit mit der Kategorie »Angebote annehmen« im Kapitel über die lösbaren Konflikte.

Leider können wir nicht erwarten, von unseren Partnern nie mehr verletzt zu werden oder sie nie mehr zu verletzen. Wenn ein Dauerbrenner wieder einmal mehr oder weniger heftig gezündet worden ist und einer der beiden Partner oder beide verletzt sind, kann man das zwar nicht ungeschehen machen, aber man kann in einem Versöhnungsritual etwas anbieten, um die Verletzung zu mildern. Es geht hier keinesfalls um Entschuldigung oder Wiedergutmachung, sondern nur um das Anbahnen einer versöhnlicheren Stimmung.

Dazu sind Versöhnungsformeln, die beide kennen, sehr hilfreich. Sie lauten etwa so:

»Es tut mir leid, dass ich dich verletzt habe. Das war nicht meine Absicht. Ich möchte dir etwas anbieten. Wie wär's, wenn wir …?« Hier folgt ein Angebot, welches dem Gegenüber Freude macht, z. B. ein gemeinsames Abendessen in einem Restaurant oder ein Kinobesuch.

Es ist günstig, wenn die Partner die sprachliche Form kennen und sich geeinigt haben, das Angebot als Friedensgeste anzunehmen. Falls einer der beiden innerlich nicht so weit ist, darf das natürlich geäußert werden. Der Anbietende sollte aber erfahren, wie viel Zeit es braucht, bis er auf sein Angebot zurückkommen kann.

Das Mögliche vom Unmöglichen unterscheiden

Wenn Sie mit Ihren lösbaren Konflikten so ziemlich zurechtkommen, sie von den »Ewigen« unterscheiden können, einiges über die zugrunde liegenden Kernthemen der Letzteren herausgefunden haben und bisweilen »Stopp« sagen können, sind Sie schon recht fortgeschritten im Umgang mit Konflikten und verdienen eine Auszeichnung!

Wir möchten Ihnen nun noch ein paar wichtige Hinweise geben zu der Kunst, das Mögliche vom Unmöglichen in Ihrer Beziehung zu unterscheiden. Es geht jetzt nicht mehr nur um die Kategorien von lösbaren und unlösbaren Konflikten. Wir öffnen das Objektiv zum Weitwinkel und fassen die ganze Beziehung ins Auge.

In jeder Partnerschaft werden Unterschiede in der Wesensart bestehen bleiben. Das macht zum Teil gerade die Anziehung aus. Es heißt aber auch, dass nicht alle Bedürfnisse erfüllt werden können und dass gewisse Diskrepanzen bestehen bleiben.

Je besser man diese grundsätzlichen Unterschiede kennt und anerkennt, umso weniger kommt man in Gefahr, sich daran die Zähne auszubeißen. Vielleicht helfen Ihnen die folgenden Punkte bei der Orientierung im unwegsamen Gelände.

1. Der nicht verhandelbare Bereich

Er umfasst die grundsätzlichen Verschiedenheiten von Paaren, welche auf ihrer Wesensart und ihren Bedürfnissen beruhen, manchmal auch auf gewissen einschränkenden Eigenheiten. Das Missachten dieser Verschiedenheiten würde einer Verkennung der Persönlichkeit und ihrer Art, in der Welt zu sein, gleichkommen.

Gegensätze dieser Art bestehen z. B. zwischen:

dem Bedürfnis nach Bewegungsfreiheit in Gesellschaft, nach Kontakt mit anderen
und
dem Wunsch, im Zentrum der Aufmerksamkeit des Partners zu stehen;
dem Wunsch nach einem ordentlich aufgeräumten Haus
und
dem Bedürfnis, sich nicht in festgelegten Strukturen bewegen zu müssen;
der Höhenangst eines der Partner
und
dem Verlangen des andern, möglichst hohe Berge zu besteigen.

2. Der verhandelbare Bereich

Der verhandelbare Bereich in der Beziehung wird oft durch das Ermitteln des Traumes klar, der hinter dem Kernthema steht. Der Prozess wird dann durchsichtig, und die Vehikel kippen aus der Diskussion. Eine konstruktivere Art der Verständigung wird möglich. Die Partner finden leichter heraus, wie weit ein gegenseitiges Entgegenkommen möglich ist.

In diesem Moment kann das Paar miteinander verhandeln.

So kann der auf neue Kontakte ausgerichtete Teil eines Paares mit dem anderen, mehr die Zweisamkeit bevorzugenden übereinkommen, dass er sich in Gesellschaft nicht ausschließlich mit andern Menschen befasst, sondern sich auch zeitweise dem Partner/der Partnerin widmet.

Der ordnungsliebendere Teil eines Paares kann auf seine strikten Vorstellungen in einigen Bereichen verzichten, während der unordentlichere in gewissen Dingen entgegenkommen kann.

Höhenangst oder eine andere unüberwindliche Angst, z. B. vor Spinnen, gehören nicht in den verhandelbaren Bereich. Auf sie muss schlicht Rücksicht genommen werden. Nur der Umgang damit kann verhandelt werden.

3. Vorläufige Kompromisse

Hier geht es um die praktische Umsetzung des ausgehandelten Entgegenkommens.

Das Paar mit den verschiedenen Kontaktbedürfnissen kann z. B. vereinbaren, dass der kontaktfreudigere Teil die erste Viertelstunde auf einer Party mit seiner besseren Hälfte zusammenbleibt oder sie von Zeit zu Zeit trifft oder dass sie ihm ein Zeichen gibt, wenn sie mit ihm tanzen möchte.

Das Paar mit dem Problem der Ordnung im Haus kann z. B. festlegen, dass der unordentlichere Teil jeweils das Badezimmer aufgeräumt hinterlässt und das schmutzige Geschirr in die Spülmaschine stellt. Dafür verzichtet der ordnungsliebendere Teil auf den Anspruch, dass das ganze Haus oder die ganze Wohnung seinen Vorstellungen entsprechen soll.

Bei unüberwindlichen Ängsten kann der angstfreiere Partner seine Hilfe anbieten, indem er z. B. die bedrohliche Spinne fängt und nach draußen befördert. Die Abmachung kann aber auch sein, dass der ängstliche Partner selber für sich sorgt und einfach signalisiert, wenn er nicht auf einen Turm steigen oder eine Schwebebahn benützen möchte.

Die Bezeichnung »vorläufig« für Kompromisse hat den Vorteil, dass man frei ist, zu besprechen, wie befriedigend sie für beide sind. So kann man jederzeit aufs Neue darüber verhandeln und andere Vorschläge einbringen. Das Beziehungssystem wird auf diese Weise flexibel gehalten und bleibt offen für weitere Schritte.

Vorläufig geschlossene Kompromisse enthalten oft das Potenzial für den *künftigen Umgang mit Konflikten* desselben Strickmusters, indem sich beide Partner bereits mit dem verhandelbaren Teil beschäftigt und ihr Entgegenkommen signalisiert haben.

4. Grenzen des Entgegenkommens

Alle diese Schritte führen aus der Blockade. Sie werden die Grundverschiedenheiten jedoch niemals aufheben. Die immerwährenden Konflikte bleiben erhalten. Ein Teil des Paares wird Unordnung immer hassen, der andere ebenso eine festgelegte Ordnung. Ein Teil wird immer die Zweisamkeit vorziehen, der andere Gesellschaft mit neuen Kontaktmöglichkeiten. Ein Teil wird immer ängstlicher sein (auch wenn es keine unüberwindlichen Ängste sind), der andere draufgängerischer und forscher.

Auch die Kernthemen der Konstellationskonflikte lassen sich nicht restlos beseitigen. Besonders in belasteten Situationen werden sie wieder aufscheinen und die Beziehung mehr oder weniger störend beeinflussen.

Erfahrene Paare haben gelernt, mit diesen Gegebenheiten zu leben. Sie haben es fertiggebracht, die »Ladung« in ihren Konstellationskonflikten zu reduzieren. Wenn sie auf eine Rest-Mine stoßen, sind sie fähig, ein Fähnchen zu schwenken, auf dem steht: »Achtung, Gefahr!« Sie tasten sich dann aus dem Minenfeld zurück, schlagen einen anderen Weg ein oder reagieren im besten Fall mit Humor: »Hallo, da sind wir wieder. Das kennen wir doch. Lohnt es sich, darauf einzugehen? Nicht nötig.«

5. Der Schattenprozess

Wir haben gesagt, dass Konstellationskonflikte die größte Herausforderung für Paare darstellen. Das möchten wir auch nicht zurücknehmen. Möglicherweise beruhen aber die »Ewigen«, mit denen ein Paar zu kämpfen hat, auf einer sinnvollen Wahl.

Wir haben nämlich in unserer jahrzehntelangen Erfahrung als Paartherapeutinnen den Eindruck gewonnen, dass zwischen Paaren, die sich verlieben und länger zusammenbleiben, nicht nur der Aspekt der Anziehung in der Verliebtheit wirksam ist, sondern auch ein verborgener, gleichsam im unbewussten Dunkeln liegender. Diesen Aspekt nennen wir den *Schattenprozess*.

Es handelt sich dabei um die untergründige Bereitschaft, eine Beziehung einzugehen, die mit der Zeit die empfindlichen Punkte aus der je eigenen Lebensgeschichte berührt. Es sieht so aus, als ob eine seismografisch begabte Instanz in uns die Entsprechung in den jeweiligen Partnern suchen würde. Selbstverständlich ist dies das Letzte, was wir uns wünschen. Wir hoffen, in unseren Partnern endlich den Menschen gefunden zu haben, der diese Kerben *nicht* berührt, so dass wir nie mehr an das vergangene Leid erinnert werden. Wir sind enttäuscht und entsetzt, wenn genau das in unserer engsten Beziehung passiert.

Wie soll man sich dieses seltsame Phänomen erklären?

Es hängt mit der geheimen Sehnsucht nach Heilung von Beziehungswunden zusammen, die nur in Beziehungen geheilt werden können. Was allerdings zuerst aufbricht, sind die alten Schmerzen und das Gefühl, dass wir auf dem falschen Flugplatz gelandet sind. Nach dem Höhenflug in Richtung eines sorglosen Inselparadieses finden wir uns auf dem grauen Asphalt der Alltagspiste wieder mit einem bitteren Geschmack im Munde.

Wir ermuntern Paare jeweils, diesen bitteren Geschmack nicht einfach wegzuspülen in der Hoffnung, dass in der nächsten Beziehung der ersehnte süße sich wieder einstellt. Anfänglich geschieht dies bestimmt, aber sehr wahrscheinlich werden die alten Wunden in einer neuen Beziehung wieder berührt. Wir wollen damit nicht sagen, dass wir Trennungen auf keinen Fall befürworten. Wir wollen nur ermutigen, dem schwierigen Weg zur Heilung der alten Verletzungen nicht auszuweichen. Dazu gehört leider, Konstellationskonflikte auszuhalten, sonst wird die Chance, an ihnen zu wachsen, vertan.

Wir wissen selbst, wie schwer es anzunehmen ist, dass man Konflikte nicht einfach aus der Welt schaffen kann. Da wir aber Paare kennen, die tatsächlich zu einem gelassenen Umgang mit ihren »ewigen Konflikten« gefunden haben, können wir bezeugen, dass es sich lohnt, dieses Ziel, wenn auch unter Mühsal, zu erreichen.

Einer unserer amerikanischen Trainer pflegte zu sagen, dass es sich beim Umgang mit Konflikten darum handelt »to turn shit into roses«, d. h., auf dem Mist Rosen wachsen zu lassen. Weil tatsächlich Rosen aus einer tapfer durchgetragenen Beziehung erblühen können, möchten wie Sie ermutigen, nicht aufzugeben und Ihre Konflikte als Möglichkeiten für Wachstum und Reifen anzusehen.

6. Professionelle Hilfe

Obwohl Paare oft sehr kompetent im Umgang mit Konflikten sind und kluge Strategien entwickelt haben, kann es doch vorkommen, dass sie in eine Krise geraten, aus der sie nicht ohne weiteres allein herausfinden. Der Stress im Alltag ist vielleicht zu groß, die Tragfähigkeit für Familie, Beruf *und* Partnerschaft nicht ausreichend, oder sie sind von Schicksalsschlägen überrollt worden.

Dann ist es angezeigt, bei einer vertrauenswürdigen therapeutischen Person Hilfe zu holen. Wir würden sagen, dass man damit besser nicht zu lange wartet, jedenfalls nicht so lange, bis jeder der Partner in seine steinerne Burg eingeschlossen ist und nur noch geschossen wird. Als Stufe dazwischen kommt auch ein Gespräch mit vertrauten Freunden in Frage, die selbst Erfahrung mit Paar-Themen haben, die beide Partner mögen und nicht durch einseitiges Parteinehmen Öl ins Feuer gießen.

Ein Kurz-Pfad durch den Dschungel der ewigen Konfliktschleifen

»Ewige Konflikte« können leicht zum Grab der Beziehung werden. Gottman hat jedenfalls beobachtet, dass ein häufiges Auftreten solcher Streitformationen ziemlich sicher zu Trennung und Scheidung führt. Wir haben ebenfalls großen Respekt vor diesem Hartgestein der Beziehungen, sehen aber im Gegensatz zu Gottman die tief in seinem Schatten verborgenen Goldadern.

Gerade sensible Menschen haben sich in unserer schnellen und oberflächlichen Gesellschaft nur schützen können, indem sie unauflösbare Teilpersönlichkeiten entwickelt haben. Mit diesen fallen sie noch leichter als andere in chronische Konfliktmuster hinein. Ihnen hilft es sehr, wenn sie die Zerstörungskraft der »Ewigen« strategisch in die Hände nehmen und entschlossen in ihrer Tiefe nach den darin enthaltenen Schätzen suchen.

Unser Konfliktkapitel hat gezeigt, wie das geht. Weil es aber, dem Gegenstand entsprechend, lang und komplex ist, haben wir für diejenigen, die es im Alltag anwenden möchten, einen kurzen Orientierungspfad entwickelt:

Gerade ist wieder Krieg in Ihrem Heim ausgebrochen, und Sie merken, dass Sie sich bereits unentrinnbar darin zu verstricken drohen:

Haben Sie schon angefangen, sich automatisch zu beruhigen?

- Ansonsten atmen Sie doch mal gerade tief durch.
- Denken Sie beim Weitersprechen unbedingt immer wieder daran, die Aufmerksamkeit auf Ihre Körperempfindungen zu lenken. VORSICHT VOR ZU HOHEM PULS.

Wollen Sie wirklich zum hundertsten Mal eine Konfliktlösung anstreben?

- Wir haben etwas Besseres für Sie.

Wie wäre es, von Ihrem aktuellen Streitthema zu lassen – es wird ja sowieso niemand gewinnen – und sich darauf zu konzentrieren, nach dem verborgenen Kernthema zu forschen?
Wenn das nicht geht, können Sie einfach einen kontrollierten Dialog oder die Technik mit der Eieruhr einschieben, um das Streitthema so zu besprechen, dass jeder reden kann und gehört wird.

Vielleicht haben Sie danach eine Lösung – wenn nicht, sind Sie jetzt auf jeden Fall ruhiger und bereiter, doch noch nach Ihrem Kernthema zu suchen.
Oder merken Sie vielleicht, dass Sie im Streit eigentlich beide aus dem tiefsten Untergrund Ihres Wesens nach einem Lebenstraum rufen? Worin besteht dieser Traum?
Können Sie sich vorstellen, ihn Ihrem Gegenüber anzuvertrauen?

- Fragen Sie aber unbedingt zuerst, ob er/sie das hören möchte!
- BLEIBEN SIE AUFMERKSAM, ACHTSAM, SENKEN SIE IMMER WIEDER IHRE PULSRATE.
- Bleibt sie zu hoch? Dann müssen Sie sich fragen, ob Sie noch zuhören.

Können Sie noch zuhören?
Wenn nicht, greifen Sie lieber zu einer der Stopp-Techniken. Zum Beispiel »mit der Serviette wedeln«, oder »das Notbremse-Zeichen machen«.

Blicken Sie nicht nur auf die schwierige Teilpersönlichkeit Ihres Gegenübers, die immer wieder einmal in Gestalt eines apokalyptischen Reiters erscheint. Versuchen Sie stattdessen, sich an Ihre eigenen oder die gemeinsamen Ressourcen zu erinnern!
Können Sie sich nun beruhigen? Wird es heller in Ihnen?
Denken Sie dran, es wird keine Lösung geben, auch nicht beim hundertundersten Mal.

- Und darum weiter siehe oben …

Gerade bei »ewigen Konflikten« brauchen wir die visionären Liebesqualitäten

Wir haben Sie durch alle Tricks und alle Schönheiten von Konflikten gejagt. Wir haben Ihnen eine reiche Palette von Kompetenzen aufgezählt.

Wozu sollten Sie noch visionäre Liebesqualitäten brauchen?

Denken Sie einen Moment nach. Sie mögen das Streiten wahrscheinlich genauso wenig wie die meisten Menschen. Sie kennen vielleicht sogar einige unserer hilfreichen Konflikttechniken. Warum verstricken Sie sich trotzdem immer wieder in dem Kampf der apokalyptischen Reiter?

Könnte es sein, dass Sie von unserer Kultur nur mit einer einzigen Liebesqualität auf Ihrer Lebensfahne ausgerüstet sind, die ein ideales, romantisches Leben verspricht? Wollen Sie es einfach nur schön haben? Wollen Sie darum wieder zurück zu dieser unbedingten, strahlenden Liebe vom Anfang?

Wir könnten es verstehen.

Aber dann befinden Sie sich plötzlich im Krieg miteinander und zerstören trotz der Suche nach dieser Schönheit den Seelenfrieden Ihres bzw. Ihrer Liebsten.

Wie wäre es, wenn Sie es stattdessen mit *der Tiefe*, *der Weite des Geistes* und mit *Ihrem Herzen* versuchen würden?

Das Herz würde sofort merken, dass auch Gegner bluten und leiden, und es würde Sie dazu bringen, das Gewehr zu senken.

Die Tiefe würde dazu führen, dass Sie das Kind im Gegenüber sehen könnten und erschrocken das Gewehr fortwerfen würden.

Und mit *der Weite des Geistes* wäre Schönheit auch in anderen Dimensionen als im einfachen Glück oder im gemeinsamen Wohlbefinden zu entdecken. Sie wäre im Erkennen, in der gemeinsamen Sinnsuche, im Bewältigen von Schicksalsschlägen und im Lernen von neuen Ideen und Strategien zu finden.

Wie lasen wir doch kürzlich in einem Buch? Die alten Tibeter sagen, dass alle Menschen aus dem Licht der Erleuchtung bestehen. Mit der Weite des Geistes ausgerüstet, sieht man plötzlichen einen Schein dieses Lichtes im Gegner, und die Gewehre werden uninteressant.

Und wenn das nicht so einfach ist, ...

... erinnern wir an dieser Stelle nochmals an das »Konfliktmantra« der Weite des Geistes:

Ich lese nun einige Sätze laut vor, die mir Abstand und Hilfe bringen können, und hoffe, dass einer davon meine Not lindern wird.

- Ich sehe trotz deines verletzenden Verhaltens dein Kind von damals vor meinem inneren Auge, und auch wenn dein Verhalten mich erschreckt, habe ich tief im Herzen Mitgefühl mit diesem hilflosen Wesen.
- Ich bitte mein Unbewusstes/das tiefe Wesen in mir/meine Schutzengel darum, mir die geistigen Räume zu öffnen, die Abstand und ein wenig Ruhe bringen.

- Ich bitte dich, liebes Unbewusstes/liebes tiefes Wesen in mir, meine unaushaltbaren/sehr schwierigen/blockierten Gefühle so weit herunterzusenken, dass ich sie gerade noch aushalte. Du kannst das sehr präzise einstellen.
- So kann ich sie besser wahrnehmen und in meinem Körper spüren. Auch negativ empfundene Gefühle gehören zu mir. Ich möchte lernen, sie wahrzunehmen, sie auszuhalten und mir zu sagen, dass es zum Leben gehört, sie immer wieder zu erleben.
- Mit dieser Wahrnehmung bin ich nun nicht mehr allein.
- Ich merke es nur langsam, denn noch habe ICH vielleicht Schmerzen. Aber ETWAS in mir nimmt nun wahr, dass ICH diese Schmerzen habe.
- Dieses Etwas ist mein weiser Teil, der ruhig und liebevoll ist. Er ist nun bei mir.
- Ich kann ihm sagen: Bleib bei mir, verlass mich nicht. Ich möchte mich an dich anlehnen, ich kann es nicht alleine schaffen.

Geht es Ihnen beiden nun besser?

Wenn nicht, haben wir noch eine geistige Köstlichkeit für Sie. Denn wir haben für das Herz – auch mitten im tiefsten Winter der »ewigen Konflikte« – eine wunderbare Übung gefunden.[6]

- Setzen Sie sich bequem hin und kommen Sie so weit zur Ruhe, wie es im Moment möglich ist. Schließen Sie die Augen und erlauben Sie dem Atem, durch den ganzen Körper zu strömen.
- Schauen Sie sich das Problem, das Sie beschäftigt, an. Sie können sich auch einen Bildschirm vorstellen, auf dem es erscheint. Fixieren Sie es nun in diesem Rahmen, und stellen Sie es vorübergehend auf die Seite.
- Atmen Sie nun durch Ihr Herz.
- Denken Sie an eine Situation, die Sie als positiv empfinden, oder auch an etwas, das Ihnen kürzlich Freude bereitet hat.
- Fragen Sie Ihr Herz, ob es eine Antwort auf Ihr Problem oder eine Lösung hat. Nehmen Sie ohne Bewertung auf, was auftaucht, und schreiben Sie die Antwort Ihres Herzens auf.
- Lesen Sie diese Antwort einen Tag später wieder und prüfen Sie, was der nächste Schritt in Bezug auf Ihr Problem für Sie sein wird.

Wir haben Ihnen jetzt das Wichtigste aus unserem Erfahrungsschatz als Paartherapeutinnen und aus unseren langjährigen Partnerschaften vermittelt, und wir hoffen, dass Sie einen Gewinn davon haben. Sollte das nicht der Fall sein, lesen Sie doch bitte einfach das nächste Kapitel, in dem einiges steht über Hoffnung und Zuversicht in Lebens- und Paarsituationen, und benutzen Sie es als Wegweiser.

9. Kapitel

Hoffnung – trotz allem

Unser Konfliktkapitel trägt alles in sich, was man für lösbare oder »ewige Konflikte« braucht, und wenn Paare sich nach diesem Wissen richten, können sie die gefährlichen Klippen umschiffen und wirklich tiefe und stimmige Beziehungen führen.

Leider sind vor allem die »Ewigen« große Herausforderer. In ihren Schlingen treffen wir alle auf unsere unstillbaren Bedürftigkeiten und gleichzeitig scheinen wir sämtliche Fähigkeiten zu verlieren, die Fehler des anderen ein wenig locker zu nehmen und unsere eigenen in die Analyse der Situation mit einzubeziehen. Menschen mit starken, frühen Verletzungen haben es diesbezüglich besonders schwer.

Wenn aber beide Partner nicht nur im aktuellen Konflikt feststecken, sondern auch das alte Elend ihrer Kindheit wieder aufrühren, können sie einander sehr oft nichts mehr geben. Sie sind dann nicht bereit, an sich selber zu arbeiten, sondern wollen nur noch Hilfe von außen: vom Partner, von der Therapeutin, von Gott, vom Schicksal, vielleicht sogar vom Gericht.

Dabei ist das Leben nun einmal so, dass wir nicht immer das bekommen, was wir gerecht fänden. Wenn wir wollen, können wir uns auf diese unschöne Tatsache einstellen lernen. Das braucht allerdings eine ganz besondere innere Haltung. Dazu möchten wir uns nun mit diesem Thema genauer befassen, um Ihnen – trotz allem – wirklich Hoffnung mitzugeben.

Um uns herum gibt es viele Beispiele dafür, wie Menschen immer wieder Schicksalsschläge und Lebensschwierigkeiten überwinden. Man könnte den Ausdruck »Lebenskunst« für diese Fähigkeit gebrauchen. Sie wird uns zum Teil einfach in die Wiege gelegt, zum Teil haben wir gute Modelle in unserer Herkunftsfamilie. Vieles davon lässt sich aber auch erwerben.

Viktor Frankl ist einer, der diese Kunst als Ziel für seine Therapieform, die Logotherapie, gewählt hat. Mit ihrer Hilfe kann man auch in auswegslosen Situationen noch eine innere Helligkeit finden, wie Viktor Frankl es so eindrücklich von sich selber schildert:

Er war Jude und war lange Zeit in einem KZ interniert. In einem seiner Bücher schrieb er etwas darüber, wie er das überstehen konnte.

Wenn es besonders schlimm war, habe ihm der Gedanke geholfen, dass in seiner Heimat Österreich jene Tannen am höchsten wachsen, die am wenigsten Licht hätten.[1]

Wenn man in solchen Situationen den Mut behalten kann und noch innere Perspektiven findet, wie viel eher wird dies möglich sein, wenn man »nur« im Dschungel der »ewigen Konflikte« festsitzt?

Iris erzählt besonders gerne davon, wie sie den entscheidenden Wendepunkt in Bezug auf die ewigen Auseinandersetzungen mit Fabian gefunden hat. Als der Streit wieder einmal zu eskalieren drohte und Fabian erstmals von Trennung sprach, war sie dank ihrer Freundin Eva schnurstracks zu deren Therapeuten gerannt, statt wie sonst mit Vorwurfstiraden zu antworten.

Die Umkehr geschah in der dritten Sitzung. Sie hatte ihrem Therapeuten bereits ausführlich die verstrickte Situation mit Fabian geschildert. Natürlich wusste sie vor allem von seinen Fehlern zu berichten, von seiner Kälte, dem ausbleibenden Sex, den immer längeren Abwesenheiten, der mangelnden Beteiligung im Haushalt usw.

Über sich selber konnte sie eigentlich nur sagen, dass sie sich halt manchmal wehren müsste und wie sehr sie ihn trotz allem noch liebte und wie wenig sie seine Abwendung verstünde. Und dann hatte der Therapeut aus heiterem Himmel eine Geschichte erzählt.

Ein afrikanischer Stamm litt unter einer anhaltenden Dürre. Der Regenmacher wurde gebeten, seine Kunst auszuüben. Die Menschen erwarteten einen Tanz, eine Zeremonie und waren enttäuscht, als er sich nur drei Tage lang in seine Hütte zurückzog.

Am dritten Tag begann es zu regnen.

Als die glücklichen Dorfbewohner nun fragten, was der Regenmacher drei Tage lang in seiner Hütte gemacht habe, antwortete er: Ich habe mich selber in Ordnung gebracht, so kommt die Welt wieder in Ordnung.

Der Therapeut hatte mit einer Trancestimme geredet, auf der sie wie in einem Boot auf einem Strom geschaukelt wurde.

So hatte sie sich einen Augenblick lang richtig sanft und offen gefühlt. Aber dann hatte sie Angst bekommen, er könnte meinen, sie müsse nun alles alleine machen und sie sei eigentlich schuld. Die sanfte Stimmung war verflogen und stattdessen fühlte sie sich so verkrampft wie selten.

»Das hab ich ja alles schon selber probiert«, hatte sie ausgerufen, »ich will mich aber nicht mehr alleine ändern, ich will es ihm nicht mehr recht machen. Er soll endlich einsehen, dass er auch etwas beiträgt!«

Der Therapeut hatte verständnisvoll genickt. »Selbstverständlich sollen Sie nicht alles alleine tragen.« Aber er war nicht weiter auf ihre Ängste eingegangen, sondern hatte so geschickt nach ihren Stärken gefragt, dass sie sich plötzlich dabei zusehen konnte, wie sie ihm voller Stolz die Geschichte mit ihrer Chefin erzählte. Die hatte das ganze Team der Beratungsstelle verärgert und nach einer Serie von Kündigungen gelang ihr, Iris, ein Gespräch mit dieser komplizierten Frau, in dem sie sich und ihre Interessen hervorragend einbringen konnte.

»Welche Eigenschaften haben Ihnen dabei geholfen, nicht wie die anderen einfach zu kündigen, sondern diesen wirklich überzeugenden, ganz eigenen Weg zu wählen?«, hatte er sie an einer Stelle ihres Berichtes gefragt, und sie hatte gestaunt, was ihr da alles in den Sinn gekommen war:

»Mein Mut und meine Durchhaltekraft, so ein ganz und gar irrationales Wissen in mir, dass es schon gehen wird, dass ich so lange suchen werde, bis es eine Lösung gibt … und dann diese Momente von Vertrauen … Das war manchmal krass. In den schwierigsten Situationen bin ich ganz ruhig geworden, als könnte mir nichts etwas anhaben.«

Danach fühlte sie sich nicht mehr in der Opferhaltung, sondern sie hatte, durchpulst von Intensität und Kraft, in seinem bequemen Sessel gesessen, hatte ihn angelächelt und etwas gesagt wie: »Das haben Sie raffiniert gemacht, genau das brauche ich mit Fabian. Es ist gerade so, als habe ich mich bei Ihnen, wie der Regenmacher in Ihrer Geschichte, in Ordnung gebracht. Jetzt fühle ich, wie Sie es gemeint haben. Ich gehe jetzt nach Hause und mache es mit Fabian wie mit meiner Chefin. Wozu habe ich denn alle meine Kompetenzen? Doch nicht nur für meine Klientinnen!«

Iris' Therapeut war nicht bei Viktor Frankl ausgebildet worden. Er ist ein Vertreter der so genannten »Positiven Psychologie«, die sich in vielem ähnlich ausrichtet. Es handelt sich um eine Forschungsrichtung, in der man Bedingungen untersucht, unter denen die Kräfte zur Lebensbewältigung besonders gut gedeihen. Man geht davon aus, dass diese Kräfte auf den Grundgefühlen von Liebe, Vertrauen, Geborgenheit, Verlässlichkeit und Kontinuität beruhen, die wir alle besitzen, auch wenn das Schicksal uns manchmal gezwungen hat, sie unter unseren Enttäuschungen, Verhärtungen und Ängsten zu vergraben. Das Schwergewicht liegt nicht länger auf den Mängeln oder Störungen, sondern auf den Ressourcen. Es geht um eine innere Haltung, die wir auch Ihnen für Ihr Liebesleben mitgeben möchten. Denn auch Sie werden sich mit solchen positiven Haltungen besser durch Schicksalsschläge wie auch durch ihre »ewigen Konflikte« hindurchbewegen und zu Respekt und Liebe zurückfinden. Immer wieder.

Wie kann man sich nun diese Haltung und die ihr zugehörigen Eigenschaften erarbeiten?

Was macht man, wenn man »von Natur aus« das Glas eher halb leer anstatt halb voll wahrnimmt?

Wir möchten uns der Antwort auf die beiden Fragen annähern, indem wir die drei wichtigsten Gebiete der zitierten ressourcenorientierten Psychologie zusammenfassen. Das erste Gebiet umfasst die Forschungen, welche die Resilienz betreffen, beim zweiten geht es um die körperliche und seelische Gesundheit, und beim dritten um eine bestimmte Art von Glück, das mit dem Wort »Flow« umschrieben wird. Alle drei überschneiden sich. Wir werden daher, um uns nicht ständig zu wiederholen, Einblicke und nicht vollständige Überblicke vermitteln. Wir möchten Sie ja vor allem auf diese Denkweise einstimmen. Für eine Vertiefung verweisen wir auf die angegebene Literatur.

Resilienz

Resilienz ist kein deutsches Wort und schwer zu übersetzen. Am nächsten kommt die Bedeutung »elastische Widerstandskraft«. So, wie von der Schneelast gebeugte Äste eines Baumes sich wieder aufrichten, sind resiliente Menschen imstande, sich von niederdrückenden Lebenserfahrungen – wie Lebenskrisen, Krankheiten, dem Verlust naher Menschen oder Arbeitslosigkeit – zu erholen. Sie lassen sich nicht vollständig von Belastungen dominieren, sondern finden immer wieder Wege, sich das Leben zu erleichtern. Ihnen geht es nicht darum, ein andauerndes Hochgefühl anzustreben, sondern stets von neuem Wege zu finden, sich so wohl wie möglich zu fühlen.

Die Resilienz-Forschung hat verschiedene Ressourcen gefunden, die Menschen dazu befähigen, sehr schwierige Lebensbedingungen nicht nur zu überstehen, sondern auch noch Kräfte daraus zu gewinnen.[2] Dazu gehören auf der individuellen Ebene:
Problemlösungsfähigkeiten;
positives Selbstwertgefühl, Vertrauen in die eigenen Fähigkeiten;
Selbstregulations- und Durchsetzungsfähigkeiten;
Bewältigungsverhalten, z. B. sich von einer dysfunktionalen Familie zu distanzieren oder sich aktiv Hilfe zu holen;
eine positive Stimmungslage, Optimismus, seelische Ausgeglichenheit;
Kontaktfähigkeit, Möglichkeit andere Perspektiven zu übernehmen und empathisch zu sein.

Bezüglich der Lebensumwelt der resilienten Menschen fand man:
emotional sichere Bindungen an mindestens eine frühe Bezugsperson und positive Rollenvorbilder;
ein emotional warmes, aber auch klar strukturierendes Erziehungsklima mit Autorität;
ein Netz sozialer Unterstützung innerhalb und außerhalb der Familie, auch z. B. Peerkontakte;
Erleben von Sinn und Struktur im Leben, also Spiritualität im weitesten Sinne.

All dies erlernt man offenbar am leichtesten in den ersten zehn Jahren seines Lebens. Wir haben aber die Erfahrung gemacht, dass man auch später noch sehr gut an diesen Themen arbeiten kann.

Unser Buch ist voller Übungen zu vielen dieser Punkte. *Problemlösungen* schildern wir in jedem Kapitel. Auch das *Einnehmen anderer Perspektiven* wurde immer wieder geübt. Die *Herzperspektive* fördert die Selbstachtung am schönsten. Und auf den *Optimismus* werden wir eingehen, wenn es um den »Flow« geht.

An dieser Stelle möchten wir uns vor allem mit einem Punkt der Resilienzforschung beschäftigen, der mit der Lebensumwelt zu tun hat. Nicht jeder Mensch hat nämlich eine sichere Bezugsperson in seiner Ursprungsfamilie gehabt.

Es ist daher wichtig, zu wissen, dass es sich bei dieser unterstützenden Person nicht um die Mutter oder den Vater handeln muss, denn manchmal sind diese krank, früh verstorben oder einfach unzulänglich.

Es kann also auch eine Großmutter, ein Großvater, eine Nachbarin oder ein Lieblingslehrer sein, auf die oder den sich das Kind hat verlassen können. Ja, manchmal ist es auch ein Onkel oder eine Freundin, wie das folgende Beispiel zeigt.

Wir erinnern uns an einen Artikel, in dem die Geschichte einer über 70-jährigen Frau beschrieben wird, die ihr schweres Leben mit nie ermüdender Resilienz und Lebensfreude bewältigte. Ihr Mann hatte sich von ihr getrennt, ihr Sohn hatte sich von ihr abgewandt, sie lebte im Altersheim und war arm. Eine riesige Palmen-Meer-Szene prägte als Tapete eine Wand ihres kleinen Zimmers. Sie nannte dies daher fröhlich »Little Italy«. Reisen konnte sie sich nicht leisten. Dafür lud sie zweimal in der Woche andere Damen aus dem Heim zu Kaffee und Kuchen – nach Italien – ein und war vielen Menschen eine wichtige Stütze.

Sie hatte diese Zuversicht und diesen Optimismus nicht in die Wiege gelegt bekommen. Der Anfang ihres Lebens war schwer gewesen. Die Mutter war sehr depressiv, weil der Vater im Krieg blieb, fürs Leben war kaum das Nötigste da. Die Kleine war sich selber überlassen und vegetierte in ihren frühen Jahren mutlos dahin.

Die erste Wende kam, als ihr Onkel blind aus dem Krieg zurückkam. Sie war sieben Jahre und alt und ersetzte ihm seine Augen, indem sie ihm vorlas. Die zweite und noch eindrücklichere Wende passierte, als sie eine jüdische Freundin fand, die ihre ganze Familie verloren hatte und trotzdem stets Zuversicht und eine positive Haltung ausstrahlte. Von ihr lernte sie fürs Leben.

Wenn Sie auch wenig Gutes in Ihrer Herkunftsfamilie empfangen haben, möchten wir Sie dazu einladen, Ihre Biografie einmal neu zu schreiben. Als Inspirationshilfe möchten wir die Arbeit von Elisabeth Lukas, einer Schülerin Frankls, mit einer ihrer Klientinnen zitieren:[3]

Textfragment 1 (Ausschnitt aus der vor Beginn der Therapie verfassten Niederschrift der Patientin):

»Meine Mutter wollte mich in einem stümperhaften Selbstversuch mittels Häkelnadel abtreiben, aber es ist ihr nicht gelungen. Mein Bruder war schrecklich eifersüchtig auf mich, als ich geboren wurde. Er muss mich gehasst haben, denn er ließ einmal, als er auf mich aufpassen sollte, den Kinderwagen, in dem ich lag, eine Böschung hinabrollen. Der Kinderwagen kippte um, ich fiel heraus und prellte mir eine Schulter. Auch bin ich als kleines Kind im Eis eines Teiches eingebrochen und nur in letzter Minute von Spaziergängern herausgezogen worden.

Ich war immer allein, niemand spielte mit mir. Meine Mutter arbeitete auf dem Feld, an meinen Vater erinnere ich mich nicht. Deshalb war ich oft bei einer Nachbarsfamilie. Das war eine richtig intakte Familie. Dort stand mittags das Essen auf dem Tisch und zu Weihnachten ein geschmückter Baum in der Ecke, was mir bald klarmachte, wie anders es bei uns zuging.

Wie wenig meine Mutter von mir wusste, zeigt folgende Begebenheit: Mein Bruder und ich schlichen abends heimlich aus dem Haus, um durch ein Gasthof-Fenster die Erwachsenen beim Kartenspiel zu beobachten. Knapp bevor die Mutter heimkam, rannten wir schnell zurück und krochen samt Kleidern und Schuhen in unsere Betten, wo wir uns schlafend stellten. Die Mutter merkte es nicht.

Als Spielsachen mussten die Produkte des Landes genügen, z. B. Steine und Blumenkränze. Ich war jeden Tag draußen im Freien, wenn das Wetter einigermaßen gut war, mir selbst und meinen Gedanken überlassen ...«

Textfragment 2 (Ausschnitt aus der nach der Therapie verfassten Niederschrift der Patientin):

»Ich kam als gesundes Baby auf die Welt und blieb trotz mancher körperlicher Gefährdung gesund. Anscheinend hatte ich als Kind einen ganz besonderen Schutzengel, der über

mich wachte und Acht gab, dass ich mir etwa bei einem Sturz aus dem Kinderwagen nicht das Genick brach oder dass ich beim Durchbrechen der Eisdecke des Teiches gerade noch rechtzeitig aus dem Wasser gezogen wurde.

Obwohl meine Mutter arbeitsmäßig überlastet war, fand ich liebe Bezugspersonen in einer Nachbarsfamilie und lernte dort ein trautes Familienleben kennen, an dem ich wiederholt teilnehmen durfte. Auch in meinem Bruder fand ich nach anfänglichen Eifersüchteleien einen Kumpan und Verbündeten, mit dem zusammen ich allerlei Streiche ausführte. Großen Spaß hatten wir daran, hie und da unsere übermüdete Mutter zu überlisten.

Das Schönste aber war das herrliche Naturparadies, das uns zum Spielen zur Verfügung stand und uns unsere Armut vergessen ließ. Wir brauchten keine künstlichen Spielsachen, uns ›gehörte‹ das weite Land mit seinen Schätzen, das ich tagelang durchstreifte, wobei ich eine tiefe Liebe zur Natur entwickelte und eine Freiheit genoss, um die mich jedes Stadtkind beneidet hätte …«

Beide Berichte sind aus je einer Perspektive »wahr«. Biografien sind ja immer erzähltes Leben und damit nicht nur wahrgenommen, sondern auch bewertet und interpretiert. Wenn Sie selber für Ihr Leben die erste, eher negative Perspektive gut kennen, ist es Zeit, sich zur zweiten aufzumachen und Ihre eigene Biografie entsprechend umzuschreiben. Vielleicht finden Sie dabei auch hilfreiche Bezugspersonen, denen Sie bisher noch nicht den genügenden resilienzfördernden Stellenwert gegeben haben.

Luise Reddemann, Traumaforscherin und Traumatherapeutin aus Deutschland, benennt die Eigenschaften, über die resiliente Menschen verfügen, in einer wunderbaren Alltagssprache und schreibt, dass es zum Teil ganz »normale« Dinge sind, wie mutig sein, Geduld haben, die richtigen Dinge zur richtigen Zeit tun, und sie erwähnt, dass das Festhalten an wenig nützlichen Vorstellungen und Konzepten das Entfalten der seelischen Widerstandskräfte behindern kann.

Sie beschreibt zwei Qualitäten resilienter Menschen besonders schön:

- Sie können mit sich und anderen barmherzig sein.
- Sie sagen »Nein« zu dem, was ihnen nicht bekommt.

Die erste Eigenschaft würden wir als Mitgefühl im Sinne der buddhistischen »compassion« auffassen. Wenn sie uns wie anderen gilt, ist sie identisch mit dem christlichen »Liebe deinen Nächsten wie dich selbst«. Ein resilienter Mensch wird also angesichts überwältigender Lebenssituationen nicht hart und unnahbar, sondern weich, und er begegnet anderen Menschen auch dann noch mit Verständnis.

Im zweiten Satz ist ebenfalls eine Komponente der Liebe enthalten: die Fähigkeit, abzulehnen, was einem nicht guttut. Das gehört zur Liebe zu sich selber.

Wir schließen diesen Abschnitt über die Positive Psychologie daher mit einer Übung zur »compassion« ab. Nach einem unangenehmen »Bad« in einem »ewigen Konflikt« kann sie uns helfen, aus erstarrten Haltungen herauszufinden und wieder resilient zu werden.

Dazu möchten wir Sie bitten, sich zurückzulehnen und Ihren Körper in eine entspannte Position zu bringen. Besonders gut ist es, wenn Sie auch noch den Kopf auf ein Kissen betten.

Denken Sie nun an eine besonders tückische oder unliebsame Situation mit Ihrem Partner oder Ihrer Partnerin in der nahen Vergangenheit. Nehmen Sie genau wahr, welche Gefühle und Gedanken nun hochkommen. Anerkennen Sie alles, auch wenn es unschön oder unangenehm ist.

Nun finden Sie einen Platz außerhalb des Körpers, wo Sie eine liebende Teilpersönlichkeit von sich visualisieren. Dieses »Wesen« schaut auf Ihre unerfreuliche Paarsituation und Sie imaginieren, wie dabei Wärme von ihm ausgeht sowie helle, lichte Freundlichkeit. Dann begeben Sie sich in das Zentrum dieser Wärmestrahlung hinein und tauchen darin unter, lassen sich davon aufwärmen und schauen aus dieser Perspektive mit dieser Haltung zunächst auf Ihr Gegenüber und dann auf sich selber.

Wie ist das jetzt? Wie möchten Sie nun handeln, was möchten Sie zu wem sagen? Wie fühlt sich das an?

Versuchen Sie diese Übung später auch in aktuellen Situationen anzuwenden. Am besten funktioniert das, wenn es beide Partner gleichzeitig tun, damit nicht jemand in die Opferhaltung kommt, dass »immer« er/sie alles alleine ändern muss.

Das zweite Gebiet, auf dem die Forschung hilfreiche Erkenntnisse für die Lebensbewältigung gefunden hat, betrifft die Salutogenese.

Salutogenese

Salus ist das Wohlbefinden, Genese die Herkunft oder Entwicklung.

Das Konzept enthält also die Frage: »Wie kommt es, dass wir uns wohl fühlen?«, und explizit *nicht* die üblichere Frage: »Womit hängt es zusammen, dass wir krank werden?«

Aufgestellt wurde es erstmals von Aaron Antonovsky[4], einem Amerikaner, der 1960 nach Israel auswanderte. Er ging Gesundheitsfaktoren nach, und das war zu seiner Zeit etwas Außergewöhnliches. Er stellte somit ein neues Paradigma auf, das er dem auf Pathologie fokussierten medizinischen Modell entgegensetzte.

Als Metapher für das Leben verwendete er den Strom. Er ist gefährlich, weil er voller Stromschnellen, Strudel und Untiefen ist. Man kann an seinen Ufern nicht immer sicher entlanggehen, sondern man fällt ab und zu ins wilde Wasser hinein. So formulierte er für seine Untersuchungen die grundlegende Frage: *Wie wird man ein guter Schwimmer?*

Dem Gleichnis entsprechend postulierte er, dass es keine absolute Gesundheit oder Krankheit gibt, sondern dass jeder Mensch relativ gesund und relativ krank ist. Gesundheit ist ein prozessuales Geschehen über den gesamten Lebensverlauf. Der Mensch steht also ständig in der Auseinandersetzung mit gesunden und kranken Anteilen und probiert, ein Gleichgewicht zwischen beiden zu erreichen. Es geht darum,

- trotz gesundheitsgefährdender Einflüsse gesund zu bleiben;
- sich von Krankheiten wieder zu erholen
- oder sogar trotz extremer Belastungen gar nicht erst krank zu werden.

Antonovsky meint, dies gelänge umso eher, je höher die so genannte Kohärenz des Menschen sei, und meint damit eine bestimmte vertrauensvolle Grundorientierung dem Leben gegenüber. Diese Kohärenz hat drei Komponenten: die *Verstehbarkeit*, die *Handhabbarkeit* und die *Sinnhaftigkeit*.

- Zur *Verstehbarkeit* gehört das Gefühl, dass Ereignisse im Leben erklärbar und einigermaßen vorhersehbar sind. Zusammenhänge, z. B. in der eigenen Lebensgeschichte, können verstanden werden; man ist nicht einem sinnlosen Geschehen ausgeliefert.
- Zur *Handhabbarkeit* bzw. Meisterschaft, wie es Reddemann nennt, gehören die Ressourcen, die ein Mensch mobilisieren kann, aus sich selber oder mithilfe von Helfern oder höheren Mächten. Sie festigen die Überzeugung, den Anforderungen des Lebens gerecht werden zu können. Dazu gehört auch der Glaube, dass die anstehenden Probleme lösbar sind.
- Zur *Sinnhaftigkeit* gehört die Gewissheit, dass das Leben, die eigene Biografie, das eigene Handeln, die Ziele und Werte ein inneres und äußeres Engagement lohnen und so einen Sinn ergeben. Dadurch werden sie nicht nur als unwillkommene Last empfunden, und jeder Einsatz lohnt sich, auch wenn er nicht immer von Erfolg gekrönt ist.

Wenn wir nun kurz auf Viktor Frankl zurückkommen, sehen wir, dass er in einer schwer verstehbaren und äußerlich gar nicht handhabbaren Situation die Sinnhaftigkeit nicht aus den Augen verloren und zu einer inneren Bewältigung gefunden hat. Diese Sinnhaftigkeit ermöglichte ihm trotz allem, zu wachsen. Und so hat er nach dem Krieg seine ganz spezielle Therapieform weiter ausgebaut. Im Extremfall genügt also eine der Komponenten, um im Strom des Lebens nicht unterzugehen.

Frankl ist ein ganz besonderer Mensch in einer ganz besonderen Situation. Er weist uns aber auch für gewöhnlichere Situationen den Weg, nämlich, dass immer Ressourcen vorhanden sind und dass man aus Belastungen lernen kann. Und zwischen beidem findet der Lebenstanz statt. Es geht also nicht um ein Leugnen der negativen Seiten und ein starres Betonen der positiven. Im Gegenteil. Wir lasen einmal, dass es besonders denjenigen Menschen gelänge, eine Krankheit mit tödlicher Prognose zu überwinden, die sich mit dem möglichen Tod ganz realistisch konfrontieren und sich trotzdem mit großer Intensität und tiefem Glauben ihren Ressourcen zuwenden.

Wir möchten uns nun mit dem dritten Gebiet, dem »Flow« befassen, das uns besonders hilft, das romantische Modell zu transformieren.

Flow oder die nachhaltige Form von Glück

Glück lässt uns manchmal an den Vetter von Walt Disneys stets erfolglosem Donald Duck denken. Er heißt Gustav Gans, und ihm gelingt einfach alles. Geld, Besitz und Hauptgewinne fallen ihm am laufenden Meter in den Schoß. Er muss nie etwas dafür tun.

Unsere gegenwärtige Kultur favorisiert einen solchen Glücksbegriff. So soll uns auch die romantische Liebe einfach zufliegen, jedenfalls, sobald wir »den Richtigen« oder »die Richtige« gefunden haben.

Wir möchten diese Vorstellung nicht schlechtmachen, sondern wollen ihr eine zweite Art von Glück an die Seite stellen, das mit geistiger Anstrengung *erworben* werden kann. Es heißt »Flow«. In langen Beziehungen hat diese Art des Glücksempfindens große Vorteile. Denn wenn sich der Gustav-Gans-Effekt der Hormone zurückzieht, ist man nicht verloren.

Martin Seligman meint, das uns zufallende Glück bestehe aus Lust und Vergnügen, das erwerbbare, also der Flow, aus Belohnungen für nachhaltige Aktivitäten.[5]

Schauen wir uns zuerst die gewohnte Form von Glück an und ihre Basis, die Lust und das Vergnügen, bzw. die sinnlich emotionalen Freuden.

Lust und Vergnügen verschaffen uns z. B. Empfindungen wie Ekstase, Überschwang, Kick, Spannung, Spaß, Intensität, Behagen, Harmonie, Sättigung und Entspannung.

Sie sind schön und von kurzer Dauer, und man braucht nur wenige Gedanken und Anstrengungen, um sie zu erleben.

Wenn Paare sie gemeinsam genießen und wieder vergehen lassen, kann es sein, dass diese Gefühle und Sinnesreize mit der Zeit weniger intensiv werden, weil sie zu Gewohnheiten werden und die Nerven mehr Kick brauchen, um noch genauso stark zu feuern wie am Anfang. Oft wird es langweiliger am Tisch und im Bett.

Unsere kulturell verankerte Liebesvorstellung ist sehr stark auf diese sinnlich emotionalen Freuden ausgerichtet. Deshalb liegt uns allen sehr viel daran, immer wieder viele intensive Momente miteinander zu erleben und dies über die Zeit möglichst noch zu steigern. Wenn stattdessen der Alltag die Gefühle schwächer werden lässt, beginnen wir, dem romantischen Modell entsprechend, daran zu zweifeln, die »Richtigen« gefunden zu haben. Trotzdem können wir alle wohl unsere Begeisterung für diese schöne Vorstellung nicht einfach aufgeben.

Weise Paare legen daher alle Zweifel auf die Seite und machen sich auf, wieder mehr vom erwünschten Glück in die Beziehung hineinzubringen. Und da dieses einem ja zufallen muss, sollte es auch nicht zu viel Anstrengung kosten. Am einfachsten geht das, indem man dem »Glück von Lust und Vergnügen« Räume schafft, wo es ganz von selber aufblüht.

Zum Beispiel kann man miteinander ins Thermalbad gehen, weil die Entspannung zärtlich stimmt, oder man kann sich gegenseitig die Füße massieren und zum Geburtstag neben den Freunden noch einen Märchenerzähler einladen.

Wenn man noch ein wenig mehr einsetzen mag, kann man trainieren, solche schönen Stimmungen vor den Sorgen des Alltags zu schützen. Man kann nämlich lernen, die geschaffenen Glücks-Räume von Gesprächen über pubertierende Kinder oder Geldsorgen freizuhalten und die Gefühle wirklich mit Achtsamkeit auszukosten, damit sie durch die erhöhte Aufmerksamkeit gegenwärtiger und frischer werden und dann entsprechend länger nachhallen. Und schließlich kann man auch immer wieder miteinander auf die liebevollen und schönen Genussmomente in der Beziehung zurückblicken und sie damit erneut in die Gegenwart holen und auf diese Weise automatisch verlängern.

Diese Bearbeitung von Lust und Vergnügen durch das Paar ist bereits ein sanfter Übergang zum zweiten Glücksbegriff, dem wir uns nun zuwenden wollen. Bei diesem zweiten Begriff, dem *Flow*, geht es um Belohnungen bzw. Gratifikationen für nachhaltige Aktivitäten.

Mihaly (Mike) Csikszentmihaly, ein amerikanischer Professor der Sozialwissenschaften, hat tausende von ganz verschiedenen Menschen zu ihren schönsten geistigen oder sozialen Belohnungserlebnissen befragt.[6] Egal, ob es um eine Motorradgang ging, einen meditierenden Koreaner oder eine Ballerina, sie alle sagten dazu:

– Die Aufgabe, um die es jeweils geht, ist herausfordernd;

- man muss sich konzentrieren;
- es werden klare Ziele angestrebt;
- man hat eine sofortige Rückmeldung;
- die Anstrengung ist da, aber sie ist tief und man verliert das Gefühl von Anstrengung;
- man hat die Kontrolle über das Geschehen;
- die Zeit steht still.

In allen Schilderungen der Befragten *fehlen* allerdings die positiven Emotionen wie z. B. Heiterkeit oder Begeisterung. Sie können teilweise rückwirkend hervorgeholt werden, sind also eventuell ein Bestandteil des Phänomens, offenbar aber nicht das Zentrum.

Flow als Glückszustand zu bezeichnen ist eigentlich missverständlich, weil man Glück traditionellerweise mit Gefühlen verbindet. Trotzdem ist mit dem Flow eine große Anziehung verbunden, schließlich ging es ja bei der Umfrage, die am Anfang stand, um die schönsten Belohnungserlebnisse. Das Ausbleiben von Gefühlen mag daher überraschen. Es wird verständlicher, wenn wir genauer beschreiben, wie dieses Phänomen im Einzelnen zustande kommt.

Flow ist eher mit nachhaltigen Aktivitäten verbunden, Aktivitäten, bei denen eben die Zeit stillsteht und mit denen man gar nicht aufhören möchte: ein gutes Buch lesen, studieren, einen Gesellschaftstanz lernen, malen, Volleyball spielen, eine Arbeit gerne und gut tun, eine Sprache lernen, auf einen hohen Berg steigen. Interessanterweise tritt Flow gar nicht so oft bei »Freizeitbeschäftigungen« auf, sondern eher beim Lernen oder in der Arbeit. Denn Flow ist durchaus mit Denkarbeit und Anstrengung verbunden. Das könnte eigentlich unangenehme Gefühle erzeugen. Aber dem ist nicht so. Hören wir einfach einmal Menschen zu, die über Flow berichten:

Seligman zitiert eine Ballerina:[7]

> »*Wenn ich da einmal hineinkomme, dann treibe ich dahin, es macht Spaß, einfach nur zu fühlen, wie ich mich bewege. Ich erlebe so etwas wie einen körperlichen Höhepunkt … Ich schwitze stark, es ist wie ein Fieber oder eine Art Ekstase, wenn alles perfekt läuft … Du bewegst dich und versuchst dich selbst in der Sprache dieser Bewegungen zum Ausdruck zu bringen. Das ist es. Es ist eine Art Verständigung durch*

Körpersprache, irgendwie ... Wenn es gut läuft, drücke ich mich echt in der Sprache der Musik aus und in der Sprache der Menschen im Publikum.«

Birgit Dechmann beschreibt die Lektüre von Seligmans Buch »Glücks-Faktor«:

Ich war von Anfang an von diesem Buch fasziniert, wie von einem spannenden Krimi. Nur dass es mich nicht einfach unterhalten hat, sondern mir die Tore zu einer bewussten Gestaltung des Lebens auftat. Es war voller Forschungsberichte, also ziemlich dicht. Damit ist Anstrengung verbunden. Aber diese Anstrengung war meist mit einer vorwärtsdrängenden Energie verknüpft, mit einem Wunsch, noch mehr davon zu verstehen, noch besser zu begreifen, mit Wachstum.

Natürlich war es nicht immer gleich. Manchmal las ich etwas und las es wieder, und ich kapierte einfach nicht wirklich, was ich las. Dann ging ich vielleicht spazieren, und das Gelesene kam zurück. Mir fiel ein Beispiel aus meinem Leben ein. Dann war es klar.

Das Buch ließ mich in eine ganz besondere Haltung eintauchen. Ich musste an Viktor Frankl denken, der sagt, dass es darum geht, die Triebbefriedigung zu verlassen und stattdessen sich von den eigenen Werten ziehen zu lassen.

Ich wurde automatisch dazu gebracht, dem Wert bzw. dem Ziel nachzugehen, wie man Menschen helfen kann, die so viel Schweres erlebt haben, dass wenig Kraft für ein aktives und gutes Leben geblieben ist. Das zog mich, das ließ mich eintauchen, das ließ mich das Buch immer wieder in die Hand nehmen.

Am Schönsten war es, wenn ich gar nicht merkte, wie ich begriff, sondern einfach las und es in mich hineintropfen konnte, um was es ging, wenn ich im Zentrum des »Flows« war.

Es geht beim Flow also um das Einswerden mit der Handlung, die zu einem Ziel strebt. Wir sind einfach achtsam in der Gegenwart bei unserer Aufgabe. Angst und Unsicherheiten sind verschwunden, wir sind verbunden mit dem, was wir tun, und mit dem, was dabei auftaucht. Auch diese Zustände sind schön, aber sie sind so etwas wie »das Sein selber« und nicht ein Gefühl, das man aus dem Sein bezieht. Wir müssen immer wieder betonen, dass Flow nicht davon abhängig ist, was wir machen, sondern wie wir es tun.

Wie der Straßenkehrer in »MOMO« können alle Menschen an dieser Art von Glück teilhaben.[8] Louise Reddemann zitiert Menschen, die in landläufigen Vorstellungen sehr anstrengende Arbeiten verrichten und trotzdem Zustände von »Flow« beschreiben, Menschen, die zum Beispiel den ganzen Tag von den Almen Heubündel ins Tal schleppen.[9]

Beim zweiten Glücksbegriff, dem Flow, geht es also nicht nur um angenehme Empfindungen, sondern um eine Art alltäglicher »Erleuchtung«, die mit einer inneren, oftmals geistigen Anstrengung zusammenhängt.

Wie kann man das nun benutzen, um in seiner eigenen Beziehung zu dieser Flow-Meisterschaft zu gelangen?

Wenn es bei Lust und Vergnügen um Sinnlichkeit und Gefühle geht, dann dreht es sich beim Flow um Ziele und Werte. Wir werden zu ihnen hingezogen, nicht weil wir sie fanatisch verfolgen oder aus irgendwelchen Moralvorstellungen heraus, sondern weil sie sich für uns öffnen, weil sie in unserer geistigen Weite zu uns gehören. Es geht auch ums Gegenwärtigsein, um das möglichst totale Eintauchen ins Leben. Um dorthin zu gelangen, müssen wir uns jedoch vom Gustav-Gans-Effekt distanzieren können. Nun fliegt uns gar nichts mehr zu, sondern es braucht einen starken Einsatz von Geist und Willen. Wir müssen nachdenken und uns auch oftmals sehr anstrengen. Je mehr wir einsetzen, umso leichter gelingt dann der Flow. Es ist kein Zustand, der beim Herumhängen entsteht, er braucht Tätigsein.[10] Dann allerdings kann man auch in den mühsamen Gebieten einer Beziehung Glück erleben, indem man sie mit dieser Form des Handelns angeht.

Die mit dem Flow verbundenen Belohnungen sind nicht wie ein Stück Schokolade, sie sind also kein Vergnügen. Sie lassen die Zeit stillstehen. Sie erhalten diese besondere Qualität durch die Hingabe an ein wesentliches Ziel. Und dank dieser Hingabe werden auch besondere Stärken mobilisiert. Diese Notwendigkeit, seine Kräfte einzusetzen, macht einen guten Teil der Faszination aus.

Es geht uns also im besten Falle so wie jener Eidechse, von der Seligman berichtet.[11] Ein Lehrer von ihm hatte eine exotische Eidechse als Haustier, die einfach nicht fressen wollte. Er kaufte ihr alle möglichen Leckerbissen, fing sogar lebende Fliegen, aber sie begann vor seinen Augen zu verhungern. Einmal legte er ihr wieder Schinken hin, und aus Versehen fiel seine Zeitung darüber. Die halb tote Eidechse nahm das sofort wahr, schlich sich an die Zeitung heran, zerfledderte sie aufs Heftigste und schlang schließlich die »errungene Beute« hinunter.

Das Jagen war die Stärke der Eidechse, ohne diese Tugend mochte sie nicht leben. Erst durch die Ausübung ihrer Fähigkeit konnte sie Appetit entwickeln. Es war der Einsatz ihrer Stärke, nicht das Essen selber, der sie zum Glück führte.

Fassen wir nun nochmals zusammen: In der Beziehung können wir auf zwei Arten glücklich werden …

- indem wir tiefe Gefühle füreinander entwickeln und diese sorgfältig pflegen und
- indem wir die Beziehung als eine Kette von Aufgaben anschauen, die uns Gelegenheit geben, Flow und somit auch unsere Stärken zu erleben und an ihnen zu wachsen.

Die erste Form des Glücks findet ihre schönste Erfüllung, wenn wir einander die Liebesqualität des Herzens schenken. Davon handelt unser ganzes Buch.

Dazu noch einmal eine Übung: Wir zitieren Frau Reddemann.[12]

»Wenden Sie sich einmal am Tag bewusst Ihrem Herzen zu, indem Sie Ihren Kopf leicht nach links wenden und an Ihr Herz denken. Senden Sie ihm einige liebevolle, dankbare Gedanken. Es wird es Ihnen danken.«

Wussten Sie übrigens, dass unser Herz das Liebeshormon Oxytoxin produziert – oder eben nicht produziert? Das beeinflusst unser emotionales Hirn. Die Übung ist also sehr wichtig.

Die zweite Form des Glücks findet ihre schönste Erfüllung, wenn wir Aufgaben, die sich in der Beziehung stellen, nicht als Beleidigung der romantischen Liebe verdammen, sondern als Herausforderung annehmen und als Gelegenheit, wie die Eidechse unsere Stärken anzuwenden. Wenn wir zu diesem Glück in der Liebe gelangen wollen, müssen wir unsere Stärken auffinden.

Seligman zählt 24 Stärken auf. Wir zitieren hier nur den Teil, der uns besonders wichtig für schwierige Beziehungssituationen vorkommt. Wenn Sie mehr darüber wissen wollen, können Sie auf seine Website gehen.[13]

Dankbarkeit;
Neugier;
praktische Intelligenz;
Sinn für Schönheit;
spielerische Leichtigkeit und Humor;
Tapferkeit, Zivilcourage (Mut);
Echtheit, Lauterkeit;
lieben und sich lieben lassen;
Loyalität;
Achtsamkeit;
Selbstkontrolle;
Optimismus und Zukunftsbezogenheit;
Bescheidenheit und Demut;
Durchhaltekraft und Fleiß;
geistige Offenheit und kritische Urteilskraft;
Spiritualität, Gefühl für Lebenssinn, Glaube;
vergeben und Gnade walten lassen.

Schauen wir uns nun Beispiele von Paaren an, die in dauerhaften Beziehungen Flow entwickeln. In diesen Beispielen setzen sich die Beteiligten der Definition von Flow entsprechend ein für Ziele, für deren Erreichung sie sich anstrengen. Sie gehen in der damit verbundenen jeweiligen Aufgabe – wenigstens immer wieder – auf. Sie wenden dabei Stärken an oder erlernen sie tapfer. Sie erleben Momente, in denen die Zeit stillsteht. Und sie haben den Gewinn von lang anhaltenden Belohnungen, die durchaus auch angenehme Gefühle und sogar Euphorie umfassen, die wir doch an der romantischen Liebe so gern haben.

Prisca und Malte gehen seit zwanzig Jahren in Tanzkurse. Walzer, Foxtrott, Salsa und Rock 'n' Roll beherrschen sie fast so gut wie professionelle Tänzer und Tänzerinnen. Es gibt ihrer Beziehung einen Halt und sie strahlen Grazie und Charme aus. Sie haben uns wörtlich davon berichtet, wie beim Tanzen nicht selten die Zeit für sie stillsteht und dass es sie tief miteinander verbindet.

Peter und Gina, die wir am Anfang dieses Buches erwähnten, haben kürzlich eine Beziehungskrise dadurch überwunden, dass sie ihre Kindheits-Musikinstrumente wieder neu in ihr Leben hineingenommen haben. Gina spielt Klavier und Peter Saxofon. Sie haben sich vorgenommen, jede Woche eine Stunde kleine Stücke zusammen zu spielen. Und seit sie dies tun, ist deutlich mehr Frieden in ihren Herzen.

Es ist eben nicht nur mit den Stärken von Fleiß und Durchhaltekraft verbunden, wenn man etwas Wesentliches miteinander oder füreinander lernt, sondern im Fall von Prisca und Malte wie von Peter und Gina auch mit dem Sinn für Schönheit und wohl auch mit dem Feld der Spiritualität. Tanzt, singt und spielt man doch seit Jahrtausenden für die Götter.

Lassen Sie uns auch an Gaby und Fred und ihre beständige Arbeit an der Übertragung, also an der Dimension der Tiefe, erinnern. Sie wenden dabei Echtheit und Wahrhaftigkeit an, brauchen Achtsamkeit und Durchhaltekraft, damit die geistige Offenheit entsteht, die sie aus dem aktuellen Problembeispiel zum im Hintergrund ablaufenden Drama der Geschichte vorstoßen lässt. Vielleicht können Sie sich erinnern, wie anhaltend die Belohnungen für Gaby sind, nachdem sie durch ihre Erstarrung hindurchgegangen ist. Wie sehr alles in Fluss gerät, ihre Gefühle, der Körper, die Erinnerungen, ja sogar der Kontakt zu Freunden.

Denken Sie nun auch noch an die Frau, von der wir im Sexualitätskapitel berichtet haben: Sie hat mit »unerbittlichem Optimismus« in der Leere der flach gewordenen Sexualität auf ihr Herz gewartet, damit es ihr den Weg aus dem gemeinsamen »Elend« zeige. Braucht das nicht Mut?

Anstrengend, so hat sie uns erzählt, war es jedenfalls über sehr, sehr lange Zeit. Sie hatte ein Ziel, für das sie alles eingesetzt hat, was sie in sich trug, und noch einiges aus dem Nichts dazu entwickelte. Sie wollte echte Sexualität, sie wollte achtsame Sexualität und sie wollte sie eingebettet sehen in das Lieben und Liebenlassen, das der Kern gelingender Beziehungen ist oder werden sollte. Sie hat dafür einen Marathon veranstaltet, der wirklich der Besteigung des Mount Everest gleicht. Aber der Flow, den sie erfährt, und die wunderbaren Gefühle, die schließlich ihre Mühen belohnen, sind wahrhaft nachhaltige Glückserlebnisse.

Wenn wir im Kapitel vom verflixten Alltag am Schluss von der sanften Schwester der Euphorie sprechen, meinen wir eigentlich den Flow. Überall kann er auftauchen und seine speziellen Belohnungen verschenken, egal, wie mühsam das Geschäft ist, auf dessen Bewältigung er beruht. Wenn es zum Beispiel gelingt, nach Jahren der Auseinandersetzungen eine funktionierende Arbeitsteilung zu erreichen, wenn die Anstrengungen also Früchte tragen, wenn man am Abend fragt, was schön gewesen ist, und vom einstmals unzulänglichen Gegenüber hört: »Ich habe es geschafft, alles Notwendige mit Kindern und Haushalt heute zu erledigen und sogar noch ein paar Yoga-Übungen einzuflechten. Ich bin stolz auf mich.« –, dann ist dieses andere Glück da, das uns eigentlich nie verlassen muss, der Flow.

Wie Sie aus unseren Beispielen sehen, kann Flow ohne ausgiebig eingesetzte Stärken nicht existieren. Es lohnt sich daher, sich auf die vorhandenen zu besinnen, damit man sie einsetzen kann, und neue anhand von anstehenden Aufgaben noch zu entwickeln. Der folgende Text mag dabei Tipps vermitteln.

Wählen Sie zuerst die Stärken aus, die Sie schon haben, um sie mehr als bisher in die Beziehung – in schwierigen wie in schönen Momenten – einzubringen. Welche sind es? Schreiben Sie alle auf. Erinnern Sie sich, wie Sie diese in besonderen Situationen bereits angewendet haben.

Stärken kann man üben. Schauen Sie mal auf die folgenden grundlegenden Stärken. Sie schenken Zuversicht, dass Sie äußere oder innere Wege finden können, die aus allen Situationen herausführen.

Lieben und sich lieben lassen (beide Seiten sind wichtig, viele Menschen kennen nur die eine Hälfte dieser Stärke); Dankbarkeit; Optimismus; Lebenssinn, Spiritualität. Welche davon müssen Sie Ihrer Meinung nach unbedingt entwickeln? Beginnen Sie gleich heute damit.

Zum Beispiel: Fällt es Ihnen schwer, optimistisch zu sein?

Nehmen Sie eine der wirklich mühsamen Seiten Ihrer Beziehung, wie die unbefriedigende Sexualität, eine ungenügende Haushaltsteilung, Probleme in der Erziehung der Kinder etc., und stellen Sie sich vor, es ist ein Jahr vergangen und etwas hat sich geändert (entweder, weil Sie es nun besser können oder weil Sie sich nicht mehr daran stören). Nun lassen Sie die innere Sicherheit bezüglich dieser Verbesserung aufsteigen. Kosten Sie den angenehmen Zustand aus.

Machen Sie das eine Weile immer wieder, projizieren Sie also eine Offenheit in die Zukunft, die sich mit der Zeit in der Gegenwart positiv auswirken wird. Ihre Zuversicht wird steigen.

Und wenn Sie gerade in einem »ewigen Konflikt« feststecken, lesen Sie die folgenden Affirmationen laut vor:

Ich übe die Stärke vom Weitblick
Es weiten sich meine Schultern, meine Stirn, mein Nacken und mein Brustkorb. Alles wird großzügig, offen und weit, als würden sich Schwingen ausbreiten. Ich stelle nun alle meine Gefühle in diese Weite und lasse sie darin einen neuen Platz finden. Ich nehme wahr, was sich verändert. Es muss mir nicht immer gut gehen, denn in die Weite gestellt, finden auch meine schwierigen Empfindungen neuen Sinn.

Ich übe Demut und Bescheidenheit
Manchmal danke ich, wie der Indianerhäuptling im Film »Little Big Man«, Gott für meine Siege und meine Niederlagen, denn in schweren Situationen überblicke ich nie, was im großen Plan Glück und was im großen Plan Unglück ist.

Ich bleibe tapfer und halte durch
Falls ich weiter Schmerzen leide oder meine Wut mich immer wieder zu überwältigen droht, bitte ich mein Durchhaltevermögen, diese Gefühle sanft zu halten und in ein gepolstertes Boot auf den langen Strom des Lebens zu geben.

Ich übe Vergeben
Ich gebe dir, der/die mich verletzt, gerne die Chance des zweiten Anlaufs. Ich interessiere mich dafür, wie es dir geht, was deine Motive sind, und suche in mir erneut nach Großzügigkeit, Freundlichkeit und Wohlwollen für dich.

Ein Mantra der Positiven Psychologie

Erfinden Sie nun, wenn Sie Lust haben, ein Mantra für sich, das die positive Art, an Ihre Beziehung heranzugehen, in Ihnen anruft und ganz genau auf Ihre momentane Paarsituation passt.

Wie zum Beispiel dieses Mantra von Iris, das sie kreierte, um mit der Stummheit ihres Mannes und mit seinen häufigen Abwesenheiten besser klarzukommen.

Ich segne mein größtes Problem mit dir, weil ich darin meine Stärke finden kann.
Ich lerne, nein zu sagen, wo es mich überfordert,
und mir Hilfe zu holen, wenn ich wieder einmal damit scheitere.
Wenn du nicht lieb mit mir bist, muss ich lernen, lieb mit mir selber zu werden,
eine Kunst, die viel Herausforderung braucht, damit ich sie übe.
So bringe ich mich tapfer immer wieder zu Gehör,
denn in mir ist eine verletzliche Seele, die nicht alles erträgt.
Ich danke dir, weil du mich zwingst, gute Freunde zu haben, denn manchmal kann ich dich nur dank ihnen aushalten.
Es ist wunderbar, auch dann noch Sinn zu spüren, wenn ich an dir leide.
Er ist hell und zärtlich, wie ein heilender Engel.
Er ist Licht und seine Sanftheit lässt mich schmelzen wie nichts anderes.
Niemand liebt mich mehr als du.
Niemand lässt mich so an mir selber anstehen.
Ich segne beides in Dankbarkeit.

10. Kapitel

Am Du zum Ich werden und Heimat finden

Wenn wir das nachhaltige Glück ernst nehmen, hören wir auf, unsere Partner und Partnerinnen als Lieferanten des Glücks der tiefen Gefühle zu betrachten und sorgen gemeinsam und mit gleicher Verantwortlichkeit für beide Arten der Liebe, für die intensive und für die am Flow orientierte. So kann Liebe ihren schönsten Sinn entfalten, nämlich zur tiefen Lebensbegleitung dienen und Hilfe zu persönlichem Wachstum schenken.

Martin Buber hat das so ausgedrückt, dass wir am DU zum ICH werden. Wir haben seinen prägnanten Satz in die Überschrift dieses Kapitels hineingenommen, müssen aber dieses »Ich« ein wenig unter die Lupe nehmen.

Wenn wir mit Buber »Ich« sagen, meinen wir einerseits die philosophische Definition. Kant und Augustinus z. B. bezeichnen das »Ich« als das Subjekt aller Wahrnehmungen, Vorstellungen, Gedanken, Gefühle und Handlungen.[1] Berkeley, Descartes und Mill sehen es als eine immaterielle Instanz.[2]

Andererseits reden wir aus psychologischer Sicht, wegen einer zu spezifischen Definition des Ich-Begriffs durch Freud[3], lieber vom Selbst, das von Jung, Maslow oder Goldstein als personeninhärentes Entwicklungsprinzip bezeichnet wird, das nach dem Ziel des »eigentlichen Selbst« strebt.[4] Diese Begrifflichkeit umfasst innere Räume, Ausrichtungen und Kräfte, die nicht alle bewusst sein müssen. Sie lassen sich nicht geordnet im Verstand unterbringen, sondern sprechen auch unsere Gefühle und die unklaren, verborgenen Schichten an. Ich und Selbst sind nicht so leicht zu fassen wie ein Korb mit Äpfeln. Was sie enthalten, ist voller Untiefen, Geheimnisse und Farben, voller Licht und Schatten. Manche von diesen Ich- und Selbst-Teilen wollen wir lieber gar nicht wahrnehmen, andere haben wir beim Aufwachsen schmerzlich losgelassen. »Am Du zum Ich werden« hat deshalb viel mit genauer Hinschauen, Entdeckendürfen und mit Wachsenlassen und Neugestalten dieser inneren Instanzen zu tun.

Auch wenn eine einseitige romantische Fassung der Liebe langfristig nicht guttut, beginnen wir bei unserer Reise durch die Ich-Werdung im Beziehungsrahmen mit dem romantischen Einstieg, weil sich Menschen gerade wegen der erfüllenden Momente in der Verliebtheitsphase auf ein »Du« überhaupt einlassen. Wenn Paare sich nach dieser Zeit dann mutig in ihre Abgründe begeben, wird das Leuchten im Selbst irgendwann wieder einen Platz finden – nur wird es geläutert sein, weil die Liebesqualitäten von Weite, Tiefe und Herz dazugekommen sind und es in etwas Umfassenderes verwandelt haben.

Schauen wir uns also in aller Ruhe dieses Leuchten an.

Wie uns das DU am Anfang der Beziehung bereichert

Wie wir schon geschildert haben, beginnt die Reise mit der Verliebtheit. So erleben Paare als Erstes einen neuen Aspekt vom ICH[5], der sich wunderschön und vor allem sehr weit anfühlt. Ausgerechnet Fabian, der Nüchterne, erinnert sich daran, was diese Zeit ihm bzw. Iris bedeutet hat:

Eigentlich wollte Fabian eine besondere Stunde für seine Schüler und Schülerinnen vorbereiten. Sie hatten sich Liebesgedichte gewünscht. Schon bald lässt er die Bücher sinken und merkt, wie seine Gedanken in die Anfangszeit zwischen Zürich und Berlin zurückgehen.

Die ersten Zeilen von Hilde Domin hätten fast von Iris stammen können. Sie hatte ihm immer wieder versichert, wie sie in ihrer gemeinsamen Liebe aufgehe und eins werde mit einem wunderbaren, fast »heiligen« Gefühl mit ihm ... Manchmal konnte er es selber auch nur kurz erahnen, aber neben dem leisen Glück hatten solche Gespräche auch immer Ängste ausgelöst. Er hatte stets befürchtet, etwas Kitschigem aufzusitzen. Aber Hilde Domin ist nicht kitschig:

Dein Mund auf meinem.
Ich verlor allen Umriss.
Tausend kleine Blüten
öffneten ihre Kelche
auf meinem Körper.[6]

So hatte Iris empfunden, und er war oft genug einfach darüber hinweggegangen. Es tut ihm plötzlich leid. Um sich abzulenken, geht er ins Internet und sucht weiter nach Liebesgedichten, stößt auf ein kleines Juwel von Dickinson und fühlt, wie die Zeit stillsteht.

Ja, so war es ihm tatsächlich manchmal gegangen; wortlos, unbeschreibbar.

Hier stehen sie, die Sätze, und wühlen auf, was er *damals ahnungsweise spürte. Oder ist es erst im Rückblick, aus der Warte einer tieferen und ehrlicheren Beziehung zu Iris möglich, diese Seiten in der Verliebtheit klarer wahrzunehmen?*

LOVE is anterior to life,
Posterior to death,
Initial of creation, and
The exponent of breath.[7]

Fabian merkt, wie ihm die lineare Zeit durcheinandergerät. Was war einst, was ist jetzt? Was genau davon sieht er in dem Gedicht?

Egal – auch wenn damals diese Qualität in der Liebe nur aufschimmerte, war sie schon in der Andeutung ein richtiger Weltenwechsler gewesen. Wie konnte er so etwas nur so total vergessen?

Er liest die Worte noch einmal und hält inne. An einer Grenze seines ICHs taucht etwas auf: eine Art Licht oder eine innere Gewissheit, dass irgendwann mehr von dieser zeitverändernden Qualität entstehen könnte, auch jetzt noch, oder sollte er sagen, gerade jetzt? Er und Iris haben in den letzten Jahren viel gelernt, und ihr gemeinsamer Weg fühlt sich weniger überschwänglich, dafür aber zutiefst aufrichtig an.

Die Gedichte handeln von Verschmelzung und von spirituellen Wahrnehmungen. Auch Zeitsprünge werden erlebt. Zeit wird ewig, steht still, verändert den gewöhnlichen Ablauf. Verschmelzung ist nicht nur Addition von zwei Menschen, sondern Potenzierung und Entgrenzung. Für einmal ahnt man, wer man außerhalb vom braven, engen Alltags-Ich sein könnte.

Und wenn vieles davon wieder verschwindet, bleiben doch ganz konkrete Niederschläge dieses überwältigenden Geschehens zurück. Das bubersche ICH bzw. das Selbst, das sich alleine wohl immer ein wenig unzulänglich fühlt, hat Eigenschaften des DU in sein eigenes Selbstbild aufgenommen. Es wird damit reicher und schöner.

Der amerikanische Psychologe Arthur Aron hatte frisch Verliebte darum gebeten, sich selber Begriffe zuzuordnen, mit denen sie sich charakterisiert fühlten. Schon 10 Wochen später waren diese Listen erstaunlich viel länger geworden.

Aron meinte, dass Paare Eigenschaften ihrer Partner einfach in ihr Selbstbild eingebaut hatten, und er beobachtete, dass in der gleichen Zeit auch das Selbstvertrauen angestiegen war.[8]

Heutige Paare würden, wie wir immer wieder betont haben, an dieser Stelle gerne innehalten und den Zustand für immer verewigen. Aber gegen ihren Willen müssen sie sich in den langen Jahren nach der Verliebtheit mit schwierigen eigenen und schwierigen fremden Eigenschaften auseinandersetzen. Und es ist gut so, denn auch daran werden sie wachsen, alleine und zusammen mit ihren Liebsten.

Du bist der tiefe Teich, in dem sich mein wahres Gesicht spiegelt

Individuation ist nicht nur Bereicherung, sie ist auch Vertiefung. Und dazu braucht sie bergseeklare Ehrlichkeit bezüglich aller Kindheitsschäden in der Beziehungsfähigkeit. Ein reifer Mensch darf nicht einfach seine versteckten Aggressionen ignorieren, weil sie sonst ungebremst ausbrechen können. Er muss seine verletzten Seiten anerkennen, damit diese das Zusammenleben weder beschneiden noch bedrängen. Er wird auch neugierig sein auf alles, was jenseits der gewohnten Sichtweisen auf ihn wartet, denn wir sind mehr, als unsere Kultur uns zu sein erlaubt. Wo, wenn nicht in der Beziehung, geraten wir mit der kulturellen Vorgabe, was ein »richtiges« Selbst ist – das heute ja vor allem am Erfolg gemessen wird –, in einen so wachstumsfördernden Widerspruch? Wo, wenn nicht in der Beziehung, werden wir im Schüttelbecher vielfältiger Herausforderungen so interessant und kreativ neu zusammengesetzt?

Konflikte verschaffen uns in großem Maße Wahrhaftigkeit, Tiefe und führen uns über die eigenen Einschränkungen hinaus. Besonders die »Ewigen« haben es diesbezüglich in sich.

Es beginnt ganz sanft mit der Irritation durch die Andersartigkeit des Gegenübers und steigert sich in zunehmenden Auseinandersetzungen zu heftigem Leiden am anderen. Und wenn man Glück hat, wenn man ehrlich und genau hinsieht, schafft man es, durch diese Reibung am DU einen echten Spiegel für sein Selbst zu finden. Wir wollen uns hier nicht mit allen Aspekten dieses Prozesses beschäftigen. Vieles davon steht im bisherigen Text. Wir möchten nur den Teil genauer darstellen, der die Selbstentwicklung in der Beziehung betrifft.

Das Selbst, das Grenzen hat und Grenzen beim Gegenüber zulassen kann, das sich und die anderen nicht nur oberflächlich, sondern in aller Bedeutsamkeit versteht, entwickelt sich wohl am radikalsten anhand der verhärteten Teilpersönlichkeiten des DU, denn diese konfrontieren es unerbittlich mit den eigenen unerlösten Teilpersönlichkeiten. Der Prozess verläuft in vier Stufen:

1. Die erste Stufe: Das Gefühl, unschuldig unter Beschuss zu geraten

Auf dieser Stufe sieht man die Probleme und die Schattenseiten nur im negativen Verhalten des jeweils anderen.

Wenn man an die schlimmen Streitformen zurückdenkt, die wir wahrscheinlich alle mit unseren langjährigen Liebsten schon erlebt haben, ist es nur allzu verständlich, dass uns das Verhalten des Partners bzw. der Partnerin erschlägt und unsensibel für die eigenen Fehler werden lässt. Denn wenn »er« zum Beispiel in eisigem Schweigen versinkt und immer länger im Büro bleibt – wir erinnern: »Er« benutzt für die Auseinandersetzung um irgendein *Vehikel*, wie zum Beispiel den Zustand der Wohnung oder die Kindererziehung, besonders gerne den apokalyptischen Prozess des Mauerns –, dann kann »sie« einfach nicht ruhig bleiben.

»Ihre« Pulsrate steigt also weit über 100 Schläge pro Minute an, und »sie« beginnt, auf ihn einzuschimpfen.

Auch sie bleibt beim *Vehikel* stehen, ohne den eigenen Beitrag zum Prozess weiter zu beachten, und wirft ihm ihrerseits nun seine Socken vor, die überall herumliegen, sowie den grässlich überhäuften Schreibtisch und fühlt sich im Recht. Dieses Rechthaben nimmt in ihrem negativen Prozess einen großen Raum ein, weil es »ihr« *Kernthema* vom »Nie-gehört-worden-Sein« ausdrückt.

Der Kampf um das menschliche Grundrecht vom Gehörtwerden mischt sich also im Streit um seine herumliegenden Socken versteckt in die Gegenwart ein und lässt »sie« meinen, dass »sie« wieder einmal aufs Schrecklichste zu kurz kommt und deshalb beliebig laut werden darf.

Aber für »ihn« wirkt das Ganze höchst unangemessen und so zerstörerisch, dass »er« geradewegs in sein eigenes *Kernthema*, die Überflutung durch seine Mutter, hineinkatapultiert wird.

»Mach dies, mach das, nicht so, sondern so, nein, warum schon wieder, wie kannst du nur, denk doch mal an mich …«, so klingt deren Nörgeln jenseits vom Bewusstsein in seinen Hirnzellen an, wenn seine Frau ihm das Sockenchaos vorwirft. Und eine mit der Erinnerung aus der Vergangenheit untermalte Stimme der Partnerin, kann »er« dann nur noch mit erneutem Mauern beantworten.

Wenn wir Paare in unseren Praxen auf den je eigenen Anteil an Negativität im Konflikt ansprechen, antworten sie in dieser Phase stets mit einem – zu uns – höflichen JA – und zum Gegenüber – unerbittlichen ABER. Es stimmt schon, sagen sie, dass meine Stimme laut ist, aber er macht mich mit seiner ständigen Unordnung so fertig, dass ich mich schließlich verteidigen muss.

Damit ist alles klar. So denken die Liebenden in dieser Phase.

2. Die zweite Stufe: Eine erste Ahnung für den eigenen Beitrag am Geschützfeuer dämmert auf

In dieser Stufe fängt man an, zu glauben, dass man auch selbst etwas beiträgt, schafft aber noch nicht, den Prozess selber zu ändern. Das ICH merkt erst ahnungsweise, dass es ebenfalls Negativität ausstrahlt, und dies nicht *nur* Verteidigung ist.

Diese Stufe wird bei schlimmen apokalyptischen Prozessen oft nur durch Therapie erreicht, wo eine neutrale Person die Wahrnehmung des gleichzeitigen Leidens von beiden Menschen für beide aufrechterhält. So entsteht ein Raum von Weite, der es möglich macht, nicht sofort und immer zurückzuschlagen, sondern einfach mal anzuhalten und wahrzunehmen, was neben dem *Vehikel* sonst noch alles in Bewegung ist.

Diese erste leise Anerkennung, dass es beide sind, die hier Destruktion verbreiten, sickert in ihr ICH. Sie merken einerseits ihre eigenen Beschädigungen, die den Konflikt anheizen, und sehen andererseits, wie sehr sie ihrem Gegenüber damit wehtun.

Die Tatsache, dass *beide* sehen, warum sie eigentlich leiden, und dass *beide gleichzeitig* erkennen, dass sie einander dieses Leiden in Form von Destruktion an den Kopf geworfen haben, hilft erstmals aus der schrecklichen Spirale heraus.

3. Die dritte Stufe: Die unglaublich bereichernde Entdeckung der Gleichzeitigkeit der Negativität

Wenn Paare in diese Stufe eintreten, wissen sie, dass fast immer, wenn das DU apokalyptisch wird, beim ICH etwas war oder ist, das subjektiv für das Gegenüber dem gleichkommt, was das ICH gerade vom DU erlebt.

Diese Paare wissen nun, dass ihr Leiden immer auch von einem Leiden auf der Seite des Gegenübers begleitet wird. Sie wissen, dass sie, wenn sie das Gegenüber als verletzend empfinden, wahrscheinlich ebenfalls Negativität ausstrahlen. Sie denken also nicht mehr nur an sich selber, sondern fragen auch nach dem Befinden ihrer Partner.

Iris ist stets ein wenig schneller als Fabian. Sie hat das Spiegel-Prinzip der Negativität einmal entdeckt und es gerade verallgemeinert. Das Ganze war anlässlich eines Telefonats passiert. Seine Stimme hatte so stumpf und auch abweisend geklungen, dass sie ihm am liebsten die Liebe aufgekündigt hätte. Zum Glück sagte sie ihm das beschreibend und nicht abwertend. Warum sie diese Ruhe hatte, wusste sie nicht. Aber es ging.

Fabian hatte erstaunt aufgemerkt, und seine Stimme hatte bereits einen weicheren Ton, als er ihr antwortete. »Ich fand, dass du eine tote Stimme hattest, und habe zwar nicht gerade alles hinwerfen wollen, aber ich dachte schon recht irritiert, was du nur wieder hast?«

Iris, die mittlerweile von Fabians überflutender Mutter wusste, hatte versonnen vor sich hingelächelt. »Dachtest du, ich würde dir wieder mal eine Schuld zuschieben wollen?«

»So ungefähr«, hatte der erleichterte Fabian geantwortet, und die beiden mittlerweile klug gewordenen Menschen hatten sich geschworen, auch in Zukunft möglichst sofort die folgenden hilfreichen Fragen zu stellen:

- *»Klingt meine Stimme auch so wie deine?«*
- *»Bist du auch so verzweifelt oder so irritiert wegen mir, wie ich es wegen dir bin?«*
- *»Wie erlebst du mich gerade?« – Und nach der Antwort darauf – »Darf ich dir auch sagen, wie ich dich erlebe?«*

Was damit eingeleitet wird, ist die Abschaffung einseitiger Kausalität. Man weiß, dass es nicht das DU ist, was hier alleine für Grauen sorgt, sondern dass beide miteinander das alte Horrorkabinett geöffnet haben.

Sie können es auch nur miteinander schließen.

Auf dieser Stufe nehmen sie die Veränderung ihrer Destruktivität erstmals *zusammen* in die Hand. Psychologen nennen das systemisch handeln. Bis Paare so weit sind, dass sie dies handhaben können, sind sie miteinander gereift, mindestens ein bisschen weise geworden und haben nicht nur Schrecken, sondern auch Mitgefühl für die untergründigen Ängste des DU entwickelt.

Und so kann es dann zur Stufe vier kommen.

4. Die vierte Stufe: Die Sichtigkeit der Liebe – unter der Negativität kann man das verletzte Kind im DU auffinden

Fabian hat eine alte Freundin. Mit ihr unterhielt er sich vor kurzem über dieses neue Phänomen. Wie gut es ihm täte, dass er Iris nun weniger ausgeliefert sei. Wie er sich bemühe, sich nicht einfach zurückzuziehen, sondern mit ihr das Gespräch aufzunehmen, wenn sie »hysterisch« würde.

Da sagte diese Frau, die er seit dem Kindergarten kennt, etwas Erstaunliches.

»Bei uns ist es anders. Peter zieht sich nicht zurück, wenn ihm was nicht passt, er fährt mich an – und zwar so laut und heftig, dass ich unwillkürlich zusammenfahre.

Ich zucke übrigens noch immer zusammen, aber während ich das quasi erleide, sehe ich ihn als Kind vor mir, liebenswert und sehr verletzt. Und ich spüre die kindliche Qual hinter seinem schroffen Verhalten. Ich liebe ihn in diesen Momenten neuerdings besonders innig. Das ist ein WUNDER.«

Und diese Frau, die er nie besonders attraktiv fand, hatte plötzlich ein Glänzen in ihren Augen, dass Fabian von ihr bezaubert war.

In diesem Beispiel ist die Stufe vier der gemeinsamen Selbstentwicklung beschrieben. Nun hat man so viel Abstand vom negativen Prozess, dass er zwar noch destruktiv wirkt, weil man die Ohren nicht zuklappen kann, bleibt aber trotzdem unbeirrt und schaut voller Weisheit und Liebe auf den Kernschmerz des Gegenübers. Zuwendung siegt über Schrecken.

Nun ist das Selbst zugleich nahe und abgegrenzt. Dank der schrecklichen Seiten des DU hat es gelernt, wer es eigentlich ist: ein tiefes, weites Herz.

Die Gleichzeitigkeit ersetzt die Kausalität und erschafft den gemeinsame Wachstumsraum

Wir haben in unserem Text immer wieder die beiden Seiten der Beziehungen betont, das Schwere und das Tröstliche, das Banale und das Lebendige, das Wichtige und das Unwichtige. Beziehungen sind wirklich nicht so glanzvoll, wie die Verliebtheit das anfangs suggerierte. Sie können sich teilweise wie Trecks durch eine Wüste anfühlen, wo Hunger und Durst die Szenerie bestimmen.

Aber Paare, die unsere visionären Qualitäten pflegen, erleben immer wieder Glanzmomente, die jene der ersten Zeit noch übersteigen: Denn nun verbindet man sein Innerstes mit einem Gegenüber, das einen in beschämenden, berührenden, tapferen und furchtbaren Situationen kennt und immer noch oder gerade deshalb tief annimmt.

Wir haben Ihnen von Gaby und Fred erzählt, die viel Tiefe miteinander erleben. Sie hatten vor kurzem ein Gespräch über die Auswirkungen einer Liebesbegegnung auf ihrer beider Selbst, das Gaby für uns nacherzählt hat.

Gaby: *Sag mal, ich habe etwas über die ICH-Erweiterung durch die Liebe gelesen, und ich musste sofort an unser gemeinsames Wochenende in Paris denken, wo wir so wunderbar Liebe gemacht haben. Ich bin immer noch ganz verzückt davon.*

Fred: *Ich verstehe, was du meinst. Ich finde, dass wir einander die Tiefe aufschlüsseln. Du schenkst mir Möglichkeiten, die ich alleine nicht finden kann. Wir lassen einander zu.*

Gaby: *Ja, das fühle ich auch. Und manchmal habe ich so ein Drängen in mir, das noch viel mehr sagen möchte, und ich suche nach einer Sprache, um auszudrücken, was ich erlebt habe. Paris hat mich unglaublich glücklich gemacht. Und das nach 20 Jahren! Oder sind es 21?*

Fred: *Wenn man dazurechnet, dass wir uns schon mal in der Schule hinter der Tafel geküsst haben, bevor wir uns aus den Augen verloren haben, sind es 35 Jahre.*

Gaby: *Oh, die Tafel! Und ich habe nicht gemerkt, wie der alte Schmidt reinkam, bis er sich entrüstet räusperte. Gott, war das peinlich. Also gut, 35 Jahre.*

Fred: *Damals war es die pure jugendliche Lust. Jetzt küsse ich dich eigentlich viel lieber. Ich gerate durch deinen Mund in Trance. Das konnte ich damals noch nicht. Aber sag, was du ausdrücken wolltest.*

Gaby: *Ich wollte sagen, dass ich manchmal an deine Seelenhaut stoße. Ich kann es nicht besser formulieren und hoffe, du verstehst mich, auch wenn es vielleicht ein bisschen kitschig klingt. Diese Wahrnehmung einer neuen Form der Begegnung gibt es andeutungsweise schon eine Weile. In Paris war es einfach stark wie noch nie. Ich fühlte mich ganz weit und viel kostbarer als vorher.*

Fred: *Ich weiß, was du meinst. Erzähl, ich hör dir so gerne zu, wenn du diese Stimme hast, die wie Samt in meinen Körper dringt.*

Gaby: *Mir fällt es schwer, eine Sprache zu finden. Ich sehe deine Augen vor mir, die einen Ausdruck haben, der mich wie ein Tor in etwas nie Gekanntes hineinzieht. Wenn es ein Film wäre, würde ich sagen, wir gehen zusammen durchs Südtor, wo wir die wirkliche Welt hinter der Welt betreten, die eine andere Materie hat. Ich werde total präsent, fühle Lust, Kontakt, mein Herz und betrete diese neue Welt mit dir, dank dir, zusammen mit dir. Ein Fühlraum, der mich ins Staunen bringt, und hinter dem Fühlraum gibt es weitere. Es ist nicht grandios, es ist nur so tief.*

Fred: *Ich selber habe in Paris deine Hingabe erlebt. Ja, und dann ist es, wie wenn sich die Luft verändert. Da ist so eine andere Qualität da als gewöhnlich. Und weil du so bist, kann ich dir dann alles geben, was ich geben kann. Ich lasse dich weiter zu und noch einmal weiter zu. Bis du wohl an meine Seelenhaut stößt, wie du das gesagt hast.*

Gaby: *Komisch. Ich hatte das Gefühl, ich schließe mich so auf, weil du mich zulässt, und du sagst, dass du mich zulässt, weil ich mich öffne. Das kann ja nicht sein, wenn wir logisch bleiben. Was ist da nur los?*

Fred: *Das haben wir doch schon manchmal erlebt, dass die Kausalität zwar erlebt wird von uns – ich folge dir, du folgst mir –, aber in Wahrheit muss dort Gleichzeitigkeit sein. Wir ermöglichen es einander zur gleichen Zeit.*

Gaby: *Unlogisch, aber zum Glück ist es unlogisch. So ist es viel schöner. Es ist ja auch in unseren Gesprächen über diese Phänomene ein untergründiges Einverständnis da. Wir müssen uns ja auch nicht mehr jedes Detail erklären. Ich höre vieles an deinem Tonfall, meine Ohren machen ganz weit auf, anders als früher, wo sie oft ganz verstockt zugingen.*

Fred: *Ja, heute ist immer Vertrauen dabei. Das Schönste ist, dass dieses Beieinander, einander Tiefe und Weite zu ermöglichen, erst durch unsere Begegnungen vorkommt. Mir ist, als hätte ich vorher geschlafen.*

Dieses Paar versucht zu formulieren, um was es geht. Man wächst am Du, kann das Besondere nicht alleine, quasi dank individueller Eigenschaften einbringen. Man denkt, während es passiert, es wird uns vom Gegenüber geschenkt, aber das Gegenüber denkt seinerseits, es wird ihm von uns geschenkt. Beide Liebenden bringen es miteinander hervor, und zwar gleichzeitig. Der wunderbare Raum entsteht nicht, indem zwei Menschen ihre Eigenschaften addieren, sondern indem sie ihn gemeinsam aufschließen. Und in diesem Raum »hinter dem Südtor« wird ihr Selbst verändert.

In kleinen und großen Glanzmomenten der Liebe wächst das Selbst am Du in seine ganz besondere Qualität hinein, die wir als ein Zeichen des eigentlichen Selbst deuten.

Es wächst in eine starke Präsenz hinein. Es taucht in unbekannte Schichten des DU ein und erlebt spirituelle Veränderungen. Es erlebt Verschmelzung und Respekt gleichzeitig.

Es staunt, was es alles auch ist und vielleicht noch werden kann.

Wie die gemeinsame Suche und die Erfüllung von Lebensaufgaben das ICH wachsen lassen

Aber Glanzmomente wechseln im realen Leben, anders als in der Verliebtheit, mit Alltag und Sorgen ab. Denn Lieben ist ein Bewusstseinsweg, ein lebenslanger Lernweg. So wächst das Selbst nicht nur in Konflikten und nicht nur in innigen Momenten, sondern in der endlosen Kette von beidem im Rahmen einer anstrengenden Lebens- und Schicksalsbewältigung.

Man unterstützt sich, sucht nach dem Sinn, träumt alleine und zusammen, zieht Kinder auf, teilt das Leben in vielen Aspekten, teilt Einsamkeit und lindert sie durch den Austausch. Und wenn es gut ist, dann findet man auch wie unser oben zitiertes Paar zu neuen Dimensionen des Erlebens von der Liebe, vom eigenen ICH und vom DU.

Wenn man das Konzept vom Flow einbezieht, versteht man auch besser, warum man die wahren Dimensionen der Liebe nicht alleine durch gemeinsame Restaurantbesuche oder sexuelle Begegnungen oder angenehme und inspirierende Gespräche findet.

Sondern während oder nachdem man darum ringt, ob man …

… lieber zuhause bleibt oder ins Theater geht, sich einen Hund anschafft oder einen Papagei, sich dran stört, wie sie oder er sich anzieht, zu viel oder zu wenig bügelt, sich fertigmacht mit der Sorge, ob man einen Job findet, welche Ausbildungen man macht und wie man das Drumherum um Gottes willen organisiert, sich verletzt und wieder erneut begegnet, sich sehr verletzt und sich eine Weile nicht mehr findet, die Freunde nicht koordinieren kann, zu viel oder zu wenig über die Beziehung mit anderen redet, die Ordnung übertrieben findet oder die Unordnung hasst, aber selber auch nicht aufräumt, Weihnachten mit der ganzen Familie feiert, aber die Oma eigentlich nicht mag, ein Haus baut und sich gemeinsam darüber freut, zwischen den Mann und die Kinder und die Schwiegermutter gerät und verzweifelt, am Abend verschlungen im Bett liegt und daraus alle Kraft bezieht, die man braucht, das Schicksal fast nicht übersteht, weil ein Kind schwer krank ist, sich gerade dann betrügt, weil man das Leid nicht aushält ohne ein wenig hilfreiche Lust, und fast auseinandergeht, dann aber einen Ruck in die Beziehung bringt, sich entscheidet, und sich nicht nur verzeiht, sondern nun miteinander um das Kind weint, dann miteinander am Bett dieses Kindes sitzt und irgendwann vor Glück, weil es gesund wird, auch wieder weint und noch immer nicht fertigbringt, miteinander zu kochen, aber darüber redet und schließlich darüber lachen kann und dann lernt, was den anderen im Innersten zusammenhält, und wieder mal zu lange bügelt oder Zeitung liest, statt zu kuscheln und zu schmusen, aber dann doch den verdammten Fernseher in den Keller stellt und endlich Zeit hat, im Wohnzimmer Händchen zu halten, sich etwas vorzulesen, oder sich auch mal wieder gründlich auf den Geist zu gehen, weil man ein heikles Thema unvorbereitet auf den Tisch bringt und doch weiß, dass er es nicht gerne zwischen Tür und Angel hat, und ihn anschaut und sagt, weißt Du, dass ich die Art, wie Dein Haar Wirbel macht, so liebe, dass ich ganz glücklich davon werden kann, und den Geruch von ihrer und seiner Haut immer schöner findet und es gemeinsam aushält, dass die bisher mit Vitaminen und gesundem Essen vollgestopften Kinder kiffen, obwohl sie die Untersuchungen kennen, die herausfanden, wie verdammt schädlich das ist, und man hält die laute Musik aus und die unordentlichen Zimmer, in die man nicht mehr reindarf, und die Vorliebe für Hamburger und alles das, was dieses Alter so mit sich bringt, freut sich über die Leistungen dieser Kinder und über deren Schönheit, die sich entfaltet, und irgendwann kommt dieses Gefühl, dass dieser Mensch, mit dem man nun so lange schon das Leben teilt, das Alter nicht ablehnt, das sich so unerbittlich in die Haut schraubt und dort Linien zieht, und sagt, »mein Mädchen«, wenn man doch über 50 ist, und er meint's noch so, und dann erscheint diese Qualität von Annahme, die man nur haben kann, wenn man so vieles gesehen hat, was man eigentlich nicht annehmen kann, und man fährt immer noch nach Paris und hat im Louvre Tränen in den Augen, wenn man die Buddhas im Keller sieht, und nimmt sich an den Händen, obwohl da immer noch Sachen sind, die man fast nicht übersteht, aber trotzdem darüber spricht, lacht, weint, streichelt, wütend kreischt und – LIEBT.

Für immer beheimatet: DU bei mir und ICH bei DIR, mit allem, was wir sind

Und dann entsteht das Gefühl, dass genau dieser Mensch die Heimat ist. Und es gibt einen Glanz, der sich – manchmal erst im Nachhinein – durch alles hindurchzieht. Dieser Glanz macht keinen Unterschied zwischen schön und schwierig, zwischen gut und hässlich, zwischen Leid und Glück.

Was ist Glück, was Unglück, wenn doch alles seinen Platz im Ganzen hat und oft erst aus dem Unglück das Glück aufblühen kann, weil etwas gelernt wurde, etwas aus der Tiefe herauskommt, was vorher dort verschlossen war?

Und manchmal kann das nur noch in der Poesie gefasst werden, weil dort die Unschärfe die Pausen bringt, in denen das Wichtige gesagt wird.

How do I love thee? Let me count the ways.
I love thee to the depth and breadth and height
My soul can reach, when feeling out of sight
for the ends of being and ideal grace.

I love thee to the level of everyday's
Most quiet need, by sun and candle-light.
I love thee freely, as men strive for right.
I love thee purely, as they turn from praise.

I love thee with the passion put to use
In my old griefs, and with my childhood's faith.
I love thee with a love I seemed to lose

With my lost saints. I love thee with the breath,
Smiles, tears, of all my life; and, if God choose,
I shall but love thee better after death![9]

Und noch die deutsche Übersetzung von Rilke:[10]

Wie ich dich liebe? Lass mich zählen, wie.
Ich liebe dich so tief, so hoch, so weit,
als meine Seele blindlings reicht, wenn sie
ihr Dasein abfühlt und die Ewigkeit.

Ich liebe dich bis zu dem stillen Stand,
den jeder Tag erreicht im Lampenschein
oder in Sonne. Frei, im Recht, und rein
wie jene, die vom Ruhm sich abgewandt.

Mit aller Leidenschaft der Leidenszeit
und mit der Kindheit Kraft, die fort war, seit
ich meine Heiligen nicht mehr geliebt.

Mit allem Lächeln, aller Tränen Not
und allem Atem. Und wenn Gott es gibt,
will ich dich besser lieben nach dem Tod.

Epilog

Wir haben gesagt, was zu sagen war, warum also noch ein Nachwort?

Nun – wir kennen Beziehungen. Da liest man ein Buch, es leuchtet ein, das eine oder andere setzt man sogar um. Man denkt, nun habe man es verstanden.

Dann entsteht ein Konflikt mit dem Liebsten oder der Liebsten, und alles bricht wieder ein. Es ist, als habe man nie etwas Kluges aufgenommen, so schnell verschwindet die Hoffnung im untergründigen Kerker der »ewigen Konflikte«. Der Zustand beider Menschen ist aufs Neue starr, fixe Ideen statt realitätsbezogene Wahrnehmungen bestimmen die Szene. Die jeweils andere Person kommt einem nur noch furchtbar vor. Man meint wieder, bis aufs Blut kämpfen zu müssen, wertet sich ab, lässt einander allein, und durchläuft die ganze Litanei der sich wiederholenden Fehleinschätzungen – trotz aller hilfreichen Übungen. Unbeirrt starrsinnig. Unbelehrbar?

Das Dumme ist eben, dass uns allen im Hintergrund immer noch – oder auch immer wieder – das romantische Modell »auflauert«. Dieses Verheißungskonzept hat sich wahrscheinlich schon einige Male bewahrheitet, denn in Kurzzeitbeziehungen oder am Anfang der Liebe ist es gültig. In solchen Beziehungen kommt es einem so vor, als ob man in der Frühe über einen Gletscher wandern würde, der rein und weiß in der Sonne aufleuchtet: Die Spalten sind schneebedeckt, die Eisbrücken tragen noch. Man kann sich nach der Wanderung trennen in dem Gefühl, ein aufregendes Abenteuer mit unwahrscheinlichen Eindrücken bestanden zu haben. Erst gegen Mittag, wenn das Eis zu schmelzen beginnt und die Bergsteiger müder werden, kommen auch Schrunden zum Vorschein, die das Gelände birgt. Wer dann nicht aufgibt und umkehrt, braucht alle Sorgfalt und geeignete Werkzeuge, um die gefährlichen Stellen zu passieren. Und das geht nur zu zweit, denn man muss eine Seilschaft bilden, um die Gletscherspalten zu überwinden. Das Gefühl, gemeinsam den Aufstieg geschafft zu haben, die Abgründe bemerkt zu haben und über sie hinweggekommen zu sein, ist nun unvergleichlich tiefer und befriedigender, als es ist, wenn man eine leichte Route hinter sich gebracht hat.

Deshalb treten wir in unserem Buch ganz bewusst für Langzeitbeziehungen mit ihren Klippen und Abgründen ein. Wachstum ist nun mal ein langsamer Prozess. Nur so kann der »Flow« ins Spiel kommen, der Magier, der Verwandler, der wirkliche Glücksfaktor.

Auch wenn wir alle das kulturell tief verankerte Konzept vom schnellen Glück in uns tragen, können wir diesen Flow immer wieder bewusst miteinander anstreben.

Blättern Sie also, wenn Sie wieder mal verzweifeln, zuerst bis zur »psychischen Hausapotheke« (s. S. 107) zurück und lesen Sie sich den dortigen Text laut vor. Er wird Sie in die Wahrnehmung und damit in die Gegenwart zurückholen. Probieren Sie es, auch wenn Sie im starren Konfliktzustand nicht daran glauben.

Wenn das nicht genügen sollte, nehmen Sie sich das Kapitel 8 entweder als Ganzes – oder in seiner Kurzform auf Seite 264 – vor und bewältigen mit dessen Hilfe Ihr Hickhack, diese Verirrung Ihrer Liebe. Nun wissen Sie wieder: »Liebe übersteigt die Psychologie, lässt sie hinter sich und grenzt ans andere, ans Wunderbare.«[1]

Und wir lassen Sie damit, hoffentlich glücklicher, wieder allein, und rufen Ihnen zu:

»Good luck on your way and don't give up!«

Kontaktadresse:
ZFW Zentrum für Form und Wandlung
Leitung: Elisabeth Schlumpf und Irène Kummer
Aus- und Weiterbildung in OIP Psychotherapie
Frohburgstr. 80, 8006 Zürich
Tel. 00 41 (0) 4 42 61 98 02
Fax 00 41 (0) 4 42 61 98 03
E-Mail: oip@bluewin.ch
www.oip-zfw.com

Anmerkungen

TEIL I

Einleitung

1 Jiddhu Krishnamurti ist ein im Westen aufgewachsener indischer Weisheitslehrer, der von der Notwendigkeit eines radikalen Bewusstseinswechsels sprach. Gerade weil er vollkommene Gegenwärtigkeit, Präsenz und Intensität lebte und vertrat, muten diese Sätze so hilfreich an, wenn es um Beziehungen geht, wo Präsenz häufig mit einer Art von ewiger Sonne verwechselt wird.

2 Gunter Schmidt, Sexualität und Kultur: Soziokultureller Wandel der Sexualität, in: Rainer Hornung, Claus Buddeberg, Thomas Bucher (Hrsg.), Sexualität im Wandel, Zürcher Hochschulforum Band 36, Zürich 2004.

1. Kapitel
Faszination und Grenzen der romantischen Liebe

1 Jana ist eine Freundin von uns. Sie war einverstanden damit, von uns zitiert zu werden. Die Vornamen sind allerdings verändert.

2 Art Aron zitiert in: Harald Martenstein, Vom Wesen der Liebe, GEO 12, 2002, S. 92.

3 Helen Fischer, Rutgers University in New Jersey zitiert von: BBC Science and Nature Hot Topics, 8.2.2002, www.bbc.co.uk/science/hottopics.

4 Katharina Kluin, Was die Liebe mit uns macht, ZEIT Wissen 05/2007, S. 10ff.

5 Barbara Reye, Selbstvertrauen aus dem Spray, Tagesanzeiger 3.2.04, S. 38.

6 Andreas Bartels und Semir Zeki, The neural basis of romantic love, NeuroReport, Vol II, No. 17, 2000, 3829–3834, sowie Andreas Bartels und Semir Zeki, The neural correlates of maternal and romantic love, NeuroImage 21, 2004, 1155–1166.

7 Neuroanatomy and Physiology of the »Brain Reward System« in: Substance Abuse 8.2.04 www.colorado.edu, S. 2.

8 Neuroanatomy and Physiology of the »Brain Reward System«, a.a.O.

2. Kapitel
Wie wird die Liebe lebenstauglich?

1 Bas Kast, Die Liebe und wie sich Leidenschaft erklärt, Frankfurt am Main 2004

2 Martenstein a.a.O., S. 86ff.

3 Birgit Dechmann, Christiane Ryffel, Vom Ende zum Anfang der Liebe, Weinheim 2001.

4 John M. Gottman, Nan Silver, Die sieben Geheimnisse der glücklichen Ehe, Berlin 2004.

5 Murray et al. in: Bas Kast, Die Liebe und wie sich Leidenschaft erklärt, Frankfurt a. M. 2004, S. 181f.

3. Kapitel
Ein Paar macht sich auf den Weg

1 Hilde Domin, Gesammelte Gedichte, Frankfurt a. M. 2002, S. 62.

4. Kapitel
Du und ich sind nicht dasselbe

1 Michael Mary, 5 Wege, die Liebe zu leben, Hamburg 2002.
2 Eva Jaeggi/Walter Hollenstein, Wenn Ehen älter werden (Ausspruch Jill Tweedy S. 14), München 2000.
3 Bas Kast, Die Liebe und wie sich Leidenschaft erklärt, Frankfurt a. M. 2004.
4 John M. Gottman, Nan Silver, Die sieben Geheimnisse der glücklichen Ehe, Berlin 2004.
5 Bas Kast, a.a.O., 2004.
6 Paul Watzlawick, John H. Weakland, Richard Fisch, Lösungen, Bern 1997, S. 103.

5. Kapitel
Der Weg ins Licht führt durch die Schatten der Vergangenheit

1 Eva-Maria Schnurr, Ute Mahler und Boris Schalenberger, Im Schrecken gefangen, Stern Nr. 3, 2007, S. 74.
2 Abwehr, ein psychologischer Fachbegriff, bezeichnet die Form, mit der sich Menschen in der Auseinandersetzung mit der Umwelt schützen. Sie kann zum Beispiel in Flucht oder Verdrängen oder in Angriff und Aggression bestehen.
3 Sehr oft wird man sich in dieser Phase in eine Therapie begeben müssen. Viele Paare schaffen die Wahrnehmung und den Ausstieg aus der Fragmentierung nur mithilfe einer Therapeutin. Gaby und Fred haben es gut. Gaby kann sehr gut an sich selber arbeiten und Fred hat nicht nur eine geduldige Persönlichkeit, er hat auch eine Ausbildung zum Coach.
4 Wahrnehmungssprünge treten auch bei anderen Gelegenheiten als nur bei negativen Übertragungen auf. Auch dort helfen sie zur Liebe hin. Das nennen Dechmann und Ryffel in ihrem Buch »Vom Ende zum Anfang der Liebe« die Revolution des Liebeskonzepts.
5 Ray Castellino, Über die Entstehung von Abwehrstrukturen in der Persönlichkeit. Workshop übers Geburtstraumata am 22.6.95 in Winterthur, Schweiz. Wir zitieren ihn frei, weil wir alles aus der Sicht der Nützlichkeit für Paarbeziehungen beschreiben.
6 Siehe Abbildung 1, S. 95.
7 siehe Seite 35.

8 Gottman, John, Lass uns einfach glücklich sein, München 1995.

9 Der fünfte der apokalyptischen Reiter wurde später hinzugefügt. Er wird zitiert in: Harald Martenstein, Vom Wesen der Liebe, GEO 12, 2002.

10 Virginia Satir, Selbstwert und Kommunikation, München 1975, S. 81ff.

11 Wir haben dies an anderer Stelle Überverantwortlichkeit genannt, halten uns hier jedoch an V. Satirs Terminologie.

12 Wir werden darüber im nächsten Kapitel ausführlich berichten.

13 Nicht erschrecken über das Wort. Wir haben extra ein extremes Beispiel gewählt, um klarzumachen, dass bei den eigenen Sätzen keine Vorschriften bestehen, die Sorgfalt wird alleine aufs Zuhören konzentriert. Dies beruht auf der Tatsache, dass es bei sehr großer Wut unmöglich wird, Gesprächsführungsregeln, in diesem Fall ICH-Botschaften, einzuhalten. Also verlagert man das Gewicht aufs Zuhören und rechnet damit, dass genaues Zuhören das Gegenüber weicher macht und den Ton und die Wörter von selber verbessern wird. Genau dies entspricht auch unserer Erfahrung mit der Methode.

14 Die Forschungen dazu werden im Buch von Patricia Love und Steven Stosny, How to Improve Your Marriage Without Talking about It, Broadway Books 2007, berichtet.

15 Übung dazu siehe Seite 34.

16 Keith Sherwood, Chakra Therapie, Darmstadt 2003, S. 25.

6. Kapitel
Der verflixte Alltag

1 Erik K. Erikson, Identität und Lebenszyklus, Frankfurt am Main 1976.

2 E. Schlumpf, H. Werder, Immer für andere da? Wege aus der Überverantwortlichkeit, München 2000.

3 Genaue Beschreibung auf Seite 104 f.

4 Einige Hinweise für diese Liste haben wir dem »Tagesanzeiger« vom 11.2.2002 entnommen.

TEIL II
7. Kapitel
Intensiv, und das für immer

1 Kirsten von Sydow, zitiert in: Diana Ecker, Sexualität und Partnerschaft im Lebenszyklus, München 2005, S. 37f.

2 Kirsten von Sydow, Sexuality during Pregnancy and After Childbirth: A Metacontent Analysis of 59 Studies. Revised version of a paper presented at the 13. Tagung Entwicklungspsychologie at the University of Vienna, September 1997. 12.8.06 www.uni-duisburg.de.

3 www.focus.de Lexikon der Sexualität – Stichwort Orgasmus 4.3.07.

4 Kirsten von Sydow in: Diana Ecker, a.a.O. 2005.

5 Peter Breuer und Ragnar Beer, Universität Göttingen, Theratalkstudie zur sexuellen Häufigkeit in Beziehungen. www.Theratalk.de 21.11.06.

6 Theratalkstudie zur sexuellen Zufriedenheit, www.theratalk.de 21.11.06.

7 5100 Fragebögen wurden elektronisch ausgefüllt, 3584 von Männern, 1516 von Frauen. Publiziert wurde die Umfrage am 7. Juli 2004 in: 20 Minuten Schweiz.

8 Astrid Riehl-Emde, Die Liebe – eine vernachlässigte Dimension in Paartherapie und Eheforschung, Habilitationsschrift Universität Zürich, Zürich 1998.

9 Gunter Schmidt, Sexualität und Kultur: Soziokultureller Wandel der Sexualität, in: Rainer Hornung, Claus Buddeberg, Thomas Bucher (Hrsg.), Zürich 2004, S. 11.

10 Wir wollen hier wenigstens erwähnen, dass dies nicht für alle westlichen Industrienationen in jedem Bereich gilt. So sind zum Beispiel in gewissen Staaten in den USA Homosexualität sowie Oralverkehr, Letzteres auch in einer Ehebeziehung, ein Straftatbestand.

11 Volkmar Sigusch, Neosexualitäten, Frankfurt a. M., 2005.

12 Siehe Seite 20.

13 Siehe Seite 80 f.

14 Zen-Spruch aus: Byung-Chul Han, Philosophie des Zen-Buddhismus, Stuttgart 2002.

15 siehe Kapitel 8, Stopp-Techniken S. 257.

16 zitiert aus: Louann Brizendine, Das weibliche Gehirn, Hamburg 2007, S. 149.

17 Männliche Balzautomatik, Zusammenfassung eines Experiments zitiert in: Gehirn und Geist, Nr. 1, 2004, S. 8.

18 Eine normale Gesprächstherapie genügt einer Amygdala normalerweise nicht. Es gibt heute spezielle Traumatherapien, wie Somatic Experience nach Peter Levine oder wie EMDR nach Francine Shapiro.

19 Wolf Südbeck-Baur, Die Entdeckung der Sinnlichkeit, Interview mit Peter Gehrig, NZZ am Sonntag, 8. Juli 2007, S. 59.

20 Wir haben davon auf Seite 167 ff. berichtet. »Hin- und Herüber, das Herz so wie die Weide«

21 Gefunden in der Ausstellung über Kannon, den Buddha des Mitgefühls, im Rietbergmuseum am 13.3.07 in Zürich.

22 Birgit Dechmann und Christiane Ryffel haben in ihrem Buch, »Vom Ende zum Anfang der Liebe«, über diesen so genannten Kippeffekt geschrieben und gezeigt, dass das positive Neue wieder verschwinden muss, weil man es nur durch »trial and error« schaffen kann, die Welt neu zu erfinden. Die Kenntnis ihrer Theorie der Liebe wird Paaren helfen, den praktischen, oft steinigen Weg besser zu verstehen und daher schneller zu gehen.

23 Wolf Südbeck-Baur, Die Entdeckung der Sinnlichkeit. Interview mit Peter Gehrig, Sexologe in Zürich. NZZ am Sonntag. 8. Juli 2007, S. 59.
24 Bronislaw Malinowski, Das Geschlechtsleben der Wilden in Nordwest-Melanesien, Frankfurt a. M. 1983.
25 Jack Lee Rosenberg, Beverly Kitaen-Morse, The Intimate Couple, Atlanta 1996. Mantak und Maneewan Chia, Die Multi-orgasmische Beziehung, München 2002.
26 Eine Beschreibung des defokussierten Zustands befindet sich auf Seite 34.

8. Kapitel
Vom Umgang mit Konflikten

1 F. Glasl, Selbsthilfe in Konflikten, Stuttgart 2004.
2 John M. Gottman, Nan Silver, Die sieben Geheimnisse der glücklichen Beziehung, Berlin 2004.
3 M. Rosenberg: Gewaltfreie Kommunikation, Paderborn 2002, S. 58.
4 Michael Lukas Moeller, Die Wahrheit beginnt zu zweit. Reinbek bei Hamburg 1988.
5 H. Werder, E. Schlumpf, Immer für andere da, München 2000.
6 Doc Childre and Howard Martin with Donna Beech, The Heart Math Solution, New York 2000.

9. Kapitel
Hoffnung – trotz allem

1 Wir wissen nicht mehr, wo genau das hier nur ungefähr wiedergegebene Zitat herstammt. Wenn man sich mit Viktor Frankls Therapieform bekannt machen will, empfehlen wir das Buch seiner Schülerin, Elisabeth Lukas: Elisabeth Lukas, Heilungsgeschichten, Freiburg i. Br. 2002.
2 Die folgenden Begriffe wurden aus verschiedenen Quellen zusammengetragen: Insa Fooken, Jürgen Zinnecker (Hrsg.), Trauma und Resilienz. Weinheim und München 2007; Luise Reddemann, Eine Reise von 1000 Meilen beginnt mit dem ersten Schritt. Freiburg i. Br. 2007; Psychologische Schlüsselbegriffe: Resilienz, Wissen.hr-online: Radio www.hr-online.de/website 27.12.07.
3 Elisabeth Lukas, Heilungsgeschichten, Freiburg i. Br. 2002, S. 160/161. Luise Reddemann: Eine Reise von 1000 Meilen beginnt mit dem ersten Schritt, Freiburg i. Br. 2007.
4 Aaron Antonovsky, Unraveling the Mystery of Health, San Francisco 1987.
5 Martin E. P. Seligman, Der Glücks-Faktor, Bergisch Gladbach 2002, S. 187ff.
6 Mihaly Csikszentmihalyi, M., Flow. Das Geheimnis des Glücks, Stuttgart 2001.
7 Martin E. P. Seligmann, a.a.O., S. 193/194.

8 Michael Ende, Momo, Stuttgart 2005.
9 Louise Reddemann, a.a.O., S. 133.
10 In einer der Studien wurden Niedrigflow- und Hochflowkids verglichen. Erstere waren solche, die in Shoppingmeilen herumhingen und viel fernsahen, die anderen hatten Hobbys, trieben Sport und machten viel Hausaufgaben; in: Martin E. P. Seligmann, a.a.O., S. 196
11 Martin E. P. Seligmann, a.a.O., S. 201.
12 Luise Reddemann, a.a.O., S. 39.
13 www.authentichappiness.org. Hier können Sie den VIA Strength Survey machen.

10. Kapitel
Am Du zum Ich werden und Heimat finden

1 Dies bezieht sich auf die Subjekttheorie von Augustinus und Kant, zitiert in: Dorsch, Psychologisches Wörterbuch. Bern 2004, S. 426.
2 Nach Berkeley, Descartes und J. S. Mill in Dorsch, a.a.O. S. 426.
3 In der Psychologie hat Sigmund Freud das »Ich« nämlich relativ eng definiert als eine Art bewusste Moderatorin zwischen dem »Es«, dem triebhaften Unbewussten, und dem »Über-Ich«, der von außen vorgegebenen normativen Instanz, die man innerlich übernimmt. Ein solches »Ich« ist nicht umfassend genug.
4 Diese Sichtweise bezieht sich auf Theorien von Jung, Maslow und Goldstein und anderen, zitiert in Dorsch, a.a.O., S. 845.
5 Wenn wir in diesem Kapitel vom Ich reden, meinen wir nie die Definition von Freud, sondern setzen es mit dem Selbst gleich.
6 Hilde Domin, Gesammelte Gedichte, Frankfurt 1987, S. 54, Ausschnitt.
7 Emily Dickinson (1830-1836) Internet 14.10. 07 http:// handmann.phantasus.de
8 Katharina Kluin, Danke Du, in: ZEIT Wissen 05/2007, S. 23
9 Elisabeth Barret Browning 1806 – 1861. 15.10.07 http//www.passende-gedichte-finden.de
10 Rainer Maria Rilke, 15.10.07, http//www.passende-gedichte-finden.de

Epilog

1 Max Dohner: Liebeslauben, Zürich 2007

Literaturverzeichnis

ANTONOVSKY, Aaron: Unraveling the Mystery of Health. San Francisco 1987

ARIÈS, Philippe; BÉJIN, André; FOUCAULT, Michel: Die Masken des Begehrens und die Metamorphosen der Sinnlichkeit. Frankfurt a.M. 1986

AUHAGEN, Ann E. (Hrsg.): Positive Psychologie. Weinheim und Basel 2004

BACH, George R.: Streiten verbindet. Frankfurt a.M. 2004

BARTELS, Andreas; ZEKI, Semir: The neural basis of romantic love. NeuroReport, Vol II, No 17, 2000

BARTELS, Andreas; ZEKI, Semir: The neural correlates of maternal and romantic love. NeuroImage 21, 2004

BAUMGARDT, Ursula: König Drosselbart und C. G. Jungs Frauenbild, Kritische Gedanken zu Anima und Animus. Olten 1987

BECK-GERNSHEIM, Elisabeth: Das halbierte Leben. Männerwelt Beruf, Frauenwelt Familie. Frankfurt a.M. 1985

BECK-GERNSHEIM, Elisabeth; BECK, Ulrich: Das ganz normale Chaos der Liebe. Frankfurt a.M. 1990

BENJAMIN, Jessica: Die Fesseln der Liebe. Psychoanalyse, Feminismus und das Problem der Macht. Basel und Frankfurt a.M. 1990

BERKEL, Karl: Konflikttraining. Frankfurt a.M. 2005

BOOTHE, Brigitte; HEIGL-EVERS, Annelise: Psychoanalyse der frühen weiblichen Entwicklung. München und Basel 1996

BRENNER, Gerd; GRUBAUER, Franz: Typisch Mädchen? Typisch Junge? Persönlichkeitsentwicklung und Wandel der Geschlechterrollen. Weinheim und München 1991

BREUER, Peter; BEER, Ragnar: Theratalkstudie zur sexuellen Häufigkeit in Beziehungen. Universität Göttingen 2006

BYUNG-CHUL, Han: Philosophie des Zen-Buddhismus. Stuttgart 2002

CHIA, Mantak; CHIA, Maneewan: Die Multi-orgasmische Beziehung. München 2002

CHILDRE, Doc; MARTIN, Howard; BEECH, Donna: The Heart Math Solution. New York 2000

CHODOROW, Nancy: Das Erbe der Mütter. Psychoanalyse und Soziologie der Geschlechter. München 1985

CSIKSZENTMIHALYI, Mihaly M.: Flow. Das Geheimnis des Glücks. Stuttgart 2001

CYRULNIK, Boris: Warum die Liebe Wunden heilt. Weinheim und Basel 2006

DECHMANN, Birgit; RYFFEL, Christiane: Vom Ende zum Anfang der Liebe. Weinheim 2001

DOMIN, Hilde: Gesammelte Gedichte. Frankfurt a.M. 2002

DOWLING, Colette: Der Cinderella-Komplex. Die heimliche Angst der Frauen vor der Unabhängigkeit. Frankfurt a.M. 1984

Duby, Georges; Perrot, Michelle: Geschichte der Frauen. 20. Jh. (Hg. von Françoise Thébaud). Frankfurt a.M. 1995

Duden, Barbara: Der Frauenleib als öffentlicher Ort. Vom Missbrauch des Begriffs Leben. Hamburg und Zürich 1991

Ecker, Diana: Sexualität und Partnerschaft im Lebenszyklus. München 2005

Ende, Michael: Momo. Stuttgart 2005

Erikson, Erik K.: Identität und Lebenszyklus. Frankfurt a.M. 1976

Estés, Clarissa Pinokla: Die Wolfsfrau. Die Kraft der weiblichen Urinstinkte. München 1993

Fooken, Insa; Zinnecker, Jürgen: Trauma und Resilienz. Weinheim und München 2007

Foster, Patricia: Spiegelbilder. Essays über den weiblichen Körper. Hamburg 1996.

Fried, Erich: Liebesgedichte. Berlin 2005

Gay, Peter: Erziehung der Sinne. Sexualität im bürgerlichen Zeitalter. München 1986

Glasl, F.: Selbsthilfe in Konflikten. Stuttgart 2004

Glasl, F.: Konfliktfähigkeit statt Streitlust. Dornach 2006

Gottman, John M.; Silver, Nan: Die sieben Geheimnisse der glücklichen Ehe. Berlin 2004

Gottman, John M.: Lass uns einfach glücklich sein. München 1995

Göttner-Abendroth, Heide: Die Göttin und ihr Heros. Frauenoffensive. München 1993

Häcker, Hartmut O.; Stapf, Kurt-H.: Dorsch Psychologisches Wörterbuch. Bern 2004

Hollstein, Walter: Nicht Herrscher, aber kräftig. Die Zukunft der Männer. Hamburg 1989

Honegger, Claudia: Die Ordnung der Geschlechter. Die Wissenschaften vom Menschen und das Weib. Frankfurt a. M. und New York 1991

Hornung, Rainer; Buddeberg, Claus; Bucher, Thomas: Sexualität im Wandel: Zürcher Hochschulforum Band 36, Zürich 2004

Jaeggi, Eva; Hollenstein, Walter: Wenn Ehen älter werden. München 2000

Jellouschek, Hans: Die Kunst, als Paar zu leben. Stuttgart 1992

Kast, Bas: Die Liebe und wie sich Leidenschaft erklärt. Frankfurt a. M. 2004

Keen, Sam: Feuer im Bauch. Über das Mann-Sein. Hamburg 1992

Kernberg, Otto F.: Liebesbeziehungen. Normalität und Pathologie. Stuttgart 1999

Kluin, Katharina: Was die Liebe mit uns macht. ZEIT Wissen 05/2007

Kluin, Katharina: Danke Du. ZEIT Wissen 05/2007

Koepf, Peter: Der Winterschlaf der Männer ist vorüber. Stuttgart 2000

Kreyenberg, Jutta: Konfliktmanagement. Berlin 2005

KUMMER, Irène: Ich bin die Frau, die ich bin. München 1991
KUMMER, Irène: Im Mittelpunkt meines Lebens. München 1998
KUNTZ-BRUNNER, Ruth; NORDHOFF, Inge: Heute bitte nicht. Keine Lust auf Sex – ein alltägliches Gefühl. Reinbek bei Hamburg 2002
LERNER, Gerda: Die Entstehung des Patriarchats. Frankfurt, New York 1991
LERNER, Gerda: Die Entstehung des feministischen Bewusstseins. Vom Mittelalter bis zur Ersten Frauenbewegung. Frankfurt, New York 1993
LOUANN, Brizendine: Das weibliche Gehirn. Hamburg 2007
LOVE, Patricia; STOSNY, Steven: How to Improve Your Marriage Without Talking about It. New York 2007
LOWEN, A.: Liebe, Sex und dein Herz. München 1989
LUKAS, Elisabeth: Heilungsgeschichten. Freiburg i. Br. 2002
MALINOWSKI, Bronislaw: Das Geschlechtsleben der Wilden in Nordwest-Melanesien. Frankfurt a.M. 1983
MARTENSTEIN, Harald: Vom Wesen der Liebe. GEO, 12, 2002
MARY, Michael: 5 Wege, die Liebe zu leben. Hamburg 2002
MEAD, Margaret: Mann und Weib. Das Verhältnis der Geschlechter in einer sich wandelnden Welt. Hamburg 1958
MEIER-SEETHALER, Carola: Von der göttlichen Löwin zum Wahrzeichen männlicher Macht. Ursprung und Wandel großer Symbole. Zürich 1993
MEULENBELT, Anja: Über die Unmöglichkeit der Liebe zwischen Mann und Frau. Reinbek bei Hamburg 2000
MITSCHERLICH, Margarete: Die friedfertige Frau. Eine psychoanalytische Untersuchung zur Aggression der Geschlechter. Frankfurt a.M. 1987
MOELLER, Michael Lukas: Gelegenheit macht Liebe. Glücksbedingungen in der Partnerschaft. Rowohlt 2000
MOELLER, Michael Lukas: Die Wahrheit beginnt zu zweit. Reinbek bei Hamburg 1988
NORWOOD, Robin: Wenn Frauen zu sehr lieben. Die heimliche Sucht, gebraucht zu werden. Reinbek bei Hamburg 1986
PFLÜGER, Peter Michael: Der Mann im Umbruch. Patriarchat am Ende? Olten und Freiburg i. Br. 1989
REDDEMANN, Luise: Eine Reise von 1000 Meilen beginnt mit dem ersten Schritt. Freiburg i.Br. 2007
REYE, Barbara: Selbstvertrauen aus dem Spray. Tagesanzeiger 3.2.04
RIEHL-EMDE, Astrid: Die Liebe – eine vernachlässigte Dimension in Paartherapie und Eheforschung. Habilitationsschrift Universität Zürich, Zürich 1998
ROHDE-DACHSER, Christa: Expedition in den dunklen Kontinent. Weiblichkeit im Diskurs der Psychoanalyse. Berlin, Heidelberg, New York 1991
RÖHL, Klaus Rainer: Die verteufelte Lust. Die Geschichte der Prüderie und die Unterdrückung der Frau. Hamburg 1983
ROSENBERG, Jack Lee; KITAEN-MORSE, Beverly: The Intimate Couple. Atlanta 1996

Rosenberg, Marshall: Gewaltfreie Kommunikation. Paderborn 2002
Rüttner-Cova, Sonja: Der Matriarch. Die gespaltene Liebe des Mannes. Basel 1988
Satir, Virginia: Selbstwert und Kommunikation. München 1975
Schlumpf, Elisabeth: Wenn ich einst alt bin, trage ich Mohnrot. München 2003
Schlumpf, Elisabeth; Werder, Heidi: Immer für andere da. Wege aus der Überverantwortlichkeit. München 2000
Schmidbauer, Wolfgang: Kein Glück mit Männern. Fallgeschichten zur Nähe-Angst. Reinbek bei Hamburg, Katalog 2000
Schnack, Dieter, Neutzling Rainer: Kleine Helden in Not. Jungen auf der Suche nach Männlichkeit. Reinbek bei Hamburg 1990
Schnurr, Eva-Maria; Mahler, Ute; Schalenberger, Boris: Im Schrecken gefangen. Stern Nr. 3, 2007
Schwarz, Gerhard: Konfliktmanagement. Wiebaden 2005
Seligman, Martin E. P.: Der Glücks-Faktor. Bergisch Gladbach 2002
Shem, Samuel; Surrey, Janet: Alphabete der Liebe. Warum Mann und Frau doch zusammenpassen. Stuttgart 2000
Sherwood, Keith: Chakra Therapie. Darmstadt 2003
Sichtermann, Barbara: Weiblichkeit. Zur Politik des Privaten. Berlin 1983
Sichtermann, Barbara: Wer ist wie? Über den Unterschied der Geschlechter. Berlin 1987
Sigusch, Volkmar: Neosexualitäten. Frankfurt a. M. 2005
Sills, Judith: Liebe nach dem ersten Blick: Handbuch für Romantiker. Reinbek bei Hamburg 2000
Südbeck-Baur, Wolf: Die Entdeckung der Sinnlichkeit. NZZ am Sonntag, 8. Juli 2007
Sydow, Kirsten von: Sexuality during Pregnancy and After Childbirth: A Metacontent Analysis of 59 Studies. Vortrag bei der 13. Tagung Entwicklungspsychologie an der Universität Wien, September 1997
Theweleit, Klaus: Männerphantasien 1 und 2. Frankfurt a. M. Basel 1978
von Roten, Iris: Frauen im Laufgitter. Offene Worte zur Stellung der Frau. Zürich Dortmund 1991
Watzlawick, Paul; Weakland, Richard John H.; Fisch, Richard: Lösungen. Bern 1997
Wieck, Wilfried: Männer lassen lieben. Die Sucht nach der Frau. Stuttgart 1988
Wieck, Wilfried: Wenn Männer lieben lernen. Stuttgart 1990
Welter-Enderlin, Rosmarie: Paare. Leidenschaft und Langeweile. München 1992
Willi, Jürg: Was Paare zusammenhält. Reinbek bei Hamburg
Zinker, Joseph: Auf der Suche nach gelingender Partnerschaft. Gestalttherapie mit Paaren und Familien. Paderborn 1997